J. J. Baumann

Handbuch der Moral, nebst Abriss der Rechtsphilosophie

J. J. Baumann

Handbuch der Moral, nebst Abriss der Rechtsphilosophie

ISBN/EAN: 9783743646186

Hergestellt in Europa, USA, Kanada, Australien, Japan

Cover: Foto ©Thomas Meinert / pixelio.de

Weitere Bücher finden Sie auf **www.hansebooks.com**

HANDBUCH DER MORAL

NEBST

ABRISS DER RECHTSPHILOSOPHIE

VON

D#R# J. J. BAUMANN

ORD. PROF. DER PHILOSOPHIE AN DER UNIVERSITÄT GÖTTINGEN.

LEIPZIG

VERLAG VON S. HIRZEL

1879.

Vorwort.

Wenn ich im Voraus die Eigenthümlichkeiten dieses Hand-
buches der Moral nebst Abriss der Rechtsphilosophie hervor-
heben darf, so scheinen sie mir in Folgendem zu liegen. In
der modernen Ethik sind zwei Hauptrichtungen neben einander
hergegangen, von denen die eine die Moral als Entwickelungs-
geschichte des menschlichen, insbesondere des geistigen Lebens
behandelt, die andere in ihr die Wissenschaft von dem sieht,
was sein soll. Die gegenwärtige Bearbeitung ist ein Versuch,
beide Richtungen zu vereinigen. Diese Vereinigung ist möglich
und nothwendig geworden durch die Theorie vom Willen, auf
welche die neuere Psychologie ursprünglich von physiologischen
Erwägungen aus hingeführt wurde, welche Theorie aber ganz
allgemein von allem Willen gültig ist. Von dieser Theorie des
Willens aus drängte sich auch die Möglichkeit auf, die inhaltlichen Gegensätze der Moralsysteme auszugleichen, welche sich
als Betonung des sinnlichen Lebens, als Betonung der intellectuellen und technischen Fähigkeiten, als Betonung der Hingebung an Andere bisher gegenüberstanden, und diese Gegensätze so auszugleichen, dass der letztere Grundgedanke bei
aller Durchdringung mit dem wesentlichen Gehalt der beiden
ersten der leitende bleibt. Dass hierbei, wo es sich um Beurtheilung bisheriger Moral handelte, nicht blos auf die euro-
päische, sondern auch auf die muhammedanische, indische,
chinesische und die Naturvölker geachtet ist, sollte heutzutage
selbstverständlich sein. Von der richtigen Willenstheorie aus
traten ferner die Gesetze der Ausbildung des Willens, also
auch der moralischen Charakterbildung, in helles Licht. Da
Moral erst ist, was sie sein muss, wenn sie nicht blos sagt,
was geschehen soll, sondern auch die Kräfte nachweist, wodurch es geschehen kann, und die Art und Weise lehrt, diese
Kräfte zu wecken und zu steigern, so ist durchgängig auf die
Weckung und Ausbildung der moralischen Kraft Bezug genommen. Das Buch hat dadurch einen praktischen Grundzug an

sich, um deswillen ich es Handbuch der Moral genannt habe.
Das Wort Handbuch hat ja oft den Nebensinn eines Buches,
in dem man sich für die Praxis Rath zu holen hoffen darf.

Von der Rechtsphilosophie habe ich nur einen Abriss
gegeben. Denn beim Recht kommt es für Philosophie an auf
die Prinzipien und auf den Nachweis, dass dieselben an Folgerungen fruchtbar sind. Ein Eingehen auf alles Detail führt in
die Aufgabe bald mehr des erklärenden Rechtshistorikers, bald
mehr des Politikers. Obwohl mit der Moral zusammenhängend,
musste die Rechtsphilosophie doch von ihr getrennt werden.
Denn ihr eigenthümlicher Standpunkt ist, dass sie weder denen
zustimmt, welche das Recht unmittelbar auf die Moral, jeder
die seinige, gründen, noch denen, welche es von aller Moral
trennen; sie streitet dafür, dass das Recht zwar eine moralische Grundlage hat, aber eine mehr allgemeine, bei der sehr
vieles offen gelassen ist, weshalb auch für verschiedene Religionen und für verschiedene Lebensansichten das Recht identisch sein kann.

Endlich mag es noch gesagt werden, was dem Kundigen
die ersten Blätter lehren können, dass die „Prolegomena zu
jeder künftigen Ethik“, als welche E. v. Hartmann seine „Phä-
nomenologie des sittlichen Bewusstseins“ bezeichnet hat, für die
Untersuchungen, welche hier gegeben werden, nicht gemeint
sind; denn bei Hartmann liegt von Anfang bis Ende ein im
Wesentlichen Schopenhauerscher Begriff von Wille zu Grunde,
der vor der Wissenschaft nicht Stand hält.

Vorstehendes wurde im Februar dieses Jahres geschrieben.
Während des Druckes sind The Data of Ethics by Herbert
Spencer erschienen. Diese sollen keine ausgeführte Moral sein,
sondern Einleitung und Grundlage einer solchen. Soweit sie
auf den sicheren Ergebnissen moderner Physiologie und Psychologie beruhen, haben sie mit der nachstehenden Arbeit mehrfache Berührungspunkte; sofern sie aber zugleich auf der Evo-
lutionshypothese des Verfassers basiren, trennen sich die Wege
beider Arbeiten weit. Denn meine Arbeit geht prinzipiell mit
darauf aus, die Moral zunächst von eigentlich metaphysischen
Hypothesen unabhängig zu halten.

Göttingen, Ende Juli 1879.

Baumann.

Inhaltsangabe.

Die Natur des Willens und die Gesetze der Willensbildung.

1. Gewöhnlich stellt die Wissenschaft der Moral die Ideale voran, welche der Mensch oder die Menschheit verwirklichen soll, und weist dann dem Willen die Aufgabe zu in ihnen zu leben und danach zu handeln. Jene Lehre von dem, was sein soll, pflegt dabei ausführlich zu sein, diese von der Verwirklichung durch den Willen fällt meist nur kurz aus. Im Leben stellt sich die Sache ganz anders; das Schwierige ist da nicht so sehr das Ideal zu finden, als vielmehr die Verwirklichung desselben durch den Willen zu bewerkstelligen, durch den Willen als menschliche Bethätigung noch ganz abgesehen von Hindernissen, die ihm etwa von aussen entgegentreten könnten. Es ist daher wohl angezeigt, jenen gewöhnlichen Gang umzukehren und zuerst den Willen zu betrachten, ohne dessen Leistungsfähigkeit Moral ein blosses Gedankenbild, ein schöner Traum sein würde.

2. Der Begriff des Willens, unter welchem wir alle aufwachsen, enthält als hauptsächliche Eigenthümlichkeiten diese. Erstens: Der Wille muss etwas wollen, er muss einen Inhalt oder Gegenstand haben, welcher gewollt wird; ein Mensch, der nicht weiss, was er will, hat ebendarum keinen Willen, sondern ist höchstens in Tendenz zum Wollen begriffen. Das zweite Stück, das zum Willen erfordert wird, ist ein Werthurtheil oder ein Werthgefühl in Bezug auf diesen Inhalt oder Gegenstand. Dies Werthurtheil oder Werthgefühl kommt jedesmal zu Tage, wenn wir jemand fragen: warum willst du das? Dies Werthurtheil heisst der Grund eines bestimmten Willens, sein Motiv.

Die Arten dieser Werthurtheile sind sehr mannichfach: es ist
mir jetzt angenehm zu gehen, — verweile, Augenblick, du bist
so schön, — dem Manne zu helfen ist eine gute That, —
es ist gottwohlgefällig in Leiden nicht zu murren, sind alles
verschiedene Arten von Werthurtheilen. Die Motivirungen,
warum wir in einem gegebenen Falle oder überhaupt nicht
wollen: das wäre unangenehm, hässlich, schlecht, gottlos, sind
die Kehrseiten zu ihnen. Zwar scheint es oft, als wollten wir
etwas ohne Gefühl von Werth oder Unwerth. Man hört wohl
Leute erklären, dass sie sich aus dem oder dem gar nichts
machten, es ihnen sogar zuwider sei, aber nichtsdestoweniger
könnten sie nicht anders, sie müssten es thun. In Wahrheit
heisst dies, es wäre ihnen wehe, sie hätten Unruhe, Unbehagen,
wenn sie's nicht thäten; die Befreiung von einer inneren Span-
nung ist hier das meist sehr stark wirkende Werthgefühl. Es
ist damit nicht anders, als wie es viele Menschen von künstlerischer oder wissenschaftlicher Sinnesart giebt, welche an Essen,
Trinken, Schlafen kein eigentliches Gefallen finden, sondern sich
alle dem blos widmen, weil sie dem Druck der Irdischkeit, der
sich ihnen in jenen Bedürfnissen fühlbar macht, augenblicklich
nicht anders entgehen können. — Wo nun diese beiden Stücke
zusammen sind, wo man weiss, was man will, und warum man
es will, da sieht man es gemeiniglich als selbstverständlich an,
dass die Handlung, auf welche der Wille geht, erfolge, falls nur,
wo die Handlung nicht ohne Körperbewegung vollziehbar ist,
die Körperorgane in normalem Zustande sind, also z. B. nicht
dauernd oder zeitweilig gelähmt; und wo dann doch die Handlung nicht recht von Statten geht, da glaubt man es nur nöthig
entweder dem Inhalt des Willens zu grösserer Klarheit zu verhelfen oder dem Werthgefühl mehr Stärke zu geben, um den
Willen zu einem effectiven, d. h. in Handlung übergehenden, zu
machen. Im gemeinen Leben fordert man von einem Menschen,
dass er Kopf und Herz auf dem richtigen Fleck habe; mit Kopf
ist gemeint Klarheit des Vorstellens, mit Herz Stärke des Werthurtheils. Bei dem einen Menschen hält man es ferner, um seinen
Willen zu heben, für nöthiger, seinen Verstand aufzuhellen, bei

anderen, ihre Gefühle zu beleben. Selbst in ganzen Zeitaltern hat sich die Bemühung bald mehr nach der einen, bald nach der andern Seite gerichtet: die Aufklärung des vorigen Jahrhunderts glaubte durch Aufhellung des Verstandes unmittelbar auch den effectiven Willen herbeizuführen, die Periode der Empfindsamkeit, welche darauf folgte, suchte das Herz zu rühren, im Vertrauen, dass dann die That unfehlbar eintreten werde. In der Regel also, d. h. wo nicht ein besonderes Hinderniss vom Körper aus entgegenwirkt, sieht man den Willen als effectiv an, sobald Klarheit der Vorstellung und Stärke des Werthurtheils zusammen sind.

3. Diese Auffassung des effectiven Willens ist uralt und über die ganze Erde verbreitet. Ueberall sucht man zur Herbeiführung eines solchen auf Verstand und Herz zu wirken mit allen Mitteln des Wortes, sei es in Vers, in Fabel, in Sprüchwort, Erzählung oder Predigt. Bei den wilden wie bei den cultivirten Völkern drückt sich das gleiche Vertrauen aus, dass man in Klarheit des Vorstellens und Stärke der Werthgefühle die Stücke besitze, welche den Willen wesentlich ausmachen. Nichtsdestoweniger ist es seit alten Zeiten besonders im Sittlichen Erfahrungsthatsache, dass jene beiden Stücke sehr oft zum effectiven Willen nicht genügen. Die Alten haben diese Erfahrung an sich constatirt, sie ist niedergelegt in den Worten der Medea bei Ovid: video meliora proboque, deteriora sequor. Im Christenthum gilt der Satz des Apostels Paulus als typisch: das Wollen ($\vartheta \acute{\epsilon} \lambda \epsilon \iota \nu$, חֵפֶץ == Gefallen haben, hier am göttlichen Gesetz) habe ich wohl, aber das Vollbringen finde ich nicht. Nach der indischen Lehre vermag zwar die Betrachtung sich rein zu halten, aber alles Handeln ist mit Sünde befleckt. So viel Zutrauen die Schule des Confucius zu den Keimen der Tugend im Menschen hat, so verbreitet ist es nach Mencius, „sein ursprüngliches Herz zu verlieren", und dass effectives Wollen selten sei, drückt das chinesische Sprüchwort aus: grosse Seelen wollen, andere wollen nur wollen. Rein weltmännisch ist dieser Zug menschlicher Natur gekennzeichnet bei Diderot in Jaques le fataliste: „wir bringen drei Viertel unseres Lebens

damit zu, etwas zu wollen und es nicht zu thun, und zu thun,
was wir nicht wollen." Uebrigens ist diese Discrepanz zwischen
Vorstellung und Werthurtheil als Hauptfactoren des Willens
einerseits und dem effectiven Willen andererseits keineswegs
auf das Sittliche beschränkt, sondern zieht sich durch alle
Seiten unseres Lebens hindurch. Manche Speise wollen wir
nicht, obwohl wir einräumen, dass sie uns ganz gut schmeckt
und auch gut bekömmt; manches junge Mädchen ist unglücklich darüber, dass sie, einen Bewerber ausschlagend, selber zugestehen muss, er habe eigentlich alle Eigenschaften, die sie an
einem Manne wünsche, aber doch wird sie von Grauen erfasst
bei dem Gedanken, dass dieser gerade ihr Gatte sein solle. In
künstlerischen und wissenschaftlichen Bethätigungen sind wir
oft körperlich und geistig wohl aufgelegt und doch will es nicht
recht vorwärts gehen u. s. f. Um diese Schwäche des effectiven Willens besonders im Sittlichen zu erklären, hat man die
kühnsten und mannichfaltigsten Rückschlüsse gemacht. Ein
solcher Rückschluss ist z. B. die augustinische Lehre von der
Erbsünde, welche den languor naturae erklären sollte, ein solcher
Rückschluss ist die indische, platonische und neuplatonische
Lehre, dass das gegenwärtige Leben und seine Beschaffenheit
im letzten Punkte Folge eines Abfalls aus einem höheren Dasein kraft der Freiheit sei; eine solche intelligible Freiheit zur
Erklärung des gegenwärtigen sittlichen Zustandes haben auch
Kant gefordert und Schelling, wobei der letztere, wie auch
Baader, sich immer mehr der neuplatonischen und indischen
Vorstellung genähert hat, Schopenhauer wurzelt ganz in dieser
letzteren, Fichte rief die vis inertiae herbei als auch im Sitt-
lichen waltend u. s. w.

4. Bei dieser Sachlage ist die Vermuthung gestattet, dass
in der gewöhnlichen Begriffsbestimmung des Willens irgend
etwas mangelhaft sei. In der That ist die Kürze auffallend,
mit welcher dabei der Körperbewegungen und überhaupt der
Körperzustände gedacht wird, während es ein unzweifelhaftes
Ergebniss der modernen wissenschaftlichen Psychologie ist, dass,
selbst wo ein rein geistiges Handeln da zu sein scheint, wie

z. B. bei der Lösung einer mathematischen Aufgabe im blossen Denken, physiologische Processe im Spiel sind. Die Ermüdung und Abspannung des Kopfes nach geistigen Anstrengungen und die Unfähigkeit, etwa bei Kopfschmerz schwere Denkarbeit zu vollziehen, zeigt dies zur Genüge. Wie tief die physiologische Seite unseres Daseins in die geistige verschlungen ist, mag der, welcher es noch nicht weiss, am eindringlichsten lernen aus Kussmaul's Buch „Die Störungen der Sprache". Dass die Seele, so sehr sie ein geistiges Wesen sein mag und gewisslich ist, in dem Thatbestand, den wir kennen, nicht blos im Allgemeinen einen Stützpunkt am Leibe hat, sondern auch in allen ihren Bethätigungen in der lebhaftesten und innigsten Beziehung zu ihm steht, wird heutzutage niemand, der überhaupt etwas von diesen Sachen weiss, in Abrede stellen. Das, was wir hier zunächst aus der physiologischen Psychologie benutzen wollen, knüpfte sich ursprünglich an die Frage an: da zum effectiven Wollen meist Bewegungen erforderlich sind, welche durch die Nerven in den Muskeln veranlasst werden, woher weiss die Seele, welche Nerven sie in jedem Falle anregen muss, damit diese wieder bestimmte Muskeln anregen, auf dass eine Beugung oder Streckung des Armes oder Fusses oder eine ganz complicirte Reihe von Muskelbewegungen erfolge? Von Haus aus weiss nun die Seele von allen diesen Apparaten nichts. Die Wissenschaft hat zwar allmälich gezeigt, dass sie im Spiele sind, sie lehrt aber zunächst nicht, wie die Seele es anfängt auf sie überhaupt, und wie gerade auf die einzelnen, zu wirken; eine absolute Macht über Nerven und Muskeln hat die Seele aber gar nicht. Dagegen bietet sich die Annahme dar, dass, wie es zeitlebens unwillkürliche Bewegungen giebt, sogenannte Reflexbewegungen (Husten, Niesen u. s. w.), und wie Bewegungen, welche gewöhnlich willkürlich sind, unter gewissen Umständen z. B. in Krämpfen unwillkürlich auftreten, so auch in der Kindheit diejenigen Bewegungen, welche später meist vom Willen abhängen, auf blos physiologische Erregungen in den Nervenzellen unwillkürlich auftreten. Die Seele behält dann allmälich den Vorstellungs- und Gefühlszustand, welcher mit diesen Be-

wegungen verbunden war, und kann nachher durch Erweckung
dieses inneren Zustandes die damit verbunden gewesenen Körperbewegungen anregen. In der That zeigen sich in Kindheit und
Jugend die Bewegungen in bedeutendem Reichthume und selbst
vielfacher Regellosigkeit, bei Gesundheit und reichlicher Ernährung ist die Bewegung im Wachen fast unablässig; wird sie
zeitweilig gehemmt, so fluthet sie nachher um so stürmischer
aus, der blosse Ueberschuss an Muskelkraft drängt zu irgendwelcher Entladung. Den ersten Gedanken zu dieser jetzt herrschenden Ansicht hat, so viel ich habe finden können, Herbart
gegeben (Psychologie als Wissenschaft gegründet auf Erfahrung,
Metaphysik und Mathematik, zweiter Theil § 155). In ähnlicher Weise sprach sich nach Herbart Johannes Müller aus
(Handbuch der Physiologie des Menschen, 2. Band S. 93 f.).
Ihrem Grundgedanken nach ist sie von Lotze (Medicinische
Psychologie § 24—27) etwa so ausgeführt: Die Seele weiss
nicht von sich aus, wie es gelingt einzelne Glieder in Bewegung
zu setzen. Sie musste das alles lernen, und dabei dient ihr
der Umstand, dass die Bewegungen selbst solcher Muskeln, die
sonst gewöhnlich vom Willen beherrscht werden, doch nicht
immer von Zuständen der Seele ausgehen, sondern wie z. B. in
Krämpfen oft ohne Zuthun der Seele auf Veranlassung physischer innerer Reize geschehen. In der ersten Jugend findet
dies in sehr ausgedehntem Masse statt; indem dann der Körper
sich von selbst bewegt, macht die Seele die Erfahrung, dass
eine gewisse anschauliche Bewegung a irgend eines Gliedes mit
einer Veränderung α ihres Gemeingefühls verbunden ist; will
sie später die Bewegung a wieder erzeugen, so reproducirt sie
in sich den Zustand α ihres Gemeingefühls, d. h. die Art, wie
ihr zu Muthe war, als die Bewegung a geschah, und dies ist
der innere Zustand der Seele, auf dessen Wiedererinnerung die
wirkliche Bewegung erfolgt. — — Der Wille ist demnach ein
ziemlich accessorisches Element in der Hervorbringung auch
der willkürlichen Bewegungen, seine Wirksamkeit erschöpft sich
in der Herstellung einer Vorstellung oder eines Gemüthszustan-
des, mit welchem weiter das Entstehen der Bewegung als auto-

matische Folge verbunden ist; und erklärlich wird dies auch nur, wenn man annimmt, dass weder Vorstellung noch Gemüths-affect unmittelbar als psychische Elemente diese Folge erzeugen, sondern dass sie zunächst auf die sensiblen Centralorgane rück-wärts wirken und in ihnen dieselben Zustände erwecken, die sie erfahren würden, wenn der Inhalt der Vorstellung von neuem als Sinnesreiz auf uns einwirkte, mit anderen Worten: es wird durch die Vorstellung blos die Disposition zur Bewe-gung, welche in dem Centralorgan und weiterhin von sich und zum Theil mit Ausbildung von früher liegt, erweckt; wo also keine ursprüngliche Bewegung und keine ursprüngliche Dispo-sition zur Bewegung unabhängig vom blos psychischen Wollen im Körper liegt, bringt alles Wollen keine Bewegung, also kein Vollbringen hervor. Denselben Standpunkt in Bezug auf die willkürliche Bewegung hat in England Alex. Bain später, aber wohl unabhängig von Herbart und Lotze, mit grosser Ausführ-lichkeit vertreten. Bei ihm, charakteristisch für den praktischen und zur Activität geneigten Engländer, spielt überhaupt der Muskelsinn eine selbständige Rolle neben den fünf Sinnen, ja nach ihm ist Handeln, action, eine Eigenschaft, welche unserer Beschaffenheit mehr zugehört und von ihr untrennbarer ist als irgend einer der anderen Sinne, sie geht thatsächlich als ein Component in jeden der fünf Sinne ein, so dass sie ohne ihn gar nicht sind. Seine Beweise, dass man eine spontane Acti-vität anzunehmen habe, sind sehr ausführlich: die Bewegungen der Kindheit und Jugend in ihrem ganzen Reichthum und ihrer vielfachen Regellosigkeit zwingen zu der Annahme; das, womit sich beide bei der Bewegung abgeben, ist blos die zufällige Direction der Bewegungslust, gerade wie bei den Thieren; nach dem Schlaf, nach der Ruhe, nach dem Essen wollen sie sich tummeln und das, womit sie es thun, ist nur die accessorische Determination. Sein letztes Argument ist, dass ohne eine solche Spontaneität unsrer Thätigkeiten das Aufkommen des Willens als der auf Ziele und Zwecke geleiteten Activität durchaus un-erklärbar wäre. Bei den Auseinandersetzungen des Details hat er namentlich den Satz vertreten, dass die Organe, über welche

wir später als getrennte oder einzelne gebieten, dieser Isolirung
von Anfang an fähig sein müssen, und dass diese Getrenntheit,
wenn auch in sehr verschiedenen Graden, thatsächlich in dem
System der Körperbewegungen existirt. Bedingungen, welche
die spontane Entladung der Bewegung regieren, sind 1) die
natürliche Kräftigkeit der Constitution, Jugend und Gesundheit,
reichliche Ernährung, Mangel einer Ableitung, Eindämmung
der sich ansammelnden Ladung durch zeitweilige Zurückhal-
tung; 2) Erregung, d. h. ein ungewöhnlicher Strom der cen-
tralen Nervenenergie, die durch mannigfache Ursachen hervorgebracht sein kann, und auf welche Erschöpfung oder früherer
Verlust der Kraft folgt; die erregenden Ursachen können sowohl physische als geistige sein. Diese spontane Activität ist
noch nicht der ganze Wille, beim Willen ist wesentlich das
Moment, welches diesen spontanen Thätigkeiten eine Richtung
gibt, und ihnen dadurch den Charakter der Absicht oder des
Zweckes verleiht. — — Der Wille, d. i. die direkte oder indirekte Lust an irgend einer erinnerten Bewegung und ihrem
Resultat ruft den inneren Zustand wach, der bei der Bewegung
statt hatte, und da dies nicht geschieht ohne leise Miterregung
all der Nerven und Muskeln, welche an jener Bewegung betheiligt waren, so werden damit auch jene Nerven und Muskel-
zustände miterregt, und dadurch erst erfolgt die nunmehr ge-
wollte Bewegung (Alexander Bain, the Senses and the Intellect,
the Emotions and the Will, an vielen Stellen).

Ein leises Vorspiel zu der physiologischen Theorie der Ur-
sprünglichkeit der später unwillkürlichen Bewegung, findet sich
bei Malebranche, de la recherche de la vérité l. V ch. VII. Il
se rencontre quelquefois dans les esprits animaux et dans le
reste du corps une certaine disposition qui excite à la chasse,
à la danse, à la course et généralement à tous les exercices, où
la force et l'adresse du corps paraissent le plus. Cette disposition est fort ordinaire aux jeunes gens, et principalement à
ceux dont le corps n'est pas encore tout-à-fait formé. Les
enfans ne peuvent demeurer en place, ils sont toujours en
action, lorsqu'ils suivent leur humeur. Comme leurs muscles

ne sont pas encore fortifiés, ni même tout-à-fait achevés, Dieu qui comme auteur de la nature règle les plaisirs de l'âme par rapport au bien du corps, leur fait trouver du plaisir dans l'exercice, afin que leur corps se fortifie. — — — Le sentiment confus que les jeunes gens ont de la disposition de leur corps, fait qu'ils se plaisent dans la vue de sa force et de son adresse. Ils s'admirent lorsqu'ils en savent mesurer les mouvemens, ou lorsqu'ils sont capables d'en faire extraordinaires: ils souhaitent même d'être en présence de gens qui les considèrent et qui les admirent.

5. Lehrreiche Beispiele, wie aus unwillkürlichen Bewegungen willkürliche werden, sind: Das Fixiren, d. h. das Auge in solche Lage bringen, dass das Bild des Gegenstandes auf die Stelle des deutlichsten Sehens im Centrum der Netzhaut fällt, geschieht beim Kind nicht plötzlich, es entwickelt sich allmälich aus einem unsteten Triebe zur Bewegung der Augen, der vielleicht durch den Lichtreiz erzeugt wird; und wenn hierbei zufällig die Stelle des deutlichsten Sehens auf einen Gegenstand fällt, welcher durch Helligkeit, Farbe oder Bewegung die Aufmerksamkeit erregt, so wird durch Wiederholung dieses Vorgangs das Kind allmälich durch Erfahrung lernen die zweckmässige Bewegung willkürlich auszuführen (Bernstein, die fünf Sinne des Menschen, S. 6). In ähnlicher Weise lernen die Neugebornen, obwohl sie sogleich im Stande sind Saugbewegungen zu machen, doch meist und zwar unter Nachhülfe der Mutter erst nach mehreren Tagen die Milch kräftig und mit Erfolg aus der Mutterbrust ausziehen (Kussmaul, das Seelenleben des neugebornen Menschen, S. 33). Ebenso bildet sich willkürliches Greifen, Aufrichten zum Sitzen, Laufen, Hervorbringung artikulirter Töne allmälich und meist unter Nachhülfe aus vielerlei unwillkürlichen Bewegungen der Hände, des Rumpfes, der Füsse, der Sprachorgane heraus. Manches wird spät gelernt, weil ein Zusammentreffen mehrerer Muskelbewegungen dazu erforderlich ist, welche sich nicht so rasch zusammenfinden: den Schleim willkürlich ausspeien lernt das Kind frühstens am Ende des zweiten Lebensjahres, es ist dazu erfordert eine complicirte

Anordnung von Mund und Zunge, verbunden mit einem fort-
stossenden Ausathmen (Bain); ebenso ist das willkürliche
Riechen spät, denn es wird dazu erfordert Zusammentreffen
geschlossener Lippen mit vermehrtem Einathmen (Bain). Bemerkenswerth ist, dass bei diesen Vorgängen zuerst immer ein
gewisses Vielerlei der Bewegungen statt hat, aus welchem sich
dann eine oder die andere Art als die werthvollste heraushebt
und festgehalten wird, so zwar, dass mancherlei Verfehlungen
und Vergreifungen oder ein Verharren bei einer minder werthvollen Art, als Andere erreichen oder für den Betreffenden
selbst erreichbar wäre, nicht ausgeschlossen sind. Selbst ordentlich an der Mutterbrust zu trinken bringen einzelne Kinder nie
fertig (Kussmaul). Krampf im Bein führt in der Regel nicht
auf die Bewegungen, welche zu seiner Erleichterung dienen
(Bain). Ein naheliegendes Beispiel aus dem späteren Leben
ist, dass, wenn wir unbequem im Bette liegen, wir oft sehr
lange die Lage wechseln, bis sie nicht mehr genirt; am folgenden Abend begeben wir uns meist sofort in diese Lage.

6. Gilt diese Theorie von der Entstehung der willkürlichen
Bewegungen blos von diesen, so dass es mit den anderen Seiten
unsers willkürlichen Thuns sich anders verhält? Eine solche
Scheidung hat keineswegs statt, sondern es muss behauptet
werden, dass jene Auffassung der Entstehung der willkürlichen
Bewegungen in Bezug auf Bewegung blos das spät nachgeholt
hat, was man in Bezug auf Anschauung der Sinne, Gedächtniss, Einbildungskraft, Verstand, sinnliche und geistige Aufmerksamkeit längst hatte thun müssen. Auch bei ihnen vermag der
Wille als blosses Vorstellen und Werthschätzen aus sich selbst
noch nichts. Wie oft will man sich auf einen bestimmten
Namen besinnen: man weiss, was man will, den Namen zu der
und der Person, die wir vor uns sehen mit leiblichem oder mit
geistigem Auge; das Werthgefühl ist dabei oft sehr dringend,
vielleicht sollen wir die Person, die wir kennen und schätzen,
einer anderen vorstellen, und es ist uns im höchsten Grade
peinlich, dass der Name, mit dem wir sie vor fünf Minuten
noch begrüsst hatten, gerade jetzt nicht kommen will. Hier

ist die Vorstellung klar, das Werthgefühl stark, gleichwohl versagt sich uns der Name. Mit der Anschauung der Sinne ist es nicht anders; alle Menschen haben wohl bei uns mit Interesse öfter eine Fliege betrachtet, viele gerathen aber in nicht geringe Verlegenheit, wenn sie gefragt werden, wie viel Füsse eine solche habe; es stellt sich dann heraus, dass ihnen die Anschauung fehlt, die sie sich durch jene Betrachtung doch hatten erwerben wollen. Von der Einbildungskraft ist es bekannt, dass sie als reproductive, als lebhaftes Erinnerungsbild oft sehr mangelhaft ist, wo wir gerade das Gegentheil wollen; als productive ist sie zunächst besonderes Talent, aber selbst beim höchsten Talent steht sie nicht in dessen Macht, sie versagte sich z. B. Göthe beim Arbeiten in prächtigen Zimmern. Der Wille verständig zu denken und zu handeln genügt bekanntlich nicht dazu, dass beides effectiv statthat. Was endlich die Aufmerksamkeit betrifft, so klagen wir oft, dass wir sie trotz alles guten Willens heute oder überhaupt nicht für einen Gegenstand beschaffen könnten. Der Grund von alle dem ist auch hier, dass zum effectiven Wollen, zum Wollen mit Gelingen, Vorstellung und Werthschätzung nicht ausreicht. Der Hergang ist ein viel complicirterer: die elementaren Vorgänge, welche unter jenen Wörtern Anschauung, Gedächtniss u. s. w. befasst werden, mussten sich von Haus aus spontan regen, dann konnte sich die Seele allmälich merken, unter welchen Umständen sie eine genaue Anschauung hatte, etwa beim Fixiren eines Gegenstandes von verschiedenen Seiten und Achtsamkeit nicht blos auf Farbe und Beweglichkeit, sondern auch auf seine Mass- und Zahlverhältnisse (Pestalozzi). Ebenso musste die Seele allmälich inne werden, dass man meist etwas behält, wenn es Einem öfter aufgestossen ist, dass die reproductive Einbildungskraft abhängt von genauer Auffassung, dass es selbst bei der productiven begünstigende und hemmende Umstände ihrer Bethätigung giebt, dass die Hauptsache im Verstande für Wissenschaft und Leben ist, das Wesentliche herauszufinden, dass die Aufmerksamkeit abhängt von Frische der Organe und von natürlichem Interesse, d. i. davon, dass die Gedanken auf den

leisesten Anstoss an etwas hangen (Herbart) u. s. w. Dies alles
muss sich erst spontan in der Seele geregt haben, was die
Anregung durch Andere in der Erziehung nicht ausschliesst;
die Seele muss ausserdem die Vorgänge dabei irgendwie behalten haben, dann kann sie dieselben benutzen, um zur willkürlichen Auffassung oder zur willkürlichen Erinnerung zu gelangen, sie weiss jetzt, wie sie es zu machen hat, um einen
effectiven Willen in Bezug auf Erwerbung einer Anschauung,
Behaltung eines Namens u. s. f. zu haben. Was sich ursprünglich spontan darbot, das regt sie wieder an, geradè wie es bei
den willkürlichen Bewegungen geschehen musste. Auch hierbei
ist zu beachten, dass die elementaren Vorgänge dieser geistigen
Processe eine gewisse Latitüde haben, so dass sehr verschiedene
Grade der Genauigkeit der Anschauung, der Treue des Gedächtnisses u. s. w. vorkommen, und ein Verharren bei einem
geringeren Grade, als an sich möglich wäre, nicht ausgeschlossen
ist; es hat zunächst ein mannichfaches Tasten und Tappen statt,
aus dem sich allmälich eine Art als die werthvollste oder als
die in diesem Individuum bleibende absetzt.

7. Allgemein ist also die richtige Theorie des Willens so
zu fassen: mit ursprünglich unwillkürlichen Bethätigungen war
verbunden Vorstellung und Werthschätzung, diese Vorstellung
und Werthschätzung regt dann später die bezüglichen Bethätigungen wieder an, oder, als Formel ausgedrückt, mit a war
verbunden b, dies b regt dann wieder an a. Der Grund der
Möglichkeit dieser Umkehrung ist, dass beide Zustände irgendwie eng mit einander verbunden waren, eine Verbindung von
a mit b immer aber auch eine von b mit a ist. Es hat also
das Gleiche statt wie bei den Associationen, wo z. B. nicht
blos eine Vorstellung eine andere damit verbunden gewesene
ins Bewusstsein bringt (die Dame, der ich begegne, erinnert
mich an den Kranz, den sie auf dem gestrigen Balle trug),
sondern auch eine freudige Stimmung Vorstellungen weckt, die
früher in ähnlicher Stimmung gehabt wurden (alte Herrn erinnern sich in Weinlaune bald ihrer Jugendtage), und eine Vorstellung die früher mit ihr verbundenen Gefühle erregt (der

Anblick eines Jugendfreundes bringt uns das ganze Glück jener Tage zurück). Einen Vorgang, wo auf Vorstellung und Werthschätzung geistige oder geistig-leibliche Bethätigung eintritt, nennen wir Wille und willkürliche Handlung, sie hat aber nicht mit Erfolg statt, wo nicht die unwillkürliche Bethätigung voraufging. Aus dieser richtigen Theorie verstehen wir auch, wie die gewöhnliche falsche überhaupt aufkommen konnte. Sie ist eine Abstraction aus den nicht wenigen Fällen, wo auf Vorstellung eines Inhalts und Werthschätzung desselben Handlung eintritt; diese tritt aber in diesen Fällen blos darum ein, weil die organischen und psychischen Elementarereignisse, auf welche Vorstellung und Werthschätzung sich bezieht, vorhergingen und so vorhergingen, dass sich eine feste Verknüpfung zwischen diesen Elementarereignissen und den betreffenden Vorstellungen und Werthschätzungen auch rückwärts bildete. Wo die organischen und psychischen Anknüpfungspunkte des effectiven Willens nicht sind oder aus Mangel an Ausbildung so gut wie verloren sind, da tritt daher der effective Wille nicht ein. Es ist für den Rothblinden nicht unmöglicher die Empfindung der rothen Farbe durch Vorstellung und Werthschätzung zu bekommen, als es für den Unmusikalischen ist sich durch Vorstellung und Werthschätzung in die Freude des Musikliebhabers zu versetzen, oder es für rein praktische Naturen ist sich durch beides in reine Theoretiker zu verwandeln. Wo jene Anknüpfungspunkte fehlen, da kann sogar die Vorstellung und Werthschätzung oft nicht gebildet werden. So hat der von Natur Beherzte gewöhnlich gar keine Vorstellung davon, wie einer feig sein könne; der Mässige begreift nicht, wie ein Mensch an Lüderlichkeit Gefallen finden möge, der Gütige kann sich in eine boshafte That gar nicht versetzen. Umgekehrt legt der Mensch von gemeiner oder egoistischer Gesinnung alles nach sich aus, weil ihm eine uninteressirte und edle Denkungsart ganz unfassbar ist. Hier verschlagen daher blosse Vorstellungen und Gemüthsbestürmungen, alles sogenannte Moralisiren, gar nichts. Wo die elementaren organischen und psychischen Anknüpfungspunkte des effectiven Willens zwar vorhanden

sind, aber schwach, da werden die darauf bezüglichen Vorstellungen und Werthurtheile leicht gebildet, aber sie bringen, so
bald sie als antecedens auftreten, natürlich nur ein schwaches
consequens hervor. Hier ist das Gebiet, wo die falsche Willenstheorie am üppigsten zu grassiren pflegt: weil doch Vorstellung
und Werthschätzung da ist, glaubt man der Effectivität des
Willens dadurch aufhelfen zu können, dass man die Vorstellung
klarer, die Werthschätzung stärker mache, indem man auf beide
einwirkt durch Vorstellungen und Zureden. Der Erfolg, wenn
nicht unbewusst die richtigen Mittel der Willensbildung mit
angewendet werden, ist kein anderer, als er sein würde, wenn
jemand das Gedächtniss, das schwach ist, aber doch etwas vorhanden, dadurch zu stärken gedächte, dass er dem Besitzer
eine Rede über die Vorzüge eines starken Gedächtnisses hielte.

8. Warum setzt sich aber im Bewusstsein, man kann sagen,
aller Menschen das falsche Bild vom Willen fest, ein Bild, wonach Vorstellen und Werthschätzung des Vorgestellten das Wesentliche des Willens sind und das Eintreten von realisirender
Thätigkeit und Bewegung das Accessorische, während in Wahrheit gerade umgekehrt spontane Thätigkeit und Bewegung
(Vorstellungsverlauf und Muskelspiel) das Primäre ist, Vorstellung und Werthgefühl aber mit folgender Bethätigung sich
erst daraus entwickelt. Das kommt davon, dass wir gegenüber
den verschiedenen Elementen unseres geistig-leiblichen Lebens
eine verschiedene Leichtigkeit des Vorstellens in der Erinnerung
haben. Nichts hat einen so grossen Einfluss auf unser geistiges
Sein als unser Leib, gleichwohl sagen wir, der Gesunde fühlt
seinen Leib nicht; weil derselbe sich in gesundem Zustand nur
als Wohl- und Kraftgefühl geltend macht, wird er gewissermassen als gar nicht vorhanden und mitredend gedacht, während sein dermaliger Zustand der Hauptgrund von unserem
Wohl- und Kraftgefühl ist. Unser Gedankenlauf hängt von so
mannichfachen körperlichen und geistigen Gesetzen ab, dass
wir uns desselben diesem gesetzlichen Zusammenhang nach
wenig oder fast gar nicht bewusst werden. Die Gesetze der
Ideenassociation z. B. hatte Aristoteles skizzirt, aber von grös-

serem Einfluss auf das Verständniss aller Seiten des geistigen
Lebens sind sie erst seit dem Ende des vorigen Jahrhunderts
geworden. Unsere Thätigkeits- und Muskeltriebe kommen uns
gleichfalls nur dunkel, unbestimmt, nicht im Einzelnen zum
Bewusstsein, darum wurden sie als ein Ausgangspunkt und eine
Hauptvermittlung effectiven Willens am längsten übersehen.
Dagegen sehr wohl im Gedächtniss bleiben uns alle objektiven
Vorstellungsbilder, also alle Vorstellungen, in welche Gesichts-
eindrücke eingehen, daher wir auch Bewegungen und Handlungen uns vor Allem von der Seite vorstellen, wie die Sache
aussah oder sich ausnahm, und ebenso treu ist unsere Erinnerung für Lust und Unlust, Befriedigung und Missbilligung innerer Art. Demgemäss treten in unsrem Vorstellen von Wille
hervor der Vorstellungsinhalt und die Werthschätzung, die reali-
sirende Bethätigung und Bewegung treten zurück; ursprünglich
sind sie zwar das erste und Vorstellung und Werthschätzung
das zweite, aber für den erinnernden und reflectirenden Geist
kehrt sich die Abfolge um, und Thätigkeit und Bewegung
scheint eine selbstverständliche Folge von Vorstellungsinhalt
und Werthschätzung, da sie sich ursprünglich auf beides Letztere darum einstellt, weil dieses selbst gar nicht geworden
wäre, wenn das Erstere nicht vorher schon da war. So entsteht durch eine schwer vermeidliche Selbsttäuschung die Idee
von dem Willen, der Alles kann, d. h. davon, dass Vorstellungsinhalt und Werthschätzung das Wesentliche sei, und dass
daraufhin die Bethätigung eintrete.

Die Folgerungen, welche sich aus dieser Theorie vom ursprünglichen Zustandekommen des Willens ergeben, brauchen
blos angedeutet zu werden. Erstens falsch ist die Ansicht,
welche man als die platonische Richtung der Weltauffassung
bezeichnen kann, weil sie in Platon ihren ersten grossen wissenschaftlichen Ausdruck erhalten hat. Diese Ansicht behauptet,
dass alles Wirken nach Analogie unseres höheren Geisteslebens
zu denken sei, dieses höhere Geistesleben selbst sei ein unmittelbares Handeln nach Zweckvorstellungen, d. h. nach Vorstellung mit Werthschätzung, nach der Idee des Besten, eine

Lehre, die auch Aristoteles aufgenommen hat. Diese Ansicht ist falsch, sofern sie sich darauf stützt, dass der Thatbestand unseres Seins unzweifelhaft zeige, dass Vorstellung und Werthschätzung die einzige und ausreichende Ursache davon sei, dass Wirken und Bethätigung eintrete. Der Thatbestand unseres Seins zeigt umgekehrt, dass Vorstellung und Werthschätzung nur wirken, wenn sie sich auf ein ursprünglich von beiden unabhängiges Geschehen beziehen, unser Geist als Vorstellung und Werthschätzung wirkt nicht unmittelbar, sondern sehr vermittelt, und zwar haben bei diesen Vermittlungen die organischen unwillkürlichen Bethätigungen auch da den Vortritt, wo wir später überwiegend willkürlich zu handeln lernen. Die zweite Folgerung ist, dass die Schopenhauer'sche Auffassung vom Willen gänzlich zu verwerfen ist: nicht der Wille liegt dem Vorstellen zu Grunde und erzeugt es als seinen nachgebornen, ihm unter Umständen feindlichen Sohn, sondern der Wille selbst ist das Nachgeborne, aus Vorstellung und Werthschätzung zusammen erst Entstehende, das Ursprüngliche sind unwillkürliches Geschehen und unwillkürliche Bethätigung. Die dritte Folgerung ist, dass von einem liberum arbitrium indifferentiae in der menschlichen Natur sich nichts findet: aller Wille in uns setzt voraus, dass unwillkürliche Bethätigung vorherging, auf welche sich dann Vorstellung und Werthschätzung erst bezieht, der Gedanke des schlechthin freien Willens ist einer von den kühnen Rückschlüssen, durch die man die Verschiedenheit des Willens, die so mannigfachen Vorstellungsinhalte und Werthschätzungen zu erklären versuchte, nachdem man einmal in die falsche Abstraction verfallen war, als ob Wille überhaupt rein Bewegung aus sich selber wäre.

9. Der in seinem Ursprung so verstandene Wille ist bildbar, sofern unzweifelhaft die organischen und psychischen elementaren Grundlagen desselben bildbar sind. Diese Bildung, die sowohl Verstärkung als Ausbreitung sein kann, hat sich aber zu richten nach den Gesetzen dieser Grundlagen, gerade wie die Bildung der äusseren Natur nur von Erfolg ist, wenn man ihre Gesetze erkennt und benutzt. Non imperatur nisi

parendo, gilt auch hier, und wie man bei der Wirkung auf die
äussere Natur den Zaubermitteln entsagt hat, so muss man
auch bei der Behandlung des Willens dem Vorurtheil entsagen,
dass durch blosse Erregung von Vorstellung und Gefühl ein
effectiver Wille herstellbar sei.

Das erste Gesetz der Willensbildung, das der Verstärkung,
lässt sich daran anknüpfen, dass wir den Hergang: unwillkürliche Bethätigung, daran sich anschliessend Vorstellung und
Werthschätzung, dann Vorstellung und Werthschätzung zuerst,
und daran sich anschliessend Bethätigung — durch Erinnerung
an die Ideenassociationen verdeutlicht haben, wo die Dame,
der wir begegnen, uns an den Kranz erinnert, den sie auf dem
gestrigen Balle trug, aber auch der Kranz, den wir irgendwo
sehen, uns das Bild derer wiederbringt, die er schmückte. Bei
den Ideenassociationen gilt aber das leichtbegreifliche Gesetz,
dass, wenn a verbunden war mit b in dieser Reihenfolge, der
Rückgang von b nach a zwar möglich ist, aber nicht so leicht.
Am evidentesten ist dies bei längeren Reihen und dem Versuch ihrer Umkehr: $a\ b\ c$ sagen wir ziemlich rasch auch umgekehrt auf, von z aber rückwärts die Buchstaben des Alpha-
bets aufzusagen ist fast unmöglich. Das Gleiche gilt vom
Willen, sofern auf Vorstellung und Werthschätzung Bethätigung
eintreten, also das Umgekehrte des ursprünglichen Vorgangs
statt haben soll, sie ist möglich, aber nicht so leicht. Bei der
gewöhnlichen Association erreicht man die Umkehr und die
Leichtigkeit derselben durch Uebung; das Einmaleins kennen
wir nicht blos vorwärts, sondern auch rückwärts auswendig,
weil wir es in beiden Folgen geübt haben. Das Gleiche gilt
vom Willen, er ist abhängig von der Uebung. Das Schwerste
ist hier der Anfang, denn da sollen, vorausgesetzt, dass die
unwillkürliche Bethätigung schon irgendwie voraufging, durch
Vorstellung und Werthschätzung Vorstellungselemente, Nerven,
Muskelgruppen angeregt werden, mehr aber als solche Anregung
vermag der Wille als blosse Vorstellung und Werthschätzung
nicht. Daher sind zu Anfang dieser Uebung erforderlich günstige
Bedingungen, es muss die betreffende Muskelgruppe z. B. in

solchen inneren Zuständen sein, dass eine leise Anregung durch
die bezüglichen Vorstellungen und Werthschätzungen vermittelst
der Nerven genügt, die Spannkraft der Muskelgruppe auszulösen. Ebenso müssen die Einzelvorstellungen und mancherlei
Combinationen derselben gerade leicht erweckbar sein, wenn
eine zusammenhängende Verknüpfung derselben etwa in einem
Gedicht oder Aufsatz gelingen soll. Aus dem gleichen Grunde
erklärt sich, dass bei leiblicher oder geistiger Erschöpfung
Vorstellungen und Werthschätzungen, die sonst effektiv waren,
gar nichts mehr vermögen, dass bei leiblicher oder geistiger
Ermüdung, z. B. in Schlaftrunkenheit, schwer fällt und nur unsicher gelingt, was sonst leicht und präcis ausgeführt wurde,
dass durch längere Unterlassung sonst geübter leiblicher und
geistiger willkürlicher Handlungen diese nicht mehr von Statten
gehen wie früher; die betreffenden Muskeln und Nerven sind
unterdessen anderweitige Verbindungen eingegangen, daher sie
gewissermassen nicht mehr so gestimmt sind wie früher, auf
die Vorstellungen und Werthschätzungen zu respondiren. Dass
eine Reihe von guten Tagen so schwer zu ertragen ist, heisst:
da wir im Glück nicht von selbst Gelegenheit haben uns in
Geduld, Anstrengung, Enthaltsamkeit zu üben, so müssen wir
diese uns entweder absichtlich schaffen, oder erwarten, dass
jene Tugenden uns aus Mangel an Uebung verloren gehen und
dafür andere Gewöhnungen sich einstellen, sehr verschieden von
ihnen. Aus dem Gesagten ergeben sich die Regeln: 1) Willkürliche Handlungen jeder Art erfordern für ihren Anfang
günstige innere und äussere Bedingungen, für deren Herstellung
daher so viel möglich Sorge zu tragen ist, und werden nur
durch Uebung, d. h. Wiederholung fest und sicher. 2) Was
wir stets willkürlich thun wollen, das dürfen wir nie ganz
ausser Uebung setzen. Diese Bedeutung der Uebung und Gewöhnung für die Willensbildung ist früh erkannt worden, in
der Wissenschaft ist sie besonders von Aristoteles ans Licht
gestellt; nur das höhere Denken, den *νοῦς*, nimmt er aus, was
das Denken einmal hat, das bleibt ihm, ein Satz, der ein
Wunsch, aber keine Wahrheit ist, denn ohne alle Uebung,

absichtliche oder unabsichtliche, entschwinden auch die geistigsten Gedanken. Allgemeine Grundforderung ist ausserdem, stets für einen Vorrath von Muskel- und Nervenkraft zu sorgen durch Erholung nach starken Anstrengungen und zweckmässige leibliche Pflege. Die letztere muss nicht blos Erregungsmittel, sondern auch plastische = substanzerhaltende Mittel den Muskeln und Nerven zuführen. Für Muskelkraft wird bei uns gesorgt, freilich nicht immer in zweckmässiger Weise; nach Virchow sind Schwimmen und Dauerlauf die einzigen allseitig wirksamen turnerischen Uebungen. Die plastischen Stoffe werden überdies über den blossen Erregungsmitteln oft vernachlässigt: für jene ist nach der Physiologie stickstoffhaltiges Material (Fleisch, Eier, Brod) erforderlich, für diese kohlenstoffreiches (Fett, Stärkemehl). Dagegen für Nervenkraft wird bei uns noch wenig gesorgt; daher die gelegentlichen schrecklichen Zustände von Nervenerschöpfung, als Unfähigkeit etwas zu denken, plötzliches Abreissen einer Gedankenreihe, Schlafsucht schon bei unserer Jugend. Sehr oft werden die Nerven bei uns ernährt auf Kosten der übrigen Systeme, der Muskeln, des vegetativen Systems, also der Verdauung und was damit zusammenhängt. Dies wirkt auf die Nerven schliesslich selbst zurück; daher die Sensibilität und Erregbarkeit nicht mehr blos bei Gelehrten und Frauen der gebildeten Stände — die letzteren brauchen für das Gefühlsleben oft sehr viel Nervenkraft —, sondern schon in viel weiteren Kreisen. Schlimm, wo durch blosse Erregungsmittel den Nerven nachgeholfen wird, durch Kaffee, Thee, Spirituosen, kalte Abwaschungen. Am besten sind Ruhe, Bewegung in frischer Luft, leichte Gesellschaftsspiele. Helmholtz lobt die englischen Spiele auf den dortigen Universitäten und setzt hinzu: man darf nicht vergessen, dass junge Männer, je mehr man sie von frischer Luft und der Gelegenheit zu kräftiger Bewegung absperrt, desto geneigter werden eine scheinbare Erfrischung im Missbrauch des Tabacks und der berauschenden Getränke zu suchen.

10. Ehe wir die weiteren Gesetze der intensiven und extensiven Willensbildung darlegen, ist einem Einwand zu be-

gegnen, welchen unserer Auffassung von der Entstehung willkürlicher Bethätigung dasjenige entgegenzustellen scheint, was
man bei Kindern Nachahmungstrieb, bei Erwachsenen die Macht
des Beispiels nennt. Denn hierbei ist das antecedens Vorstellung eines wahrgenommenen Thuns und damit verbundene
Werthschätzung, unter welche auch das zu rechnen ist, was
Bain Erregung überhaupt nennt, z. B. Staunen, Verwunderung,
das consequens ist dann sofort oder allgemach eine entsprechende
Bethätigung. Kinder lernen so durch Nachahmung eine bestimmte Sprache sprechen, in ihren Spielen agiren sie alles,
was sie durch die Sinne aufgefasst haben: hat der Schieferdecker auf dem Dach gearbeitet, so „spielen sie Schieferdecker
eine ganze Woche lang“, die Schlachten des Alterthums werden
von den Knaben in ihren Kämpfen copirt; als die Guillotine
in der französischen Revolution herrschte, sollen die Kinder
sich bald kleine Guillotinen für Vögel und Mäuse gemacht
haben (Beneke); die Mädchen schmücken ihre Puppen, wie sie
sich und ihre Umgebung geschmückt finden, spielen Schule,
Köchin, Kindermädchen, Taufe, Hochzeit. Der Reiz der thea-
tralischen Aufführungen in Kindheit und Jugend ist bekannt;
aus dem späteren Leben gehört hierher z. B. die Macht der
Mode, die Gewalt, welche ein Gesellschaftskreis über den Einzelnen übt, der in ihm lebt. Liest der Jüngling Dichter, so
macht er meist bald Verse, der junge Mediciner glaubt alle
Symptome der Krankheiten an sich zu fühlen, über die er hat
vortragen hören. In der Jugend am stärksten, ist der Nachahmungstrieb im Mannesalter auch da: ein Volk will eine Verfassung, weil das andere eine hat, bricht in einem Lande Revolution aus, so wirkt das leicht ansteckend auf die angränzen-
den Länder. Diese Macht des Beispiels beruht auf Nachahmung,
alles Lernen von aussen beruht in letzter Instanz auf dem
Nachahmen eines zufällig oder absichtlich Vorgemachten. Ist
die Nachahmung nun eine Instanz gegen unsere Willenstheorie?
Keineswegs; bei näherem Zusehen entdeckt sich nämlich leicht,
dass Nachahmung oder Nachbildung nur eintritt, wo in einem
Menschen die zu gleichem Effect disponirenden Vorstellungen,

Werthschätzungen und Bewegungen bereits da waren, entweder gänzlich von Natur oder auf Grund der bereits geschehenen Entwicklung der Natur. Vieles können wir gar nicht nachmachen, vieles sehr ungenügend sowohl qualitativ als quantitativ. Die nationale Pronunciation und Accentuation einer fremden Sprache erreichen wir selten; die Engländer sprechen mehr mit dem Vordermund, die südlichen Völker mit dem ganzen runden Mund, manche finden sich rasch darein, bei anderen will es nie recht gehen. Den Norddeutschen, auch den Gebildeten, fällt der französische Nasallaut schwer, sie sagen statt comment — commen g, den Chinesen fehlt der r-Laut, sie verwandeln das gehörte r beim Sprechen in l, Christus lautet in der Bibelübersetzung Ki-li-su. Ebenfalls hierher gehört, dass Menschen von sehr verschiedener Art sich nicht verstehen, wie man sich ausdrückt, d. h. einander ihre Art nicht nachzufühlen vermögen. Fremde Erfahrungen nützen uns im Allgemeinen wenig, weil wir dieselben, wenn wir nicht bereits Aehnliches erlebt haben, nicht ganz nachzubilden vermögen. Die Geschichte heisst daher zwar die Lehrerin der Menschheit, aber sie wird aus jenem Grunde gewöhnlich, wo es darauf ankäme, nicht als solche benutzt. Wer nie krank war, hat keine Vorstellung davon, wie es dem Kranken zu Muthe ist. So lange der Geschlechtstrieb noch nicht erwacht ist, hat der Mensch keinen Begriff von der ganzen Welt der Sehnsucht und der Phantasie, die sich dann aufthut. Kinder heirathen darum ihrem Vorhaben nach meist ihre Mutter, Amme oder Schwester, sie denken sich unter Heirathen, was sie allein zur Zeit nachzubilden im Stande sind, ein gütiges, einander erfreuendes bleibendes Zusammensein. Selbst das Christenthum ist im römischen Reich nicht anders eingedrungen als dadurch, dass sich Analoges zu ihm vorfand und es sich unwillkürlich an dies Analoge zuerst wendete. Vorhanden war 1) eine Tendenz zum Monotheismus, 2) ein Gefühl der Gleichheit aller Menschen von Natur, d. h. vor Gott, besonders durch die Stoiker; 3) gab es ἔρανοι, θίασοι, bei den Römern collegia z. B. funeraticia, bestehend aus humiliores, tenuiores, Armen,

Sklaven, auch Frauen; in diesen waren alle Mitglieder gleich, sie machten monatliche Beisteuern zum Zweck gegenseitiger Unterstützung und mit Verehrung eines besonderen Gottes. Vornehme und reiche Leute waren nicht ausgeschlossen, sie fanden sich wohl ein aus Menschenliebe und als Wohlthäter (εὐεργέται, φιλοτιμούμενοι) und patroni, patronae des Vereins. Diese Cult- und Liebesvereine waren die Rechtsform, unter welcher das Christenthum zunächst thatsächliche Duldung im römischen Reiche fand (Heinrici). Indem das Christenthum in diese Kreise trat und einer von ihnen wurde, trat es zugleich auf als eine universelle Proclamirung dessen, was jeder dieser Kreise für sich suchte, nämlich göttliche Hülfe und menschliche gegenseitige Unterstützung. Die Kirche war ein universeller Cult- und Unterstützungsverein inmitten der besonderen, sie fand in ihnen das bereite Material, welches sie sich aneignen konnte, und brachte ihnen zugleich etwas, was sie nicht hatten, die universelle Anschauung und Organisation und damit die Kraft, was blos halb geduldet wurde von der alten Gesellschaft als eine Hülfe gegen sociale Uebel, zu einer aufstrebenden Macht gegenüber der alten Gesellschaft zu erheben.

Nach all diesen Ausführungen darf man wohl behaupten: die Nachahmung reicht nur so weit, als verwandte unwillkürliche Bethätigungen da sind, diese werden durch das Beispiel blos geweckt. Der Nachahmungstrieb hat aber seine sehr verschiedenen Grade, weil die unwillkürlichen Bethätigungen, die Anlage, an die er geknüpft ist, sehr abgestuft sind. Die meisten Menschen haben so viel natürliche Anlage in sich, dass sie Poesie verstehen und sich daran erfreuen können. Andre haben so viel, dass sie auch Gedichte machen, aber es sind Copien, ihnen gelingt ein Vers in einer gebildeten Sprache, die für sie dichtet und denkt; Andere geweckt durch grosse Muster zeigen ein bedeutendes Talent, Einige sind Genies, die auch ohne alle Weckung Musterdichter geworden wären. Nicht blos der Dichter wird daher geboren, sondern auch die Fähigkeit sich an Poesie zu erfreuen ist in hohem Grade angeboren. Bei den übrigen Künsten ist es ebenso, mit Wissenschaft und ihren verschiedenen Arten, mit den andern Berufsarten gleichfalls. Es gibt Menschen, deren Talent zur ästhetischen Kritik gross ist, aber sie sind durchaus nicht produktiv oder Stümper als Maler u. s. f., bei Anderen ist die Technik, d. h. die manuelle Ausführung wunderbar, aber die Conception ist schwach, in der Wissenschaft gibt es tradirende Köpfe und erfindende, in den praktischen Berufsarten desgleichen. Göthe hat es an sich erfahren, wie scheinbar sehr naheliegende Talente doch nicht gleichzeitig in ihm vorhanden waren. Er besass ein scharfes Auffassungs- und Eindrucksvermögen. Ihm schrieb er es zu, dass er seine Gestalten so lebendig und scharf individualisirt hervorbringen konnte. Diese Deutlichkeit und Präcision der Auffassung hatte ihn seiner eignen Angabe nach früher lange Jahre hindurch zu dem Wahn verführt, er hätte Beruf und Talent zum Zeichnen und Malen. Die Uebertragung des geistig Geschauten auf Papier und Leinwand durch die Hand gelang ihm aber nie in irgend bedeutendem Grade. Ebenso war ihm alle Anlage zur Mathematik fremd, die Aussonderung blos der Grösse und Zahl aus den concreten Gestaltungen und ihre Festhaltung und vergleichende Betrachtung für sich brachte er nie fertig. Bei Anderen ist es gerade umgekehrt: Kant schied die Farben aus der eigentlich ästhetischen Betrachtung aus, weil er viel zu viel Mathematiker und Mann wissenschaftlicher Begriffe war. Darauf, dass viele Elemente menschlicher Natur nur mit geringer Stärke in uns vorhanden sind, beruht es, dass wir nicht blos Verstärkung unsrer Art durch Anschluss an Gleiches suchen, sondern auch Ergänzung derselben durch Anschluss an Solches, welches das, was als spontane Bethätigung in uns nur schwach, aber werthvoll ist, in starken Zügen an sich trägt. So suchen wir im Umgang die Berufsgenossen, denn sie sind anregend für unsre Hauptbeschäftigung, aber wir suchen auch vielfach Umgang mit anderen Kreisen, denn sonst fürchten wir in unseren Urtheilen und Interessen zu einseitig zu werden. In der Liebe streben die Einen nach Verstärkung ihrer Art durch eine solche, die ihnen im weiblichen ähnlich

ist. Andere, deren Art in sich selbst stark genug ist, ziehen
eine Ergänzung durch ein Wesen von ungleichem Charakter
vor, aber einem solchen, das sie anzieht und fesselt. In der
Wahl der Lektüre, in unsern Liebhabereien zeigen sich dieselben Züge. Weit entfernt also, dass der Nachahmungstrieb
und die Macht des Beispiels unsrer Auffassung der Entstehung
willkürlicher Bethätigungen entgegen sind, geben sie vielmehr
eine Bestätigung derselben und lehren uns den Menschen zugleich von nun an immer so auffassen, wie er wirklich gegeben
ist, d. h. nicht allein und blos auf Wechselwirkung mit der
Natur angewiesen, sondern immer unter Menschen und in
Wechselbeziehung mit ihnen, theils so, dass er für sie anregend wird, theils so, dass sie es für ihn sind.

11. Wir kehren, um eine Seite in der Auffassung des
Menschen bereichert, zu dem Unternehmen zurück, die Gesetze
für die Willensbildung darzulegen. Handelte das erste Gesetz
von der **Verstärkung** des Willens, von seiner intensiven Zunahme, so bezieht sich das zweite auf den Versuch, den Willen
theils intensiver, theils extensiver zu machen. Es hat damit
folgende Bewandtniss. Wie jede unwillkürliche Bethätigung
des Menschen, so ist auch jede daraus entspringende willkürliche zuletzt ein ganz concreter Act: Das und das ging vorauf
und das und das folgte, die Umgebung war die und die, die
Stimmung war eine besondere, je nach Müdigkeit, Munterkeit,
Freude, Traurigkeit, Krankheit, Gesundheit; es macht einen
Unterschied, ob ein Kind etwas zuerst oder öfter that in
Gegenwart blos vom Vater, oder auch von der Mutter, von
Geschwistern, von Fremden, ob im Hause, im Garten, auf der
Strasse, in einem fremden Haus. Mit anderen Worten: Der
Wille entwickelt sich ursprünglich als ein besonderer, nicht
blos als ein Einzelact, sondern auch als ein Einzelact unter
ganz bestimmten circumstantiis, durchaus nicht als Art oder
Gattung. Da diese äusseren und inneren Umstände zwar öfter
dieselben sind, öfter aber auch wechseln, so ist es nicht auffallend, wofür es gewöhnlich im höchsten Grade gilt, sondern
es ist genau das zu Erwartende, dass der Mensch vielfach un-

gleich ist mit sich selbst nach den verschiedenen Umgebungen, Relationen und Stimmungen. Derselbe Knabe ist zu Hause ungezogen, in der Schule brav, und umgekehrt, munter draussen, daheim still. Ein Kind hat vor der Mutter etwas aufgesagt, aber vor dem Vater stottert es zuerst, „bei dir kann ich nicht, hier kann ich nicht," sagt es, d. h. damit auf Vorstellung und Werthschätzung die Bethätigung eintrete, muss zunächst noch die ganz concrete Lage als Hülfe mit da sein, jede Aenderung in derselben wirkt als Hinderniss. Einem Kinde musste das Kratzen durch Schlagen auf die Hände abgewöhnt werden erstens vom Vater ihm selbst gegenüber, dann von der Mutter ihr gegenüber, dann von der Schwester, dann von der Kinderfrau; da es dann keine Uebung mehr hatte in dieser Bethätigung, so erlosch sie bald ganz oder konnte, wo sie im Zorn wieder einmal hervorbrach, rasch gedämpft werden. Die Drohung des Strassenjungen „kommst du auf meine Gasse", ist gar nicht so lächerlich, er ist nur da gewohnt sich zu tummeln und zu balgen, die fremde Umgebung lässt die dort geübte Bravour nicht aufkommen. Ebenso gehört hierher, dass Mädchen Knaben gegenüber allein meist verzagt sind, in Menge aber um so dreister. Bei Erwachsenen gilt ganz dasselbe Gesetz. Irrenärzte versichern, dass, wenn sie monatelang unter lauter Irren leben müssten, sie selbst wahnsinnig werden würden; das Uebergewicht der Wahnideen und Wahnhandlungen ohne ein Gegengewicht des Verkehrs mit geistig Gesunden würde sie mit fortreissen. Die Moral der meisten Menschen und ihre Religion hängt mit ab von der ganzen Umgebung, mit der sie zusammengelebt, und den ganzen Verhältnissen, in denen sie sich gebildet hat: wo diese daher ganz aufhören, wird auch Moral und Religion schwankend. Beispiele sind die grossen Pesten von Thucydides an durch das Mittelalter hindurch, sie lockerten den ganzen moralisch-religiösen Bestand, die Meisten wurden nach dem Spruch gesinnt, lasst uns essen und trinken, denn morgen sind wir todt, während Andere bis dahin Leichtfertige, z. B. Lustdirnen, aufopfernd in allgemeiner Pflege wurden und ihr Leben nicht schonten. Nach Cheniers

des Dichters Bericht lebten die Gefangenen der Schreckenstage
in Paris so: sobald die Liste der für den Tag zur Guillotine
Bestimmten verlesen war, amüsirten sich die Anderen wieder
einen Tag, spannen Amouren an u. s. f. Berührung mit fremder Cultur und fremden Sitten hat ähnliche lockernde Erfolge;
dies wurde sehr bemerkt vom Alterthum in Bezug auf die
Sitten in den Seestädten, wo verschiedene Nationen zusammentrafen, im Mittelalter gleichfalls, besonders bei Gelegenheit der
Kreuzzüge: die Ritter nahmen viel orientalische Sitten an im
schlechten Sinne nicht blos, sondern es bildete sich auch ein
Begriff gemeinsamer Ritter- und Waffenehre unabhängig von
der Religion. Unsere Missionäre klagen sehr, wie die europäischen Handelsleute in den fremden Ländern, China z. B. und
Japan, heidnisch lebten, besonders in Bezug auf Geschlechtsverhältnisse. Bei dem Wiedererwachen der Wissenschaften in
den Zeiten des Humanismus machte man dieselbe Erfahrung;
Erasmus eifert gegen das neue Heidenthum der Gelehrten, das
besonders stark war in Italien. Dies sind Beispiele aus der
grösseren Geschichte. Beispiele aus dem täglichen Leben sind,
dass ein Mensch, der seine Anrede an den Fürsten oder eine
Tischrede vortrefflich inne hat, versagt, wenn er nun wirklich
vor dem Landesherrn oder der Versammlung steht, dass der
Candidat in seiner ersten Predigt vor der Gemeinde stecken
bleibt. Der Student in den Ferien arbeitet zu Hause schwer,
es will nicht recht gehen, denn die Umgebung ist eine andere,
als er beim Studiren auf der Universität gewöhnt ist. Wenn
Frau und Kinder verreist sind, glaubt man oft wunderwieviel
arbeiten zu können, kann es aber erst recht nicht; wie der
Müller durch Stillestehen der Mühle wach wird, so wirkt umgekehrt die eingetretene Stille des Hauses hier einschläfernd.
Burschen und Mädchen, die im Dorf fleissig und brav waren,
werden oft in der weiteren Welt träge und leichtsinnig; nur
die Rückführung in ähnliche Verhältnisse wie früher, etwa
durch Heirath oder Anschluss an einen besonderen Kreis, macht
sie wieder der alten Art theilhaftig. Andere Verschiedenheiten
der Menschen nach verschiedenen Beziehungen sind bekannt:

Salonengel und Hausteufel gilt von vielen Frauen, aber auch
von nicht wenigen Männern. Ein junger Mann beträgt sich
oft sehr gesittet gegen Damen von Stande, und sehr frivol, sowie er Dienstmädchen z. B. vor sich hat, und Beides, ohne
dass ihm der Uebergang von einem in's andere selbst auffiele.
Ein Mensch spricht in Gesellschaft und Geschäft das beste
Hochdeutsch, sowie er das Haus betritt, den Dialekt, ohne es
selbst zu wissen. Es ist Alles das ganz dasselbe wie: man
schreibt nicht mit jeder Feder gleich gut und gleich schnell,
auch nicht auf jedem Papier. Wer als Soldat ein Gewehr von
einem bestimmten Gewicht vortrefflich handhabt, handhabt
nicht sofort ein solches von grösserem oder geringerem Gewicht mit derselben Leichtigkeit und Sicherheit, sondern muss
sich erst adaptiren. Eine Dame kann auf dem Ball vier Meilen
in einer Nacht zurücklegen, welche keine Stunde zusammenhängend zu gehen im Stande ist. Kinder, die den ganzen Tag
im Garten sich tummeln, sind oft, auch wenn sie nicht müde
sind, sehr faul zu eigentlichem Spaziergehen. Manche Menschen brilliren in der Unterhaltung und sind hölzern im
Schreiben. D. Strauss war tapfer wie Einer am Schreibtisch,
in der Unterhaltung hätte ihm ein Kind eine Niederlage bei-
bringen können. Schopenhauer verlor in der Unterredung mit
nicht ganz Gleichdenkenden, soweit er sich überhaupt auf solche
einliess, sehr viel von dem absprechenden und rücksichtslosen
Ton seiner Schriften.

Wenn solche Ungleichheit des Menschen mit sich selbst
so das von Haus aus zu Erwartende ist, wie kommt es dann
überhaupt zu grösserer Gleichmässigkeit der Bethätigung, auch
der willkürlichen? Diese wird blos erlangt dadurch, dass, wenn
eine willkürliche Bethätigung unter bestimmten Umständen durch
Uebung fest und leicht geworden ist, die Umstände variirt
werden, zuerst wenig, dann immer mehr. Dadurch werden die
einzelnen Willensbethätigungen allmälich unabhängig von Ort,
Zeit, Umgebung, Stimmung u. s. f. Diese Gunst kann das
Leben und können die äusseren Verhältnisse dem Menschen
vielfach gewähren, aber meist ist absichtliche Zucht erforder-

lich, ursprünglich durch Andere, später durch uns selbst. Ein
Kind, das jeder Zeit ein Gedicht soll recitiren können auf
blosses Geheiss, muss dasselbe erst mit solcher Festigkeit inne
haben, dass eine blosse Erinnerung an dasselbe den Ablauf der
Vorstellungen und Worte hervorzubringen im Stande ist; ist es
dann scheu, vor Fremden herzusagen, so muss man es erst dazu
bringen, es vor dem Vater aufzusagen, was bald gelingen wird,
wenn man mehrmal zuvor davon gesprochen hat, es solle es
vor dem Vater recitiren; dadurch wird ihm die Vorstellung des
Vaters mit dem Aufsagen des Gedichtes soweit associirt, dass
die wirkliche Gegenwart desselben kein Hinderniss des Ge-
danken- und Wortflusses mehr bildet. Dann muss man dazu
übergehen, dass vor Verwandten aufgesagt wird, dann vor mehr
bekannten Fremden, endlich vor jedem Fremden. Ebenso muss
man von langsamem Aufsagen zu schnellerem, dann zu rapidem
fortgehen, und auch wieder umgekehrt, wenn eine Verschiedenheit auch in dieser Hinsicht von Werth sein sollte. Bei uns
lernen viele nie selbständig arbeiten, weil Lernen mit ihnen
blos geübt wurde unter Anleitung oder mit directen Aufgaben
von der Schule aus: sobald diese Umstände aufhören, wissen
sie nicht recht, was sie eigentlich machen sollen, sie nehmen
allerlei in sich auf, aber sie lernen nicht, bis endlich das Examen mit seinen bestimmten Forderungen durch seine Aehnlichkeit mit dem Aufgabestellen der Schule sie wieder zum eigentlichen Lernen zurückbringt. Da jene Zucht Zeit, Musse und
verständnissvolle Leitung braucht, so ist eine solche grössere
Unabhängigkeit des Willens von äusseren und inneren besonderen Bedingungen meist der Vorzug ernster und absichtlicher
Bildung. Der Ungebildete hat eine gewisse Steifigkeit und Fest-
gefahrenheit: in einer gewissen Art und von gewissen Punkten
aus kann er willkürlich seine Kräfte in Bewegung setzen, jede
Abweichung von der gewohnten Weise aber stört und hemmt
ihn. Wer will, dass Ungebildete gern unter ihm arbeiten, der
muss sich in ihre Art eine Sache anzufangen und zu betreiben
hineinversetzen, dann kann er viel mit ihnen aufstellen, anderenfalls wird er wenig ausrichten und noch dazu lauter Ver-

druss machen und haben. Die Festigkeit und Steifigkeit kann
so gross sein, dass, es grob auszudrücken, ein Gänsejunge mit
20 Gänsen prächtig fertig wird, aber bei 25 sich als unfähig
erweist. Analog und häufig sind die Fälle etwa, dass jemand
einem kleinen Geschäft vortrefflich vorsteht, sowie er es aber
vergrössert, nicht mehr damit zu Stande kommt, oder dass eine
Frau, die bei drei Kindern Haushalt und Erziehung musterhaft
versorgte, sobald sie vier hat, ohne dass besondere Umstände
dazu getreten wären, anfängt sich als unfähig zu erweisen. Oft
gelingt es auch nicht, die Unabhängigkeit des Willens von besonderen Umständen überhaupt herzustellen: viele Menschen
bedürfen, um in einer gewissen Weise zu sein, gewisser Umgebungen, der Anregung und des weckenden Beispiels. Sie sind
unter Leitung fleissig und ordentlich, sich selbst überlassen werden sie faul und unordentlich. Die moderne Lehre, jeden auf
sich selbst zu stellen, ist für nicht wenige heilsam, die der
hohen Art von Selbständigkeit fähig sind, für Andere ganz
verderblich, mindestens die Gelegenheit zum Anschluss müssen
die letzteren haben, wenn sie gedeihen sollen. Das Bedürfniss
nach Vereinen nicht nur zur Verstärkung und Ergänzung gewisser Seiten in uns, sondern auch, weil unsere Art nur unter
besonderen circumstantiis recht wirksam wird, ist ein allgemeines: im Alterthum wollte der Staat dies leisten für alle Seiten
des menschlichen Seins, dann trat für das Sittliche und Geistige
die Kirche hinzu, in der Neuzeit ist eine Mehrheit von solchen
Vereinigungen erforderlich geworden. Jene Unabhängigkeit
des Willens ist auch nicht für alle Seiten menschlicher Bethätigung gleich erreichbar, manche Bethätigung hängt ihrer
Natur nach von Stimmungen ab, d. h. körperlichen und
geistigen Dispositionen, deren Elemente sehr complicirt und
meist noch ganz dunkel sind, Justinus Kerner z. B. konnte
nur dichten in trüber Stimmung. In solchen Fällen muss
man, soweit es angeht, die Stimmung herbeizuführen suchen.
Manche bringen es dahin nach Willkür ernst dreinzuschauen,
Anderen gelingt dies blos so, dass sie sich willkürlich an
Etwas erinnern, welches ernster Natur war, so dass von dieser

Erinnerung aus die damit fest associirte Stimmung des Ernstes
eintritt.

12. Die letzten Beispiele gehören bereits zur Erweiterung
des Willens durch eine indirecte Herbeiführung desselben. Direct
ist der Wille, wenn er aus spontaner oder von aussen durch
Beispiel angeregter Bethätigung entstanden ist, indirect ist er,
wenn er durch Anschluss oder im Zusammenhang mit einem
bereits vorhandenen effectiven Willen erzeugt wird. Göthe und
seine Schwester hatten als Kinder nicht den effectiven Willen
im Dunkeln einzuschlafen. Der Vater versuchte ihre Schreckhaftigkeit zu überwinden, indem er sie selbst erschreckte, und
dann den Schrecken aufklärte. Vergebens. Die Mutter wusste
einen besseren Weg einzuschlagen; sie versprach ihnen, wenn
sie im Dunkeln ruhig einschliefen, täglich von den gerade reifen
Pfirsichen. Wodurch wirkte sie damit? jedesmal, wenn die
Gefühle der Schreckhaftigkeit wiederkamen, kamen jetzt auch
die Vorstellungen und Werthgefühle der Pfirsiche wieder, die
man durch ruhiges Einschlafen erhalten könne: diese ange-
nehmen Gefühle wirkten den schreckhaften entgegen, so dass
diese nicht zu der früheren Stärke gelangten, an welche die
Unruhe sich anschloss, so starben sie allmälich selbst weg, und
das ruhige Einschlafen blieb als Gewohnheit übrig. Lohn und
Strafe wirken in gleicher Weise indirect auf den Willen: irgend
eine Bethätigung fällt schwer, man verspricht eine Belohnung,
d. h. etwas als werthvoll Empfundenes, der sicher gehoffte
Werth erregt ein freudiges Gefühl schon in der Gegenwart,
bei den meisten Menschen hat aber die mässige Freude eine
die vorhandenen Kräfte auslösende Gabe, sie regt überhaupt
an, das Blut strömt lebhafter durch den Körper, die Gefässe
erweitern sich, in Folge dessen werden auch die Nerven und
Muskeln angeregt, die bei der schwer fallenden Bethätigung
besonders betheiligt sind, die Sache geht leichter. So erklärt
sich die Wirkung, welche bei einer schweren Arbeit das ver-
sprochene douceur ausübt, die Wirkung, welche bei der Erndte-
arbeit die Aussicht auf das dann folgende Erndtefest hat; so
wirkten früher in den Kriegen die Feldherrn durch das Ver-

sprechen der Plünderung einer Stadt, so jetzt durch die Aussicht auf Beförderung, auf Ehrenzeichen. So rüstet man sich zu einer sauren Arbeit durch den Hinblick auf ihren Nutzen, ihren Ruhm; die Aussicht auf göttliche Belohnung gehört gleichfalls hierher. Die indirecte Wirkung der Strafe oder Drohung auf den Willen ist wo möglich noch grösser, als die der Belohnung. Sie erklärt sich so: An die Vorstellung irgend einer Bethätigung wird das Bewusstsein geknüpft, dass ein Uebel oder mindestens eine Missbilligung Anderer darauf folgen würde. Erscheint mir nun das Uebel oder die Missbilligung wirklich als etwas zu Vermeidendes, so erscheint auch die bestimmte Bethätigung als eine zu vermeidende; denn wie wir ein empfundenes Uebel an sich fliehen, so hat auch das sicher erwartete Uebel eine hemmende Wirkung. Wie stark auf viele Menschen die Gesetze mit ihren Strafandrohungen wirken, das haben alle Zeiten gezeigt, wo die Gesetze schwach gehandhabt wurden, die Uebertretungen haben sich dann sehr gemehrt. Eine wie grosse Rolle gefürchtete Missbilligung spielt, das geben genugsam zu erkennen die Erwägungen der Kinder über das, was Vater und Mutter sagen würden, die zarte Scheu, welche oft der Gedanke an die oder den Geliebten in Jüngling und Jungfrau behütend erregt, aber auch die verbreitete Rücksichtnahme auf guten Ruf u. s. f. Diese indirekte Wirkung auf den Willen durch Strafe und Drohung wird freilich nicht immer erreicht, es giebt Uebertreter trotz irdischer und himmlischer Strafen und Drohungen. Bei vielen ist das gehoffte Werthgefühl aus einer bestimmten Bethätigung stärker als das gefürchtete Uebel der Strafe, oder sie rechnen auf nicht-Ertapptwerden und dergleichen. Alle Beeinflussung der Menschen hat sich aber zu allen Zeiten dieser indirekten Wirkung auf den Willen bedient: man studirt, welche Vorstellungen und Werthschätzungen den betreffenden Menschen erfüllen und den Kreis seiner Bethätigung ausmachen, dann sucht man ihm nahe zu legen, dass das und das zu thun und zu treiben seiner Werthschätzung noch besser diene. Es kann sein, dass der Betreffende mit der Zeit von selbst darauf gekommen wäre, es kann aber auch sein,

dass er es nicht wäre, ja dass der neuen Bethätigung gewisse
Hindernisse im Wege stehen; durch die Erregung der Vorstellung und Werthschätzung der neuen Richtung steigert man
nun die Bethätigung, die sich auch von selbst geregt hätte,
und schafft zugleich die etwaigen Hemmungen weg, so dass zusammen mit dem Beispiel, das man giebt oder zeigt, aus allem
eine stark sich regende Bethätigung wird. So sind Fürsten
und Völker oft indirekt zur Annahme einer neuen Religion gebracht worden, so benutzte Napoleon die Abspannung der
Geister in Folge der Stürme der Revolution, um von der Freiheit und Gleichheit, welche ihm mehr vorübergehende Neigungen
gewesen zu sein schienen, an das seiner Ansicht nach eigentliche Grundgefühl der Franzosen, l'honneur, zu appelliren, und
gab diesem mit Erfolg Nahrung. Solche Beeinflussung kann
zum Guten ebenso wie zum Bösen geübt werden. Zur Besserung
werden viele Menschen ebenso inducirt wie zur Verschlechterung.
J. Möser hat in den patriotischen Phantasien gelehrt, wie bei
Landleuten Verbesserungen nicht anders eingeführt werden können, als so, dass man selbst die Sache macht, sie dieselbe
sehen lässt und dadurch den Nachahmungstrieb in einigen mehr
schon für die Sache Geeigneten weckt. Wenn die Anderen dann
wahrnehmen, dass einige von ihnen es auch neu machen und
sich dabei besser stehen, als sie selbst bei ihrer bisherigen Art,
dann wirkt dies alles zusammen indirekt dazu, den effectiven
Willen, es gleichfalls so zu machen, hervorzubringen. Bei uns
und überhaupt bisher wird diese indirekte Herbeiführung des
Willens viel zu sehr betrieben; was man gemeinhin unter
Macht des Willens versteht, bezieht sich fast ganz auf solchen
indirekten Willen. Befolgung des Rechtes, der Moral, der Religion soll Alles durch Hinweis auf diesseitige oder jenseitige
Wohlfahrt hervorgelockt werden, d. h. die einzige direkte Werthschätzung, welche man voraussetzt, ist die des sinnlichen Wohl-
befindens, und alles Andere glaubt man blos durch Anknüpfung
an diesen direkten Willen indirekt zur Effectivität bringen zu
können. Viele Moralisten haben hiergegen geeifert, die Praxis
zeigt zur Genüge, wie unzuverlässig ein blos indirekter Wille

ist. Wessen Rechtsbethätigung, wessen moralisches und religiöses Leben nicht auf direktem Willen beruht, bei dem ruht sie auf schwachem Grunde. Die Aufgabe ist daher stets, zu versuchen, ob nicht eine spontane Bethätigung jener Art da ist oder durch Beispiel geweckt werden kann; und es ist auf diesem Wege viel mehr zu erreichen, als bis jetzt geschehen ist, aus Unkenntniss geschehen ist oder aus Trägheit, weil die indirekte Herbeiführung eines solchen Willens oft bequemer aussieht. Wo dies nicht gelingen sollte, da wird man freilich, ohne den Versuch mindestens des eignen Beispiels aufzugeben, auf Hervorrufung eines indirekten Willens eingehen müssen, aber stets mit dem Bestreben, ihn nach und nach durch Gewöhnung zu einem direkten zu machen und in sich selbst werthvollen. Man muss bei Kindern oft sehen, was am ehesten hilft, ohne in sich selbst verkehrt zu sein; aber auch der Erwachsene muss sich kennen, um die geeigneten indirekten Mittel bei sich selbst anzuwenden; denn es kommt oft vor, dass in einer bestimmten Hinsicht der direkte Wille schwächer ist, als wir wünschen, und wir mindestens zeitweilig den indirekten mit herbeirufen müssen. Handelt es sich z. B. um Ablegung kleiner, aber sehr eingewurzelter Gewohnheiten, so ist die Auferlegung einer kleinen Geldbusse, so oft man dabei wieder ertappt wird oder sich selbst ertappt, oft von überraschender Wirkung. Auch ein mässiger Schmerz hat oft eine erregende Wirkung: manche Menschen sind geduldig, wo sie durch sofortige Abwehr grösseres Uebel für die Thäter selbst verhüten könnten, sie werden gut thun, ihrer Mattigkeit durch die Vorstellung der Folgen abzuhelfen. Andere sind leicht ungeduldig; Luther rieth Solchen an die Geduld zu denken, welche Gott mit den Menschen habe, man werde dann mit seiner Umgebung bald wieder zufrieden.

13. Theils zur indirekten Herbeiführung des Willens, theils zur Verstärkung desselben dient die Aufmerksamkeit. Von dieser hat man freilich in der gewöhnlichen Praxis noch eine sehr übertriebene und oft falsche Vorstellung. Sie soll die Zauberkraft sein, welche einen nicht vorhandenen Willen schafft oder einen schwachen kräftigt. Zunächst ist aber klar, dass ihr

Vorhandensein, fasse man sie mit Herbart als die Aufgelegtheit, einen Zuwachs des vorhandenen Vorstellens zu empfangen, oder allgemeiner mit Beneke als die Richtung des Geistes auf etwas, zu oberst abhängig ist von einer gewissen Ungestörtheit des Gemeingefühls; bei Schmerz, körperlichem Unbehagen, Kopfweh u. s. w. sind wir auch geistig unaufgelegt. Die sinnliche Aufmerksamkeit in engerer Bedeutung erfordert ferner eine gewisse Frische und Kräftigkeit der dabei zur Verwendung kommenden Sinnesorgane, aber auch zur Aufmerksamkeit auf mehr abstracte oder überwiegend intellectuelle Gegenstände, für ästhetische Betrachtungen, sittliche Ueberlegungen und Entschliessungen ist ein kräftiges noch nicht übermüdetes Gehirn Bedingung. Daher im Durchschnitt das Denken Morgens am Leichtesten von Statten geht, und wir Abends nicht gern eine wichtigere Entscheidung treffen, sondern uns vorbehalten, die Sache noch einmal zu beschlafen. Sodann ist es gewiss, dass es ausser der willkürlichen Aufmerksamkeit, welche vom Vorsatz, also von Vorstellung und Werthschätzung abhängt, eine unwillkürliche giebt, welche spontan entsteht, sobald Sinne und geistige Vermögen kräftig und zugleich unbeschäftigt sind, und ebenso gewiss, weil an jedem Kinde zu beobachten, ist es, dass die unwillkürliche Aufmerksamkeit der willkürlichen der Zeit und Entwicklung nach vorausgeht, und auch in den Erwachsenen täglich lebendig ist. Die Hauptgesetze der unwillkürlichen sinnlichen Aufmerksamkeit sind: bestimmte Sinneseindrücke ziehen sie auf sich erstens durch grössere Intensität, zweitens durch Neuheit, drittens dadurch, dass sie zu der gerade vorhandenen Vorstellung oder dem ganzen vorhandenen Vorstellungskreis im Verhältniss der Association stehen. So zieht der stärker beleuchtete Gegenstand unwillkürlich das Auge auf sich, dem abweichend Gekleideten folgen alle Blicke, aber auch ein Bekannter tritt uns aus der sonst fremden Gesellschaft hervorstechend entgegen. Die Captivirung der unwillkürlichen sinnlichen Aufmerksamkeit durch bestimmte Sinnesreize ist hierbei noch näher bestimmt durch den Zug, welchen das Sinnesorgan vermöge seiner physiologischen Zustände gerade von sich aus

hat: das eine mal sind wir mehr zur Aufmerksamkeit für
Farben disponirt, das andere mal mehr für Gestalten u. s. f.
Die unwillkürliche sinnliche Aufmerksamkeit ist also nicht blos
im Allgemeinen eine Aufgelegtheit für Wahrnehmungen, sondern sehr häufig eine Aufgelegtheit für eine bestimmte Art von
Wahrnehmung; tritt uns dann unter den Sinneseindrücken diese
Art entgegen, so zieht sie vor allen anderen Arten die Aufmerksamkeit auf sich, und innerhalb der Eindrücke jener Art
gelten dann wieder die obigen drei Gesetze. Aehnlich ist es
mit der Aufmerksamkeit für mehr abstrakte oder intellektuelle,
ästhetische, moralische Gegenstände. Die spontane Aufgelegtheit für bestimmte Arten solcher geistiger Bethätigungen ist
das Interesse. Das Interesse ist innerliche Activität, Hangen
der Gedanken, Gefühle, Strebungen an etwas, Interesse hat,
wer Gewusstes festhält und zu erweitern sucht (Herbart). Dies
Interesse schliesst sich an die inneren Anlagen an, gerade wie
die Aufgelegtheit zur sinnlichen Wahrnehmung sich an das
Vorhandensein des Sinnesorgans und zwar in einem frischen
kräftigen Zustand anschliesst. Dass die unwillkürliche Aufmerksamkeit, das direkte Interesse im Sinnlichen und Geistigen
sehr mächtig ist und wirkungsvoll, ist bekannt. Um so un-
mächtiger und wirkungsloser dagegen ist die willkürliche Aufmerksamkeit, soweit sie im blossen Vorsatz besteht, aufmerksam
zu sein oder Interesse zu haben: sie erlahmt bald, wenn sie
überhaupt in bemerkenswerthem Grade auf den Vorsatz sich
einstellt, oft aber will sie auch bei dem besten Vorsatz sich
nicht in irgend erheblicher Weise einfinden. Manche Moralisten,
z. B. Malebranche, haben daher alle Schwäche und alle Mängel
der Menschheit von ihrer Unfähigkeit zur Aufmerksamkeit abge-
leitet. Der Grund dieser Erscheinung ist, dass der blosse Vorsatz als Vorstellung und Werthschätzung noch keineswegs effectiv ist, sondern dass die willkürliche Aufmerksamkeit dies
lediglich werden kann auf der Grundlage der unwillkürlichen.
Die Seele vermag nichts als die vorhandenen Aufgelegtheiten
nach ihrer Absicht zu benutzen; allerdings muss man solche
Aufgelegtheiten auch herzustellen und intensiv und extensiv

3*

auszubilden versuchen, aber man kann das immer nur in Anknüpfung an die vorhandenen Keime und mit den uns zu Gebote stehenden Mitteln. Um also mit Erfolg willkürlich aufmerksam sein zu können, muss man jetzt oder vorher dafür
gesorgt haben, dass die natürlichen Bedingungen der Aufmerksamkeit vorhanden sind, die man von der unwillkürlichen gelernt
hat, also die allgemeinen physiologischen Vorbedingungen und
die besonderen physiologisch-psychologischen Vorbedingungen.
Bei den vielen inneren und äusseren Reizen, welche beständig
auf die Seele wirken, ist die willkürliche Aufmerksamkeit etwas,
was durchaus gelernt werden muss. Kinder und Wilde sind
charakterisirt durch Zerstreutheit, d. h. durch einen auffallen-
den Wechsel ihrer Vorstellungen, Gefühle, Strebungen und durch
die Unfähigkeit längere Zeit bei etwas damit auszuharren. Bildung der willkürlichen Aufmerksamkeit auf Grund und innerhalb der unaufhebbaren Bedingungen der unwillkürlichen Aufmerksamkeit ist eine Hauptaufgabe aller Erziehung. Am be-
quemsten gelingt das, wo sinnliche und geistige Aufgelegtheit,
mit einem Wort, Interesse da ist, welches blos verstärkt zu
werden braucht und vor Ueberreizung der Organe und der
Seele und dadurch erfolgender Abstumpfung behütet, allein dies
glückliche Zusammentreffen von Interesse und Lernobject ist
z. B. bei theoretischen Gegenständen anfangs selten der Fall.
Daher ist die indirekte Erregung der unwillkürlichen Aufmerksamkeit erforderlich: das Hauptmittel ist die Person des Lehrers, welcher durch seine Autorität als Mischung von Liebe
und Respect alle ablenkenden Eindrücke und Gedanken abwehrt, zugleich aber durch den Eifer und das psychologische
und logische Geschick, womit er den Unterricht betreibt, in
Folge des Nachahmungstriebes die Seelen der Kinder in die
Sache hineinzieht. Ist das Interesse einmal gewonnen, so wirkt
es wie eine ursprüngliche Aufgelegtheit, die darauf bezüglichen
Vorstellungen werden zu freisteigenden (Herbart), d. h. zu
solchen, welche sich von selbst regen und nach Erweiterung
und Verbindung mit anderen suchen, mit anderen Worten: der
mathematische, geschichtliche, sprachliche u. s. w. Unterricht

wird von da ab an sich interessant. Wo es nicht gelingt, ein solches Interesse an der Sache zu erwecken, mit anderen Worten, wo die Aufmerksamkeit nicht spontan wird, sondern stets durch Vorsatz des Schülers unter Einwirkung des Lehrers erzwungen werden muss, da hat der Unterricht keine Frucht, weil er nur äusserlich aufgenommen wird, und die darauf bezüglichen Vorstellungen ausser der Schulstunde nicht nachwirken. Genau in derselben Weise, wie die theoretische willkürliche Aufmerksamkeit gebildet wird, muss auch die ästhetische, moralische u. s. w. gebildet werden. Wo von Haus aus hier kein energisches Interesse ist, da muss es geweckt werden durch das Beispiel besonders des Hauses, der Umgebung, dann aber wo möglich in ein selbständiges verwandelt. Ausserdem ist noch besonders hinzuweisen auf die natürlichen Bedingungen erfolgreicher Aufmerksamkeit und sind dieselben zu üben; sehr oft fallen der beste Vorsatz und die Kenntniss der Bedingungen seiner Verwirklichung hier aus einander. Man muss geradezu fragen: was nimmst du in dir, wenn du aufmerksam siehst, hörst, wahr in Bezug auf Richtung des Auges, Ohres, was störte dich in solcher Aufmerksamkeit, und dann die Antworten ergänzen und zu Versuchen schreiten. Solche Anweisungen muss man auch bei mehr geistigen Operationen geben, also etwa einen dem Schüler gelungenen Aufsatz analysiren: was hast du hier zuerst gestellt, was zu zweit, was hatte das für Folgen in Bezug auf Klarheit oder Beweiskräftigkeit u. s. f.? Im Moralischen im engeren Sinne ist die Aufmerksamkeit ganz ebenso zu üben; im Anschluss an ein lobenswerthes Thun, welches dem Kinde noch ungewohnt war, aber gerade und zwar aus ihm selbst mehr gelang, ist zu fragen: was dachtest du dabei, wie hast du das Einzelne angefangen? Auf diese Weise kann ein einzelnes gutes Thun, wie es fast bei allen Menschen einmal vorkommt, zu einem Anknüpfungspunkt werden, die willkürliche Aufmerksamkeit aus einem blossen Vorsatz zu einem mit so und so viel Mitteln ausgerüsteten Vorsatz, sie also erst stark und kräftig zu machen. Der Erwachsene muss gleichfalls oft genug seiner willkürlichen Aufmerksamkeit, damit sie nicht blos allgemeiner

Vorsatz bleibe und unerfolgreich, aufhelfen durch die Besinnung: wie machtest du es damals, als dir die Sache gelang,
welches waren die äusseren Umstände, differiren diese jetzt
davon, welches die inneren, ist eine Discrepanz in Frische, Gefühl? u. s. f. Ohne derartiges Eingehen in das Detail der
inneren und äusseren Bedingungen wird die grösste sogenannte
Aufmerksamkeit meist nutzlos sein.

14. Auf Grund der Willenstheorie (§ 4--6) und der damit stimmenden Auffassung der Nachahmung (§ 10) wird die
grosse Bedeutung verständlich, welche Gelingen und Misslingen
für die Willensbildung hat. Ursprünglich gelingt uns willkürlich zunächst blos, was sich ursprünglich unwillkürlich einstellte von Vorstellen, Fühlen, Bewegungen oder Combination
solcher, entweder ganz spontan einstellte oder durch Vorbild
angeregt. Bei dem Versuch spontanes Thun wiederzuerzeugen
sowohl, als bei der Anregung durch Vorbild kommt es nun
häufig vor, dass ein gewisses Bestreben zur Hervorbringung des
Gleichen eintritt, aber nicht sofort zum Ziele führt. Fehlt zum
vollen Gelingen nur wenig, so führt das überwiegende Gelingen
zu immer neuen Versuchen, bis es ganz erreicht ist, fehlt aber
viel, so ist Gefahr da, dass wir die ganze Sache aufgeben.
Der Mensch ist von seiner Grundconstitution aus daran gewöhnt, sich im Willen nur das anzueignen, was sich zuerst ohne
seinen Willen spontan oder auf blos leise Anregung hin leiblich
oder geistig von selbst machte. Wo das nicht ist, da haben
wir stets Zweifel am Gelingen, d. h. Misstrauen in unsere Kräfte,
wie wir sagen. Dies Misstrauen kann sich so steigern, dass es
selbst mit ein Hinderniss des Gelingens wird; denn durch das
Misstrauen und seine Reflexionen werden dem psychologischen
und physiologischen Mechanismus die Anfänge spontaner Bethätigung, das was man Trieb nennt, noch entzogen. Auf
geistigem Gebiete ist die Erscheinung bekannt: es kommt in
vielen Lebensbeschreibungen bedeutender Männer vor, dass sie
zwar Talent in sich verspürten, aber der erste Wurf gelang
nicht nach Wunsch, und so hatten sie lange mit dem Misstrauen als dem ärgsten Feind ihrer Gaben zu kämpfen, bis

dies auf einmal, vielleicht ganz zufällig, überwunden war, und sie nun siegesgewiss ihre reiche Natur entfalteten. Göthe kannte diesen Zug menschlicher Natur sehr wohl, er sagte einmal zu Einem, dem er Talent zutraute, der sich selbst aber misstraute: Ach was, man muss nur in die Hand blasen, dann geht es. Was die Körperbewegungen betrifft, so ist es gleichfalls bekannt, wieviel darauf ankommt, dass die Kinder bei ihren ersten Gehversuchen Glück, d. h. einigermassen Gelingen haben; haben sie auffallendes Misslingen, vielleicht aus ganz zufälligen und äusseren Ursachen, so sind sie für die nächste Zeit von aller Wiederholung jener Versuche abgeschreckt. Auf allen Gebieten des Lebens erzeugen so die Versuche, welche nicht gelingen wollen, meist sehr schnell jenen Unmuth, den Herbart die Schwindsucht des Charakters genannt hat. Stellt sich ein Gelingen nicht gleich oder mindestens nicht zu einem guten Theil gleich ein, so macht man zwar noch ein paar Versuche, wenn das, was gelingen soll, uns als Erfolg sehr wünschenswerth erscheint, scheitert man damit, so gibt man das Ganze auf, und sollte man darüber zu Grunde gehen. Besserungsversuche, welche die Menschen mit sich selbst anstellen, geben sie oft genug auf, weil die Besserung nicht schnell genug eintritt, sie schliessen: könnte sie gelingen, so würde sie schon gelungen sein, also ist mir so und so zu sein nicht beschieden, und dann lassen sie sich gehen. Das berühmteste Beispiel für diesen Zug menschlicher Natur ist die Art, wie jetzt die Anthropologie den Untergang der Naturvölker im Contact mit civilisirten Gruppen erklärt, die sich neben jenen ansiedeln: es ist nicht so sehr der Branntwein und die Krankheiten, welche das Vernichtende sind, das Vernichtende ist psychologischer Natur. Die Ueberlegenheit der Europäer in Kampf und Erwerb sehen die Naturvölker, aber ihre angestammte physiologische und psychologische Disposition ist so verschieden von derjenigen, von welcher die Bethätigung der modernen Europäer abhängt, dass eine Anregung zur Nachahmung entweder gar nicht erfolgt oder doch unverhältnissmässig zurückbleibt hinter dem, was sie erreichen will. In Folge

hiervon tritt bald stumpfe Gleichgültigkeit ein; was bis jetzt
unter ihnen für gross und weise gehalten wurde, kann neben
der europäischen Art sich nicht mehr als solches geltend machen,
eine Umänderung kann aber nicht so rasch eintreten; so ist
das Alte um seinen Credit gekommen, ein Neues ist nicht da,
die Völkerschaften gehen an Demoralisation im psychologischen
Sinne zu Grunde. Aus dem Gesagten erhellt die Wichtigkeit,
die es hat, das Gelingen zu üben und Misslingen zu überwinden. Es ist das eine Hauptaufgabe der Erziehung, so fern wir
nur ihre formale Seite in's Auge fassen. Die Erziehung knüpft
dabei an bereits gelingende Bewegungs- oder Vorstellungsreihen
an und übt diese, dadurch stärkt sie dieselben, d. h. verwandelt sie in solche, welche auf den blossen Willen als inneren
psychischen Zustand eintreten; so wird eine Herrschaft über
unsre Vorstellungen, Gefühle und Bewegungen erlangt. Dann
fügt die Erziehung zu dem bereits erlangten Können ein neues
Glied hinzu, welches sich unschwer an jenes anschliesst, und
übt es wieder u. s. f., bis immer neue und neue Combinationen
von Vorstellungen unter sich, Gefühlen unter sich, Bewegungen
unter sich oder von Vorstellungen mit Gefühlen u. s. w. hergestellt sind. Der gute Erzieher leiblich und geistig ist der,
welcher die Anknüpfungspunkte in bereits von selbst gelingen-
den Vorstellungen und Bewegungen finden kann, er ist es auch,
welchem die Zöglinge meist mit Begeisterung folgen; denn
nichts entzückt die junge Seele so sehr, als die Lust an immer
weiter und weiter sich ausbreitendem Gelingen. Hat der Erzieher einmal das Zutrauen des Zöglings gewonnen, so kann er
diesem von unendlichem Segen dadurch werden, dass er ihn
auch dazu anzuleiten im Stande ist, Gelingen zu finden trotz
anfänglich scheinbaren völligen Misslingens; es ist dies das Gelingen, dessen Eintreten abhängt von einer Menge Zwischen-
glieder, welche alle erst gelungen sein müssen, bis das eigentlich intendirte Gelingen möglich wird. Wem z. B. Mathematik
schwer fällt, bei dem schiebt man eine Vorübung in mathema-
tischer Anschauung ein durch Zeichnen und Messen von einfachen Figuren u. s. w. oder durch Rechnen mit Stäbchen.

Wem sich in seine Berichte stets Phantasie oder subjektive
Gefühle einmischen, den leite man an, genau sich etwas anzusehen und unmittelbar darauf Einem darüber zu referiren, so
aber, dass man beim Sehen mit dabei war. Für das Gesammt-
verfahren können Beispiele sein die Art, wie man schreiben
lernt, Clavier spielen, tanzen, im reiferen Alter exerciren. Vielseitige Uebung des Gelingens, wo nicht von selbst die Anfänge
sich einstellten, ist das Beste, was die Erziehung zu geben im
Stande ist. Zweierlei ist die Hauptsache, erstens vielseitige Ausbildung des Thuns, d. h. der verschiedenen Arten von Bewegungen, denn ohne diese bleibt es bald beim Wünschen und
ergibt keinen effectiven Willen, zweitens vielseitige Ausbildung
des Vorstellens, denn ohne diese bleibt der Geist dürftig und
ungelenk. Auf diese Weise kann dem Misslingen vorgebeugt,
dem Gelingen allmälich Effectivität bereitet werden. Da indess
ein Misslingen oder ein geringes Gelingen auch wegen mangelhafter Anlage bleibend sein kann, so hat besonders bei der
Berufswahl Folgendes massgebend zu sein. Erstens ob bei dem,
was wir anfangen zu treiben, Originalität sich zeigt oder blosse
Receptivität, und ob der Beruf blosse Receptivität verträgt.
Zweitens wie viel Erfolg, d. h. welche objektiv von Anderen
beurtheilbaren Leistungen innerhalb einer gewissen Zeit hervortreten, mit anderen Worten, welche Fortschritte wir machen.
Drittens nichtentscheidend ist die eigne Freude an einer Beschäftigung, weil diese subjektive Freude an einer Bethätigung
oft in keinem Verhältniss zu dem Erfolg derselben steht. Zum
Beruf müssen wir das wählen, was wir nicht blos innerlich mit
Neigung und selbst Talent bilden können, sondern auch äusserlich. Z. B. es hat Jemand Neigung zur Dichtkunst und innerlich in blossen Bildern und Ideen eine grossartige Phantasie,
aber die Worte wollen nicht äusserlich das Innere ausströmen:
ein solcher darf nicht Dichter werden, indem ihm gerade die
specielle Naturgabe des Dichters fehlt. Beim Musiker, beim
Maler ist es ebenso, es kann Jemand das feinste Gehör, die
wunderbarsten musikalischen Conceptionen haben, es klingt innerlich herrlich und vielleicht mit Recht — aber die Compo-

sition, die Bannung des innerlich Erklingenden in äussere Töne
gelingt nicht. Passavant, der Kunsthistoriker, war ein grosses
Malergenie der Phantasie und der Beurtheilung nach, als er
aber zur Kunst kam, war seine Hand bereits zu steif, sodass
er nicht mehr die Gelenkigkeit der Finger erlangte, welche zur
Technik, d. i. zur Ueberführung des Inneren in Aeusseres durch
Muskelbewegungen erforderlich ist. Ebenso kann es mit dem
Staatsmann, dem Feldherrn, dem Mann der Wissenschaft gehen:
es gehört zum Inneren da stets auch ein Aeusseres. Dass es
bei uns so viele Stümper und so viel Klagen über verfehlten
Beruf gibt, kommt eben davon, dass man bei der Wahl desselben blos Neigung und inneres Interesse in Anschlag bringt,
und glaubt, das äussere Gelingen müsse sich in entsprechendem Grade anschliessen, wenn nur das innere da sei. Umgekehrt muss man auf die äussere Seite sehen, ob sie in solchen
Anfängen da ist, dass von ihnen aus ein bedeutender Fortschritt erreicht werden kann; diese äussere Seite genügt zum
Beruf, wo es sich um mehr Nützliches und Mathematisch-
Mechanisches handelt. Handelt es sich um mehr Intellectuelles,
Aesthetisches, Politisches, Militärisches u. s. w., so braucht man
zwar auch da in erster Linie die äussere Technik, sodass diese
stets ihren Preis hat, aber Ausgezeichnetes wird nur geleistet,
wo zur Virtuosität im Aeusseren innere Genialität oder Talent
tritt. Wer blos das Innere besitzt, der mache sich daraus eine
Liebhaberei, wie Göthe mit seinem Zeichnen, aber keinen Beruf, sonst wird er unglücklich. Umgekehrt kann auch unglücklich werden, wer ein Aeusseres hat oder sich angeeignet hat,
während sein Inneres nicht damit harmonirt. Ist da wirklich
natürliche Discrepanz da, so treibe er das Aeussere als Beruf
und das Innere als Liebhaberei. In die Versuche, das Gelingen
zu wecken, wo es nicht von selbst oder auf blosses Vorbild eintritt, greift sehr viel ein die indirekte Herbeiführung des Willens, also Lohn und Strafe (§ 12). Sie kann natürlich nur
wirksam sein, wenn die obigen Mittel, Gelingen zu erleichtern,
benutzt werden; denn da die Wirkung von Lohn und Strafe
auf einer fördernden oder hemmenden Association beruht, so

kann sie nie stattfinden, wo nicht etwas zu associiren ist. Wer also nicht vorher sorgt, dass ein solches Element irgendwie da ist, der erreicht mit Lohn und Strafe nichts, die ehrlichen Naturen können trotz aller Versprechungen und Drohungen nicht, die unehrlichen greifen zum Betrug. So vermögen z. B. Lohn und Strafe einen in der Mathematik Schwachen nur zu befeuern, wenn ihm zugleich Mittel zum Gelingen in der Mathematik unabhängig von Lohn und Strafe gegeben werden. Es gibt Eltern und Lehrer, welche mit völliger Verkennung dieser Wahrheiten handeln. Ebenso helfen im Staate blosse Strafgesetze nichts, es müssen zugleich die Mittel parat erhalten werden, z. B. das, was man haben muss, aber in bestimmter Weise nicht haben soll, etwa nicht durch gewaltsame Wegnahme, in anderer Weise zu gewinnen, so beispielsweise bei einer Hungersnoth.

15. Das Ziel der Willensbildung ist Bildung des eignen Willens durch den Einzelnen selber. Dieser Selbstbildung voran geht aber unvermeidlich die Bildung des Willens durch Andere in dem, was den Heranwachsenden von Erziehung zu Theil wird. Die beginnende Selbstbildung findet also nicht mehr res integra vor, sondern der Erwachsene muss an das Resultat seiner Erziehung positiv oder negativ anknüpfen. Die Willensbildung, die uns in der Erziehung zu Theil geworden, hat daher eine entscheidende Bedeutung für unser Leben. Locke hat den Ausspruch gethan, dass bei neun Zehntel aller Menschen die Erziehung über ihr Glück oder Unglück bestimme. Um die Wahrheit dieses Wortes zu empfinden, darf man sich nur erinnern, dass die Mameluken in Aegypten, die Janitscharen in der Türkei, was sie einst waren, fast alle durch Erziehung geworden waren; denn es waren meist geraubte Christenknaben, durch die Erziehung aber wurden sie die fanatischen Stützen des Islam.

Regel bei der Willensbildung des Kindes muss sein: aus dem Mannichfachen, was sich unter der erforderlichen leiblichen Pflege von unwillkürlichen Bethätigungen regt, das nach der Erfahrung der Erwachsenen Beste zu begünstigen, damit es

wiederkehre und sich Vorstellung und Werthschätzung, anfangs
dunkel, dann deutlich so daran anschliesse, dass auch rückwärts
auf diese Vorstellung und Werthschätzung die bezügliche organische und psychische Thätigkeit eintritt. So bringt man es
dahin, dass z. B. die Kinder gut trinken lernen, auf Reinlich-
keit halten, Bewegung, frische Luft wollen u. s. w. Denn, um
nur dies anzudeuten, wenn sich kleine Kinder verunreinigt
haben, so ist dies für sie eine unangenehme Zustandsänderung
in Bezug auf Hautempfindung, in Folge derselben schreien sie.
Achtet man darauf und legt sie trocken, so beruhigen sie sich;
daraus bildet sich sehr bald heraus, dass sie jedesmal das
Signal für Reinlichmachung geben. Ueberhört man dagegen
ihr Geschrei in solchen Fällen, so stumpft sich das Gefühl für
diese Zustandsänderung in ihnen ab, und es ist ihnen sehr
bald in der Unreinlichkeit sogar behaglich. Regt sich die Bewegungslust, so begünstigt man unter normalen Verhältnissen
das Kriechen nicht, weil die virtuose Ausbildung desselben das
Laufenlernen verspätet. Durch die Begünstigung des Besten
und seine Herausbildung wird das Schlechtere von selbst geschwächt und eventuell verdrängt, oder auch es wird das
Bessere von selbst herbeigeführt dadurch, dass man auf das
Schlechtere nicht eingeht. Ein Kind soll etwa nach dem Arzt
alle zwei Stunden Nahrung haben, es fängt aber nach andert-
halb Stunden an nach solcher zu schreien, dann lässt man es
schreien bis zur festgesetzten Zeit; ist das zwei-, dreimal geschehen, so wartet das Kind von selber ruhig bis dahin. Gibt
man dagegen nach, so bildet sich rasch in den Kleinen die
Gewohnheit, erst bei Hunger, dann analog bei jeder körperlichen oder psychischen Unruhe so lange zu schreien, bis ihnen
ihr Wille gethan ist. Diese Methode genügt aber nicht immer,
sondern oft ist das Schlechtere auch durch positive Gegenwirkung zu unterdrücken. Kinder sind oft heftig, ungestüm,
schlagen dabei um sich, kratzen u. s. f.; es ist das an sich eine
blosse Erweiterung der Gefühls- und Bewegungsunruhe, welche
bei Unbehagen leicht eintritt. Mangel z. B., so lange dabei die
Natur noch kräftig genug ist, um lebhaft davon erregt zu

werden, macht ungestüm und bei entgegentretenden Hindernissen böse; erst ganz schwache Menschen fühlen auch den
Mangel nur schwach, wesshalb der immer Schlechtgenährte bei
seiner mageren Kost meist zufrieden ist, der armselige Sklave
ruhig seine Ketten trägt. Das Umsichschlagen, Kratzen u. s. w.
der kleinen Kinder entsteht daher theils als eine Art der Mit-
bewegung bei lebhaftem innerem Gefühlszustand, theils als eine
körperliche Ausgleichung inneren Unbehagens, wie ja auch an
den Erwachsenen solche Zustände nicht blos als Regungen, sondern oft als Bethätigungen genugsam bekannt sind, man lässt
eben seinen Unmuth, seine Verstimmung an Jemand aus. Im
Kinde ist solchem Thun entgegenzuwirken zunächst durch
Liegenlassen in diesem Zustand, bis er sich ausgetobt hat,
hilft das nicht, so sind mässige, aber empfindbare Schläge auf
Hand, Fuss, Mund u. s. w. unerlässlich. Die Wirksamkeit
solchen körperlichen Schmerzes beruht darauf, dass derselbe
irgendwie in einer Verrückung der Nervenmolecüle besteht, also
erstens das Kraftgefühl überhaupt mindert, zweitens der Art
von Bewegung, wie sie in Händen, Füssen u. s. w. gerade
waltet, direkt entgegenwirkt. Durch Beides zusammen, wenn
es öfter und gleich Anfangs eintritt, wird daher allmälich der
ganze Vorgang geschwächt und an der Ausbildung und Festsetzung verhindert. Sehr zu verhüten ist bei Kindern nervöse
Ueberreizung. Kinder sind Abends müde und würden, sich
selbst überlassen, einschlafen. Wer sie dann aus dem Bette
nimmt, herumträgt, tanzen lässt, zum Licht führt, sonst allerlei
Erregendes mit ihnen macht, dem widerstehen sie selten dadurch, dass sie trotzdem einschlafen, sondern wie die Erwachsenen, wenn sie müde sind, durch Reize auf die noch vorhandenen Kräfte sich einige Zeit länger aufrecht erhalten können,
so hat das Kind in Folge des lebhaften Wachsthums hierfür
stets einen starken Vorrath an mehr latenten Kräften; freilich
folgt dann nach einiger Zeit eine um so grössere Abspannung,
verbunden meist mit Verstimmung und der Schwierigkeit Ruhe
zu finden. Dieses Verfahren erzeugt künstlich im Kinde das
nervöse Temperament, das nur bei heftigen Reizen sich wohl

fühlt, dann aber jedesmal in eine um so grössere Prostration
verfällt. Wem als Kind Heftigkeit auch bei dem kleinsten Unbehagen und das Ungestüm der ganzen Art nicht abgewöhnt
ist, und wem Erregtheit zur Unzeit künstlich beigebracht wurde,
dem hängt das Alles sein Leben lang nach, es wird ein Theil
seiner festen organischen und psychischen Grundstimmung, dem
später meist nur noch durch Palliativmittel beizukommen ist.

Bei zweckmässiger und für Wachsthum ausreichender Ernährung entstehen im Kinde bald unwillkürliche Muskelbewegungen und Sinnesbethätigungen; diese sind in geeigneter Weise
(Spiele) zu begünstigen, aus ihnen entwickelt sich Lust an und
Verlangen nach Thätigkeit und Wahrnehmung mit allen Folgen
derselben. Zu vermeiden ist erstens Ueberfütterung, weil sie
durch übermässige Heranziehung des circulirenden Blutes für
die Verdauung die übrige Muskel- und Nervenbethätigung beeinträchtigt, so an passives Geniessen gewöhnt und einen physiologischen Anknüpfungspunkt für Faulheit und Trägheit
schafft. Wie der Erwachsene nach dem Essen zum Denken
sowohl als zur anstrengenden Muskelarbeit nicht aufgelegt ist,
wie solche Anstrengung dann sogar schädlich ist für die Gesundheit, so sind übermässig ernährte Kinder beständig in
diesem Zustand, und sträuben sich daher naturgemäss gegen
Alles, was die Verdauung stört, sie sind sowohl denk- als be-
wegungsfaul. Zweitens ist zu vermeiden ein Ueberwiegen der
Erregungsmittel in der Ernährung (Näschereien); dasselbe erzeugt einen physiologischen Hang zu solchen und überdies oft
durch analoge Ausdehnung sinnliche Lüsternheit überhaupt,
namentlich die sexuellen Triebe werden bei solcher Gewöhnung
früh und heftig geweckt. Selbst das von der anderen Nahrung
isolirte Gewähren von an sich nützlichen Erregungsmitteln ist
thunlichst zu vermeiden.

Schmerz, körperlicher und geistiger, ist dem Kinde möglichst zu ersparen wegen der noch geringen Widerstandskraft
seines organischen und psychischen Lebens. Dagegen sind aus-
haltbare natürliche oder sittliche unvermeidliche Leiden —
z. B. Trauer über eine abgeschlagene Bitte, bis sie sich von

selbst verliert — durchaus sogar wünschenswerth. Geduld und
Entsagung werden nicht anders gelernt als so. Hierin ver-
wöhnten Kindern ist später jedes Leiden, jede Verfehlung eines
Lieblingswunsches unerträglich, der körperliche oder geistige
Organismus adaptiren sich dann nur schwer oder gar nicht,
Gewaltskuren körperlicher oder geistiger Art an sich zu vollziehen, wie sie jedem Menschen Pflicht werden können, sind
solche als Erwachsene meist unfähig. Es soll extreme Fälle
gegeben haben, dass verwöhnte Kinder an Nichterfüllung eines
Wunsches gestorben sind. Solche Fälle sind immerhin möglich, weil die ganze organische und psychologische Elementar-
constitution darauf gestimmt war, dass Wunsch und Erfüllung
zusammen seien; wird es einmal nicht so, so tritt ein Choc ein,
ähnlich wie erwachsene Menschen schon durch plötzliche grosse
Freude oder plötzlichen grossen Schreck gestorben sind. Das
in einzelnen Fällen sicher constatirte Nachsterben von Ehe-
leuten gehört gleichfalls hierher. Wie wenig die Menschen im
Allgemeinen für heftigere Kuren vorbereitet sind, sieht man
daran, dass nur die wenigsten es fertig bringen, sich eine Lie-
besleidenschaft, deren Verkehrtheit sie einsehen, oder die zufällig entstandene Leidenschaft für Opiumeinspritzungen abzu-
gewöhnen. Der letzte Stuart war von Haus aus kein Trin-
ker, aber im schottischen Aufstand von 1745 musste er seinen
Anhängern auf ihre Weise oft Bescheid thun, und die so im
Tumult des Bürgerkrieges entstandene Neigung vermochte er
nicht mehr zu überwinden. Möglich sind solche Ueberwin-
dungen wohl, aber es sind Gewaltskuren: es entsteht dabei
einige Zeit eine völlige Revolution in Leib und Seele, alles
strebt dagegen, sich die gewohnten Gefühle und Erregungen
rauben zu lassen, so dass der Gedanke entsteht: ich gehe über
dem Versuch doch sofort zu Grunde, also lebe ich immer noch
besser etwas länger mit Beibehaltung jener Gewohnheit. Hätten
solche Menschen in der Jugend gelernt, dass man ähnliche
Zustände sehr wohl überdauern kann, so würden sie vor derartigen Kuren nicht so zurückschrecken, wie es überwiegend
geschieht.

16. Der Höhepunkt der Willensbildung ist, dass der Mensch einen Charakter gewonnen hat. Der Begriff des Charakters ist ein bewusstes Zusammenwirken aller Hauptseiten des menschlichen Wesens, des Vorstellens, des Gefühls und der äusseren Bethätigung, und zwar ein festgewordenes Zusammenwirken. Dass Alterthum und Mittelalter kein unserem Begriff von Charakter ganz entsprechendes Wort hatten und sich im gewöhnlichen Leben mit ἦθος und mores begnügten, in der philosophischen Behandlung mit ἕξις und habitus, kommt davon, dass wir bei Charakter besonders an das Einzelindividuum denken; einen solchen Individualcharakter gab es aber im Alterthum und Mittelalter nicht. Nach Burckhardt's feiner Bemerkung war alle Bildung im Alterthum politisch, unter überwiegendem Einfluss der Staatsgemeinde stehend, im Mittelalter war sie Standesbildung, der Einzelne hatte also die Bürgerart oder Sitte, die Standesart oder Sitte (mos, ἤθη) fest in sich aufzunehmen und sich danach bleibend zu bethätigen (ἕξις, habitus), das war der Abschluss auch seiner Willensbildung. Seitdem mit der Neuzeit die Individualität grösseren Spielraum erhielt, wurde ein Wort erwünscht für den Begriff eines bewussten und festgewordenen Zusammenwirkens der Hauptseiten menschlicher Natur gerade in diesem oder jenem Einzelmenschen. Da nunmehr die Bürger- und Standesart nicht mehr den ganzen Menschen bestimmt, ist einen Charakter zu haben oder ein Charakter zu sein auch viel schwerer geworden, es wird nicht mehr von dem Stand für den Einzelnen gewollt, so dass dieser sich blos in die herrschende Art einzuleben hätte; dass daher über Mangel an Charakteren geklagt wird in der Neuzeit, ist nicht zu verwundern. Die hohe Bedeutung, welche man dem Charakter beilegt, erklärt sich daraus, dass er dem Menschen etwas in sich selbst Einstimmiges und relativ Fertiges giebt, das 1) überhaupt allein einer bedeutenden Wirkung fähig ist, 2) Anderen die Gewähr der Zuverlässigkeit und Stetigkeit im Zusammenwirken bietet. Dass Kindheit und Jugend noch keinen Charakter haben, gereicht ihnen nicht zum Vorwurf, sie sind die Zeit der Entwicklung, wo also die mannichfaltigen

Seiten der Natur hervortreten und sich ausbilden, das gerade Hervortretende also immer etwas dominirt, und nur allmälich ein Einordnen und Zusammenwirken der verschiedenen Seiten angebahnt werden kann. Kindheit und Jugend sind darum, dass sie keinen Charakter haben, noch nicht charakterlos, denn sie können sehr in Tendenz zu einem solchen begriffen sein, anfänglich mehr geleitet dabei, nach und nach selbst mitwirkend dazu.

Für die Bildung des Charakters ist ausser den bisherigen Regeln über die Willensbildung, sofern es sich beim Charakter um ein Ganzes des Vorstellens, Fühlens und Thuns handelt und zwar um ein festes Ganzes, noch besonders Folgendes von Wichtigkeit. 1) Manche Menschen sind als Kinder oder im Knaben- und Mädchenalter schon geneigt sich in einer festen Art abzuschliessen. Sofern dies leicht zu einer gewissen Dürftigkeit des Wesens führt, ist dem unter Schonung der besonderen Neigungen doch durch mannigfache Anregungen von aussen entgegenzuwirken. 2) Andere sind geneigt sich in die jedesmaligen äusseren Verhältnisse ganz zu verlieren, immer andere und andere zu sein; dem ist entgegenzuwirken durch öftere Wiederzurückführung in dieselben Verhältnisse und Belebung einer mehr identischen Art zu sein. 3) Phantasievollen Naturen ist leicht eigen Unentschiedenheit, wo es gälte bestimmte Entschlüsse zu fassen. Da sie so lebhaft nach allen Seiten empfinden und so stark alles in der Einbildungskraft haben, so wird die lebhafte Empfindung und starke Einbildungskraft gewissermassen zum ästhetischen Selbstgenuss und zieht alle Kraft an sich, so dass zur Entscheidung wenig Kraft mehr bleibt. Sowie sie ferner dabei sind, sich zu entschliessen, fällt ihnen immer wieder Anderes und Anderes ein. Solche Naturen sind früh in Lagen zu versetzen, welche rasche Entschliessungen unausweichlich machen. Zu diesen Naturen gehörte Göthe, und er selbst hat erklärt, dass ihm letztere Gelegenheit gefehlt habe. 4) Noch schlimmer für Charakterbildung sind die überwiegenden Gefühlsnaturen daran, es sind das die Menschen, welchen das affective Element aller Verhältnisse, das Lust- und Unlust-

gefühl, am lebhaftesten zum Bewusstsein kommt, und die von
da aus in so starke Erregung versetzt werden, dass in Folge
dessen das klare gegenständliche Vorstellen und ein bestimmtes,
den Verhältnissen angepasstes Thun wenig aufkommt. Der
Zug ist in der Jugend sehr häufig, als Sturm- und Drang-
periode oder Wertherperiode in unserer Literatur vertreten.
Ihm muss gleichfalls von früh an entgegengearbeitet werden
durch Belebung des klaren gegenständlichen Vorstellens und
durch Gewöhnung an ein den Verhältnissen sich anpassendes
Thun. 5) Zur Festigkeit des Charakters gehört die Unabhängigkeit der Gesammtart des Menschen von Umgebung, besonderen Relationen, Stimmung u. s. w. Dieselbe ist allmälich
zu erlangen nach den Regeln des § 11. — 6) Die Festigkeit
des Charakters ist nicht gesichert, wenn sie nicht eine bewusste
ist, d. h. aus der blos instinctiven Gesammtart eine von Reflexion, von Grundsätzen getragene geworden ist, wie Herbart
es ausgedrückt hat, Charakter ist Wollen auf Grund des Nicht-
wollens. Daher muss man die eigene Art unterscheiden von
anderen Arten und in ihrem Werthe gegen andere Arten erfasst haben. Dadurch allein ist der Charakter gegen Ver-
lockungen zur Abweichung gesichert. Erfordert ist aber, dass
der Charakter erst einige Festigkeit erlangt habe, ehe er möglichen Versuchungen ausgesetzt werde; wo keine Kraft zum
Widerstand voraus bereitet ist, womit soll widerstanden werden?
Nicht blos in der Erziehung ist da Vorsicht nöthig, auch der
Erwachsene muss sich in dieser Hinsicht stets eher misstrauen
als zuviel vertrauen; und es ist nicht nöthig, dass sich die
Festigkeit bei allen in gleicher Weise zeige. Bei Hasardspielen
können die Einen ruhig zusehen, fest gegen dieselben von der
Ueberzeugung ihrer Verderblichkeit aus, Andere haben vielleicht dieselbe Ueberzeugung, aber sie haben daneben Empfänglichkeit für den Reiz momentanen Wagens und möglichen Ge-
winnens oder der abwechselnden Erregungen von Furcht und
Hoffnung; sofern durch Zusehen diese Empfänglichkeit so könnte
geweckt werden, dass jene Ueberzeugung von der Verderblichkeit davor zurückgedrängt würde, ist ihnen zu rathen, sich von

dem Zusehen fern zu halten. 7) Es ist eine beliebte Streitfrage, ob Eigensinn bei Kindern künftigen Charakter anzeige und also zu dulden sei. Zunächst deutet Eigensinn nichts weiter an als eine gewisse Festigkeit des momentanen Vorstellens, Fühlens, Thuns, dies kann sich bald wieder geben und so trotz seiner Stärke nicht dauernd sein und nicht in Bezug auf denselben Gegenstand wiederkehren. Eigensinn ist in diesem Fall nicht Stärke, sondern Schwäche, Unfähigkeit von einem Vorstellen, Fühlen, Thun loszukommen. Durch Anregung eines mehr mannichfaltigen und wechselnden Vorstellens, Fühlens, Thuns ist hier entgegenzuwirken. Eigensinn kann aber auch das sein, was Herbart Gedächtniss des Willens genannt hat, wo also unter gleichen Umständen derselbe Wille wiederkehrt. Dies muss geschont und begünstigt werden, doch ist darauf zu achten, dass nicht Pedanterie entsteht, d. h. eisernes Festhalten an einer zufällig einmal so und so stattgehabten Ordnung, während eine andere ebenso gut oder noch besser wäre.

17. Das Formale des Charakters ist mitbedingt durch das Temperament, daher bei gleichem Charakterinhalt doch verschiedene Menschen sich oft noch sehr verschieden darstellen. Das Temperament hat eine physiologische Basis an der dem Organismus eignen Reizempfänglichkeit oder Eindrucksfähigkeit, welche sowohl im Grade als in der Nachhaltigkeit bei verschiedenen Menschen sehr verschieden ist. Die vier überlieferten Temperamente charakterisirt man daher jetzt so (vergl. besonders Henle, Anthropologische Vorträge. S. 118 ff.). „Geringe Reizempfänglichkeit, aber mit Nachhaltigkeit des einmal gemachten Eindrucks ist das phlegmatische Temperament; viel Reizempfänglichkeit, aber ohne Nachhaltigkeit ist das sanguinische; viel Reizempfänglichkeit mit Nachhaltigkeit, überwiegend nach Seiten äusserer Thätigkeit, ist das cholerische, überwiegend nach Seiten des Gefühls das melancholische oder sentimentale Temperament." In Analogie mit der Spaltung bei den beiden letzteren Temperamenten könnte man aber viel mehr Temperamente unterscheiden, und in der Wirklichkeit lassen sich in der That diese vielen aufweisen. Wenn geringe Reizempfänglichkeit, aber mit

4*

Nachhaltigkeit des einmal gemachten Eindrucks das phlegmatische Temperament ist, so würde geringe Reizempfänglichkeit ohne Nachhaltigkeit die stumpfe und dabei zugleich fahrige Geistesart sein, der wir öfter begegnen. Die wenige Reizempfänglichkeit des phlegmatischen Temperamentes sammt der Nachhaltigkeit für die einmal gemachte Erregung kann sich ferner verschieden wenden: bald werden mehr die Vorstellungen festgehalten, das sind die Menschen, die von einem Gedanken schwer loskommen, bald mehr das Gefühl, der Phlegmatiker hat oft sehr tiefe Gefühle, bald mehr die Bewegung, manche Menschen sind schwer in Gang zu bringen, aber einmal darin, traben sie in demselben fest fort. Das anfängliche Widerstreben gegen Bewegung im phlegmatischen Temperament des Orients spiegelt sich wunderbar in dem Worte, welches Muhammed zugeschrieben wird: Eile ist vom Teufel, Zögern aber ist eine Gabe des Höchsten. Viel Reizempfänglichkeit, aber ohne Nachhaltigkeit ist nicht blos das sanguinische Temperament überhaupt, sondern es wandelt sich der Zug auch wieder a potiori ab. So ergiebt viel Reizempfänglichkeit, aber ohne Nachhaltigkeit, besonders nach Seiten des Vorstellens, die momentan gute Auffassung, aber ohne Gedächtniss und Erinnerung und daher auch ohne Verarbeitung und Urtheil. Derselbe Grundzug überwiegend nach Seiten des Gefühls ergiebt die Menschen, welche alle Augenblicke für etwas Anderes schwärmen, überwiegend nach Seiten der Bewegung die Naturen, welche immer Neues anfangen, diruit, aedificat, mutat quadrata rotundis (Horaz). Endlich viel Reizempfänglichkeit mit Nachhaltigkeit, aber überwiegend nach der Seite des Vorstellens, ergiebt die lebhaften und ausdauernden Forscher, Denker, Künstler, je nach der Art des Vorstellens, welche jeden von ihnen fesselt. Da das Temperament blos einen Gradunterschied in der Reizempfänglichkeit und in der Nachhaltigkeit des einmal gemachten Eindrucks bedeutet, so liegt eben darin die Möglichkeit einer ergänzenden oder verstärkenden Einwirkung: selbst ein starkes Temperament kann durch Achtsamkeit bei der Erziehung und durch Selbstbildung so weit modificirt werden, dass unter Erhaltung seiner

möglichen Vortheile seinen Gefahren vorgebeugt wird. Das ist
auch der Grund, warum uns im Leben so selten reine Temperamente begegnen.
Für den Inhalt des Charakters, also dafür, was der Grundzug in dem festen Zusammenwirken von Vorstellung, Gefühl
und äusserer Bethätigung in uns wird, ist entscheidend, welches
von den physiologisch-psychologischen Hauptsystemen in uns
prädominirt. Ist das vegetative System, um diesen glücklichen
Ausdruck der älteren Physiologie wieder aufzunehmen, besonders
regsam, aber so, dass Muskel- und Nervensystem auch tüchtig
sind, so entsteht die Richtung des Denkens und Thuns auf
materielles Wohl, nicht nothwendig blos das eigene, sondern
überhaupt auf materielles Wohl als wichtig und als Hauptgegen-
stand menschlichen Strebens und Sinnens. Ist das Muskelsystem
besonders regsam, aber so, dass Nervensystem und vegetatives
System auch tüchtig sind, so entsteht die Richtung auf praktische Bethätigung als solche: militärische, technische, industrielle
Bestrebungen erscheinen als Selbstzweck oder als in sich wichtig.
Ist das Nervensystem besonders regsam, sind aber Muskelsystem
und · vegetatives System dabei auch tüchtig, so wird Kunst,
Wissenschaft, überhaupt geistiges Leben, auch oft in religiöser
Form, als das Höchste betrachtet. Ueberwiegt das Sexuelle, so
entsteht im Manne der frauenhafte Charakter, wie ihn Göthe
genannt hat; er zeigt sich theils als früher Trieb zur Familien-
gründung, theils als ritterliche Galanterie und Frauenverehrung,
theils als Liebesbedürfniss im engeren Sinne und da wieder
bald dauernd mit seiner Liebe, bald wechselnd. Alle diese
Arten inhaltlicher Determination des Charakters von dem überwiegenden physiologisch-psychologischen System her können
wieder sehr mannigfach modificirt und combinirt sein. Eine
solche Nüancirung beim frauenhaften Charakter ist angedeutet
worden, combinirt ist ein solcher oft mit überwiegendem Nervenleben — Dichter sind meist frauenhaft — oder mit überwiegendem Muskelleben — Mars mit Venus im Alterthume verbunden. Das vegetative System als überwiegend kann mit starkem
Muskelsystem und sexuellem Leben verbunden sein, dann wird

für die Familie oder die Geliebte erworben mit unermüdlicher
Arbeit. Ist dasselbe System mit starker Nerventhätigkeit und
sexuellem Leben verbunden, so weiss man seine Kunst, seine
Wissenschaft u. s. w. einträglich für die Familie zu machen.
Sind das vegetative System und das Nervensystem sich ungefähr an Stärke gleich, so treibt man seinen geistigen Beruf
auch sehr als Broderwerb u. s. f. Obwohl wir hier noch lediglich die formalen Gesetze der Willensbildung entwerfen, so mag
es doch gut sein schon jetzt darauf hinzudeuten, dass diese
Mannichfaltigkeit von Charakteren nach ihrem Inhalt an sich einer
sittlichen Verwerthung nicht fremd ist. Denn da sich der Inhalt
des Charakters in einen Beruf bringen lässt, also in ein überwiegendes Betreiben gerade dieses oder dieses Zweiges von Bethätigung in Folge der Theilung der Arbeit, so findet eine
sittlich erlaubte Hingabe an den bestimmten Zug a potiori statt.
Nur die sexuelle Liebe, sofern sie mit der Nüance des Wechselnden auftritt, ist an sich bedenklich, es lässt sich sittlich rein
nicht wohl etwas aus ihr machen. Dagegen die übrigen Haupt-
grundzüge sind sittlich wohl verwerthbar, nur die Gefahr besteht
bei ihnen, dass blos Jedem seine Art verständlich und sympa-
thisch ist, wie denn ganz gewöhnlich der Krieger Gelehrte,
Handwerker und Bauern verachtet, der Bauer und Handwerker
in dem Gelehrten einen Müssiggänger sieht, der Gelehrte oft
einen Ungelehrten kaum noch als Menschen erachtet. Allein
solche Einseitigkeit der Lebensauffassung kann verhütet werden
dadurch, dass in der Jugendbildung der Einzelnen alle Hauptrichtungen menschlicher Natur etwas entwickelt werden, etwa
durch allgemeinen Unterricht bis zu einer gewissen Höhe, durch
Betreiben von Gartenbau oder einer Technik im Knabenalter,
durch allgemeine Militairpflicht, damit Jeder auch die ihm von
Natur fremdere Art mindestens verstehen kann; ausserdem muss
die Einsicht geweckt werden, dass jede dieser Richtungen sittlich gewendet werden kann, und für den Bestand der Menschheit alle erforderlich sind. Sehr schwierig für Charakterbildung
sind diejenigen Naturen, bei welchen mehrere der physiologisch-
psychologischen Hauptsysteme stark sind, aber nicht zusammen-

wirken, sondern isolirt gegen einander auftreten. So giebt es
Menschen, in denen früh eine starke Anlage zur Sinnlichkeit
hervortritt, sei es in Essen, Trinken, sexueller Liebe oder auch
in zweien derselben oder allen dreien zusammen, und daneben
grosse Muskelbethätigung für sich in militairischer oder technischer Art, oder grosse Nerventhätigkeit für sich in wissen-
schaftlichem oder künstlerischem Betriebe, aber, wie gesagt,
isolirt gegen einander, bald geben sie sich dem einen Zuge hin,
bald dem andern. Wo in der Kindheit so etwas bemerkt wird
oder in der Jugend hervortritt, da gilt es nach allen Regeln
der Willensbildung jener Isolirung der Hauptsysteme entgegenzuwirken durch Dämpfung, Unterdrückung, Belebung, direkt,
indirekt; sonst entstehen jene Menschen, die schon dem Alterthum so befremdlich erschienen, welche abwechselnd Schlemmer
und Asketen sind, abwechselnd in Trägheit dahindämmern und
in aussergewöhnlicher Bravour und Arbeitskraft hervorragen u. s. f.,
und bei denen wir doch gestehen müssen, dass Anklänge an
eine solche Art in Jedem von uns ab und zu auftauchen.

18. Selbst bei hoher Ausbildung des Charakters sind wegen
der Complicirtheit menschlichen Wesens und der Mannichfaltigkeit seiner möglichen Erregungen zeitweilige Schwankungen und
die Gefahr der Abweichung nicht ausgeschlossen. Im Drang
vieler und nothwendiger Bethätigungen kann eine Seite unseres
Wesens, von der wir wissen, dass sie, um wirksam zu sein, stets
einer gewissen Uebung bedarf, zeitweilig müssen vernachlässigt
werden; kommt uns dann eine Aufforderung zu einer Bethätigung dieser bestimmten Seite, so finden wir gewöhnlich ein
Widerstreben dagegen, und wir sind geneigt uns in dieser Hinsicht zu dispensiren. Praktische Naturen z. B. bedürfen in
ihrer Freizeit einer gewissen Beschäftigung der Intelligenz, sonst
regen sich während der Musse blos die animalischen Begehrungen; umgekehrt bedürfen theoretische Naturen in der Freizeit einer gewissen praktischen Bethätigung, sonst geht es ihnen
ebenso. Es kann nun sehr wohl vorkommen, dass beide Naturen einige Zeit auf solche Ausfüllung der Musse nicht achten
konnten, dann wird leicht ein Widerstreben gegen die Wieder-

aufnahme sich fühlbar machen, oder sie werden sich auch plötzlich in der Musse sinnlichen Trieben von ungewohnter Heftigkeit gegenüber finden. Andere Seiten unsers Wesens bedürfen
etwa stets einer gewissen Niederhaltung, wir haben geglaubt
diese fortwährend zu üben, da stellt sich plötzlich heraus, dass
vielleicht sehr indirect eine solche Seite sogar eine wie dafür
gemachte Anregung durch die Umstände erhalten hat. Oft hat
es auch in Folge eines schwierigen Naturells oder einer mangelhaften Erziehung statt, dass solche Fälle nicht blos gelegentlich, sondern mit einer gewissen Regelmässigkeit wiederkehren.
Vorübergehende Abweichungen vom Zustande des im Charakter
gewonnenen Ganzen und Festen stellen sich dar in den Affecten
(Herbart), fest und stark gewordene verkehrte sinnliche oder
auch geistige Begierden in den Leidenschaften (Herbart). Die
alten Rathschläge für beide sind, 1) im Moment der Erregung
und des Schwankens die Entscheidung, also auch die That, auf-
zuschieben; 2) die Aufmerksamkeit von der Versuchung abzulenken. Diese Regeln haben einen physiologischen Anhalt daran,
dass es Hemmungsnerven und Hemmungsnervenzellen giebt
(Rosenthal, Allgemeine Physiologie der Nerven und Muskeln,
S. 263, 277 u. 278). Von da aus kann die Athembewegung gehemmt werden, die Reflexbewegungen gehemmt und sogar unterdrückt werden. Analoges findet sich durch das ganze geistige
Leben. Der Hergang ist auch hier so, dass, wie die Bethätigungen, so auch die Hemmungen zuerst unwillkürlich auftreten, wir können uns aber den geistigen Zustand merken, wie
er bei der Hemmung war, durch Wiedererzeugung dieses Zustandes können wir rückwärts auch die Hemmung herbeiführen,
zum Theil schon bei den automatischen Bewegungen (langsames
Athmen), noch mehr bei den Reflexen (Husten, Gähnen, manche
Menschen auch Erröthen). Auch im bewussten Geistesleben
treten die Hemmungen früh unwillkürlich ein, oft sehr indirect:
ein Kind schreit, wird aber abgelenkt durch einen neuen Anblick, Belohnung und Strafe sind oft Hemmungsmittel, Belohnung z. B. dafür, dass man etwas unterlässt, Strafe etwa, damit
man nicht der Naschlust nachgebe. Vernünftige Motive im ge-

wöhnlichen Sinne, also Erwägungen, welche die Zukunft und
die Folgen auf Grund der Vergangenheit hereinziehen, gehören
zu den Hemmungsmitteln. Am leichtesten ist es, die äussere
Bethätigung, also das Thun in statu nascenti, wo es sich als
Tendenz regt, aber noch nicht eigentlich begonnen hat, zu
hemmen. Es hängt dies damit zusammen, dass, wie es scheint,
„die Molecüle des Muskels eine grössere Trägheit besitzen, als
die des Nerven, so dass sehr schnell vorübergehende Einwirkungen in ihm leichter unwirksam bleiben" (Rosenthal, ibid.
S. 148). Zuckt es blos in der Hand, so ist der Schlag noch
leicht zu hemmen, und wir sind in solchen Hemmungen geringer Bewegungstendenzen sogar sehr geübt. Ist dagegen die
Hand zum Schlagen bereits erhoben, so ist gerade in Folge
der grösseren Trägheit des Muskels die Hemmung nunmehr um
so schwerer, es ist, als ob die erhobene Hand dem widerstrebte,
sich zu senken. Daher die Erfahrung, dass ein Thun, welches
über den status nascens hinaus ist und schon als beginnende
Thätigkeit nach aussen hervorgetreten, nur sehr schwer rück-
gängig zu machen ist; „wir können uns nicht mehr halten; jetzt
mag es geschehen, es hat einmal angefangen", oder wie sonst
noch wir das ausdrücken. Im Völkerleben ist es in dieser Hinsicht nicht anders als im Leben der Individuen: sobald der
erste Schuss gefallen, ist der Krieg, dessen Ausbrechen vielleicht
noch zu verhindern gewesen wäre, unvermeidlich geworden.
Eine bereits begonnene Action zu hemmen, ist Schmerz sehr
wirksam. So bei Kindern und ihrer Unruhe (§ 15), aber analog ist er auch bei Erwachsenen zu gebrauchen. Die Knaben
dämpfen sich unter einander, indem sie sich balgen, viele Menschen verlieren blos dadurch ihr Ungestüm, dass sie öfter und
nicht blos in bildlichem Sinne „anrennen", für eine ohne Noth
kampflustige Nation ist eine gründliche Niederlage das beste
Mittel, sie zur Ruhe zu bringen. Wer einmal zur Bethätigung
erregt ist, dem ist zu rathen, nicht schon zufrieden zu sein,
wenn ihm die momentane Hemmung gelungen ist, sondern sich
auch aus der Nähe der erregenden Ursache wegzubegeben, ja
seinem Bethätigungstrieb, damit er ihn nicht plötzlich, wie so

oft geschieht, wieder zu jener Ursache zurückführe, in anderer
Weise Ableitung zu verschaffen, etwa durch eine saure körperliche Arbeit. Der Trieb, eine einmal in Affect oder Leidenschaft begonnene Bethätigung zu vollführen, ist ja in activen
Naturen so stark, dass, wo sie nicht direct beikommen konnten,
sie mindestens in effigie den Uebelthäter hängten, verbrann-
ten u. s. f. Viel schwieriger noch, als die Bethätigung zu hemmen, ist es, dem Gedankenlauf Einhalt zu thun, eben weil die
Nerven überwiegend dabei thätig sind, und, da sie weniger
Trägheitswiderstand besitzen, sofort sehr schnell und stark erregt werden, also eine grosse Kraft augenblicklich für die Gedankenreihe verfügbar ist, und somit für Ableitung durch
andere Gedanken, die ja gleichfalls Nervensubstrate oder Nerven-
bedingungen bedürfen, weniger Raum mehr bleibt. Hier gilt es,
in ruhigen Zeiten grosse und wichtige Gedankenmassen ausgebildet zu haben, die gleichsam den physiologischen Substraten
fest eingeprägt sind, so dass sie leicht und mit einer gewissen
Stärke aufgeboten werden können; oft aber wird es nöthig, um
die Gedanken erfolgreich abzulenken, noch Unterstützung durch
Muskelbethätigung zu suchen. Bei dem Manne ist ernste, alle
Kräfte auf sich ziehende Berufsarbeit hier wirksam; wo diese
wenig Körperbewegung enthält, muss dieselbe besonders zugefügt werden; bei der Frau ist mehr Zerstreuung nothwendig,
weil sie bei der weiblichen Art von Arbeit noch so viel Raum
hat ihren Gedanken nachzuhängen. Am schwersten ist es die
Gefühle zu hemmen, da diese durch ihre Einwirkung auf das
vegetative System (Athmung, Blutumlauf, Ernährung u. s. w.)
sofort die ausgebreitetste physiologische Basis gewinnen. Selten
hilft hier das blosse Aufbieten von Vorstellungen; das *abc* aufsagen, wenn man in Zorn gerathen ist, verliert schnell seine
hemmende Kraft, man sagt es dann auf, aber der Zorn bleibt. Mehr
Hülfe bietet Ableitung durch Gegengefühle: die Liebe bekommt
einen starken Stoss, wenn der Gegenstand der Liebe lächerlich
wird, der Zorn kühlt sich ab, wenn der, welcher ihn erregt
hat, dumm und albern erscheint, Hass wird am ehesten überwunden, wo man sich nicht läugnen kann, dass sein Object

nach anderen Seiten Liebe erweckt. Sehr oft müssen Muskelbewegungen zu Hülfe genommen werden: so verläuft man sich
die unbestimmte Niedergedrücktheit, welche manchmal aus organischen dunklen Ursachen entspringt, leicht durch einige
Stunden Spazierengehen in Feld und Wald. Da die Gefühle
besonders durch ihre physiologische Verbreitung so sehr haften,
so sind besonders solche Muskelbewegungen zu wählen, welche
indirect andere Vorstellungen und Gefühle erwecken und dadurch den gerade wogenden und wallenden Abbruch thun. So
richtet man den Verzagten auf, indem man ihn dazu bringt
etwas zu thun, was er gut kann und was werthvoll ist, dadurch
entsteht ihm wieder ein Kraftgefühl. Aber so dämpft man
auch den Uebermüthigen, indem man ihn zu etwas auffordert,
worin er schwächer ist. Was andere so an uns fertig bringen,
das können wir analog auch an uns selbst vollführen. Wo
nichts helfen will, da bleibt nichts übrig, als die That, zu
welcher die Gefühle etwa drängen, zu hemmen und diese dann
sich in sich selbst austoben zu lassen, was, je heftiger sie sind,
wegen der physiologischen Erschöpfung um so schneller gelingt.

19. Wir haben bis jetzt die Natur des Willens erörtert
und die Gesetze der Bildung eines effectiven Willens, d. i. des
Willens, wo auf Vorstellung und Werthschätzung innere oder zugleich auch äussere Bethätigung eintritt. Die Hauptstücke im
Willen waren Vorstellung und Werthschätzung. Welches von
diesen beiden ist das wichtigere? Wenn man auf die Haupt-
masse der Menschen blickt, so kann kein Zweifel sein, dass
dies die Werthschätzung ist. Der Mensch will, woran sein Herz
hängt, was sein Interesse ausmacht. Die Vorstellung tritt
dabei oft zurück, sie ist blos Anknüpfungs- oder Beziehungspunkt des Gefühls. Das Interesse oder das Werthgefühl, sei
es intellectuell, ästhetisch, religiös, sinnlich, praktische Bethätigung als solche oder eine Combination von zweien oder
mehreren hiervon, macht, dass wir bei einem Gegenstand verweilen, uns in ihn vertiefen, dass auf die leiseste innere oder
äussere Anregung der Gedanke an den Gegenstand wiederkommt
und die Beschäftigung mit ihm wieder anhebt; die drei Merk-

male, welche Bain hauptsächlich von den sinnlichen Werthgefühlen (Essen, Muskelgefühlen u. s. w.) abstrahirt und als continuance, increase and renewel bezeichnet hat, sind auf alle Werthgefühle ohne Ausnahme anwendbar. Wie ist diese Kraft der Werthgefühle zu erklären? Warum überhaupt etwas mit einem Werthgefühl verbunden ist, wissen wir nicht; der Versuch, den Herbart gemacht hat, die Gefühle aus blos formalen Verhältnissen an sich gleichgültiger Vorstellungen zu erklären, ist in sich hinfällig; denn es lässt sich nicht einsehen, warum zwei an sich gleichgültige Elemente im Zusammentreffen ein Gefühl des Werthes oder Unwerthes erzeugen, sie können höchstens Veranlassung werden, dass in der Seele bei Gelegenheit dieses Zusammentreffens ein Gefühl entsteht, falls die Seele schon vorher so geartet war, auf solches Zusammentreffen von Vorstellungen hin ein Gefühl zu produciren, es muss also die Fähigkeit, Gefühle zu erzeugen, dabei schon vorausgesetzt werden (Lotze). Wenn wir so nicht erklären können, wie überhaupt Werthgefühle in uns entstehen, so sind wir doch im Stande die näheren Umstände anzugeben, die sich dabei ereignen. Alle Werthgefühle überhaupt sind ein Bewusstsein von Erhöhung des Lebens, von Steigerung der Kraft, sei es des sinnlichen Lebens, des intellectuellen, ästhetischen, sittlichen, das letztere besonders gezählt, falls sich etwa später ergeben sollte, dass es nicht mit einem der vorhergehenden zusammenfällt, sondern eine besondere Fassung mehrerer derselben ausdrückt. Bei dieser Steigerung der Kraft spielt eine Hauptrolle die Blutzufuhr: wenn wir nachdenken, so strömt, wie physiologisch feststeht, das Blut besonders zum Gehirn, wenn wir mit Aufmerksamkeit sehen, zum Auge, machen wir eine Muskelbewegung, in Arm oder Bein, beim Essen und der Verdauung nach dem Magen u. s. f. Bei der schon oft hervorgehobenen Bedingtheit unseres gesammten geistigen Lebens durch den Leib, müssen wir annehmen, dass überhaupt bei aller Bethätigung das physiologische Moment mitwirkt. Es hat also bei den Werthgefühlen statt 1) eine Kräftebethätigung überhaupt, welche mit Lust verbunden ist, 2) eine Steigerung derselben durch das nach der betreffenden mitbetheiligten Partie des Organismus strömende Blut. Von der Nachhaltigkeit der betreffenden Partien und der Blut- zuströmung hängt es ab, wie sehr und wie lange das Kraft- gefühl bleibt und vermehrt wird, bis Abspannung und Bedürfniss mindestens nach Wechsel im Detail der Bethätigung eintritt; denn unendlich ist die menschliche Kraft nicht, auch die sitt- liche nicht, sie wird allmälich durch den Verbrauch schwinden, vielleicht das Bewusstsein noch bleiben, aber ohne Erholung würde auch dies zuletzt schwinden. Diese Kraft-Bethätigung und -Steigerung erklärt das Verweilen und Versenken bei den Werthgefühlen; es hat zur Zeit vorzugsweise eine lebendige Thätigkeit gerade in der und der geistigen und körperlichen Richtung statt, alle anderen möglichen Bethätigungen treten daher mehr zurück, die fluctuirenden Kräfte des Lebens kommen einer Seite desselben im Moment hauptsächlich zu Gute, alles, was mit dem Kreis derselben zusammenhängt von Vorstellungen, Gefühlen, Strebungen, wird besonders geweckt. Dass aber das, was mit Werthgefühlen verbunden war, sich leicht erneuert, ja nach Erneuerung strebt, ist gleichfalls jetzt begreiflich: gerade wegen des Verweilens und Versenkens sind so viele Ge- danken, Gefühle, Bewegungen mit dem betreffenden Gegenstand verbunden, dass derselbe rückwärts durch Anregung eines von diesen wieder leicht erweckt wird. Aber auch ohne diese Anregung geht es mit den leiblich-geistigen Partien wie mit dem geübten Muskel, auch dieser wird stärker und regsamer und, sobald er nach dem Gebrauch sich erholt hat, wirkt er als ein Reiz starker Art unter den schwächeren im geistigen Leben. Das ist die Erneuerung, nach welcher die Werthgefühle streben. Die Werthgefühle sind ferner nicht so, dass sie ge- wissermassen blos eine isolirte Erregung in einer isolirten Partie mit sich führen, sondern sie bringen eine allgemeine Erregung hervor: die Blutzufuhr, verstärkt nach einer Partie, hat eine Abweichung von der gewöhnlichen Art zur Folge, und dies Neue wirkt an sich erregend, ausserdem aber haben die Gedanken, Gefühle, Bewegungen, welche beim Verweilen und Vertiefen mit erregt werden, auch ihre physiologischen Anknüpfungspunkte,

nach denen dann gleichfalls das Blut mehr strömt, es wird
also eine verhältnissmässig weitverbreitete Erhöhung des Tonus
hervorgebracht. Daher ist es uns bei einer guten That so
wohl, nicht nur aus ihr selbst, sondern auch körperlich fühlen
wir uns bei und nach ihr so leicht und aufgelegt. Daher hat
intellectuelle Thätigkeit mit Interesse so etwas Erfrischendes
für Leib und Seele, das Aesthetische gleichfalls, Essen, Trinken,
Spazierengehen u. s. w. nicht minder; dazu kommt noch, dass
manche Thätigkeit wie eine Entladung ist: es hat sich Kraft
aufgehäuft und wirkt spannend, drängend, und nun sind wir
durch die That erlöst, ein Wort musste heraus, eine Arbeit
musste gethan werden, nach langem Sitzen mussten wir herum-
gehen u. s. f. Endlich ist eine Bethätigung in einer Art oft
zugleich eine Erholung und ein Ausruhen für andere Partien
unseres geist-leiblichen Lebens, so dass die beginnenden Unlust-
empfindungen von dieser Seite her bei jener anderen Bethätigung sich verlieren, also von da aus noch ein Zuwachs zu den
bestimmten Werthgefühlen tritt. Welch eine allgemeine Erregung Werthgefühle hervorbringen, sieht man z. B. daraus, dass
man bei Ermüdung durch Erregung unermüdeter Centren
jener zu Hülfe kommen kann. Wenn die Soldaten müde sind
vom Marsch, so fangen sie an zu singen, d. h. die, welche besondere Leichtigkeit darin haben, beginnen zuerst, die anderen,
dadurch angeregt, stimmen mit ein. Die Stimmwerkzeuge sind
Partien, welche beim Manövriren und Marschiren wenig func-
tioniren, also noch relativ kräftig sind, die Lust des Singens
löst nun eine Menge Vorstellungen und Gefühle aus und regt
zugleich den ganzen Körper so an, dass die noch vorhandenen
Kräftevorräthe genöthigt werden sich frei zu machen und dadurch auch den Muskeln direct oder indirect, etwa durch Zu-
fuhr zum Blute, zu Gute zu kommen. Dies geht freilich nicht
ins Unendliche; wenn das Singen dann aufhört, so ist Gefahr
der Erschöpfung und des Liegenbleibens da. Hierher gehört
auch die bekannte Erfahrung, dass bei grosser Uebermüdung
die Aussicht, in einer halben Stunde in gutes Quartier zu
kommen, durch die auslösende Wirkung der Freude die noch

übrigen Kräfte in den Dienst des Gehens bringt. Ueberhaupt
macht man einen fröhlich, so ist er geneigt vieles zu thun, was
er vielleicht vorher abgelehnt hätte: die Freude mit ihrer erregenden Wirkung hat die vorher gebundenen Kräfte gelöst, so
dass sie auf Anregung leicht hervortreten. Darum kann von
dieser Seite indirect dem Willen' so viel nachgeholfen werden
im Bösen wie im Guten.

Und wie erklärt sich die Kraft der Unwerthgefühle? Wenn
den Werthgefühlen zukommt zu verweilen, sich zu versenken,
sich leicht zu erneuern, so sind die Unwerthgefühle dafür bekannt, dass sie sich schnell loszumachen suchen von dem Gegenstand, ihn fliehen und womöglich ganz vergessen möchten. Dies
erklärt sich, wenn man an das anknüpft, was die Physiologen
vom Schmerz lehren. Der Schmerz besteht nach ihnen objectiv
in irgend einer Trennung oder Verrückung der Nervenmoleküle;
diese kommt nicht blos als Unlustempfindung zum Bewusstsein,
sondern es findet auch unwillkürlich eine Reaction vom übrigen
Körper gegen sie statt, die Kräfte des Körpers werden gegen
sie aufgeboten. Dadurch wird der Schmerz nicht blos als Unlust empfunden, sondern ist zugleich eine Störung und Beein-
trächtigung der vorhandenen schmerzlosen Bethätigungen; er
erscheint daher als ein Eingriff in das Gesammtleben, und, je
mehr er das ist, desto unerträglicher erscheint er. Wegen des
grossen Eindrucks, welchen der Schmerz so macht, merkt die
Seele sich bald, auf welche Veranlassungen er eintrat, — ein
gebranntes Kind scheut das Feuer, — aber auch die natürliche
Reaction, durch welche er beseitigt oder ausgeglichen wurde,
merkt sie sich bald. Daher ist der willkürlichen Vermeidung
und Linderung des Schmerzes so viel in der Menschheit. Etwas
Analoges wie beim körperlichen Schmerz muss bei den Unwerth-
gefühlen überhaupt angenommen werden. Das ästhetisch Häss-
liche erweckt ja in sensiblen Naturen auch Gefühle der leiblichen Abwendung, des Erschreckens, sie schliessen die Augen
u. s. w., das intellectuell Falsche erregt zum Theil Lachen, zum
Theil lebhafte Aeusserungen des Erstaunens, der Rüge, selbst
des Hasses, das Unsittliche im engeren Sinne erweckt den

Gedanken der Gegenwirkung durch Hemmung, durch Strafe, durch ausgedrückte Missbilligung, was alles oft nur schwer überwunden wird. Zu beachten ist, dass, was die Unwerth-gefühle betrifft, der Schmerz zwar meist Reaction hervorruft, so lange überhaupt noch Kräfte dazu im Organismus vorhan-den sind, aber ein schlechter Rathgeber ist. Stark ist bei ihm die Empfindung und der Wunsch ihn loszuwerden, stark die allgemeine Erregung besonders körperlicher Art, wie ja auch der Schmerz als Verrückung von Nervenmolecülen zunächst zur Abhülfe eine Zurechtrückung derselben erfordert; · aber so leb-haft diese Erregungen sind, sie sind nicht immer zweckmässig zur Beseitigung des Uebels, sondern haben oft blos die Ten-denz eine momentane anderweitige Erleichterung durch Aus-gleichung zu verschaffen, in Schreien, Seufzen, sich Wälzen, Herumlaufen. Namentlich erregen Unwerthgefühle eine Neigung zu heftigen Muskelbewegungen, wesshalb im Schmerz leicht eine Ableitung durch Zanken, Hauen u. s. w. gesucht wird, und nicht blos im Schmerz als solchem, sondern überhaupt in Unlust-empfindungen, in Verstimmung, wie man sich ausdrückt. Durch diese Art Muskelbewegungen, welche der Schmerz hervorruft, wird in ihm das Intellectuelle beeinträchtigt, der Mensch kann in ihm nicht denken, oder die Vorstellungen strömen nicht leicht, deshalb wird auch keine grosse Anregung gegeben, sich nach indirecten Mitteln gegen ihn umzusehen. Der gemeine Mann meint meist, Schmerz müsse man eben erleiden und in sich selbst austoben lassen. Oder aber es wird durch Schmerz blos eine allgemeine Aufregung unter den Vorstellungen erweckt, man greift wirr herum nach einem Mittel der Abwehr und Linderung, daher hier ein Hauptsitz für Aberglaube und Un-sinn ist. „Wenn's nur lindert", denkt man, und es lindert oft blos dadurch, dass es die Gedanken beschäftigt, die Hoffnung erregt, so die vorhandenen Gegenkräfte gegen den Schmerz und seine Störungen wach ruft und ihm selbst Zeit lässt, sich nach natürlichen Gesetzen auszugleichen. Im Allgemeinen macht der Schmerz so einen grossen Eindruck, und eine Unmasse von Veranstaltungen unseres Lebens, nützliche und blos ungefähre, sind gegen ihn getroffen in leiblicher und in geistiger Hinsicht, aber Bain hat mit Recht bemerkt, wenn er selten sei und rasch vorübergehe, so lasse er oft wenig Erinnerung und veranlasse wenig Vorbeugung; so seien manche Menschen, die ab und zu Krämpfe nach dem Genuss einer Speise gehabt haben, oft in dieser Rücksicht sehr leichtsinnig, wozu freilich beitragen mag, dass man immer glauben kann, der Umstand, an welchem das Uebel lag, habe sich unterdessen geändert. Im Geistigen und Sittlichen ist Analoges in Fülle zu beobachten.

Wenn den Werthgefühlen eigenthümlich ist Verweilung, Vertiefung und leichte Erneuerung, so wäre zu erwarten, dass, wo es gelingt, diese drei in Bezug auf etwas herzustellen, damit auch ein Werthgefühl erzeugt sei. In der That wird von dieser Umkehr reichlich Gebrauch gemacht. Man thut z. B. etwas sehr ungern, sieht aber ein, dass es im Zusammenhang mit einem Gut nothwendig ist darin geübt zu sein, so wird von da aus dem Act zunächst so viel Werth zuwachsen, dass man ihn überhaupt thut; hat man ihn dann oft gethan, wobei Verweilung und Versenkung eintrat, und ist durch die Uebung die Leichtigkeit der Erneuerung dazugekommen, so erlebt man es oft genug, dass, was man anfangs widerwillig und nur aus Noth in Association mit Anderem that, man schliesslich überaus gern thut und in sich selbst höchst werthvoll findet. Dieser Erfolg wird eintreten, wenn auf jenem Wege eine anfangs schwache Kraft gestärkt ist, so dass ihre Bethätigung an sich Lust wird, dazu kommt dann die grössere Zuströmung des Blutes und was damit zusammenhängt. Es gelingt daher nicht immer durch diese Umkehr directe Werthgefühle zu erzeugen. Hat eine ähnliche Umkehr auch bei der Unlust statt, d. h., wo etwas nicht in sich ein Unwerthgefühl bei sich führt, gelingt es da durch Abwendung, Fliehen, Vergessenwollen, ein solches herzustellen? Auch nach dieser Methode wird instinctiv operirt, z. B. bei den Kindern. Ein Gegenstand gefällt ihnen, ein Benehmen haben sie gezeigt, die Erwachsenen zeigen nun durch Ton und Geberde ein Gefühl des Abscheus mit Bezug auf den Gegenstand und das Benehmen und bringen es schnell dahin,

dass das Kind sein verabscheuendes „bäh" gegenüber demselben
Gegenstand oder Benehmen auch bald hat und fühlt. Freilich
ist dabei Voraussetzung, dass Gegenstand oder Benehmen nicht
allzugrosse Lustgefühle erweckt haben, denn dann wird höchstens das „bäh" in Gegenwart der Betreffenden vorhalten, wenn
aber die Kinder allein sind, sich Gegenstand oder Benehmen
von ihrer Lustseite darstellen.

20. Was von Lust und Unlust gesagt ist als Bewusstsein
der Förderung oder Minderung des Lebens, gilt zunächst von
beiden blos als momentanen Zuständen, da sind˙sie, wie sie
beschrieben wurden, und als solche sind sie durch Verweilung,
Versenkung, Erneuerung oder das Gegentheil charakterisirt.
Alt ist diese Beobachtung, dass die Lust blos momentan zunächst Förderung oder Steigerung des Lebensgefühls nach
irgend einer Seite ist. Es liegt dies zu Tage in der Unterscheidung der Lust in solche, welche in sich Lust ist und auch
in der Folge sich als unschädlich erweist, und in solche, welche
das letztere nicht an sich hat. Ebenso giebt es Unlust, welche
in sich Unlust ist, in der Folge aber sich als heilsam docu-
mentirt. Dieser Unterschied geht aber durch alle Gebiete der
Werthgefühle. Die intellectuelle Freude kann im Moment gross
sein, nachher sieht man ein, dass das Problem gar nicht gelöst
ist, und es tritt Niedergeschlagenheit oder Aerger erst recht
ein. Die ästhetische Freude kann sich gleichfalls getäuscht
haben; nicht der Gegenstand war schön, sondern die zufällige
Beleuchtung machte ihn schön. Mit dem Sittlichen ist es nicht
anders; man kann sich darin sehr vergriffen haben und es später
bereuen. Von der sinnlichen Annehmlichkeit ist das Gleiche
nur zu bekannt. Ausserdem kann noch bei den Werthgefühlen
die Verweilung, Vertiefung, Erneuerung die Kräfte zu sehr nach
einer Seite ziehen, und so dem allgemeinen Leben und dadurch
indirect auch der betreffenden Bethätigung selber Abbruch geschehen: nicht blos die sinnliche Annehmlichkeit übernimmt
sich, sondern es giebt auch ein geistiges und technisches Ueber-
arbeiten und ein unnöthiges sich-sittlich-Aufreiben. Dazu kommt
bei der Lust die intellectuelle Anregung in Bezug auf die Mittel;

wie erfinderisch sind oft Kinder, sich Naschwerk zu verschaffen, die Jugend, welche in Folge des Wachsthums eine Art natürlicher Trunkenheit ist (Aristoteles, Larochefoucault), erhöht diesen Zustand gern durch künstliche Berauschung, wer in sinnlicher Liebe von Natur stark ist,, sucht oft diese Force durch künstliche Reize quantitativ und qualitativ noch zu steigern. Ebenso wird aber auch der religiöse Eifer gern zum Fanatismus, der sittliche zur Unduldsamkeit und zum Rigorismus, der intellectuelle zum Partei- und Cliquenwesen. Für das dem Leben im Allgemeinen Heilsame sind demnach sowohl Lust als Unlust Indicatoren, aber für das Gesammtleben, wenn man alle Seiten des Lebens und die Zukunft mit einschliesst, sind beide keineswegs unfehlbar; mit Rücksicht hierauf bedarf es für die Werthgefühle vielfacher Erfahrung und auf Grund derselben Regelung.

Woher kommt aber die Kraft, welche die Werthgefühle direct und indirect in Wirksamkeit setzen? Sie strömt nicht auf blossen Befehl der Seele aus nichts zu, sie muss irgendwie latent vorhanden gewesen sein, sie ist ferner keineswegs unendlich, sie erschöpft sich sogar bald. Beweis ist, dass auf alle grosse Erregung von Werthgefühlen bald Abspannung eintritt; nichts verbraucht so viel Kraft, als starke Freude (Beneke). Die grossen Komiker sind fast alle ausser der Bühne Melancholiker: auf der Bühne erregen sie Lachen nur durch ihren Anblick, ehe sie noch den Mund aufgethan oder eine besondere Action vorgenommen haben, aber eben dies so intensiv lächerlich sein und so extensiv in jeder Bewegung und in jedem Zug hat mit einer grossen Anspannung auch einen ungemeinen Verbrauch von Nervenkraft zur Folge; der Revers ist die Niedergeschlagenheit im Leben, welche als Gefühl und Stimmung zugleich die ihr verwandten Vorstellungen anregt, die dann wieder der düsteren Art als Stützpunkt dienen. Von Personen, welche in Gesellschaft sehr lustig sind, kann man annehmen, dass sie nachher und im gewöhnlichen Kreise sehr oft überaus deprimirt sein werden. Dies Gesetz, dass auf grosse Erregung von Werthgefühlen Abspannung folgt, geht aber durch alle Werthgefühle

hindurch. Die contemplativen Naturen, welche in religiösen
Vorstellungen und Gefühlen oft so selig schwelgen, haben am
meisten geklagt, dass Zeiten der „Dürre" eintreten, wo sich
ihnen die Beseligung ganz versagt und das Gefühl der Leere
und Oede die entsprechenden Vorstellungen des göttlichen
Zorns, der Verlassenheit und Verdammniss mit sich führt. Die
wissenschaftlichen Naturen haben oft nach Zeiten grosser Pro-
ductivität Zeiten der Unfähigkeit und Unlust; wer ein Buch
fertig hat und unmittelbar darauf durchgeht, dem erscheint es
meist schal und nichtssagend, er weiss gar nicht, wie er sich
während der Production so daran freuen konnte. Künstler haben
abwechselnd ihre sterile Zeit; sie klagen, sie könnten jetzt nichts
machen trotz des besten Willens und der grössten Anstrengung,
d. h. die Vorstellung und Werthschätzung und die Technik, die
sie in der Erinnerung haben und festhalten im Bewusstsein,
will nicht effectiv verschlagen. Der Geschäftsmann hat oft
Unlust und Ueberdruss an seinem ganzen Treiben, es will ihm
nicht mehr gefallen und von der Hand gehen, obwohl er kurz
zuvor in seinem Berufe noch ganz lebte und webte. Von der
sexuellen Liebe ist es eine alte Bemerkung, dass besonders in
der Jugend unmittelbar nach der Geniessung ein Widerwille
eintritt, der sich oft direct gegen die Person richtet, mit welcher
der Verkehr statt hatte. Dass dies nicht nothwendig sittliche
Motive bewirken, zeigt der Umstand, dass der Sache bereits in
den aristotelischen Problemen als paradox Erwähnung gethan
wird, die Griechen aber an ausserehlichem Geschlechtsverkehr
vor der Ehe keinen sittlichen Anstoss nahmen. Auch gegen
Essen und Trinken empfindet man oft Widerwillen, man möchte
es gerne überhaupt los sein, während man für gewöhnlich vergnügt und munter sich damit abgiebt. Der Grund von alledem
liegt in der Natur der Werthgefühle. Sie hängen sehr ab vom
Vorhandensein gewisser Kräfte, welche sich zur Bethätigung
regen, und ausserdem von den anderen Kräften, welche durch
die Bethätigung jener geweckt und in eine bestimmte Weise der
Wirksamkeit hineingezogen werden. Hierbei kann Ueberreizung
stattfinden. Es giebt zwar meist eine leise Warnung von diesen

Kräften aus, man fühlt, es sei genug, aber weil leise, wird
diese Warnung leicht überhört, wenn andere Gegenmomente
da sind, wie direkte Aufforderung von aussen, Beispiel, Versuch, wie weit man es bringen könne, sittliche Nothwendigkeit
in der Sache fortzufahren. Die ungewöhnliche grössere Erregung
hat überdiess etwas Zauberhaftes, vinum addit cornua pauperi,
die Liebe macht grösser, gespannter, sie scheint göttliche Seligkeit mit sich zu führen, ebenso giebt es ein grosses Gefühl in
ungewöhnlichen Arbeiten, im Forschen, in der künstlerischen
Bethätigung, in der religiösen Contemplation. Solche Momente
erscheinen oft als das wahre, höhere, eigentliche Leben. Sobald dann die vorhandenen auslösbaren Kräfte verbraucht sind,
tritt natürlich der Rückschlag ein, es will nicht mehr gehen,
und so ist der Mensch der Depression und ihren Vorstellungen
hingegeben. Auch das Sittliche im engeren Sinne als besondere
Ansicht oder besondere Combination jener Hauptseiten menschlicher Natur ist diesem Wechsel von Stimmungen ausgesetzt: auf
Zeiten des fröhlichsten, frischesten Gelingens folgen manchmal
Tage der Kleinmüthigkeit und Unfähigkeit mit Irrewerden an
sich selbst und dem Zweifel, ob Alles nicht leere Einbildung
sei. Fast alle sittlichen Lehren, sie mögen einen Inhalt haben,
welchen sie wollen, haben daher stets auf Mässigung gedrungen,
es sollte eine gewisse Gleichmüthigkeit durch das ganze Leben
erstrebt werden eben dadurch, dass kein Moment outrirt würde.
Der Grund ist, dass auf diese Weise stets ein Ueberschuss von
Kraft bleibt, und so einer zu grossen Depression vorgebeugt
wird, es ist dann immer noch etwas da, was in sich mit
Werthgefühl verbunden ist, und Anderes, was in den Dienst
dieses sich regenden Werthgefühls gezogen werden kann. Freilich hat es auch Naturen gegeben, die einer solchen Gleichmässigkeit widerstrebten; Aristipp erklärte blos die momentane,
und zwar sinnliche, Lust für ein Gut, Anderen ist der Wechsel
die Seele des Lebens, sie sind mit Allem bald fertig, haben
aber stets Kraft für Neues und Anderes. Gewöhnlich ist in
der Jugend bei der Erziehung hier etwas versäumt worden,
und es ist schon viel, wenn erreicht wird, Solchen zum Be-

wusstsein zu bringen, dass ihre Art mehr individuell ist, damit
sie sich nicht selbst als Typus aufstellen, sondern eher als einer
gewissen Gegenwirkung bedürftig anerkennen. Auch der Zug
nach Höhenmomenten des Daseins lässt sich in vielen Menschen
nicht ganz überwinden: sie schwanken zwischen grossen und
kleinen Zeiten; die hohen Momente gehen ihnen als tröstende
Erinnerungen in das Alltagsleben ein und wirken als Hoffnungs-
sterne einer möglichen Zukunft.

Die Kraft selbst, welche so direkt und indirekt in den
Werthgefühlen zur Auslösung kommt, hängt ab von der ur-
sprünglichen physiologisch-psychologischen Constitution, von der
leiblichen, geistigen und sittlichen Erziehung, diese im weitesten
Sinne genommen, und von der sich daran anschliessenden
Selbstbildung, sofern die letztere überhaupt ernstlicher statt hat.

21. Wir haben bei unsrer ganzen Betrachtung der Natur
und der Gesetze des Willens herausgestellt, dass die Werthgefühle ein Moment desselben sind und sogar ein Hauptmoment.
Den Schein, dass dem nicht so sei, haben wir bereits § 2 beseitigt. Da aber Niemand Geringeres als Kant gerade beim
Sittlichen die Werthgefühle — er nennt sie schlechtweg Lust
— verworfen hat, und die sie auch hier behauptende Ansicht
als Eudämonismus gebrandmarkt hat, so ist es angezeigt, an
dieser Stelle noch ausführlicher darauf einzugehen. Schon in
seiner Definition des Willens hat Kant die Werthgefühle elimi-
nirt, denn diese lautet: „Wille ist das Vermögen den Vorstellungen entsprechende Gegenstände hervorzubringen oder
sich doch zur Bewirkung derselben zu bestimmen, das physische
Vermögen mag nun ausreichen oder nicht;" und die Vorstellungen,
welchen entsprechende Gegenstände durch den Willen hervorgebracht werden sollen, sind charakterisirt durch die Allgemeinheit, d. i. durch die Tauglichkeit für alle vernünftigen Wesen Gesetze der Bethätigung zu werden. Wir sehen hier ganz ab von
inhaltlichen Einwendungen, die man gegen das Kantische Moralgesetz machen kann, wir halten uns blos an die formale Auffassung des Willens und des sittlichen Willens. Es ist bekannt,
dass Kant das Werthgefühl, das er beim sittlichen Willen

zuerst nicht mag, schliesslich doch als Triebfeder, warum der Wille das Gesetz der Allgemeinheit der sittlichen Regeln befolge, nicht entbehren kann. Diese Triebfeder sieht er in der Achtung, einem „intellectuellen Gefühl", wie er es nennt. Thatsächlich ist diese Achtung bei ihm so viel wie das Bewusstsein, neben den sinnlichen auch geistiger Kräfte und durch sie der Richtung auf das Allgemeine fähig zu sein. Also ein Werthgefühl hat er nicht zu entbehren vermocht auch beim sittlichen Willen. Indess hat die Sache eine viel allgemeinere Seite. Es giebt Naturen, bei welchen die Vorstellungen sofort in Thätigkeit oder in Streben zur Bethätigung übergehen. Im gewöhnlichen Leben nennt man sie impulsive Naturen, und meint damit eine gewisse Raschheit, oft auch zu grosse Raschheit des Ueberspringens von der Vorstellung eines Thuns in die That. Dies Impulsive giebt es nicht blos bei der Sinnlichkeit, sondern eben so auch in Bezug auf künstlerische, wissenschaftliche, technische, kriegerische u. s. w. Art: es sind das die Menschen, welche, sobald ihnen irgend etwas der Art vorgestellt wird, gleich dabei sind. Andere Naturen haben eine gewisse Langsamkeit, von Vorstellung zur Thätigkeit überzugehen, bei ihnen bedarf es längeres Verweilen bei der Vorstellung und was zu ihr gehört, ehe Tendenz zur Handlung entsteht. Den impulsiven Naturen ist es nun zu Muthe, als ob auf die blosse Vorstellung als Vorstellung die Handlung oder die Tendenz zur Handlung einträte, und ein Gefühl dabei gar nicht mitwirke. Das hat aber nicht blos bei der Kantischen Moral statt, sondern es giebt ein solches Muss bei Kunst, Wissenschaft, Technik, Militairischem, ohne alle Beziehung überhaupt auf Moral, natürlich lediglich bei den impulsiven Naturen. Andere lässt eine Vorstellung desselben Inhaltes zunächst kälter, um warm dafür zu werden, müssen die Gefühle der Grösse, Erhabenheit, des Vortheils, der Lust, der Schönheit, der Gottwohlgefälligkeit, welche sich an den Vorstellungsinhalt anschliessen können, zuvor bei ihnen erregt werden, dann erst ist auf merkliche Tendenz zur Handlung zu hoffen. Nunmehr ist die Frage die: sind Gefühle blos bei

diesen erforderlich, damit aus Vorstellung Handlung werde,
oder sind sie bei ihnen blos in bewusster Weise da, mit a. WW.,
müssen diese nach den impulsiven Naturen umgebildet werden,
oder müssen die impulsiven Naturen nach diesen gedeutet
werden? Wenn man bedenkt, dass die impulsiven Naturen der
kriegerischen, technischen, künstlerischen, wissenschaftlichen,
religiösen Art auf die Frage: warum thut ihr so? antworten:
wir können nicht anders, „es wäre mir wehe, wenn ich nicht
predigte" (Paulus), so tritt zu Tage, dass auch bei ihnen das
Gefühl ist, nur wegen der Schnelligkeit des Uebergangs von
Vorstellung zu Thun nicht besonders zum Bewusstsein kommt.
Also wird dies bei Kant's Moral auch so sein: es wäre ihm
wehe gewesen, wenn er nicht die geistige und auf das Allgemeine gehende Kraft seiner Natur bethätigt hätte. Zu beachten
ist, dass Kant auch in Bezug auf den Glückseligkeitstrieb im-
pulsiv war; seine Glückseligkeit zu befördern ist darum nach
ihm nicht Pflicht, weil jeder schon von Natur genugsam dazu
gedrungen sei. Das Letztere ist aber gar nicht von allen
Menschen gültig, wenn Glückseligkeit, wie sie nach Kant soll,
„das Bewusstsein eines vernünftigen Wesens von der sein ganzes
Dasein ununterbrochen begleitenden Annehmlichkeit des Lebens"
ist, und also Sorge für Lebenserhaltung, Gesundheit, genügenden
Wohlstand einschliesst. Auch die Thatsache, dass jemand, der
oft eine That denkt, ohne sie zu billigen, ja mit Missbilligung,
ebendadurch dazu kommen kann sie zu thun, bringt dem Gesetz keinen Eintrag, dass nur Werthgefühle zur Handlung treiben,
Unwerthgefühle sie hemmen. Wer oft an eine That denkt, die
er missbilligt, bildet dieselbe nothwendig innerlich nach, bei
jeder Nachbildung einer That erzeugen sich aber ebenso nothwendig gewisse Werthgefühle, schon das Können, das Gelingen
als blosse Vorstellung ist ein Lustgefühl, ausserdem bietet eine
That, mag sie so verbrecherisch sein, wie man will, auch Seiten,
von denen sie etwas Grosses und Werthvolles hat: Klugheit,
Stärke, Gleichgültigkeit gegen das eigne Leben, Auffallendheit,
Ruhm, Beredtwerden können dabei gefallen. Je öfter man
daher eine That denkt, sehr ausdenkt, desto mehr verbinden

und verdichten sich in Beziehung auf sie diese Werthgefühle und werden so eine Macht, welche das Unwerthgefühl bei ihr zu schwächen oder zeitweilig zurückzudrängen im Stande ist. Kommt nun durch besondere Umstände eine Stimmung auf, durch welche das formal-Werthvolle so herausgehoben, das sittlich-Schlimme so zurückgedrängt wird, so ist die Gefahr des Hervorbrechens einer eigentlich sittlich nichtgewollten That gross. Das Mittel gegen solche Versuchungen ist, den Teufel nicht an die Wand zu malen, d. h. das Schlimme als schlimm zu verurtheilen und sich nicht in seine Nebenseiten zu sehr zu vertiefen. Es kann der Hergang in jenem Fall eines sogenannten Handelns aus fixer Idee auch der sein, dass der Gedanke der That mit seiner formalen Werthschätzung so stark wird, dass er eine allgemeine Unruhe im Bewegungsapparat erzeugt, die nicht anders scheint beschwichtigt werden zu können, als durch Auslösung der Spannkraft; man fühlt sich dann zur That dä-monisch getrieben. Ist es einmal soweit gekommen, so ist das einzige Mittel eine Ableitung der körperlichen Unruhe in unschädlicher Weise: man haut eventuell seine Fäuste an einer harten Wand müde und wund, um sich nicht an einem Menschen zu vergreifen. Manchmal ist es auch blos scheinbar, dass die That einer fixen Idee entspringe, die fixe Idee ist öfter selbst erst Erzeugniss auf Grund von dunklen, aber plötzlichen Spann-gefühlen: hierher gehört die Berserkerwuth, der ähnliche Zu-stand, der unter den Malayen vorkommt; aber auch bei uns können wir Menschen begegnen, welche gestehen, dass es ihnen manchmal ist, als müssten sie durchaus einen Anderen, irgend einen Anderen niederstechen und so Blut sehen, oder als müssten sie durchaus ein Weib verführen. In solchen Fällen ist gleich-falls eine unschädliche Auslösung der Spannungsgefühle, welche die Vorstellung selbst erst erzeugen, möglich; damit fällt die peinigende Idee dann fort.

Gang der Entwicklung der Menschheit auf Grund der ermittelten Natur des Willens und der Gesetze seiner Ausbildung.

22. Alle unsere bisherigen Betrachtungen über die Natur des Willens und die Gesetze seiner Ausbildung waren uns nicht Selbstzweck, sondern Vorbereitungen zu einer Moral, welche die Gesetze effectiven Willens bereits in sich habe und so dagegen gesichert sei, blos frommer Wunsch und schöne Phantasie zu sein. Um zu einer solchen Moral zu gelangen, wird es aber noch nöthig sein vorher zu erwägen, wie auf Grund der ermittelten Natur des Willens und seiner Gesetze der Gang der Menschheit überhaupt und im Moralischen insbesondere wird zu erwarten sein. Der Wille — das steht uns fest — ruft ursprünglich nichts hervor, sondern der Mensch wird sich blos der spontan entstehenden Vorstellungen und Bewegungen und der damit verbundenen Werthgefühle bewusst, so wie des geistigen Gesammtzustandes, den er dabei hatte. Von den Werthgefühlen wird dasjenige, welches am leichtesten und öftersten kam und am stärksten war, am ehesten reproducirt, und dadurch, dass der Mensch dann den geistigen Zustand mitreproducirt, den er dabei hatte, treten die Vorstellungen und Bewegungen wieder auf, der Wille wird effectiv. Da dem so ist, so ist begreiflich, dass Jeder das wählt, d. h. das ihm zu seinem vorherrschenden Willen wird, was sich ihm am meisten und leichtesten von selbst darbietet von Vorstellungen, Gefühlen und Bewegungen. Nun sind in der Mehrzahl der Menschen die mechanischen unmittelbar im Körper angelegten Bewegungen

das, was am meisten und am leichtesten kommt, also ziehen
die meisten Menschen eine dem entsprechende Lebensart, d. i.
ein praktisches Leben, vor. Von dem Vorstellen ist das am
meisten und unmittelbarsten sich Regende das der Associationen auf Grund der Wahrnehmungen, an die sich irgend eine
Lust knüpft, darum sind die Phantasien — denn das sind die
so geleiteten Associationen — die beliebteste und verbreitetste
geistige Art. Zu dieser natürlichen nächstliegenden Art des
Menschen, zur körperlichen Bewegung und Phantasie als Constituenten seines Lebens, kommt als modificirend hinzu, was
das Land, die natürliche Umgebung bot: was sich da zunächst
als Lebensweise und Bethätigung für Bewegung und Phantasie
darbot, wurde gewollt und daran festgehalten, denn es war und
blieb das leichteste, und kam man mit alledem erträglich aus,
so entstand gar nicht der Gedanke, dass es anders sein oder
werden könne. Das, was man so hatte, konnte nun auch durch
die erweckende Macht der Noth oder durch glückliche Association ausgebildet werden, oft wunderbar fein und wunderbar
zweckmässig, aber stets geschah das von dem einmal vorhandenen einseitigen Punkte aus, und Anderes, was daneben lag,
aber sich nicht einem unmittelbaren Gelingen darbot, das blieb
unergriffen für immer. So haben die Wilden in Amerika
sich dem aufdrängenden überwiegenden Jägerleben hingegeben
mit all seinen Consequenzen materieller und geistiger Art, so in
Südamerika die Völkerschaften in den tropischen Urwäldern. So
ist Schifffahrt urspünglich nur entstanden als Küstenschifffahrt,
und wo von Insel zu Insel ein leichtes Gelingen zu finden war.
Dass der Krieg so lange eine Hauptbeschäftigung der Menschheit war, und wegen des reichlichen Bewegungsgenusses und
des grossen Phantasiegenusses, den er mit sich führte, lange
Zeit für eine der edelsten galt (pigrum et iners videtur sudore
acquirere, quod possis sanguine parare, Tacitus von den Germanen) erklärt sich leicht. Der Krieg knüpft an nächste sich
darbietende Regungen an. Wird man angegriffen oder beleidigt,
so ist im kräftigen Menschen die nächste Regung die der
Abwehr mit der Hand, d. h. der Kampf; möchte man etwas

haben, so ist die nächste Bewegung das Ausstrecken der Hand
danach, d. h. die Bewegung des Wegnehmens. An beide unmittelbar sich darbietende Bewegungen knüpfte das kriegerische
und räuberische Treiben vergangener Zeiten sich an. Ein
bellum omnium contra omnes war das freilich nie; denn schon
irgend welche Familienzusammengehörigkeit und was sich daran
anschloss, und das Bedürfniss der Verstärkung und Ergänzung
(§ 10) schaffte Gegenkräfte, aber wo diese Gegenmotive von
einer kleinen Menschengruppe zur anderen fehlten, da kam es
zum Auswirken jener ersten Regungen, d. h. zu Kampf und
Raub. In unseren Kindern sehen wir noch heute die Kampf-
lust von der Bewegung her, und wegzunehmen, was ihnen gefällt,
erscheint ihnen selbstverständlich, bis es ihnen durch Gegen-
wirkungen abgewöhnt ist. Muthige Völker auch von hoher
Civilisation sind noch heute leicht zum Krieg zu begeistern:
Bewegungslust, d. h. die zum Kampf erforderlichen Muskelspannungen sind bei ihnen da, und die Phantasie wird ebendarum durch entsprechende Bilder besonders lebhaft erregt,
also können sie durch Kriegsvorstellungen schnell entflammt
werden. Da die unmittelbaren Bewegungen, in jedem Augenblick von ihnen erzeugbar, in so fern schon ein gelingender
Anfang sind, so steigt dadurch in der Phantasie die Ueberzeugung des Gelingens überhaupt. Es müssen nur die äusseren
Mittel vorhanden sein — Geld und gute Waffen — oder, wie
in früheren Zeiten, eine Schaar muthiger Männer sich zusammen-
gethan haben, so gilt der weitere Erfolg als sicher; ist nun
aber gar eine kleine Abtheilung der Feinde geschlagen, oder
sonst ein Vortheil errungen, so zweifelt Niemand mehr an
völligem Sieg. Was ein Appell an die in einem Volke von
Natur oder durch seine Lebensweise vorhandenen Kräfte vermag, zeigt nichts besser, als das Leben Muhammeds; so lange
er in Mekka blos disputirte, brachte er es zu wenig, als er
aber nach Medina geflüchtet war und dort grosse auch irdische
Verheissungen machte und dabei die Kampf- und Beutelust
der Araber, also ihre vorhandenen Kräfte in den Dienst seiner
Lehre nahm — da wurde er Stifter einer Weltreligion.

23. Wenn aber die Umgebung nicht die Bedürfnisse so weit befriedigte, dass ein leidlicher Zustand eintrat, wie kam der Mensch auf Abhülfe? Wir dürfen uns nur auf den Hergang besinnen, den wir an uns selbst noch beobachten. Wenn in einem Kinde ein Bedürfniss entsteht oder ein Verlangen, so ist dies nicht einmal als Gefühl immer deutlich und bestimmt, es macht sich oft blos als ein allgemeines Unbehagen geltend, auch die Bewegungen, die es hervorruft, drücken meist mehr die allgemeine Unruhe aus, als dass sie in sich sofort zweckmässig für Abhülfe oder Erreichung von etwas wären; ebenso ist es mit den Vorstellungen. Etwas Aehnliches bleibt durch das ganze Leben. Zuerst entsteht aus Bedürfniss oder Verlangen Unruhe. Diese treibt Bewegungen und Vorstellungen hervor, welche an sich oft noch wenig zweckentsprechend sind; viele Menschen wissen dann gar nicht, was sie eigentlich wollen, oder ihr Handeln ist ganz verkehrt. Wie daher die ersten Bewegungen des Kindes gewöhnlich noch nicht das erreichen, zu dessen Erreichung sie instinktiv unternommen werden, sondern erst nach mehreren vergeblichen oder halbnützlichen Versuchen die Erlangung eintritt, so bleibt davon auch viel im späteren Leben, wo nicht Hülfe von aussen eintritt. Die Folge dieses Grundzugs ist, dass auch da, wo es sich um Befriedigung dringender Bedürfnisse handelt, der Mensch mehr zunächst dem Zufall, d. h. dem, was sich im Zusammentreffen seiner tastenden Versuche und der äusseren Dinge darbietet, hingegeben ist, als einem methodischen Verfahren. So konnte es kommen, dass oft ein grosser und überaus geistvoller Griff geschah, während daneben wieder das dürftigste Behelfen statt hatte. Am Günstigsten waren für Entwicklung, d. h. für Uebung des nicht unmittelbaren Gelingens, das aber der Anlage nach statt haben konnte, die Klimate, welche Humboldt für die Cultur verlangte. Eine höhere Bildung konnte ursprünglich nur da gedeihen, wo erstens Schwierigkeiten, aber nicht allzugrosse zu überwinden waren, d. h. wo der Mensch vielerlei versuchen musste, um durchzukommen und zu bestehen und leidlich zu bestehen, wo also ein Gelingen mannigfacher Art

sich darbot und ohne allzuschwere, abschreckende Versuche
erreicht werden konnte; zweitens wo der Mensch durch das
Klima nach manchen Seiten auf ein längeres Warten angewiesen
war, bis der Erfolg seiner Bemühungen eintrat, wo er sich somit an längere Reihen des Vorstellens gewöhnen musste und
zwar mit Bezug auf Ursache und Wirkung, Zweck und Mittel,
mit mannigfachen Zwischengliedern; drittens wo er durch Beides,
mannichfach sich darbietende Versuche und mannichfaches gutes
Gelingen einerseits und durch die intellectuelle und praktische
Ausbildung in Folge dessen andererseits sich an umfassende
und weitausgreifende Gesichtspunkte gewöhnte. Für Entstehung
von Cultur, d. h. höhere Ausbildung der Kräfte des Menschen
im Allgemeinen, waren also Klimate erforderlich, wo der Mensch
sich anstrengen musste, aber durch die Anstrengung auch etwas
mehr erreichte, als den blossen nächsten Lebensunterhalt. In
solchen Gegenden entstand dann in Folge der Cultur auch eine
dichtere Bevölkerung, wodurch der Anregungen innerhalb dieser
bestimmten Gruppe untereinander viele wurden, was für höhere
Ausbildung selbst wieder erfordert wird. Unter den Tropen
konnte daher höhere Cultur nicht entstehen; dort erreichte der
Mensch mit wenig Anstrengung zu viel und zu rasch, die Ausdehnung der Reihen von Ursache und Wirkung, Zweck und
Mittel war nicht gross genug, und bei der Macht und Pracht
der Natur blieb das Vorstellen dem entsprechend in gefühls-
mässigen Associationen hangen. Unter den Polen konnte Cultur
im höheren Sinne ursprünglich nicht gedeihen; denn dort erreichte der Mensch durch seine Anstrengungen zu wenig, und
diese Anstrengungen verbrauchten doch alle seine Kraft, die
Uebungen waren ausserdem zu wenig vielseitig, und wiederum
bieb bei der starren Macht der Natur das Vorstellen in Associationen stecken. Sehr günstig waren die Länder für Cultur,
welche in leichtem Zusammenhang unter sich von verschiedener
klimatischer Art und Boden waren, somit von mannichfachen
Erzeugnissen. Diese Mannichfaltigkeit liess nicht eine Art zur
ausschliesslichen werden, sondern gab zu einer grossen Mannichfaltigkeit auch der Uebungen und empirischen Kenntnisse Anlass,

durch welche Geschicklichkeit und in Folge dessen Erfindungs-
kraft sich regen konnte. Das war z. B. die Lage von China,
daher „die Geschichte kein Volk kennt, welches sich durch
eigne Kraft höher erhoben hätte, als die Chinesen" (Peschel,
Abhandlungen zur Erd- und Völkerkunde, Leipzig 1877, S. 391).
Dem Fortschritt China's in der Cultur stand entgegen, dass
das Reich politisch und social früh einen Zustand erlangte, bei
dem es leidlich existirte, so dass das Gelingen und seine Versuche in den Grundzügen als abgeschlossen und nur der Erhaltung bedürftig angesehen wurden.

24. Dass aber sogar unter günstigen Bedingungen dem
Menschen das Gelingen meist selbst überraschend war, also mehr
dem glücklichen Zufall als methodischem Verfahren seine Entstehung verdankte, sieht man daraus, dass in den Sagen und
Mythologien der Völker alle Erfindungen auf unmittelbare Ge-
schenke der Götter zurückgeführt werden. Es ist da bei den
Völkern gegangen, wie es im individuellen Menschen geht: wo
ihm etwas unmittelbar und von selbst gelingt, so weit setzt er
grosses Vertrauen in sich, was ihm aber nicht so leicht von
Statten geht, das hält er auch für sehr schwer, und das Misstrauen in die eigenen Kräfte ist darum weit verbreitet (§ 14).
Dazu kam noch beim objectiven Gelingen hinzu die Vorstellung,
die sich der Mensch ursprünglich von der Natur machte. Nach
der Geschichte ist diese Vorstellung gewesen, und nach der
physiologisch-psychologischen Constitution des Menschen konnte
es keine andere sein, als die mythologische, d. i. die Auffassung
der Natur, ihrer Veränderungen, Wirkungen u. s. w. nach
Analogie der Auffassung, die der Mensch von sich selbst hatte.
Der Mensch hatte bei seinen körperlichen Veränderungen innere
Zustände, und von diesen inneren Zuständen als Antecedentien
gingen seine Bewegungen auch oft aus. Das war ihm das
unmittelbar Bekannte, also das, was er bei der Auffassung der
äusseren Erscheinungen als selbstverständlich zu Grunde legte, wie
sich jetzt die Psychologie ausdrückt, die Kategorie, mit welcher
er die Veränderungen der äusseren Dinge appercipirte. Speciell
entwickelte sich Vieles in der Weltauffassung direkt aus dem

Gelingen und Misslingen und der psychologischen Unruhe, die beim Versuchen entsteht. Bei seiner ursprünglichen Unwissenheit gegenüber der Natur hat der Mensch, was sich ihm draussen günstig darbot, freudig ergriffen und sich mit seinem Thun den unmittelbar günstigen Naturbedingungen accommodirt. Wo aber ein Erfolg nicht sicher war, da kam die Angst über ihn, die psychologische Unruhe, welche das Gelingen ihm zweifelhaft und darum selbst den Versuch bedenklich machte. Der Mensch will das Zutrauen haben, dass das, was er versucht, von Erfolg sein werde, andernfalls wirkt der Zweifel lähmend selbst auf die blos inneren physiologisch-psychologischen Kräfte (§ 14). Diese psychologische Unruhe ist bei Völkern und Menschen, wo die sich unmittelbar darbietenden Vorstellungen, also überwiegend die Associationen herrschen, der eigentliche Sitz des Aberglaubens im Unterschied noch von der blos mythologischen Naturauffassung. Wo sich z. B. bei dieser Unruhe im Menschen etwas darbot, was an sich freudig auf ihn wirkte, etwa dass ihm ein nützliches oder auch unmittelbar angenehmes Thier begegnete, da trat eine nothwendige Verschmelzung dieser freudigen Stimmung mit dem psychologischen Gesammtzustand ein und machte diesen so zu einem gehobenen. In dieser Erhebung des Gefühls fand der Mensch eine Ermuthigung und schrieb natürlich diese Ermuthigung nicht dem Walten psychologischer Gesetze zu, die er nicht kannte, die von den gebildetsten Völkern theoretisch sehr spät verwerthet sind, sondern eben einer geheimnissvollen Einwirkung des betreffenden Gegenstandes. Hat ihn dies Gefühl nicht getäuscht, ist also der erwartete Erfolg eingetreten, so weiss er von jetzt ab, wo er sich in ähnlicher psychologischer Lage hinzuwenden hat, der Fetisch ist fertig, mag er sein, was er will, und mag er selbsterfunden sein oder von Anderen überkommen. Diese Beziehung zwischen Fetisch und gehobener Stimmung lässt sich von uns oft noch nachempfinden. Ein heller Himmel hat auch für uns etwas Erhebendes, manche Menschen sind bei trübem Wetter viel weniger aufgelegt als bei schönem, sie sehen daher, wenn sie etwas unternehmen, und es ist schönes Wetter, ein günstiges Zeichen darin. Da die Helle von Osten kommt, so war Osten die glückliche Seite, und was von da kam, Vögel u. s. w. gleichfalls glücklich. Bäume und Haine mit ihrer erquickenden und belebenden Wirkung, Quellen u. Ae. wurden vielfach so Anknüpfungspunkte der Hoffnung. Nicht immer hatte der Fetisch von sich aus etwas unmittelbar Erhebendes, es konnte ihm dies auch durch Association gekommen sein. Es war etwa durch blos physiologisch-psychologische Ursachen der Muth gewachsen — unsere Stimmung hebt sich ja manchmal ohne nachweisbaren Grund aus Niedergeschlagenheit zur Getrostheit —, war nun gleichzeitig mit diesem gekommenen Muthe ein Gegenstand besonders bemerkt worden, so galt er als Anknüpfungspunkt der Erhebung, gerade wie umgekehrt in einem Theil Neuseelands kein Eingeborner unter einem Felsen pfiff, weil einmal Menschen, die das gethan, von herabfallenden Felsstücken waren erschlagen worden. Sah man dann jenen Gegenstand wieder, so kam auch die Erinnerung an die damalige Erhebung mit ihrem nachherigen Gelingen, und diese freudige Stimmung übertrug sich auf das neue Vorhaben. Unwillkürlich sorgte man auch dafür, den Fetisch so auszustatten, dass von seiner Ausstattung freudige Gefühle erweckt wurden; daher das Schmücken desselben mit dem Kostbarsten, was man hatte, mit Gold, Edelsteinen, glänzenden Farben u. s. f. In ähnlicher Weise entstanden die Orakelstätten, es waren natürliche oder geschichtliche Anknüpfungspunkte der Erhebung für sie da (Höhle in Delphi, Eichen in Dodona). Sie dienten dem Zweck, den Menschen der Unentschiedenheit oder dem Bangen in Bezug auf ein Vorhaben zu entreissen. Selbst so hoch gebildete Völker wie die Griechen und Römer lebten ganz und gar in solchen Vorbedeutungen, Orakeln u. s. f. Sehr begreiflich; die Unbeständigkeit des Glückes ist das dritte Wort der Alten, wo sie reflectiren; der Natur gegenüber standen sie fast ganz noch auf dem mythologischen Standpunkt, auch die politischen Verhältnisse waren bei ihnen sehr wandelbar. In Bezug auf diese Stimmung und das Verfahren in ihr walteten trotz gleichem Grundzug auch grosse Verschiedenheiten. Der Grieche fragte

das Orakel, ob er etwas Bestimmtes thun oder nicht thun sollte,
auch ob etwas sei oder nicht sei (Beispiel die neu entdeckten
Bleitafeln in Dodona mit ihren Fragen); der Römer traf seinen
Entschluss selbst, aber er sah dann zu, ob die Götter nicht
ein ungünstiges Zeichen in Beziehung auf diesen Entschluss
sendeten. Die Griechen waren von beweglicher Phantasie, es
fiel ihnen daher schwer, einen bestimmten Entschluss zu fassen
(§ 16); die Römer waren von Haus aus praktische und in bestimmter Richtung sich bewegende Naturen, sie wollten nur über
das objective Gelingen eine gewisse vorläufige · Beruhigung.
Gewirkt haben die Orakel, sofern sie eben Entschiedenheit und
Zuversicht gaben, welche beide im Durchschnitt eine Bedingung
des Gelingens sind, somit die Orakel zu bewahrheiten vermochten.
Die Orakel sind so die Ursache, dass es keine Hamlets im
Alterthum gab, Naturen, die hierzu neigten, wussten, wohin
sich wenden. Jene Züge menschlicher Natur, welche zu Fetisch
und Orakel führten, sind bei uns auch noch da und waren es
vor nicht allzulanger Zeit noch mehr; nur wo Festigkeit in
Betreff des menschlichen Wesens und Klarheit über den Natur-
lauf erreicht ist, sind sie zurückgetreten. Aber in der Medicin
z. B., wo noch so Vieles namentlich bei den Heilmitteln auf
blossem Tasten beruht, ist der Aberglaube unter Gebildeten
und Ungebildeten üppig da, nur dass er bei jenen mehr sub-
sidiär, wenn Arzt und Arznei versagen, eintritt. Früher, als
man bei der Religion unmittelbar alle Hauptanweisungen suchte,
suchte man auch die Detailentscheidungen durch Bibelauf-
schlagen u. Ae. Ja Manchem ist in kleinen Dingen noch heutzutage das Knöpfeabzählen immer noch lieber, als sich auf
Entscheidungsgründe für oder gegen zu besinnen. Im Götting-
schen tritt keine Magd Montag, Mittwoch oder Freitag in Dienst,
das bringt Unglück, die andern Tage sind mindestens kein
Hinderniss für Glück. Der Anknüpfungspunkt ist hier offenbar
ein entlehnter, aber die psychologische Verfassung ist die
gleiche: ein neuer Dienst spannt die Erwartung, und so macht
man sich Muth durch Antreten mindestens an keinem Unglücks-
tage. Dass Leute am Freitag nicht reisen, ihr neues Haus nicht

beziehen, habe ich an solchen erlebt, bei denen ich darüber be-
treten war. Es ist im Allgemeinen nicht wahr, dass der Mensch
von Haus aus hochmüthig und von zu grossem Selbstvertrauen
ist, gegenüber der Natur war er das gar nicht, und wo so
etwas bemerkt wurde, da fiel es so auf und erfüllte mit solchem
Entsetzen, dass die Thäter sogleich zu warnenden Exempeln
gestempelt wurden in den Sagen der Völker. Auch von den
nordamerikanischen Wilden ist es bekannt, dass sie trotz ihrer
vielfachen Ruhe und Gelassenheit gegenüber der Natur und
in Erwartung eines Erfolges voll wirrer Angst und Unruhe gewesen sind.

25. Wir haben bis jetzt im Allgemeinen davon gesprochen,
wie sich auf Grund der Natur des Willens und der Gesetze
seiner Effectivität die Entwicklung der Menschheit gestalten
musste. Es macht dabei nichts aus, ob jemand die sog. Naturvölker für Reste ursprünglicher Menschheit hält oder für herab-
gesunkene Ueberbleibsel einstiger höherer Cultur. Diese höhere
Cultur konnte nur entstanden sein auf Grund günstiger Bedingungen, wie sie oben sind angesetzt worden. Dass sie verloren gegangen sei, würde blos beweisen, dass, wie günstige
Bedingungen den Menschen aufwärts, so ungünstige ihn ab-
wärts führen. Dass übrigens jene vorausgesetzte höhere Cultur
der dann verwilderten Stämme keine war wie unsere, keine
auf Wissenschaft immanenter Gesetze der Natur und theilweise
mindestens der Menschheit beruhende, ist ausser Frage; denn
von Resten, die darauf deuteten, findet sich auch nicht eine
Spur (Tylor). Eine Menschenwelt von ganz anderer physiologisch-psychologischer Constitution aber an die Spitze der Menschheit zu stellen, ist nichts als eine Hypothese von der falschen
Willenstheorie aus (§ 3) und fällt also mit dieser selbst hinweg.

Wir wenden uns nunmehr der Frage zu, was auf Grund
der richtigen Willenstheorie sich speciell für den Gang der
moralischen Entwicklung der Menschheit erwarten lässt. Die
Vorfrage ist: haben wir überhaupt zu erwarten, dass bei allen
Menschen und Völkern sich Moral in unserem Sinne findet, d. h.
in dem Sinne, den wir von den Griechen her mit dem Worte

verbinden, und der mit der Bedeutung des Wortes in anderen
Culturen (der indischen, chinesischen, mittelalterlich-arabischen)
durchaus stimmt? Moral in unserem Sinne setzt sehr mannich-
fache Reflexionen über Werth und Unwerth von Handlungen,
Handlungsweisen und den ihnen entsprechenden Gesinnungen
voraus, sie setzt ferner voraus, dass ein Grundgedanke als derjenige hingestellt sei, welcher das Leben leiten soll, und eine
Beziehung dieses Grundgedankens etwa auf Gott oder auf die
Welteinrichtung, mit u. WW., Moral setzt einen umfassenden
Ueberblick über mannichfache Lebensverhältnisse voraus und
eine Durchdringung derselben mit vielseitiger Reflexion. Solcher
Ueberblick und solche Reflexion hat sich stets nur entwickelt
bei Völkern, wo praktische und theoretische Reflexion überhaupt
sich entwickelt hat, also eigentliche Moral als ein System von
Zwecken, Aufgaben, Gesinnungen werden wir blos bei Völkern
mit entwickeltem geistigen Leben zu erwarten haben. Die
Anthropologen sind daher auch jetzt geneigt den Naturvölkern
Moral in diesem Sinne abzusprechen. Daraus folgt noch nicht,
dass nicht Ansätze und Elemente zur Moral sich bei ihnen
finden, aber sie treten tumultuarisch auf, abgerissen: hier ist
Grossmuth und im nächsten Augenblicke Tücke und Hinterlist.
Dies hat nichts Ueberraschendes, sondern ist das nächste Resultat der physiologisch-psychologischen Constitution. Wie die
Gedanken zuerst abgerissen, getrennt, für den Kundigen voller
Widersprüche im Geiste stehen, so auch die Handlungsweisen
und Werthschätzungen. Bei uns giebt es noch Beispiele genug
zu Beidem. Die platonische Schilderung des Menschen, welcher
der Demokratie entspreche, ist noch heute anwendbar; Averroës
in seiner Paraphrase der Republik hat diese Schilderung lebhaft
applaudirt, also muss er bei den Arabern und zwar den Arabern
in Spanien, welche damals höher an Cultur standen als das
christliche Abendland, viel Anklänge an solche Art gefunden
haben. Sittlichkeit noch blos im formalen Sinne als Beziehung
alles Thuns und seiner Folgen auf etwas, das man als Werth
oder Aufgabe des menschlichen Lebens vor Augen hat, bildet
sich sehr langsam in der Menschheit aus, bildet sich auch bei

uns nur durch sorgfältige Erziehung, Selbsterziehung mit eingeschlossen, auf langem Wege annähernd aus. Aber Anklänge
an alles das, was bei den Culturvölkern in Moral ist als hoch
und heilig gepriesen worden, haben sich bei den Naturvölkern
oft und manchmal in ergreifenden Zügen gefunden. Was jene
alte Negerfrau dem Missionär sagte, als er ihr Gott und seine
Vaterliebe zu den Menschen schilderte, so habe sie das nie gehört, aber im Stillen glaube sie das immer so gedacht zu
haben, drückte gewiss ein wahres Gefühl aus. Das Denktalent
solcher Völker ist am glänzendsten hervorgetreten als Dispu-
tation mit den Fremden, als Kritik der abweichenden Art und
Vertheidigung der eignen, vielleicht unter Zugabe der Schwächen
dieser Art. Von nordamerikanischen Indianern sind solche
Züge in Menge bekannt. Von einem Regenmacher in Afrika
erzählt Livingstone, dass er, auf das Christenthum und sein
Gebet hingewiesen, erwiderte: der grosse Gott, Eurer und
unserer, hat Euch sehr bevorzugt und Euch viel gegeben, was
er uns versagt hat; was aber die Erlangung von Regen betrifft,
so hat er Euch blos gelehrt Gebete zu sprechen, uns aber zugleich gelehrt gewisse Mittel anzuwenden, die noch mit Gebeten
begleitet sind: warum sollen wir nicht thun, wie er uns gelehrt?
Als Livingstone einwandte: aber Eure Mittel helfen nicht, fuhr
jener fort: nicht immer, aber helfen Eure Gebete immer? Der
grosse Mann, damals noch Missionär, bekennt, dass er auf diese
Entgegnung keine Antwort gewusst habe. Dass Denken da
war, aus dem viel hätte werden können, das aber aus Mangel
an Anregung und Unterstützung durch Andere fruchtlos hin-
welkte, sieht man aus anderen Erzählungen: so soll der Inca
den Spaniern vertraut haben, dass er vor ihrer Ankunft angefangen an der Gottheit der Sonne zu zweifeln; denn warum
bedürfe sie Nachts auszuruhen, wenn sie ein Gott sei? Ein
Afrikaner war sehr erfreut von einem Missionär zu lernen, dass
die Menschen nicht aus Binsen gewachsen seien, wie die
Stammessage erzählte; er hatte seine Zweifel darüber schon
früher den Stammesgenossen vorgetragen, diese aber hatten ihn
darob verhöhnt. Die Freundlichkeit, welche die wilden Völker

vielfach den Europäern entgegengebracht haben, ist bekannt.
Dass sie alle bereits Werkzeuge hatten, also die eigenthümliche
Grundlage der technischen Cultur, ist gleichfalls bekannt. Ganz
tumultuarisch war ihr Wesen aber auch nicht mehr. Die
äusseren Verhältnisse schon hatten bei jeder Gruppe eine gewisse Art besonders hervorgetrieben, diese war das Gepräge,
nur kamen Abweichungen unter besonderen Verhältnissen häufiger
vor, und die Uebergänge waren schroffer. Bei den moralischen
Ansichten und Bethätigungen, welche mehr oder weniger gleich-
förmig in einer Gruppe herrschten, ist charakteristisch, worauf
Bain hingewiesen als etwas, was sich zugleich nicht blos bei den
wilden, sondern ebenso bei den civilisirten Völkern finde. Ein Theil
der moralischen Vorschriften ist nämlich offenbar zweckmässig für
Erhaltung der Gesellschaft, des Individuums, für Ausbildung der
oder jener Seite des menschlichen Lebens u. s. f.; auch uns trotz
unserer vielleicht sehr anderen Art leuchtet die Zweckmässigkeit
ein. Ein anderer Theil ist aber idiosynkratisch, d. h. wir vermögen nicht einzusehen, warum diesem Thun oder Denken ein
Werth, jenem ein Unwerth zugeschrieben wird und zwar oft in
überaus accentuirter Weise. Das eine Volk hat Beschneidung, das
andere verabscheut sie, ein Volk isst die und die Speise, das
andere hält sie für verboten, ein Volk wendet sich beim Gebet
noch Osten, ein anderes nach Westen, Norden u. s. f., das eine
trägt bei Trauer dunkle Gewänder, das andere helle. Und es
wird das alles nicht als Aeusserlichkeit betrachtet, die ganze Seele
des Volkes hängt gewöhnlich an der und der Art. Man muss annehmen, dass auch in solchen Zügen ein physiologisch-psychologi-
sches Moment obwaltete. Auch bei uns ist dem einen Menschen
natürlich in der Trauer zu weinen, dem andern verschliesst gerade der tiefe Schmerz die Zähre, in Aerger und Erregung isst
der Eine viel in sich hinein, der Andere bringt keinen Bissen
über die Lippen; der Eine ist fromm gestimmt in der Freude,
der Andere eher im Leid, dem Einen scheint bei sich die und
die Körperstellung die imposanteste, dem Anderen jene u. s. f.
Bei grosser Aehnlichkeit der inneren Zustände kann somit die
Aeusserung derselben im vegetativen sowohl als im Muskelsystem

eine überaus verschiedene sein. Wir sind an solche Verschiedenheiten gewöhnt bei grosser Bildung, aber diese ist nicht so häufig auch bei uns. Z. B. in einem Orte ist es Sitte, über den Tod eines der Eltern ein Jahr zu trauern und während dieser Zeit unter Anderem grossen Gesellschaften fern zu bleiben. An einem anderen Orte wird blos ein Vierteljahr diese Enthaltung von der Sitte gefordert. Wie gewöhnlich ist es da, dass die strengere Praxis die mildere tadelt als lax, und die mildere gar nicht begreift, warum der und der, welcher in der strengeren Weise aufgewachsen ist, nicht davon lassen will, diesem aber kommt es vor, als ob er durch Verstoss gegen dieselbe alle Pietät verletze, weil er gewohnt ist von Jugend auf Pietät in dieser Form zu sehen. — Wo nun in einer Gruppe eine bestimmte Art Allen die physiologisch-psychologisch nächste war, oder wo eine Art einmal mehr unter besonderen Umständen aufgekommen war und dann bei der nächsten Gelegenheit wieder in Erinnerung kam und so geübte Tradition wurde, da ist es begreiflich, dass sie auf das Festeste mit der ganzen Fühl-, Denk- und Handlungsweise dieser Gruppe verschmolz, und ihr eine andere Art in dieser Beziehung unverständlich und abstossend erscheinen konnte. — Gar nicht zu verwundern ist, dass die moralische Gesammtart eines Volkes beim ersten Zusammentreffen mit einem anderen oft wenig hervortrat; denn diese Art war gebildet unter besonderen Verhältnissen und in Beziehung zu ganz bestimmten Menschen (§ 11); wo also andere Verhältnisse und andere Beziehungen aufstiessen, da fehlte für die moralische Gesammtart die gewohnte Anregung, es war ein Vacuum da, und wie dies ausgefüllt wurde, hing von sehr zufälligen Umständen ab. Es konnte z. B. sehr wohl vorkommen, dass ein Volk unter sich durchaus ehrlich war, aber Fremden gegenüber sich kein Gewissen daraus machte, sie zu bestehlen oder zu übervortheilen. Bei uns pflegt der kleine Mann oft genug der Versuchung mindestens des Uebervortheilens zu unterliegen, wenn ein ganz Fremder, ein Franzose oder Engländer, bei ihm kauft. Versuchung nenne ich das bei uns, weil der kleine Mann aus dem herrschenden moralischen

Unterricht es anders gelernt hat, weil er von seiner gewohnten
Praxis aus analog zu argumentiren ausserdem viel geübter ist;
bei wilden Völkern ist das meist keine Versuchung, sondern es
geschah und geschieht völlig naiv. Ganz falsch ist die Meinung, die wilden Völker müssten eine bestimmte Stufe moralischen Handelns zeigen, etwa die des Eigennutzes oder der
blossen Sinnlichkeit. Im Gegentheil hat sich bei ihnen oft
die grösste Aufopferung gefunden, natürlich mehr in einzelnen
Fällen, manchmal auch weit verbreitet. Auch die blosse Sinnlichkeit beherrscht sie gar nicht, diese Völker sind zum Theil
sogar gewohnt sehr gross im Entbehren, Ertragen zu sein;
Ehre als blos geistiger Genuss des Ausharrens unter Schmerzen
und Foltern gegenüber den Feinden ist sehr ausgebildet unter
ihnen gewesen. Lebensklugheit als Berechnung der Folgen
einer Handlung auf Grund früherer Erfahrung ist zwar bei
ihnen da, wie sie überhaupt beim Menschen mit eine Grundlage
seines Menschseins ist, aber viel mehr als solche Lebensklugheit
hat diese Menschen die Phantasie beherrscht und das, was wir
eingebildete Güter nennen, so nennen, weil nicht für die sinnliche Empfindung etwas Werthvolles in ihnen lag, sondern blos
für die Phantasie, oft auch da idiosynkratisch. Die Freiheit
des Indianerthums, diesen Genuss des Herumstreifens in Urwäldern, bald ohne Nahrung, selten einmal mit Ueberfluss,
allein oder mit Wenigen, hat man in Europa meist nicht nachempfinden können. Freilich, dass er gross war, konnte man
an den Franzosen in Canada sehen, deren männliche Jugend
anfangs überwiegend in die Wälder lief, um wie die Indianer,
selbst so gekleidet oder ungekleidet wie diese, zu leben.

26. Wie gestaltete sich aber bei den Völkern mit mehr
entwickeltem geistigen Leben das heraus, was als Aufgabe des
Lebens, als höchster Zweck und höchstes Gut ($\tau\acute{\epsilon}\lambda o\varsigma$, sum-
mum bonum), als das, was sein soll, gefasst wurde, wie be-
kamen sie mit a. WW. den Inhalt ihrer Moral? Die Nothdurft
des Lebens und deren Befriedigung haben sie meist nicht zu
dieser sittlichen Aufgabe selbst gerechnet, sondern als eine
blosse Vorbedingung derselben angesehen. Vielmehr, was nach

Befriedigung der Nothdurft des Lebens sich dann von Gedanken oder Bethätigungen in ihnen von selbst regte, das war ihnen das Ideal. Bei den Griechen war das das Schöne, das $\varkappa\alpha\lambda\acute{o}\nu$; daher sie den Gegensatz von $\tau\acute{\alpha}\nu\alpha\gamma\varkappa\alpha\widehat{\imath}\alpha$ und $\varkappa\alpha\lambda\grave{o}\nu$ oft betonen. Wenn der Mensch bei ihnen die gröbsten Bedürfnisse befriedigt hatte, dann war die ihm entstehende unwillkürliche Bethätigung in Denken und Treiben auf das Schöne gerichtet. Darum sind sie ein Volk der Kunst geworden, Kunst im weitesten Sinne genommen, so dass Plastik, Architektur, Malerei, musische und gymnastische Künste miteinbegriffen sind. Dies ist ihr Grundzug, der sich daher durch alle Zeiten des Alterthums erhielt, er ist gewiss der älteste gewesen, und er überdauerte ihre politische Grösse. Unter den Begriff des $\varkappa\alpha\lambda\grave{o}\nu$ haben die Griechen dann alles Andere subsumirt, was sich über die $\mathring{\alpha}\nu\alpha\gamma\varkappa\alpha\widehat{\imath}\alpha$ erhebend gross, bedeutend, überhaupt werthvoll erschien. Also vor Allem die $\mathring{\alpha}\rho\varepsilon\tau\grave{\eta}$ im engeren Sinne, die Tapferkeit, welche Unrecht abwehrt und Selbständigkeit behauptet, dann das $\mathring{\alpha}\rho\chi\varepsilon\iota\nu$ $\mathring{\alpha}\lambda\lambda\omega\nu$, die politische Grösse, endlich das $\varphi\iota\lambda o\sigma o\varphi\varepsilon\widetilde{\iota}\nu$ im weiteren und im engeren Sinne (Wissen überhaupt und Philosophie), so dass schliesslich die Definition des Aristoteles in der Rhetorik passt: $\varkappa\alpha\lambda\grave{o}\nu$ $\mathring{o}$ $\mathring{\alpha}\gamma\alpha\vartheta\grave{o}\nu$ $\mathring{o}\nu$ $\mathring{\varepsilon}\pi\alpha\iota\nu\varepsilon\tau\acute{o}\nu$ $\mathring{\varepsilon}\sigma\tau\iota$, das Schöne ist ein Gut, und, weil es über das Nothwendige sich erhebt, so wird es als etwas Besonderes gelobt. Bei den Römern war der dem $\varkappa\alpha\lambda\grave{o}\nu$ entsprechende Begriff das honestum, bei ihnen war, wenn die Nothdurft befriedigt war, die sich dann unwillkürlich regende Bethätigung das Streben nach honor, d. h. nach solcher Stellung in der Bürgerschaft, welche Macht gewährte, eine Macht zwar im Dienst und für das Wohl der Gemeinde, aber den Inhaber derselben gross vor sich und den Anderen hinstellend. Der gemeine Römer hatte Theil an diesem honor, erstens sofern er mit von ihm abhing (Wahlrecht), zweitens sofern die Gemeinde über Andere zur Herrschaft gelangte. Von den Celten schrieb der alte Cato in den Origines: duas res pleraque Gallia industriosissime persequitur, rem militarem et argute loqui, von den modernen Franzosen gilt noch das Nämliche, gloire und esprit ist's, was sie erstreben, so bald die äusserste Nothdurft befriedigt ist. Bei vielen Menschen wenden sich aber auch die auf Grund der erfüllten Nothdurft sich erhebenden Triebe Theilen der Nothdurft selber zu, bei vielen ist so das Ideal die sinnliche Liebe, welche die Griechen noch zu den ἀναγκαῖα rechneten, bei nicht wenigen verschmilzt der ideale Trieb mit den ἀναγκαῖα selber, Wohnung, Speise, Trank, gesichert und ausreichend oder verfeinert und zurechtgemacht, ist das Gut, das sie suchen. Die blossen ἀναγκαῖα indess gelten den meisten Menschen als gering, als nicht des Lebens werth, auch wenn an ihnen gemeistert wird. „Er ass, trank, schlief, nahm ein Weib und starb", gilt für das Niedrigste, was man von eines Menschen Existenz sagen kann. Wer nur für Solches Sinn hatte, dem legten die Alten den Sclavensinn bei. Dieser Zug menschlicher Natur, das höher zu achten, was über Nothdurft hinausgeht, zeigt sich auch bei den wilden Völkern. Putz ist ihnen mehr als Nahrung und Wohnung, und so ist es auch vielfach noch bei den cultivirtesten Nationen. Sie alle haben auf das Nützliche, d. h. den unvermeidlichen Bedürfnissen Dienende, immer viel weniger Gedanken und Kräfte gewendet, als auf das dem unmittelbaren Leben mehr Entbehrliche und von dessen Standpunkte aus zum Luxus Gehörige. Nur wo eine grosse Bevölkerung die nothwendigen Lebensbedürfnisse für den Einzelnen schwer zugänglich machte, da hat man auf diese und ihre zweckmässige Befriedigung mehr Aufmerksamkeit verwendet: so von alten Zeiten her in China und in Japan, so im modernen Europa. Alle Seiten menschlicher Bethätigung, welche sich auf Grund der physiologisch-psychologischen Constitution frei regen können, sind so zur Aufgabe des Menschen bei den Culturvölkern gemacht worden, gleichzeitig oder nach einander: es gab ein kriegerisches Ideal, ein technisches Ideal, Wissenschaft wurde das höchste Gut, Religion war das Ziel, auch die Sorge für die ἀναγκαῖα und die reichliche und genugsame Sicherheit in ihnen wurde als die wahre Moral aufgestellt, aber jene ersteren Theorien überwogen weitaus die letzteren.

27. Als selbstverständlich gilt seit Langem in der Moral bei uns die Gleichheit aller Menschen. Bei Kant ist sie die

Voraussetzung seines Moralprinzips, bei Herbart nicht minder, nach Schleiermacher ist die Richtung auf das Gattungsbewusstsein das eigentlich ethische Moment (Psychologie, herausgegeben von George, S. 303, 264, 188). Ist diese Gleichheit der Menschen etwas, dessen Anerkennung in der Moral immer sein konnte und immer hätte sein müssen, oder ist sie erst ein Erzeugniss mühsamer geschichtlicher Entwicklung? Sie ist das Letztere, und dass dem so war, ist von der physiologisch-psychologischen Constitution des Menschen aus durchaus erklärbar. Es ist eine übereinstimmende Lehre aller Philosophen, dass wir unmittelbar nur uns selbst kennen, Jeder sich selbst als denkend, fühlend, wollend. Dass es Menschen ausser uns gibt, die gleichfalls denken, fühlen und wollen, lernen wir nur durch den Schluss der Analogie: ich habe einen Körper und körperliche Veränderungen und bin mir dabei eines geistigen Inneren bewusst, hier nehme ich einen Körper wahr, wie meinen, und körperliche Veränderungen, wie die meinigen, also wird auch ein geistiges Innere in demselben da sein, welches gleichfalls denkt, fühlt und will. Alles, worin wir den Geist des Anderen unmittelbar zu fassen glauben, der seelenvolle Blick, das zum Herzen dringende Wort, die Thränen, die uns schmelzen, das Lächeln, das uns entzückt, es sind Alles zunächst nichts als körperliche Erscheinungen, denen wir die seelische Deutung erst untergelegt haben. Man sollte meinen, dieser Schluss der Analogie sei so gut wie eine unmittelbare Erkenntniss und Gewissheit. Erkennen wir ja auch im gewöhnlichen Leben Silber, Gold u. s. w. an gewissen äusseren Merkmalen, und wo diese sind, zweifeln wir nicht, dass alle wesentlichen Eigenschaften dieser Stoffe da sind, also die Stoffe unter sich gleich sind. Indess beim Menschen ist es anders. Die Menschen haben bei offenbarer Aehnlichkeit auch sehr viel Unähnlichkeit und zwar gerade in dem, was das Menschliche ausmacht, im Denken, Fühlen, Wollen und den entsprechenden Bethätigungen; die Menschen sind verschieden in Religion, in Recht, in staatlicher Verfassung, in gesellschaftlicher Gliederung, in Cultur und Uncultur, verschieden hierin und in vielem Anderen nicht blos im

Denken, sondern auch im Handeln, in Lust- und in Leidgefühlen.
Nun fasst der Mensch zunächst nicht sein abstraktes Wesen
auf, sondern wie er concret denkt, fühlt, will, mit allem besonderen Inhalt und den besonderen Relationen, so fasst er sich
auf und so fühlt er sich (§ 11). Die formalen Grundzüge
menschlichen Wesens aus den besonderen Inhalten und bestimmten Relationen loszulösen, ist weder das Kind geschickt,
noch der ungebildete Erwachsene von sich aus, das ist Resultat
der Bildung auf Grund einer langen geschichtlichen Arbeit.
Daher haben sich die Menschen so lange nur mit den Angehörigen der kleinen Gruppe als gleich gefühlt, zu der sie von
Natur gehörten, und in der sie aufwuchsen. Wo sie dann mit
anders gearteten Menschen zusammentrafen, fielen ihnen nach
dem psychologischen Gesetz des Contrastes zuerst die Abweichungen auf, gerade wie es bei uns auch noch bei der Be-
gegnung von Menschen der Fall ist. Durch diese Abweichungen,
selbst wenn sie unbedeutend waren, fühlten sie sich zunächst
getrennt von jenen anderen Menschen. Die weitere Folge war,
dass diese Fremdheit eine ergiebige Quelle für Streit und
Feindschaft werden konnte. Dies Letztere kam so. Jedes Volk
legte das andere nach sich aus; daher musste Vieles falsch
verstanden werden, was freundlich gemeint war, wurde feindlich
gedeutet, wie bei der Berührung der Völker solche Fälle auch
in der Neuzeit oft sind beobachtet worden. Wo ausserdem
eine Gruppe längere Zeit ganz isolirt gelebt hatte, da musste
ihr das Bewusstsein, Mensch zu sein und so zu sein, wie sie
war, in Eins verschmelzen. Wo dieser Gruppe dann eine
andere fremde gegenüber trat, da musste unter Umständen
eine Empfindung entstehen nicht verschieden von der gegenüber
manchen Thieren, wie ja auch wilde Völker in Afrika die
Affen für Menschen halten, die aber aus Bosheit stumm seien,
damit sie nicht zur Arbeit könnten angehalten werden. Man
war so zunächst zweifelhaft, wen man vor sich hatte, durch
dies Misstrauen entstand Argwohn und argwöhnisches Benehmen,
was leicht wiederum zu einem feindseligen Verhältniss führen
konnte. Dazu kam noch, worin die einzelne Gruppe gewohnt

war ihr Menschsein zu setzen. Körperliche Merkmale, Grösse,
Kraft und Stärke haben hier von Haus aus um so mehr vor-
gewaltet, als bei der mythologischen Naturauffassung das geistige Innere nicht eine Prärogative des Menschen war, sondern
eine allgemeine Eigenschaft aller, besonders der bewegten
Wesen. War die fremde Gruppe an Körper der eigenen sehr
ungleich, so lag es daher nahe, sie gar nicht als Menschen anzusehen, sondern dem Thierreiche einzuordnen und sie wie
Thiere zu behandeln. So mag das ursprünglich gekommen sein,
was die Monbuttu in Afrika, welche Schweinfurth entdeckt hat,
die kräftig waren und ziemlich cultivirt und nicht ohne Fleisch-
thiere, dem Zwergvolk gegenüber fühlten, welches an ihrer
Grenze wohnte. Die Monbuttu betrachten diese Zwergneger
als Jagdvieh, als Heerden, gegen die sie zuweilen ausziehen,
um so viele zu erlegen, als sie auf dem Schlachtfelde einpökeln
können, nicht anders wie man bei uns den Fischfang auf der
hohen See betreibt. Solche Verhältnisse sind aber selten auf
die Dauer vorgekommen. Gewöhnlich werden die Völker einander an Grösse, Körperkraft, Stärke nicht allzu ungleich gewesen sein, und so war man zu anderen Deutungen getrieben.
Wo in das Geistige das Wesen des Menschen gesetzt wurde,
da hat bei grossem Eindruck der fremden Gruppe eine Deutung
in's Ueberirdische nicht gefehlt. So wurden die Hunnen und
Tataren des Mittelalters lange Zeit alles Ernstes für Ausge-
burten der Hölle geachtet, und die Europäer in Amerika wegen
der Feuerwaffe und der Rosse, mit denen sie verwachsen
schienen, als höhere Wesen angesehen. Selbst da, wo man
nicht umhin konnte in der Berührung mit fremden Völkern
eine überwiegende Aehnlichkeit anzuerkennen nicht blos in den
formalen Eigenschaften, sondern auch in der inhaltlichen Art,
war bei aller Anerkennung, dass man Menschen vor sich habe,
noch ein weiter Schritt zur Einsicht, dass es gleiche Menschen
seien. Denn wo in diesem Zusammentreffen ein Volk dem
andern überlegen war in Tapferkeit, Kenntnissen, Fertigkeiten,
staatbildendem Talent, da drängte sich die Deutung auf, dass
dies specifische Unterschiede seien. Denn wie man selbst zu

seiner eigenen Art gelangt war, wusste man nicht, man war
so „von Natur oder durch Gunst der Götter"; dass das andere
Volk nicht so war, erschien daher als seine natürliche oder
gottgewollte Inferiorität. So entstand die Lehre, der ja keine
Geringeren gehuldigt haben als Plato und Aristoteles, dass es
bei Gleichheit der menschlichen Natur in gewissen Grundzügen
doch höhere und niedere Begabung von Volk zu Volk gebe;
die höhere Begabung habe mehr Intelligenz und sei zur Leitung berufen, die niedere besitze mehr Körperkraft und bedürfe
der Führung des Intelligenten; es liege daher im wahren Interesse beider, dass die Intelligenten sich der weniger Intelligenten
zu ihrem Dienst und deren besserem Befinden bemächtigen
(Theorie der Sklaverei als Naturbestimmung).

28. Auf Grund der physiologisch-psychologischen Natur
des Menschen wird es nur da zur Anerkennung der Gleichheit
menschlicher Natur gekommen sein, wo verschiedenartige Völker
so verschmolzen, dass keines über das andere eigentlich herrschte,
und so der Sinn für Gleichheit menschlichen Wesens trotz
seiner Mannichfaltigkeit geschärft wurde. Oder aber es konnte
Ein Zug menschlicher Natur als der wesentliche erfasst werden,
und dieser ein solcher sein, der sich in allen Menschen fand.
In der Art, wie es in Europa zur Anerkennung der Gleichheit
gekommen ist, haben sich beide Wege mehrfach verschmolzen.
Der Gang war in den Hauptzügen dieser. Bei den Griechen
ist die älteste Spur, dass der Gegensatz von Hellenen und Barbaren sich in der Auffassung lockerte, eine philosophische und
eine volksthümliche. Die philosophische ist das Weltbürgerthum,
das die Cyniker verkündeten. Da diese sich aus Wissen als
solchem und aus Cultur als solcher wenig machten, sondern
Bedürfnisslosigkeit und Anstrengung, Mühe (πόνος) von ihren
Anhängern forderten, so waren sie recht wie gemacht zu ent-
decken, dass der Bedürfnisslosigkeit und der Anstrengung auch
der Barbar fähig sei. Der volksthümliche Zug auf Gleichheit
der Menschen begegnet in der neueren Komödie, die ihre
Sujets aus dem gewöhnlichen Leben nahm. Dieses musste bald
herausfinden, dass im Durchschnitt der Sklave in Dingen des

täglichen Lebens ebenso klug war wie sein Herr, ebenso gute wie schlimme Leidenschaften haben konnte. Die neuere Komödie sprach diese Erfahrung des täglichen Lebens wiederholt und gern aus. Allgemein aber findet sich in der Philosophie die Gleichheit der Menschen betont erst in der nacharistotelischen Zeit. Der Wendepunkt liegt hier in der Verschmelzung, welche Alexander der Grosse zwischen Hellenenthum und Morgenland mit kühner und sicherer Hand eingeleitet hatte. Vor der Wirklichkeit, welche der Eroberer kennen lernte und mit der er als Politiker sich abfinden musste, schwanden alle schönen Theorien Plato's und Aristoteles über Hellenen und Orientalen hin. Bei Stoikern und Epikuräern findet man die Menschen daher als von Natur gleich angesetzt, ohne viel Beweis. In diese Bewegung trat das Christenthum ein, entstanden in einem Lande auf der Scheide vieler Völker; ihm war die Religion der wesentliche Zug im Menschen, dieser Zug war notorisch in allen da, es galt blos, ihn in die wahre Richtung zu leiten. Dem Christenthum waren daher die Menschen, alle Menschen, ob Juden, Griechen, Barbaren, gleich vor Gott, dem Einen Gott Aller. Aus dieser Gleichheit vor Gott hat aber das Christenthum keineswegs die volle Gleichheit der Menschen gefolgert, es duldete die Sklaverei, aber es erinnerte den Herrn daran, dass er auch einen Herrn über sich habe. Mit diesem Zug von der späteren griechischen Philosophie, besonders der stoischen, und von dem Christenthum her verband sich im Römerreich der Zug zur Ausgleichung, der im Gefolge der Monarchie einherging. Die Römer, welche einst erobert hatten, waren nicht mehr, die Ueberreste der alten Senatorenfamilien schwanden dahin, es blieb übrig Ein Herrscher und Eine in gleicher Weise von ihm abhängige Masse von Unterthanen. Die Ausdehnung des römischen Bürgerrechts auf alle Provinzen war so vorbereitet. Gegenüber den germanischen Völkern, die eine Menge Ungleichheiten in sich hegten, und ihren Eroberungen, die neue schufen, hielt die mittelalterliche Kirche fest an der Gleichheit der Menschen vor Gott, aber mit dieser war ihr die Sklaverei, servitus, verträglich. Thomas von Aquino erklärt

ausdrücklich, die Sklaverei sei nicht gegen das Christenthum,
das ja besonders die Demuth bekenne.*) Aber die Kirche war
eifrig darüber aus, die Lage der Sklaven und Leibeigenen zu
mildern, und begünstigte die Freilassungen. Auch der Protestantismus hat sich als solcher nirgends gegen die Sklaverei erklärt,
noch Grotius und Pufendorf haben sie für sittlich und rechtlich
zulässig gehalten. Vollen und ganzen Ernst mit der Gleichheit
aller Menschen hat erst das 18. Jahrhundert gemacht, es
brauchte diese Lehre bei dem Ringen des dritten Standes um
grössere Bedeutung und freiere Bewegung, es war ausserdem
angeregt durch die im 17. Jahrhundert erst eigentlich erlangte
nähere Bekanntschaft mit Indien und China — namentlich die
chinesische Cultur imponirte sehr — und überdies hatte Locke
vorgearbeitet durch seine Lehre, aus der sich die Folgerung
von selbst ergab, dass bei grosser inhaltlicher Verschiedenheit
in der Menschheit die formalen Grundzüge des Denkens, Fühlens,
Strebens überall die gleichen seien. Auf ähnlichem Wege wie
im Abendland ist die Gleichheit der Menschen im Buddhismus
und in China erkannt worden. Dem Buddhismus ist der Grundzug des Menschen das Gefühl des Elends und die Sehnsucht
nach Erlösung; da dies Gefühl in allen Menschen nach ihm
ist, so sind sie alle gleich, aber ähnlich wie das Christenthum
die Sklaverei neben der religiösen Gleichheit bestehen liess, so
hatte in Indien Buddha die Kasten bestehen lassen. In China
hat unzweifelhaft die Werthschätzung jeder Arbeit früh zur
Lehre der Gleichheit geführt, jeder, der arbeiten konnte, war
ebendamit auch als Mensch ausgewiesen.

Sind so besondere Bedingungen erforderlich gewesen, um
zur Anerkennung der Gleichheit menschlicher Natur hindurch-
zudringen, so ist zu erwarten, dass wo solche Bedingungen
nicht gegeben waren, diese Anerkennung auch noch nicht vorhanden ist. In der That finden wir in einem grossen Theil
der Erde noch die Praxis der Ungleichheit, die jedesmal auf
eine entsprechende ausdrückliche oder stillschweigende Theorie

---

*) Summa theologica, Supplementum, qu. LIX art. 1.

zurückdeutet. Ein Gemisch von Gleichheit und Ungleichheit stellt der Islam dar: nach ihm kann jeder Mensch die Einheit Gottes und die Prophetenschaft Muhammeds bekennen, und dann soll er freier Mensch sein; wer sich aber weigert, der verliert damit den Anspruch überhaupt Mensch zu sein und darf von Rechts wegen von den Moslems getödtet werden, es ist blos Gnade, wenn man ihn in untergeordneter Lage bestehen lässt, falls der Betreffende mindestens einer monotheistischen Religion angehört.

Das Resultat unserer Untersuchung ist: die Gleichheit der Menschen ist etwas, was auf Grund der physiologisch-psychologischen Constitution der menschlichen Natur nicht am Anfang der Geschichte stehen konnte, sondern ihre Anerkennung ist, wo sie bereits durchgedrungen, das Resultat jahrhundertelanger mannichfacher Entwicklungen. Die Gleichheit, auf welcher man als thatsächlich fussen kann, ist die Gleichheit der formalen Grundzüge menschlicher Natur mit Offenlassung eines mannichfachen und sehr verschiedenen Inhalts.

29. Bei den Völkern, die ein grösseres geistiges Leben entwickelten und im Zusammenhang damit Moral als Theorie der Aufgaben und Zwecke menschlichen Lebens ausbildeten, drängte sich fast unvermeidlich die falsche Auffassung des Willens vor, wonach Vorstellung und Werthschätzung genügen soll den effectiven Willen hervorzubringen. Die Gründe dieser Erscheinung sind § 8 auseinandergesetzt. Die Erscheinung selbst ist eine allgemeine. Die Schule des Confucius hat diese Auffassung, die indische Lebens- und Weltausdeutung beruht ganz auf ihr, nach Sokrates wäre es ein unerträglicher Gedanke (δεινόν), wenn das richtige Wissen z. B. von Gerechtigkeit nicht das Thun nach sich zöge, Plato hat dieselbe Lehre, nur dass er für Tapferkeit und Mässigkeit eine sinnliche Grundlage annimmt, Aristoteles hat den letzteren Gedanken auf alle Tugenden ausgedehnt, welche sich an die Affecte und Bethätigungen des leiblichen Lebens anschliessen, aber als Leiter dieser letzteren und als für sich selber zugleich das Höhere blieb der νοῦς stehen, auf den er dieselben Gesetze nicht mehr anwendete. Auch bei

den Epikuräern war die φρόνησις die leitende Kraft, die Stoiker vollends kehrten gänzlich zu der Ansicht des Sokrates zurück: die Tugenden definirten sie als Wissenschaften, die Leidenschaften waren ihnen falsche Urtheile ganz und gar. Christus selber scheint anders gedacht zu haben, mindestens rechnet er bei Johannes, aber auch bei den Synoptikern blos darauf, dass die sich ihm anschliessen, in denen es blos der Anregung hierzu bedarf, und die in sich bereits vorbereitet sind; aber das Christenthum hat durch seine frühe Verschmelzung mit platonischen, stoischen, neuplatonischen, dann im Mittelalter aristotelischen Elementen die Ansichten des Alterthums weiter geführt. Im Protestantismus war die wissenschaftliche Moral lange Zeit die aristotelische, mit einigen stoischen Gedanken (s. Melanchthons Moral). Kant ist ganz erfüllt von der Idee, dass die Würde des Sittlichen um so grösser sei, je mehr die reine Vernunft blos mit ihrer Vorstellung der Allgemeinheit zum Willen spreche, er versprach sich von dieser gereinigten Darstellung des Sittlichen die bedeutendsten Erfolge. Nach Herbart ist die oberste sittliche Idee die der inneren Freiheit, d. h. die Folgsamkeit des Willens gegen die Einsicht, welche selber Vorstellung mit Werthschätzung ist. So sehr endlich Schleiermacher die sittlichen Kräfte mit in seine ethische Betrachtung gezogen hat, so ist ihm doch „die Gesinnung als das nie unmittelbar erscheinende sittliche eben dasjenige, was allem wirklichen und erscheinenden im Bewusstsein zu Grunde gelegt wird als das innere, seiende", und er setzt hinzu: „also das ὄντως ὄν des Plato, das angeborene der Neueren, die Freiheit als νοούμενον des Kant" (Entwurf eines Systems der Sittenlehre, herausgegeben von A. Schweizer. § 298).

Nach dieser Willenstheorie schien die Moral eigentlich leicht, es kam ja blos auf Vorstellung und Werthschätzung an, wobei in der aristotelischen noch eine Gewöhnung und Disciplinirung der sinnlichen Seite des Lebens hinzutrat. Um so mehr fiel auf, dass die moralische Praxis sich nicht recht einstellen wollte. Man half sich hierüber hinweg theils mit jenen mannichfachen Rückdeutungen, welche früher erwähnt sind (§ 3),

theils durch Vorschläge für die Praxis. Plato und Aristoteles
wollten die Moral von Staats wegen verwirklicht haben, umgekehrt appellirten die Stoiker um so stärker an den Trieb der
Selbständigkeit und der eigenen Kraft im Menschen, das Christenthum fasste den Menschen besonders von der religiösen Seite
an, diese als Vorstellung und Werthschätzung sollte stark sein
und unwankend (Glaube), hieraus sollte dann mit Nothwendigkeit die Moral (die Liebe zu den Menschen) hervorgehen;
dass dies aber nur sehr schwach geschieht, haben alle kirchlichen Parteien stets anerkannt. Freilich war neben alle dem im
instinctiven Drang des Lebens die Ahnung der richtigen Willenstheorie immer da, und auch die Bildung machte davon Gebrauch. Aber sie thut dabei halb verschämt, nennt es Lebens-
weisheit, Stützen und Krücken, die der schwache Mensch nicht
entbehren könne, und hält als das Grosse und Eigentliche
immer etwas fest, was weder gross noch eigentlich ist, weil es
so, wie man es ansetzt, gar nichts ist als eine scheinbare Miss-
deutung.

30. Mit der falschen Willenstheorie und ihren theoretischen
und praktischen Verlegenheiten complicirte sich bei den Culturvölkern die Schwierigkeit der Mannichfaltigkeit sittlicher Ansichten (§ 26), die man doch nicht alle bis auf Eine als falsch
verwerfen konnte. Man half sich mit der Unterscheidung einer
höheren und niederen Moral. So giebt es bei Plato eine
Tugend blos mit richtigem Vorstellen und eine wahre mit der
höchsten Erkenntniss, bei Aristoteles ist das Höchste das Leben
in reiner Erkenntniss, das Zweite ist das praktisch-politische
Leben. Selbst der Stoicismus liess thatsächlich eine höhere
und eine niedere Moral zu mit seiner Unterscheidung des κατόρ-
θωμα und des καθῆκον. In Indien war das Ideal Contemplation, aber Vorstufe zu ihr ist die Bethätigung des Einzelnen
nach den Vorschriften seiner Kaste; wer nicht zur Contemplation gelangt, hat durch das Leben nach den Kastengeboten
mindestens den Erfolg, dass er in einem späteren Leben eher
in die Lage kommt auch jenes Höchste zu erreichen. Das
Christenthum ist bekanntlich in seiner Ethik im Neuen Testa-

mente bestimmt durch die Aussicht auf baldiges Weltende. Es
sind zwar reichlich Elemente für alle Zeiten da, aber hervortreten sehr die besonderen Momente, welche erfordert wurden,
wenn die frohe Botschaft noch vor dem nahen Weltende recht
weit sollte getragen werden, „bis an die Enden der Erde", wie
es in orientalischer Fassung lautet. Daher wurde Ehelosigkeit
geschätzt, Verlassen der Güter geschätzt; denn die Hauptaufgabe
war die Mission, und zu dieser war man freier, wenn man auf
jenes beides verzichtete, und zugleich legte man dadurch an
den Tag, dass man das kommende Himmelreich allen irdischen
Verhältnissen vorzog. Christus selbst hatte so gelebt; ehelos
um des Himmelreichs willen, hatte er nicht gehabt, wo er sein
Haupt hinlege.   Als das Himmelreich nicht so bald eintrat,
ging man, jenen anderen Elementen bleibender Art folgend, auf
die sittlich-religiöse Bethätigung in dem gewöhnlichen Leben
stärker ein (Pastoralbriefe).   Da aber die römische Welt in
den Kampf mit dem Christenthum trat und dies mit ihr, sofern
römisch-griechisches Leben mitmachen vielfach würde geheissen
haben Götzendienerisches mitmachen, so entwickelte sich, ob
nun blos von Innen heraus, ob mit durch Nachahmung von
bereits Vorhandenem (Aegyptischem), der Zug der Weltflucht,
welcher gleichzeitig im Neuplatonismus aus dem Heidenthum
selbst erwachsen war.   Die gegebenen Verhältnisse erschienen
so mangelhaft, dass nicht die Erde und die Bethätigung
auf ihr, sondern eine höhere Welt und Bethätigung aus der
Erde hinaus zu ihr hinauf die Aufgabe des Menschen sein
konnte.   Die Erkenntniss, welche Plato und Aristoteles so
hochgestellt hatten, wurde jetzt popularisirt, aber nicht eigentlich als Erkenntniss, sondern als Stimmung des Entrückt- und
Erhobenseins von der Erde, als gefühlsmässiges Erleben, Berühren des höchsten Weltgrundes.   Es war da zugleich die
Seite menschlichen Wesens angeschlagen, welche in der griechisch-
römischen Welt bis dahin mehr latent geblieben war, darum war
sie noch ungeschwächt, der üppigsten Entfaltung fähig.   Diese
neuplatonische Auffassung wurde bekanntlich mit dem Christenthum verschmolzen und ging durch das ganze Mittelalter.   Aber

schon in der älteren Zeit waren nicht alle Christen ihr zugänglich, ehrliche, einfache, praktische Leute, die man nicht
verlieren wollte. So kam auch hier eine doppelte Moral auf,
eine der religiosi, welche alles Höchste anstrebten und erreichten
nach der Meinung der Zeit, ja noch mehr als das, und eine
niedrigere derer, welche in der Welt lebten, einschränkend die
sinnlichen Neigungen und irdisch-praktischen Bestrebungen,
durch die religiosi geleitet und durch deren Verdienste gedeckt.
Die Reformation hat diese Moral überwiegend contemplativer
Art mit Zulassung praktischen Lebens als eines niederen Stand-
punktes verworfen: sie hat theoretische und praktische Bestrebungen gleich gestellt, das sittlich-religiöse Ideal als über-
menschlich ein für allemal erklärend und nur in Einem erfüllt,
der allein, und nicht viele neben ihm, uns decke, wenn wir uns
ihm anerkennend anschliessen.

Wie steht es nun bei uns? Thatsächlich gehen, wie
Herbert Spencer es geschildert hat, zwei Strömungen neben
einander, die eine vom Christenthum her, sehr mannichfach,
wie dessen Auffassungen selbst, aber doch überwiegend Gottes-
und Menschenliebe predigend, die andere vom Alterthum her
und dessen Wiederbelebung, welches praktisch durch seine Geschichte wesentlich Cultur und Herrschaft über Andere lehrt.

31. Wo die Moral, d. i. Aufgabe und Bestimmung des
Menschen, Gegenstand der Reflexion wurde, sei es der rein
wissenschaftlichen, oder der dichterischen oder der religiösen
Contemplation, da stellte sich noch etwas Besonderes ein. Der
geistige Zustand, in welchem die Moral da festgestellt wurde,
ist der einer ruhigen Betrachtung, in welcher naturgemäss die
mannichfachen Erregungen des praktischen Lebens und seiner
oft sehr complicirten Verhältnisse zurücktreten, oft so zurücktreten, als wären sie überhaupt nie da. Es giebt Naturen, die
in der Contemplation ganz andere sind, als in der Praxis des
Lebens. Unter den Dichtern sind sie sehr häufig gewesen,
„Merk, dass oft der allergröbste Schlingel — die allerzärtlichsten Verse singt." Wieland war in seinem Leben ein braver
Mann im gewöhnlichen Sinne des Wortes, in seinen Dichtungen

ist eine gewisse besonders erotische Leichtnehmigkeit. Von der
Zartheit der Gefühle und der Rücksichten gegen Menschen,
welche in Byron's Poesien lebt, ist in seinem effectiven Verkehr
nur wenig gewesen. Von Herder hat Lewes mit Recht geurtheilt, er habe überwiegend eine abstrakte Menschenliebe gehabt, in der Praxis war gerade seine nähere Umgebung einer
grossen Bitterkeit und Reizbarkeit ausgesetzt, die immerhin
körperlich begründet gewesen sein mag. Solche Discrepanz von
Contemplation und Praxis findet sich aber nicht blos bei
Dichtern. Göthe's Wort: „Nur der Betrachtende hat Gewissen,
der Handelnde ist gewissenlos", findet auf viele Menschen Anwendung, die nie eine Zeile gereimt haben. In der Betrachtung
fassen solche Menschen die Beziehung einer Handlung etwa zu
dem Ganzen eigenen und fremden Lebens lebhaft auf, aber in
der Praxis treten bei ihnen blos die momentanen Erregtheiten
ihres Lebens in Wirksamkeit. Was Christus bei den Pharisäern
als Heuchelei, wörtlich als Schauspielerei, bezeichnet hat, findet
so seine Erklärung. Je weniger oft solche Menschen im Leben
durch Moral sich auszeichnen, um so blühender und schwung-
voller fallen, wohl unter der Einwirkung des psychologischen
Gesetzes vom Contrast, ihre Vorstellungsbilder von Moral aus.
Aber auch die, welche nicht so sind, bei denen der Unterschied
zwischen moralischer Theorie und Praxis nicht so klafft, befinden
sich bei der theoretischen Feststellung der Moral in einer Gefahr, an welche selten gedacht wird. Der contemplative Zustand,
in welchem sie da verweilen, ist demjenigen geistigen Thun sehr
günstig, welches man Idealisiren nennt. Das Schöne, Grosse,
Herrliche drängt sich da leicht hervor; weil der Zustand als
Stimmung freudig ist, treibt er ähnliche Bilder heraus, vor
dieser Stimmung und ihren Vorstellungsbildern treten die
Hemmungen und Trübungen zurück, welche sich in der Bethätigung des ganzen Menschen und unter dem Einfluss der
äusseren Dinge einstellen. Von der Freude der Betrachtung
aus fliessen die beweglichen Kräfte des Lebens (§ 19 und 20)
dieser, sie steigernd und erhöhend, zu. Die Moral wird so
eine Summe von Idealbildern menschlichen Thuns, etwa so, wie

die platonische Ideenlehre eine Summe von Idealbildern der
Dinge war; wie zu dieser Ideenlehre die Wahrnehmung blos
den Anstoss gegeben hatte, dann die logische und ästhetische
Phantasie das Weitere that, so gab bei den Moralisten die
effective Bethätigung auch blos den Anstoss, das Weitere that
die Phantasie. Diese Idealbilder, von den theoretischen Moralisten entworfen, welche darum nicht immer systematische
Philosophen gewesen sein müssen, wurden dann dem Volke, zunächst dem eigenen, geistig verwandten, vorgetragen, vorgetragen,
wenn dies Musse und Stimmung zum Anhören hatte. Diese
Stimmung des Anhörens war also gleichfalls eine contemplative,
die Hörer konnten darin nachbilden in der Vorstellung und
mit Werthschätzung begleiten, was ihnen vorgetragen wurde.
Stimmte die Mehrzahl zu, so war die herrschende moralische
Theorie fertig. Diese moralische Theorie stimmte mit der
Praxis, so weit als sie an dieselbe angeknüpft hatte, aber was
darin von Idealisirung aus der contemplativen Stimmung der
Erzeugung und Annahme stammte, darin war Discrepanz mit
der Praxis. Natürlich; wo der Zustand der Ruhe und des
Gleichgewichts und überhaupt der blossen Betrachtung nicht
mehr ist, sondern die Praxis des Lebens mit ihrer oft drängen-
den Unruhe und ihren mannichfachen Erregungen herrscht, da
wird anders gehandelt und zwar nach den letzteren Momenten.
Diese Discrepanz von Theorie und Praxis in der Moral ist auch
stets sehr aufgefallen, sie hat zu vielerlei Versuchen theoretisch
und praktisch geführt, selten aber zu den richtigen. Man sah
in jenen Idealbildern das wahre und eigentliche Wesen des
Menschen, das in der Praxis auf unbegreifliche Weise nur getrübt und gebrochen zur Erscheinung komme, man fragte
triumphirend, wie anders, denn als Ueberreste höherer Natur,
man jene Idealbilder und ihre Werthschätzung erklären wolle.
Praktisch verfuhr man so, dass man von Jedem die strenge
Theorie forderte, aber eine grosse Laxheit in der effectiven
Bethätigung duldete, wenn nicht gar, wie im Jesuitismus geschehen, dazu selbst Anleitung gab. Die Mehrzahl der Menschen
fand in diesem Verfahren nichts Auffallendes. Die moralische

Theorie hatten sie in einem Lebensalter gelernt, wo die Phantasie ohnedem vorherrscht, und von den zuströmenden Lebenskräften her eine grosse Leichtigkeit des Ideals vorwaltet, wo ausserdem noch keinerlei Widerstreben gegen die Lehren im Einzelnen sich regt, weil in Kindheit und Jugend meist gar keine Bethätigung danach verlangt wird. Die Theorie wird daher aufgenommen und prägt sich ein. Sobald daher die Erwachsenen theoretisiren, kommt ihnen das wieder, was sie einst in mehr contemplativer Stimmung gelernt haben, und was ihnen in derselben zusagte, zumal sie, wenn sie theoretisiren, wieder in contemplativer Stimmung sind. Die Praxis, nach der die Erwachsenen leben, hat sich neben und meist ganz unabhängig von dieser theoretischen Moral herausgebildet, dadurch, dass der Mensch, indem er die moralische Theorie seiner Umgebung annahm, zugleich in die davon abweichende effective Bethätigung derselben sich hineinlebte oder in die ihm selbst natürlichen und spontan entstehenden Bethätigungen. Nach dem Gesetz, dass der Wille nie als ein abstrakter entsteht, sondern als ein ganz concreter in concreten Relationen (§ 11), bildet sich der Mensch nach den Theorien seiner Umgebung auch blos theoretisch, er lernt sie auswendig, nach ihrer Praxis bildet er sich praktisch, und sucht sich dabei noch instinctiv die aus, deren Praxis der ihm spontanen congenial ist. Dies geschieht Alles meist ganz unwillkürlich. Mit diesem Thun erzeugt sich auch eine demselben entsprechende innere Gefühls- und Denkweise. Diese wird seine effective Moral, während die theoretische Moral blos in bestimmten Stunden und in gewissen ruhigen Stimmungen und für gewisse Gelegenheiten da ist (Sonntagsmoral). Ist die Discrepanz zwischen der herrschenden Theorie und der herrschenden Praxis in einem Menschen sehr gross, so tröstet man sich, falls er jung ist, mit seiner Jugend, ist er älter, so setzt man gerade darauf seine Hoffnung. Nur das Eine verlangt man ferm, er soll bei aller Abweichung seiner Praxis die herrschende moralische Theorie nicht angreifen; tastet er auch diese an, und wirft er der Gesellschaft wegen ihrer Abweichung von derselben, die sie doch unantastbar

wolle, sittliche Heuchelei vor, begiebt er sich also in die Lage,
wie sie sich Byron geschaffen hatte, so ist seines Bleibens in
dieser Gesellschaft nicht mehr.

Was soll man aber an die Stelle jener idealisirenden Moral
mit all ihren misslichen Consequenzen setzen? Man darf sich
nur erinnern, welche Moraltheorie am meisten Effectivität gehabt hat. Dies ist unstreitig im Abendland, das uns am besten
bekannt ist, die aristotelische gewesen, sie hat im Mittelalter
geherrscht bei Christen und Arabern, sie ist lange darüber hinaus von grösstem Einfluss geblieben, sie hat sich in der Neuzeit trotz der Kantischen Moral immer durchgedrängt, indem
nicht Wenige, die mit Kant in ihren praktischen moralischen
Bestrebungen anfingen, mit Aristoteles endigten, weil sie, wie
Fr. v. Raumer es etwa ausgedrückt hat, im Leben selber nach
und nach die Erfahrung machten, dass den Verhältnissen desselben, soweit sie schlechterdings in Rechnung zu nehmen sind,
die aristotelische Art viel angemessener ist. Dies stammt davon,
dass Aristoteles nicht idealisirt wie Plato, mit überwiegendem
Entrücktsein aus den irdischen Verhältnissen, sondern er geht
von den Grundverhältnissen des Lebens aus, sucht das Werth-
vollere an ihnen heraus und giebt Anweisung, dies zu erhalten
nicht nur, sondern auch zu steigern und zur Herrschaft in sich
zu bringen. Man braucht deshalb nicht dem Inhalt der aristotelischen Ethik zuzustimmen, welcher ja durch die Voraussetzung einer natürlichen Ungleichheit der Menschen und durch
seine doppelte Moral eines praktisch-politischen und theoretischen Lebens uns ferne gerückt ist, aber die Art, wie er
idealisirt und Ideale realisirt, ist im Grossen und Ganzen die
einzige mit Effectivität des Willens verträgliche. Es ist hier
ein ähnlicher Unterschied in der Moral, wie in der dichterischen Phantasie zwischen Göthe und etwa den Romantikern.
Göthe greift aus der Wirklichkeit das Schöne heraus und gestaltet es zu einem dichterischen Ganzen, den Romantikern
war die Wirklichkeit blos ein Anlass zu weit von ihr contrastirenden Vorstellungen; solche Vorstellungen, die mit der Wirklichkeit nichts gemein hatten, waren ihnen die wahrhaft poetischen,

ob sie gleich im Gefühl, dass ganz leere Phantasien etwas Dürres
haben möchten, ihre Idealbilder an vergangene Zeiten anzu-
knüpfen suchten. Was man aber in der Dichtkunst vielleicht
Jeder nach seiner Art machen kann, damit ist es in der Moral
ganz anders; denn die eine Art ergiebt eine effective Moral,
die zugleich grosse und hohe Aufgaben zu stellen vermag, die
andere eine Anfüllung der Phantasie mit Bildern, die man
erstens fälschlich für Ideen der Vernunft ausgiebt und dem
Menschen in das Gewissen schiebt, und von denen zweitens die
Praxis des Lebens in kläglicher und die Gewissen schwer ver-
wirrender Weise absticht. Die theoretische Moral muss sein
eine Formulirung des Wesentlichen von dem factisch als werthvoll Geübten, und hat als solche denselben hohen Werth, wie
eine Formulirung der Regeln des Denkens oder der Methode
einer Wissenschaft, sie dient als Erinnerung bei Gefahr gelegentlicher Unachtsamkeit, als Ausbildung des etwa blos gröber Erfassten in's Feinere mit all seinen Bezügen, als Wegweiser für
selbständige Ausdehnung und analoge Erweiterung des im
engeren Kreise Geübten auf weitere u. s. f.

32. Zu all diesen Schwierigkeiten kam noch die nicht geringe der sittlichen Selbsterkenntniss, die freilich eine allgemeine ist, aber bei der falschen Willenstheorie noch sehr verstärkt war. Gerade die Discrepanzen und selbst Gegensätze
zwischen moralischer Theorie und Praxis kommen dem Menschen
oft gar nicht zum Bewusstsein. Es hängt das damit zusammen,
dass zur Selbsterkenntniss Erinnerung gehört, der jedesmalige
Inhalt der Erinnerung aber sehr abhängt von der augenblicklichen Stimmung. In mehr theoretischer Stimmung überwiegt
leicht die Erinnerung an frühere gleiche Momente, in praktischer ebenso, also steht das Bild des ganzen Menschen selten
vor der Seele. Diese Discrepanz zwischen Theorie und Praxis
und das Nichtbewusstsein darum findet sich ebenso im Intellectuellen, Aesthetischen, Technischen u. s. w. Gewöhnlich ist
da auch die Theorie besser als die Praxis, manchmal ist es
auch umgekehrt; es giebt Menschen von feinstem ästhetischen
Urtheil in concreto, von sehr vagem und ganz falschem in abs-

tracto. Bei der Moral im engeren Sinne fällt die Discrepanz um deren Wichtigkeit willen nur mehr auf. Ausserdem verschmilzt die Ichvorstellung bei manchen Menschen ganz mit ihren Mängeln, bei anderen ganz mit ihren Vorzügen, oft blos solchen ihrer Phantasie, bei anderen schwankt sie zwischen beiden hin und her. Der Grund davon ist: in grösserer innerer oder äusserer Bethätigung tritt die Ichvorstellung mehr zurück, sie ist zwar immer da, aber sich ihrer mehr bewusst zu sein, dazu gehört eine gewisse ruhige Stimmung. Daher verlangen wir Bedenkzeit, Zeit zur Sammlung, um mit uns selbst zu Rathe zu gehen, ob etwas unserer Natur, d. h. unserem inhaltlich so oder so entwickelten Ich, entspreche. Je nach der Art dieser ruhigen Stimmung sind auch die Erinnerungsbilder, die sie uns von uns selber bringt. Ist die ruhige Stimmung, welche auf eine sich selbst mehr vergessende Thätigkeit folgt, eher eine trübe, so treibt sie trübe Bilder hervor, giebt uns also blos unsre Mängel zu erkennen; ist sie heiter, so lockt sie heitere Bilder heraus, zeigt uns also unsere Vorzüge, wirkliche oder vermeintliche. Die Jugend, welche gesund ist und in leidlichen Verhältnissen aufgewachsen, ist darum voll guter Hoffnungen über sich: es schweben ihr von ihrer fröhlichen Grundstimmung aus überwiegend ihre guten Seiten vor, und zugleich hat sie keine Ahnung, dass ihr bisher das Meiste blos darum leicht geworden, weil ihr die äusseren Verhältnisse so leicht und bequem wie möglich gestaltet sind, sie hält das Leichtgewordensein alles für ihre Kraft. Gesunde und kräftige Menschen überschätzen nach A. Smith nicht nur ihre Fähigkeiten, sondern auch ihr Glück, von ihrer Grundstimmung aus verschmelzen nicht nur ihre Vorzüge, sondern auch ihr objectives Gelingen, das ist eben ihr Glück, mit ihrer Ichvorstellung. Der tiefste Grund von alle dem ist die Enge des Bewusstseins, auf welche Locke hingewiesen, und die Herbart durch seine metaphysisch-mathematische Psychologie allein für erklärbar hielt. Thatsächlich kommen uns immer nur verhältnissmässig wenige Vorstellungen auf einmal zu deutlichem Bewusstsein, und diese wenigen noch bestimmt durch die Stimmung, alle anderen sind dann meist

wie nicht da. Die Thatsache ist für physiologische Psychologie
sehr einfach zu deuten. Ist ein Organ in besonderer Thätigkeit, so strömt das Blut lebhafter dorthin, so in die Muskeln
bei Muskelthätigkeit, nach dem Magen, wenn man gegessen
hat, ins Gehirn beim Nachdenken: die Erregung der einen
Funktion ist zugleich Hemmung für die anderen. Daher plenus
venter non studet libenter, bei angestrengter wissenschaftlicher
Arbeit ist Verdauung, Wärme und Athmung herabgesetzt, bei
Muskelthätigkeit kann man nicht zugleich schwer denken und
auch ein voller Leib stört, wovon sich das Arsenikessen beim
Bergsteigen in Tirol und sonst herschreibt. So erklärt sich,
dass wir immer nur wenige Vorstellungen mit voller Deutlichkeit auf einmal zur Verfügung haben, und warum wir z. B. es
für nöthig halten eine wichtige Sache mehrmals zu überdenken
und zu prüfen. Die Folgen der Enge des Bewusstseins gehen
durch alle moralischen Theorien hindurch. Dass der sinnliche
Mensch alles sinnlich erklärt, und die Leidenschaft nur die
Gefühle und Vorstellungen hervorruft, welche ihr verwandt
sind, schreibt sich ebenso davon her, wie, dass die Religion so
leicht Fanatismus wird, und die wissenschaftliche Hypothese
alles übersicht, was nicht zu ihr passt. Dem γνῶθι σεαυτὸν
kann man daher erfolgreich nie nachkommen als mit Hülfe
Anderer. Es sind daher glückliche Zeiten die, solange man
uns noch „etwas sagt", uns noch auf das und das „aufmerksam
macht". Wenn wir über diese Zeit hinaus sind, ist es sehr
schwer, Selbsterkenntniss zu gewinnen: unsere Freunde schonen
uns zu sehr oder leiden an derselben Enge wie wir, von unseren
Feinden oder Gegnern könnten wir lernen über uns, aber unser
Bild wird meist zu verzerrt von ihrem Gesichtspunkt aus entworfen. Am besten ist's, sich einige offene und rückhaltlose
Freunde zu erwerben, denen man freilich dann auch zu Gute
halten muss, wenn sie uns ab und an einmal Unrecht thun in
ihrer Beurtheilung. Ausserdem muss man, unbeschadet der erforderlichen Sicherheit, im Sittlichen „immer ein edles Misstrauen in
sich selber setzen" (Gellert). Zu einem weiteren und umfassen-
deren Blick ist Hülfe auch Bildung. Die verschiedenen Zeiten

haben verschiedene Einseitigkeiten in Folge der Enge auch des
moralischen Bewusstseins hervorgetrieben, diese stehen für die
folgenden Generationen, welche Kunde davon nehmen, neben
einander und können ein Anlass zur Besinnung werden, namentlich wo bemerkt wird, dass den verschiedenen Seiten etwas Bleibendes in der menschlichen Natur, auch der unsrigen, entspricht.
Es kann also durch Bildung der Einseitigkeit Abbruch geschehen,
und von den Gebildeten und ihrer Art der Beurtheilung kann
eine gewisse Erweiterung des Bewusstseins auch auf die weniger Gebildeten übergehen. Aber man erinnere sich blos, wenn
ein Krieg droht, und also die ganzen Spannkräfte der Nation
erregt sind zur Erhaltung und Vertheidigung der eigenen Art,
wie da von dem durchaus verstatteten Gefühl eigenen Werthes
die Vorzüge und Rechte des eigenen Volkes hervorgetrieben
werden und in Bezug auf die feindliche Nation blos deren
Unrecht und Fehler, bis dann, wenn nach dem Frieden die
Erregung nachgelassen hat, mindestens im Sieger eher sich
wieder der Sinn auch für Rechte und Vorzüge dieser anderen
Nation aufthut. Das alles macht Moral und moralische Bildung schwer, auch wo man die Gesetze, die hier walten, kennt
und danach sich einrichtet in dem, was man zu erwarten habe
und wie man Gegenwirkung beschaffe. Wo man sie aber nicht
kennt, und doch der Thatbestand mehr oder weniger zum Bewusstsein kommt ohne die Erklärungen, die wir auf Grund der
physiologischen Psychologie geben konnten, und daneben die
Theorie vom Willen steht als Vorstellung und Werthschätzung,
welche aus sich mächtig sei, da erscheint die gegebene menschliche Natur als ein wirres Räthsel, und das lösende Wort, das
man hineinspricht, löst nicht, sondern bringt höchstens zum
Verstummen, indem es das menschliche Wesen in dunkle Tiefen
zurückdeutet in verschiedener und zwiespältiger Weise. Darüber
bleibt aber der thatsächliche Bestand, wie er ist, und es geschieht auch das nicht, was man von einer richtigen Willenstheorie aus thun könnte.

33. Ziehen wir die positiven Folgerungen aus unseren
letzten Erörterungen, so sind es besonders diese: die Moral

muss basiren auf der richtigen Willenstheorie, auf der Gleichheit der Grundzüge menschlicher Natur, sie muss dabei der
Mannichfaltigkeit der inhaltlichen Ausfüllung dieser formalen
Grundzüge Rechnung tragen, ohne darum doch die Unterscheidung einer höheren und niederen Moral zuzulassen, welche
ebenso überhebend auf der einen wie erschlaffend auf der
anderen Seite gewirkt hat, sie muss Ideale geben, aber auf
Grund der festen Gesetze menschlichen Wesens, nicht Phantome
einer blos geträumten Menschheit. Ehe wir diese positiven
Folgerungen benutzen als Leitfaden für eigene˙ Aufstellungen,
ist noch von etwas zu reden, was aus der falschen Willenstheorie mit folgte, von dem Zwang, den man im Moralischen
oft versucht hat gegenüber einer abweichenden Theorie oder
auch Praxis. Dies kam so. Vorstellung und Werthschätzung
galten als Constituenten des effectiven Willens; war diese
Effectivität nicht da, so suchte man durch Aufklärung des
Vorstellens (Verstandes), durch Belebung der Werthschätzung
(des Gefühls) ihn herbeizuführen, man „moralisirte". Indess
das erwies sich oft als fruchtlos. Dann kam man auf die Benützung des indirecten Willens, des associirten Willens (§ 12),
man versprach Lohn, man drohte mit Strafe, aber das konnte
meist nur fruchten, wenn nicht nur der Lohn, sondern mehr
noch die Strafe gewiss war; so kam man zum Zwang, zur
Moral von Staatswegen oder von Kirchenwegen, wo die Kirche
sich staatlich ausbildete. Wie stellt sich die Sache nach uns?
Nach uns sind Vorstellung und Werthschätzung im Willen
nicht primär, sondern secundär, alle willkürliche Bethätigung,
also auch die moralische, beruht auf ursprünglich unwillkür-
licher Bethätigung, mit dieser war verbunden Vorstellung und
Werthschätzung, und so entsteht erst willkürliche Bethätigung,
d. h. Bethätigung auf Vorstellung und Werthschätzung hin. Es
ist aber nicht nothwendig, dass die moralische oder überhaupt
willkürliche Bethätigung in jedem ganz spontan entsteht, sie
kann auch auf Anregung von einem Andern aus entstehen.
Diese Anregung durch Beispiel setzt aber voraus, dass in dem
Angeregten die Elemente zu der moralischen Bethätigung lagen,

nicht so stark, um spontan hervorzubrechen, stark genug, um
auf die Anregung hervorzutreten. Zu solcher Anregung kann
nicht nur das Beispiel dienen, sondern auch das Wort, die
blosse Aeusserung der Vorstellung und Werthschätzung, diese
wirkt indess nur, wo sie diejenigen Momente, welche das Vorstellen und Werthschätzen meint, schon parat vorfindet, es also
blos eines leisen Anstosses bedarf zur Auslösung, eines Anstosses,
der vielleicht doch conditio sine qua non war. Daher die
Wirkung des guten Beispiels nicht nur, sondern auch eines oft
ganz zufälligen Wortes und noch mehr einer gewissen Gewandtheit in der Darstellung der moralischen Theorie. Wo
aber auf Beispiel und Vorstellung, beide allein oder zusammen,
nicht sofort die moralische Bethätigung geweckt wird, da ist
wegen der Gleichheit menschlicher Natur anzunehmen, dass die
Empfänglichkeit in der bestimmten Hinsicht schwach ist von
Natur oder schwach geblieben in Folge andersartiger Entwicklung,
vielleicht selbst dadurch noch um ihre ursprüngliche Stärke gebracht. Es gilt also sie womöglich zu wecken und zu steigern.
Dies kann nur geschehen dadurch, dass man selbst die Beispiele der Moral fort und fort vor Augen stellt, und wo Gelegenheit ist, auch auf die moralische Theorie sammt ihren
Mitteln hinweist, und nicht blos auf die eigene, sondern auch
auf die Schwächen der anderen oder der vorgefundenen Art
und Ansicht. Zwang ist nur zulässig als Hemmung gegen
solche Bethätigungen, bei welchen das menschliche Zusammenleben überhaupt nicht mehr bestehen könnte, also als eigentlicher Rechtszwang, von dem später ausführlicher zu handeln
ist. Wo darüber hinausgegangen wurde zur Erzwingung einer
bestimmten Moralität, da hatte der Zwang stets zur Folge,
dass blos äusserlich zugestimmt wurde, oder die eigene andere
Art blos gehemmt wurde, innerlich aber blieb, und so entweder
wieder durchbrach, oder, wenn ihr das nicht möglich war, von
dieser innerlich anderen Art das Aufgezwungene so modificirt
wurde, wie es z. B. mit dem Christenthum im römischen Reiche
ging, das nicht nur mit dem Neuplatonismus (Dionys der Areo-
pagite), sondern auch mit dem ganzen Volksaberglauben, nach-

dem es Staatsreligion geworden, rasch durchsetzt ward, oder
die aufgezwungene Moral bleibt die officielle, aber die Volksart
weicht stets von ihr ab, wie es bei der katholischen Moral in
Frankreich der Fall ist, wo, wie selbst Comte zugesteht und
Fremde leicht bemerkt haben, überwiegend Helvétius herrscht,
also nicht der Sinn für die himmlischen Güter, sondern das
wohlverstandene Interesse, gegründet in der sensibilité physique.
Aller Zwang hat also eine Corruption der aufgezwungenen Moral
selbst zur Folge, das Gegentheil von dem, was der moralische
Mensch will und wollen muss.

Für die ganz spontan oder auf Anregung gewordene moralische Bethätigung gelten die Detailgesetze der Willensbildung:
der moralische Wille bedarf zu seiner Kräftigung und Erhaltung der fortwährenden Uebung (§ 9), die Unabhängigkeit der
moralischen Willensakte von Ort, Zeit, Stimmung, Umgebung
u. s. w. muss angestrebt werden (§ 11), wegen der Macht des
Beispiels ist schlechte Umgebung zu meiden, gute zu suchen
(§ 10.) Wie bei andern Bethätigungen, so besteht auch bei
der moralischen für Alle das Bedürfniss lebendiger Anregung
durch Andere (§ 10), nicht nur für die von Haus aus der Anregung Bedürftigen, sondern auch für die mehr Spontanen; da
kein Mensch allseitig ist, so sind Andere wieder spontan anregend für ihn (Kirche und verwandte Vereinigungen, Macht
der Sitte). Die moralische Aufmerksamkeit muss erhalten und
geschärft werden (§ 13). Die indirekte Willenserregung (§ 12)
ist mit Vorsicht zu gebrauchen, es muss ein sittlicher Wille
vorhanden sein, der zur Anlehnung für Anderes dient, es darf
nicht etwa ein Unsittliches zum Anknüpfungspunkt des Sittlichen gemacht werden. Wenn der Weg auch so etwas unbe-
quemer ist, so ist er doch der Weg zur wirklichen Moral.
Gelingen ist zu üben, dem Misslingen zu begegnen (§ 14).
Was speciell die Kinder betrifft, so ist wegen der Gefahr eines
Auseinanderfallens von Theorie und Praxis (§ 21) — Kinder
merken das in ihrer Umgebung sehr schnell — die richtige
Methode der Erziehung zur Moralität die durch Beispiel, durch
lebendiges, thätiges Beispiel (Pestalozzi's Anschauung), ausserdem

müssen die richtigen unwillkürlichen Bethätigungen begünstigt
werden (§ 15), verkehrte Regungen müssen unterdrückt werden
— es entspricht dies dem Rechtszwang gegenüber den Erwachsenen und findet in dieser Analogie zugleich seine Begrenzung — oder es muss ihnen vorgebeugt werden (§ 15).
Dazu treten dieselben Regeln, die soeben allgemein gegeben
sind. In der Jugend ist noch besonders auf Selbsterkenntniss
hinzulenken (§ 32), und das Gefühl zu wecken, dass der wahre
Mensch der Mensch des Thuns ist, der Mensch, wie ihn die
anderen Menschen erfahren und erleben; bei uns gilt als der
wahre Mensch mehr der des Denkens und stillen Phantasirens.

Inhaltliche Grundlegung der Moral.

34. Die positiven Forderungen, welche an eine Moral als Lehre von Aufgabe und Bestimmung des Menschen zu stellen sind, lassen sich nunmehr so abrunden: die Moral muss basiren auf der richtigen Theorie vom Ursprung des Willens, auf der Gleichheit der Grundzüge menschlicher Natur mit Rücksichtnahme auf eine mögliche mannichfaltige inhaltliche Ausfüllung derselben, sie muss Ideale und Regeln ihrer Verwirklichung geben auf Grund der festen Gesetze menschlichen Wesens, sie muss stark und kräftig sein können, ohne darum Zwang üben zu wollen.

Einer Moral, die diesen formalen Forderungen genügen will, scheint eine unüberwindliche Schwierigkeit zu erwachsen aus der Verschiedenheit der Ideale, welche sich nach § 26 in der Menschheit stets hervorgebildet haben. Diese Verschiedenheit ist keine willkürliche, sie hat ihren letzten Grund in dem Prävaliren eines oder des anderen der physiologisch-psychologischen Hauptsysteme (§ 17). Ist das vegetative System besonders regsam, so entsteht die Richtung des Denkens und Thuns auf materielles Wohl im weiteren Sinne. Ist das Muskelsystem besonders regsam, so entsteht die Richtung auf praktische Bethätigung als solche (militairische, technische, industrielle). Ist das Nervensystem besonders regsam, so werden Wissenschaft, Kunst, überhaupt geistiges Leben, oft in religiöser Form, als das Höchste gesucht. Mit diesen Hauptsystemen complicirt sich dann noch das sexuelle Leben. Es ist dort (§ 17) schon bemerkt, dass die Combinationen und dadurch Ab-

und Unterarten dieser Hauptrichtungen überdies sehr zahl-
reich sind. Eben dieser Umstand zeigt sofort, dass wir es
hier nicht mit einem specifischen, sondern mit einem Gradunter-
schiede der Menschen zu thun haben, der somit einer annähern-
den Ausgleichung nach den Gesetzen der Willensbildung fähig
ist. Wo die Verschiedenheiten schroff gegeneinander hervorgetreten sind — es ist das eine Folge der Enge des Bewusstseins (§ 32) —, da haben sie sich zu dem Gegensatz zugespitzt,
ob in die sinnliche Natur des Menschen seine Aufgabe zu
setzen sei oder in die geistige; zur geistigen Natur wurden
da nicht blos die Denkbethätigungen, sondern auch die Muskelbethätigungen gerechnet, da man dem Geist die eigentlich
bewegende Kraft beimass. Schon diese Wendung belehrt uns,
dass wir es bei jener Streitfrage mit einer Auffassung zu thun
haben, welche der falschen Willenstheorie angehört, und der
daher mit dieser der Boden entzogen ist. Auch die Sinnlichkeit ist Geist, wir kennen sie blos als eine Art der Bewusst-
seinszustände, freilich als eine Art, die durch den Leib bedingt
ist, aber auch die unsinnlichsten Gedanken in uns sind nicht
da ohne Mitwirkung des Leibes. Wir denken überhaupt nicht,
ohne dass der Leib dabei ist, und dass die verschiedenen leiblichen Systeme einen sehr grossen Einfluss auf Art und Inhalt
unseres geistigen Lebens haben, darauf ist verschiedene Male
hingewiesen. Also die Sinnlichkeit kann damit nicht abgewiesen
werden, dass sie offenbar niedriger sei als Denken und Thätigkeit (Muskelaction). Die Sinnlichkeit ist gerade so gut Geist,
wie Denken und Thätigkeit, es sind alle drei aber bedingter
Geist. Alle Ansichten, welche den Menschen in zwei Welten
zerlegen, eine niedere sinnliche und eine höhere geistige, sind
falsch, der Mensch ist eine geistige Welt, aber im engsten Zusammenhang mit einem leiblichen Organismus. Man hat wohl
gesagt, Werthschätzung der Sinnlichkeit (Eudämonismus) ver-
trage sich nicht mit der Anerkennung und Bethätigung der
Gleichheit menschlicher Natur, nach Kant soll der eigentliche
Wahlspruch des Eudämonismus sein: liebe dich selbst über
Alles, Gott aber und deinen Nächsten um dein selbst willen.

Dass Kant hier eine besondere Abart, vielleicht auch blos eine
Ansicht, die sich schlecht ausdrückte, im Auge gehabt haben
muss, erhellt daraus, dass die Hauptvertreter der Sinnlichkeit,
im Alterthum Epicur, in der Neuzeit Helvetius, nicht nur die
Gleichheit der Menschen voraussetzten und dem entsprechende
Bethätigung lehrten, sondern dass gerade die ganze sensuali-
stische Richtung des vorigen Jahrhunderts in hervorragender
Weise für bürgerliche Gleichstellung der Menschen gekämpft
hat. Ausserdem ist es bekannt, dass bei den sog. Naturvölkern,
das sind aber Völker mit überwiegend sinnlichen Interessen,
die Gastfreiheit sehr gross war. Auch bei uns scheint es dem
gemeinen Mann, der materiellen Interessen meist ganz hingegeben ist, in bedeutender Ausdehnung durchaus natürlich, mit
dem Hungernden sein Brod zu brechen, und sein Ideal ist oft
sinnlicher Ueberfluss blos darum, damit alle Menschen sich
einmal gründlich satt essen können. Die Sinnlichkeit ist also
weder weniger geistig, als die Denk- und Muskelbethätigung,
noch weniger menschenfreundlich, als diese es zu sein vermögen.
Dagegen ist es sofort verkehrt, wenn man die Sinnlichkeit mit
Einschliessung der Gleichheit der Menschen zum einzigen und
ausschliesslichen Werth des menschlichen Lebens machen will.
Dass nach Befriedigung der sinnlichen Nothdurft in vielen
Menschen Muskel- und Nervensystem in einer relativ selbständigen Bethätigung in obigen Richtungen regsam sind, ist unzweifelhaft, und bildet die Grundlage für alle die Moralsysteme,
welche Cultur in irgend einer besonderen Form mit mehr oder
weniger Opposition gegen die Sinnlichkeit als Aufgabe des
Menschen gefasst haben. Der Eudämonismus hat auch gewöhnlich zugegeben, dass militairische, technische, industrielle,
wissenschaftliche u. s. w. Bethätigungen werthvoll seien, aber sie
sollten keinen Gegensatz zu den unmittelbar sinnlichen Werthen
bilden, oder aber blos durch ihre Beziehung zu diesen überhaupt erst hervorgetrieben werden. Dieser Streit ist heutzutage
gegenstandslos. Dass auch jene Bethätigungen körperlich mitbedingt sind, ist zuzugeben, dass aber dieselben darum doch
nicht als sinnlich angenehm, sondern mit eigenthümlichen

Werthgefühlen dem Einzelnen zum Bewusstsein kommen können, ist ebenso gewiss. Die Cultur weiss heutzutage auch sehr gut, dass ohne materielles Genügen und eine gewisse Frische und Kräftigkeit des sinnlichen Lebens die ihr als Cultur eigenthümlichen Bethätigungen nicht erhaltbar sind. Der frühere Gegensatz dieser Auffassungen ist daher von der richtigen Willenstheorie aus zu überwinden. Die Cultur kann die Richtung auf materielles Wohl als eine in sich und für Andere werthvolle um so mehr acceptiren, als durch ihr Vorhandensein einer Gefahr der Einseitigkeit, welche der Cultur innewohnt, vorgebeugt wird. Hätten die Alten materielles Wohl und die ihm unmittelbar zugewendete Richtung der Bethätigung höher geschätzt, so würden sie nicht an den socialen Uebeln gekrankt haben, an denen sie zu Grunde gegangen sind. Die Cultur wird heutzutage beides nicht nur schätzen, sondern sie wird auch ihre eigene Bethätigung nach dieser Seite nützlich zu machen suchen um der Wichtigkeit der Sache willen. Es ist daher nicht traurig, sondern erfreulich, weil ein Zeichen von allseitiger moralischer Werthschätzung, wenn bei uns von materieller Cultur so viel die Rede ist. Und wenn bei uns der gemeine Mann nicht mehr blos Brod und Brod schaffende Arbeit will, sondern auch nach Künstlerischem und nach wissenschaftlichen Lehren mindestens hinsieht und hinhört, so mag das alles noch recht trübe und wirr zur Zeit sein, aber ein Zug allseitiger moralischer Werthschätzung ist darin unverkennbar. Zu einer relativen Durchdringung freilich, bei welcher der Einzelne doch a potiori mehr der einen, der andere mehr der anderen Art zugehören kann, werden die früher in der Moral entgegengesetzten Richtungen des Eudämonismus und der Cultur nicht gelangen durch blosses Theoretisiren über beide, wie wir soeben gethan. Solches Theoretisiren hilft nach uns selber nur da, wo die Bethätigungen, auf welche es sich bezieht, bereits so weit vorhanden sind, dass es zu ihrem Hervortreten blos des Wortes oder einer Hinweisung bedarf. Die Hauptsache ist, dass die, welche von der Wahrheit der Ansicht durchdrungen sind, vor Allem in der Erziehung, soweit sie Einfluss auf solche haben (als Eltern, Lehrer u. s. f.)

darauf achten, welches physiologisch - psychologische Haupt-
system im Kinde, im Knaben, im Mädchen, prävalirt, und
wo daher eine ergänzende Nachhülfe erforderlich ist. Unschwer ist es da, einer überwiegenden Culturneigung den Werth
materiellen Wohles und der darauf gerichteten Bethätigung
zum Bewusstsein zu bringen: man muss sie blos einmal in die
Lage versetzen, materiellen Mangel zu leiden und sich anders
als durch mechanische Beschäftigung nicht dagegen helfen zu
können. In Kindern mit überwiegend vegetativem System dagegen müssen die Keime zu mehr selbständigem Muskel- und
Nervenleben bis auf einen gewissen Grad gestärkt werden
durch Uebung, damit mindestens ein annäherndes Nachbilden
und Werthschätzen der überwiegenden Culturart in ihnen erreicht wird.

35. Es sind somit von dem früheren Eudämonismus und
dem früheren Culturideal die Einseitigkeiten und Gegensätzlich-
keiten abzustreifen, dann erhebt sich auf dem Grunde der
formalen Gleichheit der Grundzüge menschlicher Natur als
sittliche Aufgabe, dass ein jeder sich von seiner überwiegenden
Art aus bethätige unter Anerkennung der je überwiegenden Art
der Anderen. Sittliche Aufgabe ist dies nicht als ein plötzlich von aussen kommendes Gebot, sondern es ist eine spontane
oder auf Anregung entstehende Bethätigung, die aber mit dem
Bewusstsein verbunden ist intensiv und extensiv bildbar zu
sein, vielleicht aus einer Einzelregung zum Hauptstück des
Menschen gemacht werden zu können, und von ihrer Werthschätzung aus entsteht der Trieb, der Drang, sie auszubilden,
aber ausführbar wird dies blos nach den immanenten Gesetzen
menschlicher Natur. Diese Aufgabe ist, wie sie hervorgeht aus
der Natur des Menschen, wie wir ihn thatsächlich kennen, zunächst auf diese bezüglich; die Moral ist daher unmittelbar
eine immanente, sie geht von unseren irdischen Verhältnissen
aus und bewegt sich in diesen, es sind damit nicht Hoffnungen,
Aussichten, Erwartungen über die Erde hinaus ausgeschlossen,
aber diese Transcendenz muss die gegebene irdische Natur des
Menschen und die daraus erwachsenden Aufgaben anerkennen

und an sic sich anknüpfen als die klaren und gewissen, nicht
darf durch transcendente Versuche das sicher und fest ermit-
telte Wesen des Menschen rückwärts alterirt werden. Wenn
es sich darum handelte, diese moralische Auffassung mit Einem
Worte zu bezeichnen, so würde ich sagen: Princip der Moral
ist Erhaltung und Förderung der Menschheit, eine Bezeichnung,
zu der es in der Geschichte der Moral dem Wort und dem
Sinne nach mehrfache Analogien giebt.

Wir haben das Princip der Moral gewonnen durch Zusammenfassung des im Eudämonismus und in den Culturidealen
Haltbaren mit Anerkennung der Gleichheit der formalen Grundzüge menschlicher Natur. Mit Betonung des letzteren Moments
könnten wir das Princip auch die Moral der Liebe nennen. Indess muss bei dieser Bezeichnung auf Eins geachtet werden.
Unter Liebe wird oft blos ein formales Verhalten zu anderen
Menschen verstanden, wie etwa: sich die Zwecke Anderer zu
seinen Zwecken machen, oder, wie Hegel sie definirt hat, sein
Sein in einem Anderen haben. In diesem formalen Sinne wäre
es vielleicht gerathener, statt Liebe Altruismus zu sagen, vivre
pour autrui (Comte); denn diese Liebe kann aus blossem
Mangel an eigenem Inhalt, aus blosser Leere hervorgehen. Sie
kann blinde Hingebung an das Starke und Imponirende sein,
was in Anderen hervortritt, gleichgültig welchen Inhalt es dabei hat. Solche Liebe hat sich grossen Feldherrn und Eroberern
gegenüber mehr gezeigt, als erhabenen Erscheinungen wie
Christo gegenüber; die Liebe des Weibes in diesem Sinne kann
sich dem Edelsten wie dem Verruchtesten zuwenden. Umgekehrt giebt es auch eine Liebe aus vollem Herzen und sogar
aus Ueberfluss, welche eher Altruismus zu nennen wäre, es ist
dies das Eingehen auf Andere, welches mit grossem Thätig-
keitsdrang verbunden zu sein pflegt, und oft ebenso blind verfährt, wie jene passive Hingebung. Liebe heisst allerdings das
fremde Ich nachbilden und ihm nachfühlen können und daraus
zu entsprechender Bethätigung erregt werden, aber sie schliesst
nicht ein, dass das eigene Ich gleichsam leer sei oder seine
Fülle blind ergiessen wolle. Wenn man aber solchen Inhalt

eigener Werthschätzung aller Hauptseiten menschlichen Seins
und von da aus Bethätigung auf Grund der Anerkennung der
Gleichheit menschlicher Natur unter Liebe versteht, so ist der
Ausdruck Princip der Liebe für unser Moralprincip unver-
fänglich.

36. Bei unserem Moralprincip der Erhaltung und Förderung
der Menschheit ist die Voraussetzung, dass menschliches Sein
Werth habe oder als ein Gut erscheine. Durch den Pessimismus wird dies geläugnet. Indess ist es in der Lebensbeschreibung
Schopenhauers durch Gwinner (1878) zu Tage gekommen, von
wie besonderen Bedingungen diese Weltauffassung in ihrem
klassischen Typus bei uns abgehangen hat. Die Bedingungen
waren kurz diese: Sinn für Wissenschaft und Kunst, beides besonders in der Weise der Contemplation, verbunden mit Unfähigkeit speciell den Geschlechtstrieb zu beherrschen, und mit
Unentschlossenheit und Ungeschick dem praktischen Leben
gegenüber, daher völliger Unfähigkeit dessen eigenthümliche
Werthgefühle zu fassen. Demgemäss sieht Schopenhauer es
als den besten Ausdruck für Kant's Mängel an, wenn man
sage: er hat die Contemplation nicht gekannt (Gwinner, S. 82).
Erst das Alter brachte Schopenhauer die allmäliche Befreiung
von der Herrschaft des „Willens", d. h. nach dem dort Voraul-
gehenden von der Heftigkeit des Temperaments und der Triebe
(S. 526), speciell ist damit auch der Geschlechtstrieb gemeint
(S. 527). Die Mutter erwähnt dem Sohn gegenüber seine „edle
bekannte Unentschlossenheit", der Biograph spricht von des
Mannes durchaus unpraktischer, ungestümer und schroffer Art
(S. 73), und wenn er nach ihr gehandelt, so sei er doch stets
überzeugt gewesen, das zweckmässigste Mittel gewählt zu haben
(S. 178). Ausserdem war ihm von Natur eigen nach dem Bio-
graphen „Argwohn, Reizbarkeit, Heftigkeit und Stolz"; vom
Vater angeerbt eine an Manie gränzende Angst (S. 399, 400),
die wahrscheinlich mit krankhaften Affectionen des Gehörnervs
zusammenhing (S. 77). Alle die leidigen Seiten seines Naturells
waren durch keine Erziehung gebändigt oder gemildert worden.
Dem Vater, den er früh verlor, war er sehr ähnlich (S. 43),

die Mutter, der seine Art fremd war, hatte ihn stets gewähren lassen (S. 65). Es sind also die Bedingungen des Pessimismus bei Schopenhauer: hohe intellectuelle, besonders contemplative Begabung, daneben starke sinnliche Triebe, Unfähigkeit dem praktischen Leben gegenüber. Sehr ähnlich, aber nicht ganz identisch sind die Bedingungen des indischen Pessimismus. Auch dort ist hohe intellectuelle, besonders contemplative Begabung, daneben starke Leidenschaftlichkeit, speciell zur Liebe, und das Gefühl, dass sich sinnlich-heftige Triebe in alles Thun mit hineinziehen, bei übrigens nicht geringem praktischem Geschick und Thätigkeit in der Arbeit (s. Baumann, 6 Vorträge aus dem Gebiete der praktischen Philosophie 1874, S. 5—8). Angeboren ist den Indiern ursprünglich ihr Pessimismus nicht, denn sie stammen von demselben Urvolk, von dem auch z. B. die Griechen mit ihrer Lebensfreudigkeit ein Zweig waren. In den Schilderungen der ältesten Veden erscheinen sie noch als ein tapferes, rüstiges, streitbares, dem Ackerbau und der Viehzucht thätig ergebenes Volk, welches sich die Unsterblichkeit etwa dachte wie die alten Deutschen oder die Griechen ihr Elysium. Es muss also mit der Festsetzung in Indien allmälich eine Veränderung im Temperament der Indier vorgegangen sein, so dass ihre sinnliche und praktische Bethätigung etwas Gesteigertes und Leidenschaftliches bekam, ihre denkende Bethätigung sich zwar hob, aber beides mehr isolirt gegen einander blieb. Ob das Klima diesen Einfluss nach und nach ausübte, ob das Kastenwesen mit seinen Vorschriften, die Individualität hemmend und dadurch nothwendig geheimes, aber unverstandenes Unbehagen anhäufend, darauf einwirkte, ob die Unterwerfung der Urbevölkerung und das Verhältniss zu ihr ein sich mehr Gehenlassen zur Folge hatte, ist zur Zeit noch nicht sicher zu ermitteln. Die Hauptbedingungen des Pessimismus, von Schopenhauer und den Indiern aus zu urtheilen, scheinen somit zu sein: intellectuell-contemplative Begabung und starke sinnliche Triebe, unvermittelt neben einander. Wo daher intellectuelle Begabung mit mässigen und leicht beherrschbaren Trieben zusammen war, ist kein Pessi-

mismus entstanden (Griechenthum), wo sinnliche und praktische
Triebe ohne besondere intellectuelle Begabung als solche, aber
mit Mässigkeit oder Temperirbarkeit jener, gleichfalls nicht
(Semiten, Römer, Chinesen), ebenso nicht da, wo das gegenwärtige Leben in sich so viel Befriedigung gewährte, dass seine
Mängel mindestens als in der Zukunft (irdischer oder himmlischer) überwindbar oder ausgleichbar gedacht werden konnten
(germanische und germanisch-romanische Nationen, Slaven).
Schopenhauer und die Indier sind daher kein Typus der
Menschheit, sondern sehr singuläre Gestaltungen. Mit dieser
Erklärung des Pessimismus als eines singulären Phänomens ist
das Phänomen selber nicht beseitigt, es ist nur festgestellt, dass
er nicht das Recht hat, sich als Norm der Menschheit hinzu-
stellen. Zu beseitigen wäre der Pessimismus in Schopenhauer
wohl gewesen. In ihm, wie in seinem dichterischen Gegenbild,
Lord Byron, waren viele der besten Seiten menschlichen Wesens;
ausser der intellectuellen und künstlerischen Begabung Sinn
für Gerechtigkeit, Menschenliebe, Sehnsucht nach Loswerden
der sinnlichen Heftigkeiten. Eine Erziehung, die nicht gewähren liess, die ausserdem das Bessere stärkte und zugleich
den unmittelbar fehlenden Sinn für praktische Bethätigung zu
erwecken gewusst hätte, würde hier wohl soviel haben erreichen
können, dass ein Anfang der Selbstbeherrschung und ein Anknüpfungspunkt für ähnliche weitere Selbstbildung da gewesen
wäre. So aber ereignete sich im Mannesalter beider lediglich,
was Malebranche in die Worte gefasst hat: „unsere Leidenschaften
rechtfertigen sich selber", d. h. sie wecken die ihnen homogenen
Vorstellungen, drängen dabei alle anderen zurück, daher die
Theorie der gegebenen Praxis nothwendig conform wird. Für
die indische Art ist eine Möglichkeit der Rückbildung in die
überwiegende Art der anderen Indogermanen die, dass sie mit
denselben mehr und mehr bekannt werden, und dadurch unwillkürlich Manches von ihrer Art geschwächt, gemildert wird,
Anderes in ihnen wieder mehr geweckt wird. Das mag das
schliesslich Gute der englischen Herrschaft in Indien einmal
werden können.

37. Ausser dass bei unserem Moralprincip eine Werth-schätzung des menschlichen Lebens vorausgesetzt wird, ist ausserdem angenommen, als ob Liebe, d. h. ein inneres Nach-bilden der Anderen, als wären wir es selbst, und ein Aufnehmen ihrer Zwecke und Bethätigungen in unseren Willen etwas Selbstverständliches sei, was kein Mensch bezweifeln werde als factisch vorkommend und in jedem Menschen irgendwie, wenn auch nicht sofort allseitig, vorhanden. Dagegen scheint zu sprechen, dass man neuerdings für nöthig gehalten hat, die Liebe des Wohlwollens aus dem Egoismus, allerdings indirect, herzuleiten, und dass Schopenhauer und die Indier eine ganz aparte Quelle derselben in dem Mitleid und seiner metaphysischen Ausdeutung glaubten eröffnen zu müssen. Aus dem Egoismus leitet man das Wohlwollen so ab, dass man zuerst aus ihm das wohlverstandene Interesse entstehen lässt, das Bewusstsein, dass man die anderen Menschen nöthig hat, um selbst zu leben, dadurch gewöhne man sich Rücksicht auf sie bei seinen Be-rechnungen zu nehmen. So entsteht eine Association, so oft wir an unser Interesse denken, denken wir zugleich an die Interessen Anderer mit. Das Bindeglied dieser Association (das wohlverstandene Interesse) fällt durch die Häufigkeit derselben allmälich weg, so bleibt am Ende ein selbstverständliches Interesse für die Anderen ohne jenen Grund übrig, d. h. das uninter-essirte Wohlwollen ist da und vererbt sich mit als Anlage. Ich will nicht darauf hinweisen, dass diese Ansicht zu viel beweist. Denn da jeder von uns unzählige Vorfahren gehabt hat, die alle in ihrem Leben die Unentbehrlichkeit anderer Menschen zum eigenen Dasein täglich gespürt haben, so wäre zu erwarten, dass das uninteressirte Wohlwollen die Erde erfülle. Ich will blos daran erinnern, dass diese Ansicht dem Menschen abspricht, was sie den Thieren, von denen sie ihn doch pflegt herkommen zu lassen, eifrig zuweist. Sympathie und instinctives Handeln danach ist vielfach in der Thierwelt da, also muss es im Menschen, der davon herkommen soll, von Anfang an mit an-genommen werden. Ueberdies hat man unter keinem Volk eine rein egoistische Moral je gefunden, gerade die Naturvölker

sind durch eine Mischung der verschiedensten moralischen
Tendenzen bemerkenswerth (§ 25). Ob also der Mensch von
den Thieren herstammt oder nicht, auf alle Fälle haben wir
Grund ihm mannichfache moralische Tendenzen von Anfang an
beizulegen. Das Mitleid aber ist gar kein singuläres Phänomen,
welches eines besonderen Erklärungsgrundes bedürfte, es fällt
unter einen allgemeinen Begriff, dessen Gültigkeit nicht in
Zweifel gezogen werden kann. Mitleid heisst das Wehe Anderer
nachfühlen, es fällt also unter den Begriff, Anderer Zustände
nachbilden, dieses ist aber eine Art der Nachahmung, welche
ein ganz allgemeiner menschlicher Zug ist, wie früher gezeigt,
1) bei der Nachahmung selber (§ 10), 2) bei der Frage, warum die Gleichheit der Menschen so schwer gefunden wurde
und so langsam (§ 27). Dort sind auch die hindernden Bedingungen auseinandergesetzt, welche beim Mitleid wirken,
gerade wie bei jeder anderen Art von Nachbildung menschlicher
Zustände. Dass übrigens in allen Menschen, auch im verhär-
tetsten Egoisten, noch die Anlage zu uninteressirtem Wohlwollen
ist, dafür hat Bain angeführt, dass den fröhlichen Spielen der
Kinder auch ein solcher wohl sich selbst vergessend und ganz
in deren Freude versunken zusehe. Wenn er nun frage, was
uninteressirtes Wohlwollen sei, so dürfe man ihm getrost er-
widern, es sei ein Gemüthszustand ähnlich wie der, den er
aus dem erwähnten Falle an sich selbst kenne, vielleicht habe
sich auch der Thätigkeitstrieb schon in ihm selbst damit verbunden, dass er etwa den Ball, der so gefallen, dass die Kleinen
ihn nicht selber fanden, ihnen gezeigt, oder ein Kind, das beim
Spiel gestürzt, aufgehoben und getröstet habe. Aehnlich ist
eine Stelle bei Mencius (Eine Staatslehre auf ethischer Grundlage oder Lehrbegriff des chinesischen Philosophen Mencius
von Faber, 1877, S. 52): „Sehen die Menschen plötzlich ein
Kind sich einem Brunnenloch nähern, so haben alle ein erregtes
und mitfühlendes Herz, nicht um sich den Eltern des Kindes
zu empfehlen, nicht um von Nachbarn und Freunden Lob zu
erndten, nicht aus Abneigung gegen das Geschrei verhält man
sich so."

38. Manche (Hobbes, Spinoza) haben den Selbsterhaltungstrieb zum Ausgangspunkt der Moral gemacht, bei Anderen zieht er sich mindestens als ein grosses Stück des menschlichen Wesens in alle Betrachtungen mit hinein. Da sich dabei noch viel falsche Auffassung jenes Triebes selber mit einmischt, so dürfen wir hier nicht unterlassen, eine Richtigstellung zu versuchen. Mit dem Selbsterhaltungstrieb verhält es sich ähnlich wie mit dem Gemeingefühl: wie dieses eine Resultante aus den organischen Einzelgefühlen ist, so ist der Selbsterhaltungstrieb eine Resultante aus einzelnen Selbsterhaltungstrieben. So könnte man von einem Selbsterhaltungstrieb des Auges reden; denn wenn etwas Gefahrdrohendes ihm naht, so schliesst es sich unwillkürlich, kommt ein Sandstäubchen hinein, so sondert sich sofort aus den Drüsen Feuchtigkeit ab, und es entsteht eine unwillkürliche Bewegung, vermittelst jener den fremden Körper zu entfernen. Ebenso giebt es einen Selbsterhaltungstrieb der Haut in Bezug auf Wärme und Kälte; die Hand, welche dem heissen Ofen zu nahe kommt, zieht sich unwillkürlich zurück, der Fuss, der in zu kaltes Wasser taucht, zuckt rückwärts. Der Selbsterhaltungstrieb des Leibes in Bezug auf Temperatur ist sehr deutlich; bei grosser Kälte gehen wir ohne alle besondere Ueberlegung schneller, um dem allzugrossen Wärmeabfluss nach aussen durch innere Erzeugung von Wärme in Folge der lebhaften Bewegung zu begegnen. Der Selbsterhaltungstrieb der Lungen ist ersichtlich darin, dass wir bei zu geringer Einathmung nach Luft schnappen, aus einer schlechten Atmosphäre hinauszukommen suchen, in derselben die Lufteinziehung möglichst reduciren und das Fehlende in besserer Luft durch energischeres Einathmen möglichst nachholen. Alle diese einzelnen Selbsterhaltungen sind ursprünglich Reflexacte und bleiben es meist, aber wir lernen auch aus ihrer öfteren Erfahrung, wie die Umstände zum Theil dabei sind, und sobald eine Fährlichkeit eintritt, können wir dann auch willkürlich der betreffenden Selbsterhaltung dienen und nachhelfen. Erst dieser mit Bewusstsein und Billigung begleitete Selbsterhaltungstrieb ist der gewöhnlich schlechthin so genannte. Schleier-

macher hat daher den Selbsterhaltungstrieb erklärt als Continu-
ität der Existenz mit Wollen. Er hat auch Recht darin, dass
der Selbsterhaltungstrieb sich auf alle Seiten menschlicher
Natur bezieht, nicht blos auf die leiblichen, sondern auch auf
die geistigen. Auch das Geistige ist zunächst ein Unwillkürliches, es wird dann auf Grund der damit verbundenen Werthschätzung ein Gewolltes, dem wir, durch Erfahrung belehrt,
auch zu Hülfe kommen können, so strebt das Gedächtniss in
der Jugend sich auszubilden und kämpft im Alter oft gegen
seine beginnende Abnahme. Es ist nun aber nicht an dem,
dass durch diesen Willen der Selbsterhaltungstrieb eine eigene
selbständige Macht würde, sondern er bleibt stets abhängig von
den Einzeltrieben, aus welchen er sich zusammensetzt. So ist
das Essen entschieden eine Function des Selbsterhaltungstriebes,
aber unmittelbar ist es eine Function des Magens und der
damit zusammenwirkenden Organe. Sind diese angegriffen, entstehen also nicht die Reize in ihnen, welche sich als Hunger
oder Appetit darstellen, so ist kein Verlangen nach Essen da,
und der Selbsterhaltungstrieb ist nach dieser Seite zeitweilig
unterdrückt. So kann es aber mit allen Seiten gehen, die
Triebe können nicht entstehen, weil besondere Veränderungen
der Organe, durch die sie bedingt sind, vorgegangen sind, und
dann hört der Selbsterhaltungstrieb jedesmal in der betreffenden Richtung auf. Es ist also mit dem physischen Selbsterhaltungstrieb wie mit der Lebenskraft; wie diese blos ein Gesammtausdruck für die organischen Kräfte des Leibes ist, so
ist auch der Selbsterhaltungstrieb blos ein Gesammtausdruck
für die Selbsterhaltungstriebe der einzelnen leiblichen Functionen,
und wie die Lebenskraft nichts thut und nichts wirkt, als soweit die organischen Kräfte der einzelnen Theile thun und
wirken, so ist es auch mit der Selbsterhaltung. Sie ist stark,
wo alle einzelnen Theile vollkräftig sind, schwach, wo diese
schwach, gelähmt, wo diese gelähmt sind. Und wie mit den
vegetativen Trieben, so verhält es sich auch mit den sogenannten
geistigen und den Thätigkeitstrieben, sie sind stark, schwach
u. s. w., jenachdem ihre organische Bedingung so ist. Es

gehen aber diese mannichfachen Selbsterhaltungstriebe nicht immer parallel, der eine kann stark sein neben grosser Schwäche der anderen. So z. B. kann das geistige Leben bei grosser Schwäche des vegetativen und des Muskellebens regsam sein und auch fähig, Werthschätzung eines kräftigen vegetativen und Muskellebens zu bilden und von da aus auf Grund eigener und fremder Erfahrung jenen schwachen Seiten des Lebens zu Hülfe zu kommen. Dass der Selbsterhaltungstrieb im Ganzen und Grossen zweckmässig wirkt, d. h. der Erhaltung des Lebens dient durch seine Bethätigungen, ist zuzugeben. Aber von einem Selbsterhaltungstrieb im Sinne Spinoza's als einer schlechthinigen Selbstbejahung, bei welcher der Selbstmord ein Räthsel würde, und nur als ein Werk des Wahnsinns könnte angesehen werden, ist nicht die Rede. Im Gegentheil, die Einzeltriebe, aus denen sich der Selbsterhaltungstrieb zusammensetzt, wirken keineswegs immer zur Erhaltung des ganzen Wesens zusammen, sondern der eine oder andere von ihnen operirt oft auf Unkosten und zum Nachtheil der anderen, so zwar, dass schliesslich eine Schädigung für das Gesammtleben und somit auch für jenen Trieb selber entsteht. Fast jeder Mensch hat einen Zug an sich, der zum Uebermass tendirt und so das Ganze gefährdet früher, als es sonst wohl der Fall gewesen. Essen, Trinken, Geschlechtsliebe sind blos die groben Formen, in denen das zu Tage tritt; die feineren sind Liebe zur Ruhe, wo ein gewisses Mass von Bewegung für andere Seiten des Lebens geboten wäre, Lust an der Unruhe, wo Ruhe mit erfordert wird, Freude an der Geselligkeit, der vielleicht ein Theil der erforderlichen Nachtruhe geopfert wird, Behagen an Wärme und am Zimmer, wo frische Luft und eine gewisse Abhärtung nöthig wären. Diese sogenannten Verirrungen des Selbsterhaltungstriebes finden sich keineswegs blos bei den Culturvölkern, auch bei den Naturvölkern bildet sich eine Menge von Selbsterhaltungen aus, an denen sie zu Grunde gehen: so eine oft ganz unsinnige Tollkühnheit und Waghalsigkeit, so die Unmässigkeit in Getränken, welche die vorübergehende Empfindung gesteigerten Lebensgefühls geben. Wie viele Men-

schen lassen „sich gehen und hängen", wo Hülfe und Belebung
noch wohl möglich wäre; der Selbsterhaltungstrieb ist schwach
in ihnen. Dass einzelne Seiten des Triebes stark sind, andere
schwach, und von den starken aus das Ganze preisgegeben
wird, zeigt sich in der verschiedensten Weise: wer für seinen
Glauben oder seine wissenschaftliche Ueberzeugung leidet oder
sich aufreibt, in dem wird das vegetative und das Muskelleben
überragt von der contemplativen oder intellectuellen Seite, wer
den Tod nicht fürchtet in der Schlacht, Gefahren freudig aufsucht u. s. f., in dem wird das vegetative und sonstige Leben
überwogen von dem Muskelleben und den daran hängenden
Thätigkeiten, wer in Ausschweifungen sich tödtet — wer sich in
liebender Lust willig gezwungen verzehrt (Göthe) — in dem
wird das sonstige Leben überwältigt von der speciellen Richtung;
wer geistige und körperliche Sclaverei übernimmt, sich erniedig-
rigt in jeder Weise, nur um leben zu bleiben, in dem überwuchert das vegetative Lebensgefühl alle anderen Seiten. Ja
man kann sagen, in irgend einer Weise überwiegt stets eine
besondere Seite des Lebens, so dass jeder Mensch mehr oder
minder sich opfert, d. h. selbst an seiner Zerstörung auf Erden
arbeitet. Der Selbstmord ist so nichts Räthselhaftes und nichts
dem Selbsterhaltungstrieb Widersprechendes. Da es nämlich
unwillkürliche Schwächungen und Tödtungen giebt, so kann es
ebendarum auch willkürliche geben. Der Mensch erlebt an
sich oder Anderen, welche Bedingungen die Schwächung oder
Zerstörung nach sich zogen, und führt dieselben dann willkürlich auf Grund der Vorstellung und Werthschätzung und sich
daran anschliessenden Bethätigung herbei, oder unterlässt mindestens, die Gegenbedingungen herbeizuführen. Die positive Herbeiführung setzt nur voraus, dass das vegetative Leben und
sein Erhaltungstrieb im Moment schwach ist oder in grosser
Depression, so dass von da aus dem Entschluss und der zur
Ausführung erforderlichen Muskelbethätigung keine Hemmung
entgegen gesetzt wird.

    Da der Selbsterhaltungstrieb als Gesammttrieb und in
seinen einzelnen Seiten verschiedener Grade fähig ist, so ist

nicht zu verwundern, dass er auch ʼzwischen den grossen
Gruppen der Menschheit sehr variirt an Stärke. Ist der
Indier einmal über die frische und leidenschaftlich-bewegte
Jugendzeit hinaus und hat seine Kastenpflichten der Hauptsache
nach erfüllt, so ist er nur noch von geringer Stärke der Selbst-
erhaltung. Ueberhaupt wird erzählt, dass, wenn ein Indier
vom Schnee auf den Gebirgspässen überfallen wird und vor
Kälte nicht weiter kann, er sich nicht gewaltsam aufrafft dem
drohenden Tode zu entgehen, sondern, so wie die Schwäche
über ihn kommt, setzt er sich ruhig hin und erwartet sein
Ende, auch wo Entrinnen noch wohl möglich. Aehnlich be-
nimmt sich der Türke bei der Pest und anderen solchen
Schickungen. Ganz anders der Europäer mindestens des Westens.
Nicht die Lehren, die sich mit diesem verschiedenen Verhalten
verbinden — in Indien die Auffassung, der Tod sei stets nur
ein Uebergang in ein anderes Dasein, die Pest sei Allah's
Wille, im gegenwärtigen Leben und nur in ihm falle die Entscheidung über Seligkeit und Unseligkeit (Augustin) — nicht
diese Vorstellungen haben das verschiedene Verhalten erzeugt,
denn die augustinische ist bei uns sehr abhanden gekommen,
die Araber des Mittelalters haben sich bei gleicher Religion
nicht so apathisch verhalten, auch in Indien ist das gegenwärtige Leben und seine weitere Führung nie gleichgültig für
das folgende gewesen: die physiologisch-psychologische Art ist
eine verschiedene. Der Kampf mit jeglicher Gestalt von Hindernissen ist dem Europäer an sich ein Reiz; der Türke, wo er
nicht mit Dreinschlagen oder unmittelbarer Arbeit etwas ausrichten kann, liebt die Ruhe, und sollte er darüber zu Grunde
gehen; dem Indier ist das still sich in sich Versenken, wozu
ihn jene scheinbar sichere Todesgefahr auffordert, ein um sein
selbst willen werthvoller Zustand, so dass ein gewaltsames Auf-
flackern der übrigen Seiten seines Seins sich gar nicht regt.

Das Resultat unserer Erörterung ist: der Selbsterhaltungstrieb ist nichts Einfaches und nichts Absolutes, er löst sich
auf in viele Triebe, welche vielfach zusammenwirken zur Lebenserhaltung, oft aber auch gegeneinander wirken, so dass das Ge-

sammtleben geschädigt wird. Der Selbsterhaltungstrieb als eine
geistige, bewusste Potenz ferner ist secundär, ihm liegt stets
zu Grunde eine Lust, welche gesucht, eine Unlust, welche ge-
flohen wird. Lust und Unlust haben an sich aber blos Beziehung auf die momentane Lage und ihre Verhältnisse (§ 20).
So ist es darum auch mit der Selbsterhaltung. Daher gehen
die meisten Menschen blos auf momentane Sättigung aus und
fragen nicht, ob die Nahrung auch nachhaltig stärkend und
erhaltend wirke. Gerade beim Volk ist dieser Zug sehr stark,
wesshalb vom Gesichtspunkte der dauernden Stärkung der Nahrung aus die meisten, wo sie die Wahl haben, schlecht und unzweckmässig leben. Die Gebildeten wiederum, durch ihre ganze
Bethätigung von geringer Lebhaftigkeit des vegetativen Systems
und besonders die Nervenerschöpfung spürend, sind leicht der
Leckerhaftigkeit mit Unverdaulichkeit und den blos erregenden
Genussmitteln zugänglich, leben also gleichfalls unzweckmässig.
Es kann also die Lust, welche dem eigentlich sogenannten
Selbsterhaltungstrieb zu Grunde liegt, in ihrer Wiederholung
und der besonderen Art ihrer Erfüllung der Erhaltung des
Gesammtlebens förderlich sein, und kann auch als solche gewollt werden, es ist aber keineswegs unter allen Umständen so.
Der Selbsterhaltungstrieb ist also zum Fundament der Moral
ganz untauglich, er ist weder so fest noch so klar, wie man
ihn sich gedacht hat, er ist sehr mannichfacher Grade und
eines sehr mannichfachen Verhaltens fähig, und da er in seiner
willkürlichen Form schliesslich auf Lust, d. h. ein Werthgefühl zurückkommt, so muss es sich in der Moral um diese
Werthgefühle handeln, nicht um den Selbsterhaltungstrieb als
solchen.

39. Unser Moralprinzip nennt sich Erhaltung und Förderung der Menschheit, um auszudrücken, dass alle Hauptseiten
menschlichen Wesens nicht blos nach Kräften bewahrt, sondern
auch zur Ausbildung gebracht werden sollen. Die Menschheit,
die erhalten und gefördert werden soll, umschliesst alle Menschen,
mich, d. h. jeden Einzelnen, mit eingerechnet. Daraus folgt für
die Detailregeln des Sittlichen, dass ich mich zu fragen habe,

welche Art des Handelns, Denkens, Fühlens trägt zur Erhaltung
und Förderung der Menschheit bei nach zuverlässiger Erfahrung
oder nach sorgfältig geschätzter Wahrscheinlichkeit. Diese
sind dann die Regeln für Alle, von denen ich mich nicht aus-
nehme, weder zu meinem Vortheil — denn ich bin blos einer
neben den anderen — noch zu meinem Nachtheil — denn ich
bin so gut einer wie die anderen — sondern unter welche ich
mein Handeln, Denken, Fühlen selber subsumire. Das Letztere
ist der Begriff der sittlichen Selbstliebe, welche es wohl giebt,
und deren Sinn zu völliger Klarheit gebracht werden kann.
Ich werde also thun, was meiner Erhaltung und Förderung
nach allen Seiten menschlichen Wesens dient, aber ich werde
es thun nicht auf Kosten der Anderen und ohne Rücksicht auf
sie, sondern so, dass die Erhaltung und Förderung der Anderen
daneben bestehen kann. Es liegt zu Tage, dass hierbei ein
Element der Erfahrung und der Wahrscheinlichkeit herein-
kommt, welches macht, dass zwar ein Theil der moralischen
Regeln von Jedem findbar ist, ein Theil aber der Wissenschaft
stets bedarf. Kant freilich glaubte, dass Alles a priori von
Jedem könne gefunden werden; Garve, ein grosser Kenner
vom Detail des Lebens, wandte ihm ein, warum denn z. B. bei
Gesetzesberathungen oder überhaupt bei Erwägung von Massregeln, welche das Wohl einer Gemeinschaft unzweifelhaft in
aufrichtigster und eifrigster Weise bezwecken, so viel Hin- und
Herüberlegung statt habe, ob die und die Anordnungen auch
den gewünschten Erfolg hätten, und wie es komme, dass oft
die besten Anordnungen nachher sich mit Nebenerfolgen behaftet zeigten, die eine Correctur nothwendig machten. Ohne
Kenntniss der verwickelten Natur menschlicher Dinge ist daher
die Moral nicht aufzuführen, und so sehr Gesinnung und Bestreben zu verschiedenen Zeiten gleich sein können, so kann
doch neben einer Summe von stets identischen Regeln auch
eine vielfache Aenderung in anderen Regeln vor sich gehen.
Es bleibt da nichts übrig, als aus der Erfahrung zu lernen,
wie wir bald des Weiteren sehen werden, und wenn es sich
um Festsetzungen handelt, wo die Erfahrung noch nichts Un-

zweifelhaftes gelehrt hat, nach bester Ueberzeugung auf Grund
genauer Wahrscheinlichkeit zu verfahren.

Indem ich mich so nach Regeln behandle, die für Alle
gültig sind, kann es sich ereignen, dass ich aus besonderen
Umständen (des Talentes, des Glückes, d. h. des Zusammentreffens der von meiner Einwirkung unabhängigen äusseren
Bedingungen eines Erfolges mit meinen Bemühungen) nach
manchen Seiten menschlichen Seins besser fahre als Andere.
Dann erfordert die Erhaltung und Förderung menschlichen
Seins überhaupt, dass ich von dem, was mir (von Gütern, von
Musse u. s. w.) nach den Regeln für Alle zukommt, gern Opfer
bringe, falls Andere überhaupt oder im besonderen Falle einen
besseren Gebrauch davon machen können als ich. Mit a. WW.:
ich muss nicht blos gemeinnützig sein, indem ich für mich
selbst blos nach allgemeinen für Alle gleichen Regeln nützlich
bin, sondern auch gemeinnützig, indem ich darauf Rücksicht
nehme, dass in Folge von Ungleichheit der Gaben und äusseren
Umstände ich Ueberfluss haben kann, wo Andere unverschuldeten Mangel leiden, und ich also abhelfend eintreten kann.
Dies muss soweit gehen, dass ich bei allgemeinen Leiden gern
mit leide, also bei Hungersnoth meinen Bedarf auf das Aeusserste
der Lebenserhaltung herabsetze, damit von meinen Vorräthen
(im Durchschnitt gegen Entgelt, unter besonderen Bedingungen
auch ohne solches) möglichst viele können erhalten werden.
Aber es ist nicht gefordert, dass ich selbst verhungere, damit
Andere am Leben bleiben. Solche und ähnliche Züge werden
freilich gewöhnlich gepriesen und als eigentliche Liebe bezeichnet; sie sind des Preisens nur in dem Falle werth, wenn ich
die gegründete Ueberzeugung habe, dass das Leben des Anderen
und seine Erhaltung der Menschheit mehr dient als das meine.
Nur wo specielle sittliche Verhältnisse vorliegen, welche eine
solche eventuelle Aufopferung von vornherein mit einschliessen,
lässt sich die Frage allgemein für entscheiden; so wird eine
Mutter sittlicher Weise ihren letzten Bissen lieber ihren Kindern
gönnen als sich selber. Aufopferung ohne Noth ist nicht Erhaltung und Förderung der Menschheit, es giebt auch eine

Uebertreibung des Besten, welche so´ gut vermieden werden muss wie das Schlechte.

40. In der Erhaltung und Förderung der Menschheit liegt mit, dass alles geduldet wird von menschlicher Art, was sich nur irgendwie mit dem Bestehen der Menschheit verträgt, den einzelnen Ueberlegenden oder Handelnden stets mit eingeschlossen. Hieran findet aber die Duldung zugleich ihre Begränzung. Schlägt oder greift mich ein anderer Mensch ohne Verschuldung meinerseits an, und ich widerstehe ihm nicht, so begünstige ich eine Art, die, zur Regel gemacht, die Lieblosen erhalten und fördern, die Liebevollen in ihrem Sein herabsetzen und bedrohen würde. Daher ist es Pflicht, d. h. eine nothwendige Consequenz des Moralprinzips, dass ich solchem Beginnen widerstehe. Ich werde zwar zum äussersten Mass in der Geduld gehen und zunächst blos Vorstellungen machen, wo aber diese nicht helfen oder der Andere nicht darauf achtet, bin ich sittlich nicht nur befugt, sondern gehalten, nach Kräften Widerstand zu thun entweder persönlich oder, wo eine allgemeine Ordnung hierfür besteht, durch Benutzung derselben, immer aber bereit, sobald der Andere sein Unrecht einsieht und Wahrscheinlichkeit da ist, er werde die Ungestraftheit nicht als Anreiz zur Wiederholung ansehen, ihm zu vergeben und die Strafe zu unterlassen, soweit in meinem Vermögen steht. Feindesliebe ist sittliche Vorschrift, sofern der Feind ja ein Mensch ist wie ich, und ich ihn stets nach den allgemeinen Regeln behandeln muss, welche für alle Menschen gelten; also wo er in Noth und Gefahr ist, und ich kann ihm helfen, werde ich es thun, unangesehen, dass er mir grundlos wehe gethan. Aber es ist nicht gefordert, dass ich mich gegen ihn so stelle, wie gegen einen Freund oder auch Einen, der mir nie Schlimmes zugefügt, im Gegentheil gehört es zu den allgemeinen Regeln, dass Gehässigkeit, Bosheit, schlechtes Nachreden als solches gekennzeichnet werde, so lange ein Mensch darin sich nicht ändert, d. h. wieder, es ist eine unabweisbare Folgerung aus dem sittlichen Prinzip, ihn empfinden zu lassen, dass Gehässigkeit, Bosheit, Verläumdung nicht zur Erhaltung und Förderung

der Menschheit beiträgt, sondern geeignet ist dieselbe zu
hemmen. Dabei werde ich wieder bereit sein, jeden Augenblick
zu vergeben, sobald es durch ausdrückliche Erklärung oder
das thatsächliche Benehmen des bisherigen Feindes fest constatirt ist, dass er sich nicht mehr in derselben Stellung zu
mir befindet. Strafen und Reactionen anderer Art sind daher
durch das sittliche Prinzip nicht ausgeschlossen. Zu bemerken
ist, dass solche und andere Regeln sich zwar ihrem Grundgedanken nach nie aufheben, aber wohl nach Umständen analog
abwandeln. Z. B. Nothwehr ist erlaubt, aber gefordert ist zugleich,
dass die Vertheidigung nie mehr thue, als zur Zurückweisung
des ungerechten Angriffs durchaus erforderlich ist. Nun setzen
wir den Fall, es wird jemand in einer Gegend angegriffen,
welche zur Zeit durch eine ganze Bande unsicher gemacht ist,
und der Angreifer hat unzweideutige Zeichen gegeben, dass er
zu dieser Schaar gehört. Gelingt es mir also mich seiner zu
erwehren, ohne dass ich nöthig hätte ihn zu tödten, so sehe
ich als wahrscheinlich voraus, dass er Genossen herbei rufen
wird, erbittert über sein Misslingen, und so Zeit haben wird,
mich mit Uebermacht noch in der Verlassenheit und auf-mich-
Gestelltheit zu erreichen. Dann habe ich die sittliche Befugniss,
um dieser noch grösseren Gefahr zu entgehen, ihn zu tödten,
trotzdem dies im Moment zu meiner Vertheidigung nicht nothwendig wäre. — Die Wahrhaftigkeit ist unzweifelhaft eine
Pflicht; denn für Erhaltung und Förderung der Menschheit ist
unerlässlich Verkehr, wissenschaftlicher, künstlerischer, freund-
schaftlicher, geschäftlicher u. s. w. Verkehr, Verkehr aber ist
nicht wirksam ohne Wahrhaftigkeit. Aber an dieser Bestimmung
der Wahrhaftigkeit als eines Mittels für Erhaltung und Förderung
menschlichen Seins hat die Wahrhaftigkeit auch ihre Begrenzung. Setzen wir den Schopenhauerschen Fall, dass ich einsam
im Walde einem verdächtigen Menschen begegne, der sich mir
anschliesst und mich so ausfragt, als ob er wünschte zu wissen,
ob ich Geld bei mir trage. Einem solchen werde ich nicht
ausweichend antworten — dies würde, gerade wenn er auf
Raub ausgeht, eine Anreizung für ihn sein, viel bei mir zu

vermuthen —, ich werde ihm in harmlöser Weise beizubringen
versuchen, dass an mir nichts zu plündern ist, wenn ich gleich
nochsoviel bei mir führe. Es erfordert das in diesem Falle die
Erhaltung und Förderung der Menschheit sowohl in seiner als
in meiner Person, und der Canon der Neuplatoniker: κρεῖττον
τἀγαϑὸν ἀληϑείας, ist hier durchaus zustreffend. Ganz etwas
Anderes ist es, wenn ich eine Nothlüge sage, um mir eine
selbstverschuldete Verlegenheit zu ersparen, als wenn ich sie
sage, um den Anderen vor einem Mord, sei es auch an meiner
Person, oder einem Raub zu bewahren (gegen Kant).

41. Mit der Menschheit, welche erhalten und gefördert
werden soll, sind gemeint die einzelnen concreten Menschen
nicht nur, sondern auch die Fortführung des menschlichen Geschlechts, also die gleichzeitigen und mögliche nachfolgende
Menschen. Das après nous le déluge oder „die Späteren mögen
sehen, wie sie thun", ist ebenso unsittlich, als die Menschheit
wie ein Abstractum zu behandeln, so dass man gegenüber den
einzelnen lebendigen Menschen rücksichtslos und lieblos ist, um
einer gedachten oder gehofften Menschheit zu dienen, was sich
oft in den Spruch kleidet: man liebe die Menschheit, aber die
einzelnen Exemplare derselben seien Einem unerträglich. Zur
Erhaltung und Förderung der concreten Menschen gehört vor allen
Dingen mit, dass man den Einzelnen im Verkehr mit ihm oder
in der Einwirkung auf ihn als ein eigenartiges Wesen, als ein
Individuum behandelt. Mit Individuum ist nicht nur gemeint,
dass der Einzelmensch als Ich empfindet, denn wenn alle
Menschen ganz gleich wären, so würde jeder doch als Ich
empfinden und handeln, aber es fehlte die Individualität. Diese
besagt, dass bei durchschnittlicher Gleichheit der Elemente
menschlicher Natur jeder dieselben in mehr oder weniger
von anderen abweichender Combination oder bei gleicher Combination in verschiedener Intensität und Extensität in sich hat.
Die Individualität wurzelt nach Schleiermacher's erschöpfendem
Ausdruck in Temperament und Talent zusammen, nicht blos
das Formale, der Tonus des Denkens, Fühlens und Handelns
(Temperament), sondern auch der Inhalt (das Ueberwiegen des

vegetativen, des Nerven- und des Muskelsystems mit ihren noch
möglichen Verschiedenheiten), beide zusammen, machen die
Individualität und in ihrer Ausbildung den individuellen Charakter aus (§ 17). Diese Individualität muss darum, soviel
möglich, erhalten werden, weil nur in Anknüpfung an sie Erhaltung und Förderung der Menschen wirksam ist, der concreten effectiven Menschen. Die Individualität, die formale und
inhaltliche, ist die Natur des Menschen, und aus ihr geht seine
unwillkürliche Bethätigung hervor; kann diese sich ungehemmt
entfalten, so findet nicht nur ein freudiges Gefühl statt mit
all seinen anregenden Folgen (§ 19), sondern die Bethätigung
selbst, sich leicht wiederholend, ist Uebung und dadurch Vermehrung der Fertigkeit und Einwurzelung der darauf bezüglichen Vorstellungen und Gefühle, welche beide letzteren zusammen die Gesinnung constituiren. Kann die Individualität
sich nicht bethätigen, so hat eine Hemmung der frei steigenden
Kräfte statt, eine Abdrängung von ihrer spontanen Bahn, dadurch wird auf den Menschen ein beständiger Druck ausgeübt.
Was im Kleinen eintritt, zeigt sich deutlicher im Grossen. Wo
keine wissenschaftliche und religiöse Freiheit geduldet wird,
also die Einzelnen verhindert sind sich nach ihrer Art wissenschaftlich und religiös zu bethätigen, da wird dadurch auch
die Fähigkeit für Wissenschaft und für selbständige Ueberzeugung selbst unterdrückt. Man kann es durch Zwang und
Furcht (§ 12) dahin bringen, dass die spontane Bethätigung
gehemmt bleibt, und dass der Mensch sogar an sich selbst
arbeitet sich zu hemmen, aber man kann nicht andere Kräfte
dafür einpflanzen. Dies gilt natürlich nur da, wo eigenthümliche Kräfte für Wissenschaft und Religion überhaupt da waren.
Wo sich davon nichts regt, da kann man scheinbar alles in
die Menschen hineinstecken von Lehren und Sätzen, aber auch
nur scheinbar; denn was solche dauernd und nachwirkend aufnehmen, das hängt selbst wieder von der besonderen Receptivität ab, weshalb dieselbe Religion sich bei verschiedenen Völkern, die sie alle friedlich aufnahmen, doch so verschieden gezeigt hat. Zur Individualität gehört auch, wie man sich in

Erwerb und Industrie bethätigt. Es ist bekannt, dass beide in allen willkürlich-despotischen Ländern darniederliegen. Begreiflich! Soll der Mensch erfolgreich wirken, so muss er nach seiner Individualität wirken, zu dieser gehört aber mit, dass er Pläne machen und ausführen kann. Wo nun keine Sicherheit der Person und des Eigenthums ist, da kann er das in Bezug auf materiellen Erwerb nicht. Unternimmt er es doch, so wird er durch die störenden Eingriffe und willkürlichen Beraubungen beständig daran gehindert und immer wieder davon zurückgetrieben. Er ist noch übler daran als der Sklave bei den Alten, von dem Homer den tiefen Ausspruch gethan

$$\tilde{\eta}\mu\iota\sigma\upsilon\ \gamma\acute{\alpha}\varrho\ \tau'\ \acute{\alpha}\varrho\varepsilon\tau\tilde{\eta}\varsigma\ \acute{\alpha}\pi\upsilon\alpha\acute{\iota}\nu\upsilon\tau\alpha\iota\ \varepsilon\grave{\upsilon}\varrho\acute{\upsilon}\upsilon\pi\alpha\ Z\varepsilon\grave{\upsilon}\varsigma$$
$$\acute{\alpha}\nu\acute{\varepsilon}\varrho\upsilon\varsigma,\ \varepsilon\grave{\upsilon}\tau'\ \acute{\alpha}\nu\ \mu\iota\nu\ \varkappa\alpha\tau\grave{\alpha}\ \delta\upsilon\acute{\iota}\lambda\iota\upsilon\nu\ \tilde{\eta}\mu\alpha\varrho\ \acute{\varepsilon}\lambda\eta\sigma\iota\nu.$$

Ein anderer Ausdruck für die Individualität in diesem Sinne ist die Selbständigkeit. Der Mensch will selbständig sein, Farbe und Schnitt der Kleidung wählen, wie sie ihm gefallen, sein Zimmer schmücken und es zurechtmachen, wie es ihm zusagt, arbeiten in der und der Weise, der eine sitzend, der andere stehend, ein dritter herumgehend, der eine ist stumm dabei, der andere spricht bei lebhaftem Denken laut mit sich u. s. f. Selbst über die Annehmlichkeit geht dem Menschen die Selbständigkeit. Um selbständig zu leben, d. h. einen Ort und eine Lebenseinrichtung zu haben, wo er nur von sich abhängt, gründet er sich oft mit anderweitigen Opfern einen Hausstand; selbst wenn er sich nicht verheirathet, ist seine Sehnsucht darauf gerichtet, er will eigene Möbel, eigene Tischbestellung u. s. w. haben. Den meisten Menschen geht es materiell besser, so lange sie sich nicht so einrichten, namentlich durch die Ehe geben sie oft viel von bequemeren Tagen auf, nichtsdestoweniger ist der Trieb nach selbständigem Hausstand überwiegend. Auch eine eigene Werkstatt zu haben, mit eigenen Werkzeugen zu hantiren, wo man nach Neigung gerade jetzt dies Werk, dann jenes machen kann, nach Neigung einmal mehr und ununterbrochen arbeiten kann, das anderemal weniger, macht ein grosses Stück der Selbständigkeit aus. Was vom Gelehrten,

vom Künstler gilt, dass er eine gewisse Freiheit in seiner
Lebenseinrichtung haben muss, um sich mit Erfolg zu bethätigen, das gilt von jedem Geschäft. Völlige Unfreiheit in diesen
Dingen, ob sie durch Rechtszwang, ob durch die Gewalt der
Verhältnisse herbeigeführt wird, hat etwas die Individualität
Hemmendes, dadurch kommt kein directes freudiges Gefühl an
der Bethätigung auf, und es wird die Hälfte der Tüchtigkeit
dem Menschen genommen, die er hätte haben können. All
diese Individualität ist nicht nur verträglich mit höchster Sittlichkeit, sondern sie ist für ihre Bethätigung erforderlich, nur
bei ihr kann sie überhaupt gedeihen. Es mag schon hier darauf hingedeutet werden, dass an der Individualität das Privateigenthum hängt. Zur individuellen Bethätigung muss man
einen Inbegriff von Mitteln haben, die uns dauernd zur Verfügung stehen, über die wir mit Ausschluss Anderer jeden
Augenblick disponiren können. Zur Individualität gehört religiöse, wissenschaftliche Freiheit, gesellschaftliche Freiheit, d. h.
Freiheit, mit wem man will, näheren Verkehr zu haben, vorausgesetzt, dass der Andere auch will. Es ist aber nicht mit
der Individualität gesetzt, dass jeder auf das Aeusserste der
Selbständigkeit hinstrebt, im Gegentheil der Trieb zur Verstärkung unserer Art durch Andere und zur Ergänzung derselben durch Andere gehört mit zu ihr. Der Eine ist gern
möglichst für sich, und auf sich selbst gestellt wirkt er gemeinnützig von da aus, Andere lieben den Zusammenschluss mit
Gleichen oder auch mit theilweise Ungleichen. Diesen Zusammenschluss mit Anderen in engerer und in freierer Weise
ist es daher Pflicht nicht nur zu gewähren, sondern auch für
viele, ihn zu suchen. Die moderne Lehre hat den Individualismus häufig so gefasst, als wolle jeder Mensch rein für sich sein
und blos neben den anderen. Dies ist falsch. Viele Menschen
können das gar nicht, sie gehen zu Grunde, wenn sie auf sich
selbst sollen gestellt sein, wie es das spanische Sprüchwort ausdrückt: Gott bewahre mich vor mir selber; sie bedürfen daher
der Anlehnung an Andere als Verstärkung sowohl wie als Ergänzung. Daher ist man jetzt mit Recht wieder darauf aus,

Organisationen zu schaffen, die ohne die Missbräuche, welche
sich an die früheren allmälich anhingen, doch Halt und Gemeinsamkeit gewähren. Die Naturen, welche der Verstärkung
und Ergänzung am bedürftigsten, sind aber zugleich oft solche,
welche diese nicht selber einzuleiten und einzurichten im Stande
sind. Daher muss es Leiter geben. Hier erwächst für begabte
sittliche Naturen eine grosse Aufgabe, ähnlich der früheren
der Kirchen: es muss Vereine geben, für alle Seiten menschlichen Lebens, denen sich die Verstärkungs- und Ergänzungs-
bedürftigen anschliessen können. Wie einst die Männer von
religiöser Erregung auszogen, Kirchen zu gründen, so ist es
heutzutage Aufgabe, Mittelpunkte der verschiedensten Art für
alle Seiten menschlicher Bethätigung zu gründen, nicht etwa
zur Faulheit und Bequemlichkeit, sondern um die Bedingungen
sittlicher Thätigkeit überhaupt zu schaffen und beständig präsent zu erhalten. Selbst im kleinen Kreise kann da viel geschehen: wie heilsam wirkt die Aufforderung auf manchen
Schulen, dass ältere und wohlhabendere Schüler jüngeren
ärmeren Nachhülfe-Unterricht in Mathematik oder sonst worin
geben; wie viel könnten Studenten einander nützen, wenn ältere
mit jüngeren je nach beider Bedürfniss Lectüre oder Repeti-
tionen einrichteten, oder auch gleichaltrige, aber von verschiedener Begabung theilweise einander zur Hand gingen.

42. Wir haben unser Moralprinzip in einigen Folgerungen
und Ausführungen sich ergehen lassen, mehr in freier und
hier und da anticipirender Weise, um mit seinem Sinn und
seiner Manier sofort einige Vertrautheit zu bewirken. Ehe wir
zu seiner methodischen Durchführung fortgehen, ist die Vorfrage
zu beantworten, ob wir mit denen, welche ihm nicht anhängen,
einen gemeinsamen Boden im Verkehr u. s. w. besitzen. Wir
leben zwar der Ueberzeugung, dass das Prinzip der Erhaltung
und Förderung der Menschheit allgemeinen Eingangs fähig ist,
und werden noch weiter die Mittel angeben, ihm diesen Ein-
gang zu verschaffen, aber wir haben unter diesen Mitteln allen
Zwang verschmäht. Wir können also weder direct noch indirect unser Moralprinzip allen Menschen aufdecretiren, bedürfen

also, bis einmal Einhelligkeit der sittlichen Ueberzeugung und
Bethätigung durch blosse freie Anregung der in der Menschheit
hierfür vorhandenen Kräfte und durch Ueberwindung der ent-
gegenstehenden Hindernisse hergestellt ist, eines gleichsam neu-
tralen Bodens zum Zusammenleben und Verkehr. Dieser neu-
trale von der bestimmten sittlichen Ansicht nicht direct abhängige, aber doch von ihr geforderte Boden ist das Recht.
Neben der bestimmten Moral, welche wir geben, ist daher zugleich erforderlich eine Rechtslehre. Diese fügen wir darum
bei, aber stellen sie schicklich an's Ende, nicht als Folgesätze
aus der bestimmten Moral, sondern als eine nothwendig neben-
herlaufende Lehre von den allgemeinen Forderungen freien
Zusammenlebens, welche schlechterdings und unabhängig von
der besonderen sittlichen Ansicht der Einzelnen gewahrt sein
müssen.

Die drei Cardinaltugenden.

43. Ist das Prinzip der Moral Erhaltung und Förderung der Menschheit, den Handelnden mit eingeschlossen, so sind die Haupteigenschaften, welche vorhanden sein müssen, jener Aufgabe wirksam zu leben, Thätigkeit, Wohlwollen, praktische Verständigkeit in Bezug auf Zweck und Mittel, Ursache und Wirkung. Ohne Thätigkeit kann weder das eigene noch fremdes menschliches Sein gefördert, schwerlich auch nur erhalten werden. Wohlwollen macht, dass wir fremdes Sein innerlich nachbilden und seine Werthgefühle theilen. Praktische Verständigkeit geht darauf, dass wir die menschliche sowohl als die äussere Natur nie anders als nach ihren immanenten Gesetzen behandeln. Diese Eigenschaften müssen daher geweckt und durch Uebung zur Sicherheit und Leichtigkeit gebracht sein, sowohl was Bethätigung als solche, wie was die dazugehörigen Vorstellungen und Werthschätzungen betrifft. Bethätigung, Vorstellung und Werthschätzung zusammen, sofern sie bleibend sind und der sittlichen Aufgabe dienen, ist der Begriff der Tugend, es sind somit die Cardinaltugenden bei uns: Thätigkeit, Wohlwollen und praktische Verständigkeit. Zur Realisirung der sittlichen Aufgabe müssen dieselben in einander sein, sie lassen sich selbst in der wissenschaftlichen Behandlung auch nur a potiori trennen.

Mit der Thätigkeit ist sowohl geistige wie körperliche gemeint. Für beide (Nerven- und Muskelbethätigung) ist das vegetative System die bleibende Grundlage, von seiner Gesund-

heit und Frische hängt ein grosser Theil unserer Munterkeit,
Aufgelegtheit und Kräftigkeit ab. Es ist daher für dasselbe
zunächst im Kinde nach den Regeln von § 9 u. 15 zu sorgen.
Geschieht dies, so regt sich auf Grundlage des vegetativen Ge-
deihens früh Muskel- und Nervenbethätigung mit einer gewissen
Selbständigkeit. Zunächst zeigt sich dies als Spiel, d. h. als
solche unwillkürliche und bald auch willkürliche Bethätigungen,
von denen jeder Act Lust ist. Die Philosophen haben daher
von Plato an die Spiele der Kinder als die Vorbereitungen der
Thätigkeit der Erwachsenen angesehen. Es ist darum eine
Betrachtung derselben nothwendig. Die Spiele der Kinder
gehen hervor aus spontanen Empfindungen und Bewegungen,
an welche sich Werthgefühle und ursprünglich sehr dunkle
Vorstellungen anschliessen, aber beides genügt, dass sehr rasch
Empfindungs- und Bewegungswollungen daraus entstehen. Die
Kinder wollen bald sehen, tasten, hören, anfangs auch schmecken
— daher sie Alles zum Munde führen —, später auch riechen.
Bald überwiegt der Trieb der sogenannten höheren Sinne (Gesicht, Getast, Gehör) und der Bewegungstrieb; sofern nämlich
die mehr blos vegetativen Triebe von aussen bei ihnen ihre
ausreichende und zugleich nicht überreizende Befriedigung erhalten, treten sie zeitweilig zurück, und jene anderen um so
mehr hervor (Beneke). Da jene Triebe, Gesicht, Getast, Gehör,
Bewegung gleichzeitig vorhanden sind, so sind die meisten
Spiele eine Combination von Empfindung und Bewegung, die
Kinder betrachten den Gegenstand, betasten ihn, lassen ihn
fallen, rollen, schieben ihn, zerreissen ihn. Der sogenannte
Zerstörungstrieb der Kinder geht auf blosse Muskelactionen zurück, welche sich am Gegenstande Luft machen, er ist wesentlich Beschäftigungstrieb (Rousseau). Das Eigenthümliche des
Spielens und was es zum Spiel macht, ist die unmittelbare und
gegenwärtige Lust an den Empfindungen und Bewegungen. Da
die Einzelkräfte der Kinder, sowohl die physiologischen als die
psychologischen, rasch erschöpft sind, so gehört zu dieser
Freude mit der Wechsel des Spiels, welcher aber dadurch
compensirt wird, dass nach kurzer Zeit das frühere Spiel dem

Kinde in Folge seiner gleichfalls noch geringen Gedächtniss-
kraft wieder neu wird.

Die Empfindungslust der Kinder und damit ihr Spiel
richtet sich auf das Helle, Bunte, Glänzende bei den Farben,
auf das Laute und Starke bei den Tönen, ihre Tastempfindung,
innig verbunden mit dem Bewegungstrieb, bevorzugt Alles, was
sich variiren und in mannichfacher Weise tractiren lässt; daher
die Vorliebe für Spiele mit Sand und überhaupt für das Zer-
legbare. Sehr bald verbindet sich mit dem Empfindungs- und
Bewegungstrieb, wozu auch der Sprachtrieb zu rechnen ist —
Kinder in der Wiege unterhalten sich schon mit Lallen von
Tönen — der Nachahmungstrieb. Die Vorstellung von Handlungen, die sie mit den Sinnen in sich aufgenommen, bleibt
als Erinnerungsbild und wird bei entsprechender Beanlagung
zum Reiz, die gleichen Handlungen mit allen Empfindungen und
Bewegungen, die dazu gehören, darzustellen. Insofern beim
Spielen in den Kindern Empfindungen und Bewegungen das
Herrschende sind, welche unmittelbar Lust machen, und die
darauf bezüglichen Erinnerungs- und Erwartungsvorstellungen
denselben Zug an sich tragen, haben alle diese Spiele das
ästhetische und künstlerische Prinzip in sich. Denn dem Aesthetischen und Künstlerischen ist es wesentlich, dass nicht blos
das Ende einer Vorstellungs- und Bewegungsreihe Befriedigung
gewährt, sondern jedes Glied der Reihe in sich selbst bereits
mehr oder minder unmittelbar Befriedigung mit sich führt
(James Mill). Der Unterschied der Phantasie und des künstlerischen Thuns der Kinder von den Erwachsenen besteht darin,
dass das quantitative Element, die Begrenzung und Bestimmtheit der Figuren, Gruppen, Räume, Zeiten bei ihnen vermöge
des Ueberwiegens ihrer Lust am Qualitativen und der Unruhe
ihrer Bewegungstriebe zurücktritt, und dass ausserdem bei der Ungenauigkeit ihrer sinnlichen Auffassung ihnen geringe Aehnlichkeit genügt, einen Gegenstand für etwas Anderes zu nehmen,
einen Stecken für ein Pferd, ein Holz für eine Puppe. Daher
haben Kinder ihre eigene Welt, dadurch dass sie sich aus der
umgebenden Wirklichkeit das aussuchen, was ihre Sinne und

Bewegungstriebe unmittelbar mit Lust anspricht, und dieses in die mannichfachsten Verbindungen, besonders nach Aehnlichkeit und Contrast, bringen. Diese kindliche Welt ist ausserdem durchzogen von der allgemeinen Beseelung, die sie über alle Gegenstände darin verbreiten, welche durch Beweglichkeit, Töne, Wohl- oder Wehethun an Menschen erinnern können. Da ferner der Bewegungstrieb in ihnen überwiegt, so sind ihnen alle Spiele die liebsten, bei denen es etwas zu thun giebt; sie setzen Alles in Handlung um (Schleiermacher). Auch die Erzählungen, an welchen sie Wohlgefallen haben, sind von solcher Art, es muss sich darin Alles bewegen, und der Inhalt muss lebhafte Bilder für Auge, Ohr, Getast, Geschmack, Geruch enthalten, sie durch leise Bangigkeit und um so grössere Freude am Ende erregen, während die Gesetze von Ort, Zeit, bestimmter Gestalt und alle Begrenzung der Wirklichkeit fehlen (Schlaraffenland, 1001 Nacht, Mährchen, Fabeln). Dieses ist die psychologische unaufhebbare Grundlage der Spiele.

44. Was ihren Werth betrifft, so darf man sich nicht darauf beschränken, sie blos als eine Beschäftigung anzusehen, die man dem Kindesalter concediren müsse, damit es überhaupt die Zeit hinbringe, sondern sie sind die der physiologisch-psychologischen Natur des Kindes angemessene Art seine Kräfte zu üben und dadurch allmälich in die Wirklichkeit der Erwachsenen sich hineinzuleben. Es gilt daher, das Gute in ihnen zu erhalten und zu stärken, das Bedenkliche zu mildern oder nach und nach zu überwinden; denn die Spiele erzeugen, wie alles Wiederholte, geistig und leiblich Gewohnheiten und Fertigkeiten, welche ihrem formalen Charakter nach in das Leben der Erwachsenen eingehen: ein Kind, das stets träumerisch spielte, bleibt im Durchschnitt auch träumerisch im späteren Leben, ein Kind, das alle Augenblicke im Spiel wechselt, bleibt launenhaft und unstetig als Erwachsener. Von diesem Gesichtspunkt aus, dass die Spiele der Kinder eine nothwendige Entwicklungsstufe sind, deren formale Ergebnisse in das Geistesleben des Menschen dauernd eingehen, hat man seit Langem Vorschriften für dieselben gesucht. 1) Auf edle und würdige

Umgebung und edle und würdige Arten des Spiels hat man seit
Plato und Aristoteles ein Hauptgewicht gelegt. 2) Dass der
Beschäftigungstrieb der Kinder benutzt werde in der Richtung,
dass sie möglichst bald ihre Spielsachen sich selbst machen
lernen, und so in die Befriedigung nützlicher Activität hineinwachsen und vor der Gewohnheit des blos passiven Geniessens
bewahrt werden, haben besonders Locke und Rousseau empfohlen.
3) Ist erforderlich, dass ein Wechsel von Spielen mit anderen
und von Alleinspielen herbeigeführt werde, dass das veränder-
rungssüchtige Kind durch öftere Wiederkehr zu demselben Spiel
zu einer grösseren Stetigkeit der Auffassung und Bethätigung
gebracht, das über einem Gegenstande brütende zu einem angemessenen Wechsel veranlasst werde u. s. f. 4) Die Mährchen
sind oft angegriffen worden und manchmal mit Recht; bei
reinem Inhalt sind sie in Schutz zu nehmen, nicht blos als
Unterhaltung für das zu anderer Empfindung und zur Bewegung
müde gewordene Kind, sondern auch weil sie grosser und doch
einfacher religiöser, ästhetischer, ethischer Motive durch ihre
freie Verfügung über alle Dinge fähig sind (vom Fischer und
seiner Frau). 5) Der kindlichen Auffassung liegt von sich aus
das genaue Erfassen der Figuren und überhaupt das mathe-
matisch-exacte Element fern und tritt daher in dem Spielen
sehr zurück, d. h. also, es werden die Kräfte dafür von selbst
wenig geübt. Dies Element dem Kinde zuzuführen und zwar
so, dass sein Beschäftigungstrieb dadurch mit Nahrung bekomme, ist der Grundgedanke der von Fröbel erdachten Kinderspiele. Kugel, Würfel, Walze werden hier zuerst als Spielwerk
mannichfach gebraucht, dann als Anknüpfungspunkt für Sprach-
und Denkübungen benutzt; später erhält das Kind diese Körper
immer mehr in Theile zerlegt und lernt Formganze daraus
aufbauen, die theils Gegenstände aus dem wirklichen Leben
darstellen, theils Gestalt, Lage, Zahl, Ordnung als solche hervortreten lassen, theils Schönheitsformen durch Symmetrie u. s. w.
nahelegen. Hieran schliesst sich zu gleichen, aber noch man-
nichfacheren Zwecken das Stäbchenlegen, Ringlegen, Zeichnen,
Ausstechen, Ausnähen, Flechten, Papierfalten, Ausschneiden,

Papierschnüren, die Erbsen- und Korkarbeiten, endlich das
Modelliren, — Alles, damit das Kind Formen wirklicher Gegenstände, mathematische Körper und Formen, endlich schöne
Formen dadurch lerne, dass es sie möglichst selbstthätig
macht. Mit diesen Uebungen wird Garten- und Thierpflege
verbunden, wieder mit Benutzung und Hervorlockung der Selbstthätigkeit der Kinder. Gegen diese Fröbelschen Kinderspiele
hat man eingewendet, sie seien unnatürlich, darum seien auch
die Kinder von selbst nicht darauf gekommen. Dagegen gilt:
natürlich ist nicht blos das, was völlig spontan entsteht, sondern
ebenso, was durch Beispiel angeregt entsteht. Durch Beispiel
anzuregen ist aber hier um so mehr Sache der Erwachsenen, weil
sie die Bedeutung des mathematisch-mechanischen Moments und
einer rechtzeitigen Auffassung desselben kennen gelernt haben.
Richtig ist bei Fröbel auch die Methode, nicht durch passive
Anschauung, sondern durch thätige Hantirung und allmäliche
Selbstgestaltung jene Formelemente zu lernen. Auch der Ein-
wurf, es käme so zu viel Ernst in das Spiel, gilt bei massvoller
und besonnener Handhabung nicht. Ernst kommt überhaupt
nach und nach ins Spiel, sobald die Kinder im Stande sind,
ein Ziel, das ihnen werthvoll dünkt, durch eine Reihe von an
sich unangenehmen oder gleichgültigen Acten zu erreichen, und
solcher Ernst muss sich aus dem Spiel entwickeln, wenn der
Mensch überhaupt aus dem blossen Spiel herauskommen soll
zur Arbeit.

45. Der Begriff der Arbeit ist nämlich solche Bethätigung,
deren Endzweck, also letztes Glied, werthvoll ist, deren dazu
führenden Mittelglieder aber oft mit Unannehmlichkeit verbunden sind oder mindestens nicht unmittelbar Lust machen.
Dieser Zug zur Arbeit muss, sobald er sich regt, in angemessener Weise begünstigt werden (§ 15), wo er nur schwach
auftritt, ist ihm nach den früheren Regeln (§§ 9, 10, 11, 14)
nachzuhelfen. Vielen wird so die Arbeit, geistige und körperliche, selbst Genuss (§ 19), vielen bleibt sie stets lästig,
aber der Werth des Zieles und die Uebung lässt sie die Mühseligkeit willig übernehmen (§§ 12 u. 9). Es giebt an sich

thätige Naturen, die immer etwas treiben müssen, oft ist ihnen
gleichgültig, was. Es giebt sodann Naturen, die, sobald ihnen
etwas als werthvoll erscheint, in Tendenz zur Realisirung gerathen, geschehe die Realisirung durch überwiegend geistige
oder überwiegend leibliche Thätigkeit. Es giebt andere, welchen
zwar etwas sehr werthvoll dünkt, aber die Kräfte zur möglichen
Verwirklichung regen sich langsam; diesen muss besonders von
Seiten der Bethätigung nachgeholfen werden, damit das aus
sich träge Muskel- oder Nervensystem viel geübt werde und so
eine Leichtigkeit seiner Erregung erreiche, welche von Natur
nicht da ist. Den Letzteren kommt die Arbeit stets als schwere
Pflicht vor, den Mittleren als selbstverständliche Pflicht, den
Ersteren ist sie unmittelbar natürlich. Ihnen muss bestimmtes
Ziel und öftere Ruhe zur Pflicht gemacht werden, Pflicht hier
in dem Sinne verstanden, dass ein Werth zwar als solcher erkannt wird, seine Realisirung sich aber nicht von selbst und
unmittelbar macht, sondern gewisse innere Hindernisse zu überwinden sind. Sittlich können alle diese verschiedenen Naturen
gleichsehr sein. Die letzteren scheinen zwar es schwerer zu
haben, aber dafür sind die mittleren zur Uebereilung geneigt;
sobald ihnen etwas werthvoll dünkt, schreiten sie zur Verwirklichung, was bei verwickelten sittlichen Fällen oft die noch-
malige Ueberlegung und ruhige Erwägung ausschliesst. Die
ersteren aber glauben oft sittlich zu sein, blos weil sie thätig
sind, und versäumen die Hineinarbeitung der beiden anderen
Cardinaltugenden in die Thätigkeit. „Der Mensch ist von Natur
faul, Arbeit ist blos eine unnatürliche Anstrengung", ist ein
Ausspruch der dritten Naturen. Falsch ist er, sofern er allgemein macht, was trotz seiner grossen Verbreitung blos individuell
ist. Der Ausspruch kann sich auch mit der Sittlichkeit vertragen, falls man unter Natur versteht, dass viele Menschen
nicht unmittelbar und leicht in Thätigkeit übergehen, und
unter unnatürlicher Anstrengung eine Bemühung, welche sich
eben nicht sofort und unmittelbar darbietet, sondern von
anderen Momenten im Menschen her erst noch geweckt werden
muss. Sehr sittliche Naturen haben jene Ansicht getheilt. So

wird Locke's Ausspruch oft angeführt: labour for labour's sake
is against nature. Die englische Art, durch Preise auf der
Schule zu wirken, und die grosse Rolle, welche die Hinweisung
auf die reputation, die Achtung bei Anderen und ihren Werth,
in der Erziehung dort spielt, mag damit zusammenhängen.
Selbst dass Locke lehrt, die Vorstellung von Gut oder Uebel
wirke zwar auf den Geist, was ihn aber eigentlich jedesmal
zur Handlung bringe, sei uneasiness, das Unbehagen mit einer
gegenwärtigen Lage, deutet auf denselben Gedanken zurück.
Denn er meint: jeder bleibt in der Lage, in welcher er sich
befindet, wenn sie nur irgend erträglich ist, nur grosses Unbehagen in derselben wird ihn zur Bemühung bringen, sich davon
loszumachen. Selbst der conservative Zug der Engländer lässt
sich hiermit in Zusammenhang bringen. So thätig überdem
die Nation ist, so wird sie doch nur durch grosse Ziele zur
Entfaltung dieser Thätigkeitskraft gebracht, und ist an sich
mehr geneigt, ihre Kraft in Spielen, besonders körperlicher Art
zu üben (the merry old England). — Im Mittelalter hat man
das körperliche Widerstreben zur Thätigkeit in einer Hinsicht
sehr empfunden. Man hielt die religiöse Contemplation sehr
hoch, da aber mit derselben viel leibliche Mühe verbunden war
(in Kloster-, Kirchendienst besonders), so bekämpfte man da als
eine der 7 Todsünden die acedia = quae tristatur de bono spiri-
tuali propter laborem corporalem adjunctum (Thomas Aquinas).
Der Unterschied in dieser Hinsicht unter den Menschen scheint
ein physiologischer zu sein. Nach Rosenthal, Allgemeine Physiologie des Nerven- und Muskellebens 1877. S. 142, „scheint
es, dass die Molecüle des Muskels eine grössere Trägheit besitzen, als die des Nerven, so dass sehr schnell vorübergehende
Einwirkungen bei ihnen leichter unwirksam bleiben." Nach
S. 247 führt im Nerv die geringste Störung seines Gleichgewichts das Spiel der in ihm vorhandenen Kräfte herbei. Hier
ist der Anknüpfungspunkt für den Satz, dass der Mensch von
Natur faul sei, und dass melior pars nostri est intellectus
(Spinoza; melior heisst bei Spinoza: er hat mehr spontane
Kraft), sowie der Sätze von der vis inertiae im Sittlichen

(Fichte) oder dem languor naturae (Augustin). Ein Hauptpunkt bei der Weckung und Uebung der Arbeit ist, dass nach der Individualität verfahren wird. Dem Einen fällt die geistige Arbeit schwer, ihm muss also nach den Regeln von §§ 9, 10, 11, 14 nachgeholfen werden, dem Anderen die körperliche. Dabei muss berücksichtigt werden, dass nicht beides nebeneinander geht, wie Aristoteles schon bemerkt hat, der geistig Arbeitende kann nicht zugleich körperlich arbeiten und umgekehrt. Da die Arbeit viel Kraft verbraucht, so muss für Ersatz durch Ernährung und Erholung (§ 9) gesorgt werden, und zwar bei überwiegend körperlicher Arbeit für Erholung durch Ruhe und leichte geistige Beschäftigung, bei überwiegend geistiger Arbeit durch leichte Bewegung. Dadurch werden wir auf die Spiele zurückgeführt. Unter den Spielen der mittleren Jugendzeit verdienen besondere Beachtung die Bewegungsspiele. Bei der sich selbst überlassenen Jugend sind diese complicirt, d. h. so, dass sehr viel Muskelsysteme dabei betheiligt sind, und dass ausserdem eine Menge von Phantasievorstellungen damit verbunden sind, mit Einem Worte: der ganze Mensch spielt. Wo diese Bewegungsspiele durch das Turnen verdrängt werden, hat dies das gegen sich, dass beim Turnen 1) einzelne Muskelsysteme zu ausschliesslich geübt werden, 2) zu wenig Phantasievorstellungen damit verbunden sind. Daher ist die oft bemerkte geringe Lust der Jugend am Turnen psychologisch und physiologisch wohlbegründet, und insofern sind z. B. die in England üblichen Jugendspiele dem Turnen vorzuziehen, und dieses selbst darf nur als ein Element, nie als das Ganze der Bewegungsspiele gelten. Auch in der herangewachsenen Jugend, wo die Spiele nicht mehr Selbstzweck, sondern Erholung und Vergnügen nach der Arbeit sind, bleibt der Kanon, dass diejenigen Erholungen die besten sind, welche alle Systeme des leiblich-geistigen Lebens mehr oder weniger, wenn auch in freier und leichter Weise, in Thätigkeit setzen: Schwimmen, Bootrudern, Waffenübungen, Landpartien, Tanz, Gesellschaftsspiele, theatralische Aufführungen, viele von den englischen Bewegungsspielen, welche zum Theil auch dem weiblichen Ge-

schlechte zugänglich sind. Musik ist werthvoll als Thätigkeit
gewisser Muskeln und eine Erregung der Nerven, welche unmittelbar oder durch Association reiche und mannichfache Gefühle auslöst, aber als einzige Erholung würde sie zu einseitig
sein. Die Aufgelegtheit zu solchen vielseitigen Spielen nach
vollbrachter Berufsarbeit auch im späteren Leben beweist, dass
ein wünschenswerther Ueberschuss von Kräften da ist, dessen
Bethätigung in leichter Weise mit Gleichaltrigen oder Jüngeren,
etwa den eigenen Kindern, die beste Erholung für das Gesammtleben ist. Daher ist es wichtig, sich die Freude am
Spiel zu erhalten, und im Ganzen ist es kein erfreuliches Zeichen, wenn bei einem Menschen die blos passiven Erholungen
überwiegen, wie etwa Anhören von Musik, Zusehen bei dem
Spiel Anderer u. s. w.

46. Bei der Ausbildung der Thätigkeit, sowohl der körperlichen als der geistigen, ist auf etwas zu achten, was sich an
eine Bemerkung von Waitz in der allgemeinen Pädagogik S. 129
anknüpfen lässt. „Es dauert, heisst es dort, bekanntlich ge-
raume Zeit, bis das Kind es in der Bestimmtheit und Geläufigkeit der Auffassung und Reproduction der sinnlichen Gegenstände
nur annähernd soweit bringt, als der Erwachsene. Dasselbe
gilt von der Verknüpfung der Vorstellungen zu grösseren Reihen
und Gruppen. Dasselbe gilt endlich von allen Bewegungsthä-
tigkeiten und deren Combinationen. Für den Erwachsenen ist
die Sicherheit der Voraussicht im Ablauf seiner Vorstellungsreihen und Bewegungsgruppen zu gross geworden, als dass
dieser Ablauf als solcher ihm noch Unterhaltung gewähren
könnte: er erhält für ihn nur ein Interesse, wenn er bestimmten
Zwecken dient. Gerade umgekehrt werden beim Kinde alle
Bedingungen guter Unterhaltung durch die Einübung von Bewegungsgruppen und Vorstellungsreihen selbst erfüllt, deren
Aneignung wir bedürfen, um die äusseren Gegenstände und
Ereignisse theils richtig aufzufassen und uns einzuprägen, theils
höheren Zwecken dienstbar zu machen. Daher gewährt es dem
Kinde Lust, ebensowohl mit seinen Leibesgliedern selbst zu
spielen als mit äusseren Dingen. Der Gebrauch der Hände,

Beine und namentlich der Sprachwerkzeuge muss für das Kind
um so unterhaltender sein, als einerseits dabei seine Selbstthätigkeit in Anspruch genommen wird, und andererseits immer
leichter, sicherer und richtiger dasjenige von ihm erreicht wird,
dessen Vorbild ihm die Erwachsenen darstellen." Hiernach sind
die Beschäftigungen der Kinder überwiegend formale Lust,
Lust der eigenen geistigen und leiblichen Bethätigung. Das
Kind wächst dadurch allerdings auch in die Inhalte und Gegenstände der Beschäftigung hinein, aber es ist dabei ein Unterschied leicht zu beobachten. Bei manchen Kindern verschmilzt
die formale Bethätigung schnell mit gewissen Gegenständen oder
Inhalten — sie kehren daher überwiegend zu bestimmten Spielsachen oder Inhalten zurück —, bei anderen bleibt der Gegenstand oder Inhalt nur lose mit der formalen Bethätigung verknüpft, ihnen ist Gegenstand oder Inhalt gleichgültig, er mag
wechseln, ihre formale Bethätigung weiss sich mit jedem Gegenstand oder Inhalt mehr oder weniger abzufinden. Dieser Unterschied der Kinder hat grosse Folgen. Diejenigen, bei welchen
Gegenstand oder Inhalt früh mit der formalen Bethätigung
verschmilzt, bekommen etwas Stetiges, gegen Dinge, Inhalte
und Personen Treues, die anderen sind ihrer formalen Bethätigung treu, aber Dinge, Inhalte und Personen bleiben ihnen
mehr gleichgültig. Man mustere die Erwachsenen in Bezug
auf die Hauptgebiete menschlichen Thuns. Was Wissenschaft
betrifft, so zeigt sich der Unterschied derer, welchen Forschen das
Höchste ist, welche begeistert einstimmen in das Lessing'sche
Wort: wenn Gott mir in der einen Hand das fertige Wissen,
in der anderen das unendliche Streben nach Wissen böte, ich
würde das letztere wählen. Daneben steht die andere Art,
welche immer einen festen Anknüpfungspunkt der vorstellenden
und denkenden Thätigkeit haben will und nur bei ihm sich
befriedigt fühlt: es ist der Zug zum Dogmatismus. Was Religion betrifft, so ist der Unterschied noch auffallender. Manche
hängen hier ganz an Formen und bestimmten Vorstellungsweisen,
mit ihnen ist für sie die formale Bethätigung der Verehrung
ganz verbunden, von ihnen zu lassen scheint ihnen soviel, wie

überhaupt von der formalen Bethätigung der Verehrung zu
lassen. Andere haben zwar die formale Bethätigung der Verehrung aufrichtig und ernstlich, aber es hat für sie nichts
gegen sich, dieselbe an mannichfache Formen und Inhalte an-
zuknüpfen. Die ersteren finden blos in ihrer Religion Heil
und Segen, in jeder anderen Irrthum und Verderben, die
anderen leben der Ueberzeugung, dass in jeder Religion Wahrheit und Richtigkeit sein könne. Was Kunst und ästhetischen
Geschmack betrifft, so ist es damit nicht anders, als mit
Wissenschaft und Religion. Die einen haben ausgesprochene
Vorliebe für das und das, ihr ästhetisches Wohlgefallen knüpft
sich an Gegenstände, Inhalte, Formen bestimmter Art an, andere
vertreten eifrig die Zufälligkeit der Gegenstände, Inhalte und
Formen bestimmter Art, das Wesentliche ist ihnen das formale
Wohlgefallen als solches. Im staatlichen Leben und im praktischen Berufsleben zeigt sich ein ähnlicher Unterschied. In
einigen ist hier die formale Bethätigung eng verschmolzen mit
gewissen Gegenständen, Inhalten und Einrichtungen, sie haften
und hängen an denselben, andere sind dagegen gleichgültig,
nur die formale Bethätigung selbst ist ihnen werth. Einige
sind daher in ihrem Beruf allen Neuerungen abhold, andere
freuen sich an denselben. Die Frage ist: wie hat man sich zu
diesen Unterschieden der Menschen, die oft früh heraustreten,
zu verhalten? Zunächst hat man den Extremen entgegenzuwirken. Diese Extreme sind ein zu schnelles Verschmelzen der
formalen Bethätigungen mit einem Gegenstand oder Inhalt
ausschliesslich einerseits, ein zu-lose-Bleiben der formalen Bethätigung gegen die Gegenstände andererseits. Das Sittliche
ist nicht die formale Bethätigung als solche, sondern die formale Bethätigung muss fragen, wie ihre Ausübung auf Wohl
und Wehe einwirkt. Diese Rücksicht bringt bald die Erkenntniss, dass gewisse Verhältnisse eine treue und sehr ausschliessliche Anhänglichkeit an Gegenstände und Personen erfordern,
dass ferner die formalen Bethätigungen ihr Höchstes nur leisten,
wo sie sich an bestimmte Kreise fest anschliessen (Vaterland,
Beruf). Ganz wird das Vorherrschen der formalen Bethäti-

gungen als solcher und das Zurücktreten des bestimmten An-
schliessens an Gegenstände und Personen sich nicht immer
wegbringen lassen, aber das ist auch nicht nöthig. Diese
psychologische Art sichert ja vor Engherzigkeit und Ausschliesslichkeit, ein solcher Mensch ist der Verbesserung, Aenderung
zugänglich, aber dass es Gegenstände und Personen giebt, an
welche der Anschluss fest sein muss, damit muss diese Art
durchdrungen werden und sich dann selbst mehr und mehr
durchdringen. Ein grosses Gebiet für Aenderung und Wechsel
bleibt ihr stets, sie hat sich nur zum Wechsel und zur Aenderung Gegenstände auszusuchen, welche ihn vertragen oder
fordern. Der Mensch, welcher wechselt, blos um zu wechseln,
ist, sittlich betrachtet, ein schreckliches Wesen. Das andere
Extrem ist das zu schnelle Verschmelzen formaler Bethätigungen
mit gewissen Gegenständen oder Personen ausschliesslich. Beim
Beruf ist diese Erscheinung nicht selten. Können manche den
nicht ergreifen, mit dem ihre formale Energie sich im Vor-
stellungsbilde verschmolzen hat, so ist ihre Freudigkeit gehemmt.
Andererseits erwachsen aus solchen Naturen die zähesten An-
hänger politischer, religiöser, wissenschaftlicher, künstlerischer
Ansichten und Parteien. Auch innerhalb der kleinen Züge des
Lebens ist diese Art sehr auffallend zu beobachten. Der eine
amüsirt sich nur im Theater, der andere nur in Concerten, der
dritte nur im Clubb, die Frau nur in grosser Toilette, die
andere nur in Gesellschaft, die dritte nur im Haus u. s. f.
Einer kann arbeiten nur bei hellem Wetter, ein anderer besser
bei trübem, der eine Abends, der andere am Tag und so durch
unzählige Kleinigkeiten hindurch. Diese Art, dass formale Bethätigung rasch mit Gegenständen, Inhalten und Personen als
ihren Anknüpfungspunkten verschmilzt, hat durch ihre Beharrlichkeit und Treue etwas Bestechendes, sie ist aber nicht minder eine sittliche Gefahr als das vorhin geschilderte Extrem.
Wird der Beruf oder die gewünschte Stellung nicht erreicht, so
erlischt leicht die formale Bethätigung selber, da ihr der
Stützpunkt ihrer Entfaltung versagt war, der Mensch, anderenfalls einer bedeutenden Kraftentfaltung fähig, wird lahm, lässt

sich gehen, sucht in den mehr passiven Seiten menschlichen
Wesens (Trunk u. Ae.) Zerstreuung und löst sich so sittlich
immer mehr auf. Die Erziehung hat hier darauf zu halten,
dass die formale Bethätigung eine gewisse Mannichfaltigkeit
von Objecten und Inhalten bekomme. Man kann vielleicht behaupten, dass ebensosehr und noch mehr gefehlt wird durch
zu schnelles Verschmelzen der formalen Bethätigung mit bestimmten Gegenständen, Inhalten und Personen, als durch zu
grosse Gleichgültigkeit der formalen Bethätigung hiergegen.
Man denke nur an die Parteien, politische, wissenschaftliche,
religiöse, künstlerische, wirthschaftliche, an das Coterie- und
Patronagewesen, an den Familienegoismus, die Freundschafts-
begünstigungen, an den Nationalstolz u. s. f. Streit, Hass, Krieg
wurzelt in dieser zu ausschliesslichen und zu wenig sittlich ge-
mässigten und beherrschten Verschmelzung der formalen Energie
mit bestimmten Gegenständen, Inhalten und Personen. Der
Mensch muss so erzogen werden und sich selbst dann so weiter
erziehen, dass er zwar das Bewustsein hat: in diesem bestimmten
Anschluss würde deine formale Energie sich am lebhaftesten
und freudigsten entfalten, aber auch in einem anderen Anschluss
wird sie sich bethätigen können, und was ihr dabei etwa an
natürlichem psychologischem Schwung fehlen sollte, das musst
du durch die Geübtheit des indirecten Willens (§ 12) ihr nach-
helfend hinzuthun. Mit anderen Worten: der Mensch soll die
Gegenstände, Inhalte, Personen für Anschluss seiner formalen
Energie mit einer gewissen Latitüde betrachten und behandeln
lernen, mehr generisch oder mindestens specifisch, als rein individuell. Dies bezieht sich auf seine Hauptbethätigung, auf das,
was als berufsmässige Anlage in ihm hervortritt. Daneben
müssen alle Kräfte, die sich regen, gebildet werden nicht blos,
dass sie eine gewisse Stärke und Gewandtheit erlangen, sondern
dass auch Art und Richtung ihrer bestimmten Anwendung gelehrt wird, und wo eine gewisse Einseitigkeit ist, da müssen die
weniger spontan sich regenden, aber für das Gesammtleben
nützlichen Kräfte mindestens so weit hervorgelockt werden, dass
sie unter Umständen in genügendem Grade da sind.

47. Nach unserer Darstellung hängt die Tugend der Thätigkeit sehr viel von der Erziehung ab. Das gewöhnliche Leben hat dies auch stets anerkannt, und Fleiss, Gewohnheit an nützliche Thätigkeit als einen Hauptsegen betrachtet, den Eltern allein oder in Gemeinschaft mit der Schule ihren Kindern mitzugeben im Stande sind. Wo aber dies versäumt worden ist, da kann sich vereinzelt später doch eine grosse Bethätigung einstellen, falls die Anlage zu einer solchen reichlich vorhanden ist, und es früher blos an der geeigneten Anregung und Umgebung fehlte. Im Allgemeinen aber wird in solchen Fällen Thätigkeit als directe Tugend und directer Wille nicht da sein, und es sich darum handeln, die Keime zu einer solchen durch indirecten Willen zu erregen und soviel möglich noch zu bilden. Dieser indirecte Wille (§ 12), um ein sittlicher zu sein, muss von der Werthschätzung eigenen und fremden menschlichen Wesens ausgehen und der Zusammenfassung beider, er setzt also Wohlwollen voraus, und es wird daher von ihm bei diesem zu handeln sein.

Von der Thätigkeit hat nicht gesprochen werden können, ohne dass das Wohlwollen schon mithineinspielte; denn es handelte sich nicht um Thätigkeit als solche, sondern um Thätigkeit zur Erhaltung und Förderung der Menschheit, also um eine, in welche die anderen Menschen ideell stets mit eingeschlossen sind. Diese ideelle Miteinschliessung der anderen Menschen als uns gleicher in unser Thun und Lassen ist schon eine Bethätigung des Wohlwollens. Wohlwollen heisst, dass der Mensch jeden anderen Menschen als sich selbst gleich in allen wesentlichen Stücken menschlicher Natur empfinde, dass das Ich sich nie anders fühle denn als eins unter vielen gleichen und mit den Consequenzen für Denken und Thun, welche daraus fliessen. Die Möglichkeit hiervon erklärt sich aus § 37. Es liegt darin nichts besonders Mysteriöses, sondern es schliesst sich an den Nachahmungstrieb und an die Nachbildungsmöglichkeit Anderer an (§ 10). In einer wohlgeordneten Familie lernt das Kind unter Beachtung der Regeln § 15 auf Grund gerade der Familienähnlichkeit dies ohne besondere Schwierig-

keit, die Familienähnlichkeit macht das Nachbilden von einander und das in einander Versetzen leicht, ausserdem sind
die Gelegenheiten zu sehr vielen Nachbildungen und zu allen
wesentlichen in der Familie gegeben. Es ist darum auch gar
kein seltener Fall, dass der Mensch dahin gebracht wird, in sein
Thun und Lassen die Familie ideell immer mit aufzunehmen,
es ganz selbstverständlich zu finden, dass er sich immer fragt:
was wird Vater und Mutter dazu sagen oder deine Geschwister?
Die Rücksicht auf die Eltern wirkt oft über das Grab hinaus,
ihre ganze Art, ihre letzten Worte klingen im entscheidenden
Momente durch, als wären sie noch da. Indess so ganz von
selber macht sich das Nachbilden der Anderen mit Wohl- und
Wehegefühl ihres Zustandes und daran sich anschliessender
Bethätigung auch in der Familie nicht, es setzt voraus, dass
die Kinder an den Eltern lebendig im Verkehr mit ihnen und
unter sich dies Wohlwollen erfahren, Reden thut es nicht
(§ 31), aber es fällt manchen Kindern und oft gerade den
eigenthümlich beanlagten auch so noch schwer, sich in die
Lage Anderer zu versetzen. Wie schwer sich der Mensch überhaupt manchmal in die Lage Anderer versetzen kann, zeigt nichts
so sehr, als dass nicht blos kleine Kinder, sondern noch solche
von 5—6 Jahren es machen wie der Vogel Strauss, sie meinen,
dass, wenn sie sich in eine Lage bringen, wo sie die anderen nicht
sehen, auch damit umgekehrt diese in die Lage gebracht wären,
sie nicht zu sehen (beim Verstecken). Kinder sind in mancher
Rücksicht oft grausam in ganz naiver Weise: es ist eine Lust am
Anblick heftiger geistiger und leiblicher Bewegungen, ohne
Mitgefühl und selbst Vorstellung, dass unter diesen Bewegungen
leidende Gefühle da sein können. Weil bei ihnen grosse geistige
und leibliche Bewegungen lustvoll sind, so werden sie durch
den Anblick ähnlicher Bewegungen zur Lust erweckt. In
solchem Falle bleibt nichts übrig, als sie in ähnliche Lage zu
versetzen und ihnen aus dem damit verbundenen Schmerz das
Gefühl für ähnlichen Schmerz Anderer beizubringen. Blosse
Repression durch eine mit der grausamen Handlung associirte
Strafe hilft nicht immer, es macht sie bei jener Bethätigung

leicht nur heimlich. Eine andere Schwierigkeit für die Entwicklung des Wohlwollens oder der Theilnahme ist, dass das Kind in manche Zustände sich nicht ganz versetzen kann und auch nicht ganz hineinversetzt werden darf. Ein Kind weint über den Tod seiner Eltern, seiner Geschwister, aber es tröstet sich bald; es würde auch sonst untergehen. Die physiologisch-psychologische Constitution der Jugend bringt 1) schnellen Wechsel mit sich, 2) eine überwiegende Stimmung zur Fröhlichkeit. Von dieser Art darf man die Jugend nicht verdrängen, es kommt blos darauf an, sie nützlich zu wenden. Da die Fröhlichkeit die Kräfte auslöst, so ist sie auf Thätigkeit zu leiten: dem todten Brüderchen werden Kränze gewunden und aufs Grab gebracht, auch gegen Lebende, welche traurig sind, wird dieser Zug ausgebildet hülfreich zu sein, was die eigene Fröhlichkeit, die deshalb nicht laut zu sein braucht, nicht blos bestehen lässt, sondern auch in rücksichtsvollen Einklang setzt mit der Trauer. Ueberhaupt muss das Wohlwollen früh mit Thätigkeit verbunden werden: dem Vater, der Mutter, dem Bruder, der Tante gilt es Freude zu machen. Das Mitleid vor Allem muss diese Richtung erhalten, sonst wird es müssiges Mitgefühl, welches es zwar bis zu Beileidsbezeugungen bringt, dem es aber gar nicht einfällt, etwas zu thun zur Linderung der Noth. Da der mitempfundene Schmerz, wie der müssige selbstgefühlte, etwas Hemmendes hat für die Bethätigung, und nur, wie Schreien und Seufzen, auch Ausströmung in Worte oder Lied ihm unmittelbar natürlich ist, so ist, dass die Menschen bei fremdem Leid nicht anders sind, psychologisch gar nicht verwunderlich, aber eben darum muss entgegengewirkt werden. Ebenso ist die Gefahr der Fröhlichkeit die, dass man selber fröhlich ist und dadurch Anderen ein fröhlicher Anblick, und so die Meinung entsteht, als wäre dies, für Andere mit seiner Fröhlichkeit sichtbar zu sein, schon genug sittliche Bethätigung gegen sie. Kinder werden darin oft noch bestärkt, es wird ihnen gesagt: sei nur vergnügt, dann sind wir zufrieden. Bei Erwachsenen in den höheren Ständen ist der Zug nicht selten: sie amüsiren sich, lassen ihre Amüsements die Aermeren auch schauen, geben

manchen durch die Zurüstungen zu ihren Festlichkeiten noch etwas
zu verdienen, und glauben wunder wie wohlwollend sie gehandelt
hätten. Namentlich an den Höfen ist durch Louis XIV so
etwas lange üblich gewesen. Sehr schwierig zu behandeln sind
Kinder, bei denen krankhafte Verstimmungen zu Grunde liegen.
Schon gesunde Kinder werden, wenn sie übermüdet oder überreizt sind, krittelig, zur allgemeinen Unruhe nicht blos des
Weinens, sondern auch des Umsichschlagens disponirt; diese Bethätigungen wirken als eine Auslösung der inneren Unruhe und
sind ihnen insofern angenehm. Bei Kindern mit krankhaften
Stimmungen in Folge von mangelhafter Ernährung, Blutarmuth,
oder solchen, die durch körperliche Gebrechen behindert sind
die Freude der anderen mitzumachen, während doch die Tendenz zu ebensolcher Bethätigung in ihnen da ist, ist eine solche
Verstimmung oft bleibend: sie werden dadurch gern neidisch,
boshaft, sie thun Anderen, was ähnliche Verstimmung in ihnen
hervorruft, es hat das etwas Beruhigendes für sie: es ist das, wie
der Kranke auch alles leise, gemildert, seiner Stimmung gemäss haben will. Beneke war geneigt, alle Bosheit aus solcher
Verstimmung ursprünglich abzuleiten, während die Alten sie aus
ὕβρις meist ableiteten, aus dem Uebermuth der Fröhlichkeit,
welcher thut, was ihm Lust macht, nicht achtend, wie es Anderen dabei zu Muthe ist, oder sich an den ungewöhnlichen
Bewegungen erfreut, zu denen er von seiner Erregtheit aus
Andere gern bringt, also mehr aus dem Zuge naiver Grausamkeit und rücksichtsloser Fröhlichkeit, wie er gleichfalls oben
an Kindern ist constatirt worden. Gegen solche Verstimmung
und ihre Folgen hilft nur Erzeugung eines Gegengewichts durch
Fröhlichkeit, aber eine Fröhlichkeit, die aus dem Kinde selber
kommt; es muss besonders das geistige Leben geweckt werden,
man muss sich, so lange sie klein sind, mit solchen Kindern
mehr abgeben, die Geschwister müssen zur Rücksicht gegen
das Kind vorzüglich durch das Beispiel der Eltern selbst gebracht werden.

48. Auf solche Weise kann das Kind Wohlwollen lernen
in der Familie, aber eben darum, weil es so in der Familie

lernt, lernt es Wohlwollen auch nur zunächst in dieser Beziehung (§ 11), also auch nur für die Familie. Damit sich
dieser Familiensinn erweitere, müssen besondere Veranstaltungen
getroffen werden. Er lässt sich ausdehnen auf Bekannte und
Nachbarn. Es kommt nur darauf an, dass die Eltern in ihr
Thun und Lassen diese mit aufnehmen. Bei uns lernt der
junge Mann und das Mädchen gewöhnlich blos Rücksicht nehmen
auf die Standesgleichen oder die Gesellschaftsklasse der Eltern,
sie lernen das aus dem Beispiel der Eltern, die anderen Menschen
der örtlichen Umgebung existiren gewöhnlich für die Eltern
und also auch bald für die Kinder nicht. Im klassischen Alterthum und in den Staaten der Neuzeit, welche besonders Natio-
nalgefühl zeigen, lernte und lernt das Kind Wohl und Wehe
des Ganzen mitempfinden, eben weil es ihm in der Familie, der
Schule, der ganzen Umgebung als ein Stück selbstverständlichen
Interesses entgegentritt, und es sich in die nationale Art, zu der
es selbst gehört, leicht versetzt. Daher die grosse Vaterlandsliebe bei den Alten und bei manchen neueren Völkern, welche
aber keineswegs identisch zu sein braucht mit Wohlwollen gegen
jeden Bürger desselben, sondern es kann die Liebe zum Vaterland mehr eine abstracte sein, das Land soll gross und mächtig
sein im Vergleich mit anderen Völkern, während wenig darauf
geachtet wird, ob der Nebenlandsmann auch nur eine leidliche
Existenz sich zu verschaffen im Stande ist. Im Alterthum war
es mit der Vaterlandsliebe oft sehr ähnlich. Hier muss also
darauf gewirkt werden, dass die Vaterlandsliebe nicht blos auf das
Ganze als solches, sondern auch concret auf die Einzelnen und
ihre Lage mit geht. Dass aber der so nicht allzuschwer erzeugte
Familiensinn und der ebenfalls leicht erzeugbare Vaterlandssinn
sich erweitere zum Menschheitssinn, dazu sind ganz besondere
Veranstaltungen erforderlich. 1) Es muss Interesse für menschliche Art überhaupt gezeigt werden (Herbart), nicht blos lebendig in der Familie, sondern auch durch Erzählung und Lectüre
von fremden Völkern. Hier hat der geographisch-ethnologische
und der Geschichtsunterricht seine Bedeutung. Die Jugend ist
sehr bereit hierauf einzugehen, sofern alle Elemente mensch-

licher Art in jedem sind und dadurch Anregung erhalten, und
als insbesondere die wilden Völker durch ihr überwiegendes
Muskelleben (Jäger, Krieger) und ihre Phantasie (Mythen, Sagen)
stärkere Berührungspunkte mit dem Kindesalter haben. Dabei
kann es noch einen Unterschied geben in dem, was man mehr
hervortreten, und dem, was man mehr zurücktreten lässt. Die
griechischen Sagen haben eine Zaubergewalt über die Jugend,
weil sie Kraft mit plastischer Schönheit und einer gewissen
Mässigung paaren, die nordischen Mythologien üben nicht gleiche
Anziehung aus; sie sind unter einem Klima erzeugt, das wir
nicht mehr haben (Germaniam informem terris, asperam caelo,
tristem cultu aspectuque, Tacitus; Wolkenriesen, Bergriesen,
Drachen = Waldströme, wilde Jagd u. s. f.), die griechische Natur
können wir selbst von unserem jetzigen Klima aus mehr nachempfinden. Dazu kommt in der nordischen Sage das Berser-
kerartige und Düstere, der furor teutonicus, wie das Mittelalter
sagte. Unsere gebildete Erziehung wirkt für Interesse an
menschlicher Art dadurch, dass sie ausser der modernen Geschichte die biblische hat und das Griechen- und Römerthum,
und dass sie das Werthvolle von alle dem empfinden lässt. Sie
muss sich aber ausdehnen auf den Orient, Indien, China, die
Anfänge der Cultur in Amerika, auf die wilden Völker, und
muss auch hier das Grosse und Bedeutende hervortreten lassen,
zugleich bei den wilden Völkern die Züge menschlich edler Art
hervorkehren und die Schwierigkeiten ihrer Lage herausheben.
Es könnte das in einem Lese- und Uebungsbuch von einem
mässigen Bande geschehen. Ebenso müsste aber auch in unsere
allgemeine Volksbildung etwas davon übergehen. Zweitens muss
das Interesse geradezu auf das Wohl der Gesellschaft gerichtet werden (Herbart), das materielle Wohl als Grundlage des
geistigen ausdrücklich mit eingeschlossen. Dieser Sinn muss geübt
werden durch Bethätigung an unverschuldeten Armen, aber auch
an verschuldeten zur etwaigen Aufraffung und Besserung etc.
Thätigkeit und Wohlwollen müssen sich im Handeln durchdringen. Die Consequenzen des thätigen Wohlwollens sind nach
dem Früheren: 1) aus der Gleichheit menschlicher Natur

müssen die Regeln für Alle gezogen werden, unter welche ich
mich dann selbst subsumire, welches letztere der Begriff der
sittlichen Selbstliebe ist; 2) von dem, was nach diesen Regeln
für Alle mir zukommt (von Gütern, Musse etc.), muss ich
gerne Opfer bringen, falls Andere überhaupt oder unter besonderen Umständen einen besseren Gebrauch davon machen
können. Alles das muss geübt werden von der Familie an-
fangend gegen Nachbarn und Bekannte, von da in immer sich
erweiternden Kreisen, seien sie bleibend wie Schule, Universität,
Berufsgenossen, oder mehr vorübergehend, wie das mannichfache
tägliche Zusammentreffen mit dem oder jenem. Sehr wichtig
ist, dass Völkerverkehr stattfinde, dass der Mensch Leute anderer Nation gesehen habe und mit ihnen hat verkehren müssen.
Gegen diese können ja die allgemeinen Regeln zunächst blos
als analoge Ausdehnung theoretischer Art geübt werden, das
wirkliche Zusammentreffen mit solchen hat daher immer etwas
Befangenes, es treten die Abweichungen der beiderseitigen Art
lebhafter hervor als das allgemein-Menschliche. Daher das
Staunen, Lächeln den Fremden gegenüber nicht blos dem un-
wissenden Volke eigenthümlich, sondern auch bei vorbereiteten
Gebildeten als Regung mindestens immer da ist. Dem wird
sehr abgeholfen, wenn die Völkerverhältnisse ein Hin- und Her-
wandern ab und zu mit sich bringen, wer drei-, viermal das
Befremden überwunden hat, dem kommt es nachher kaum als
hemmend die Praxis der allgemeinen Regeln des Verhaltens.

Dadurch, dass das thätige Wohlwollen auf allgemeine Regeln
gebracht werden kann, welche Bezug nehmen auf das, was von
Mensch zu Mensch zu üben ist, was gegen Eltern, Freunde,
Vaterland u. s. w., wird der Einwand beseitigt gegen die allgemeine Menschenliebe, welcher in manchen Moralsystemen an-
klingt, am lebhaftesten aber in China ausgesprochen ist. In
China hat man gegen die allgemeine Menschenliebe eingewandt
(Mencius), sie schaffe ein Verhältniss zu Allen, welches nothwendig leer sei, und hebe dadurch die inhaltsvollen näheren
Verhältnisse (Eltern u. s. w.) auf: wenn man Alle lieben solle,
wisse man nicht, wem speciell Liebe erweisen. Der Einwand

hängt an zweierlei: 1) ist die chinesische Moral ganz auf die
Liebe der Kinder zu den Eltern erbaut und nach deren Analogie ausgedehnt auf das Verhältniss von Unterthan zu Obrig-
keit, der Frau zum Mann, des jüngeren Bruders gegen den älteren,
des Freundes zum Freund. Es ist also der Familiensinn und
zwar mit den Eltern als Mittelpunkt zum Prinzip gemacht.
Dies ist gegen die Gleichheit. Von Pflichten der Kinder gegen
die Eltern ist in der chinesischen Moral viel die Rede, fast
gar nicht umgekehrt. 2) Ist zu beachten, dass Micius, welcher
die allgemeine Menschenliebe empfahl, zugleich etwas Commu-
nistisches und sogar die chinesische Cultur Auflösendes hatte,
jeder soll schliesslich für sich nach ihm leben; es war also
Gleichheit, aber kein Zusammenwirken und Zusammenschliessen
in engeren und weiteren Kreisen unbeschadet jener und auf
Grund derselben, es wurden in der That viel Kräfte und Beziehungen dadurch in Frage gestellt, so dass die Opposition
des Mencius von da aus nicht unberechtigt war.

49. Wie es bei der Thätigkeit den Unterschied derer gab,
welche sich immer aufgelegt zur Arbeit finden, und derer, die
sich stets etwas dazu antreiben müssen, so ist es auch beim
Wohlwollen der Fall. Es giebt Menschen, welche sich sofort
in Andere versetzen und aus ihrer Lage heraus in Beziehung
auf sie thun, geborene Helfer; es giebt andere, welche sich
zwar in die Lage Anderer versetzen, aber nicht zum Thun von
daher, sondern mehr zur blossen Beurtheilung aufgelegt sind.
Jeder Mensch ist überwiegend ein Helfer oder ein Censor
(Schleiermacher). Es giebt andere, welche sich nur schwer in
Andere versetzen oder aber bei dem Versuch dazu sich ihnen
unterschieben und von da aus in Thätigkeit oder Urtheil übergehen, so dass sie mit Rath und That oft dem Anderen in die
Quere kommen. Es giebt solche, welche gar schwer von sich
loskommen, denen es zwar sehr leid thut, dass sie so wenig
auf Andere einzugehen wissen, aber es will ihnen nicht recht
damit gelingen, obwohl sie zugeben, dass dies Eingehen auf Andere durchaus erforderlich sei: sie lieben die Menschen, aber
mit jedem Einzelnen wissen sie nichts Rechtes anzufangen.

Schlechterdings zu verlangen ist, dass jeder sich soweit in Andere zu versetzen geübt sei, dass er die allgemeinen Consequenzen des Wohlwollens daraus ziehe und danach handle, also z. B. dass er dem Leidenden freundlich und mit Geduld begegne. Dass er sich in die ganze Individualität dieses besonderen Menschen so versetze, dass er ihm wie ein Tröster vom Himmel werde, ist nicht zu verlangen; das hängt von besonderer Individualität ab, die sich nicht völlig anbilden lässt. Die Individualität nach Aehnlichkeit oder Ergänzung ist dann der Anknüpfungspunkt für besondere sittliche Verhältnisse (Freundschaft u. s. w.) auf Grund und neben den allgemeinen. Sehr eigenthümlich begabte Geister haben oft das Schicksal gehabt, bei allem, was sie thaten, von reinster Menschenliebe getrieben zu werden, und doch sich aus den einzelnen Menschen mehr und mehr wenig zu machen. Wenn dies heisst, dass sie sich in die einzelnen wenig versetzen konnten, aber die allgemeinen Züge menschlicher Natur erfasst hatten und von da aus richtig gegen die einzelnen sich benahmen, ohne doch individuell von ihnen angesprochen zu sein, so ist das nicht gegen die sittliche Forderung. Da die Versetzung in die Individualität oft schwer ist und manchmal unerreichbar, so muss man sogar zunächst von den allgemeinen Zügen menschlicher Natur ausgehen und von diesen aus verfahren; von da aus wird ein Verfehlen nicht leicht statt haben. Ein Treffen der besonderen Individualität ist nur dann gefordert, wo man Gelegenheit hatte, dieselbe kennen zu lernen. Was den Censor betrifft, so ist dieser Zug weit verbreitet. Alles Raisonniren in Staats- und Gemeindeangelegenheiten, über den lieben Nächsten gehört hierher. Es ist als Reden über Dinge, welche von Werth sind, sittlich, aber es muss mit That verbunden sein, also mit dem Versuch sein Wissen auch geltend zu machen in geeigneter Weise, als Rede an Alle, als Vortrag an die zuständigen Personen, als Rath an den Nächsten. Oft ist das Raisonniren nichts als physiologische Auslösung des psychologisch Angeregten. Viele Menschen schwatzen, weil sie ihre Gedanken nicht anders loswerden. Das Reden hat bei vielen so dieselbe Bedeutung,

welche bei Göthe das Dichten hatte, man wird dadurch einen
Eindruck, der Einem nachhängt, los. Duldbar ist das Reden in
dieser Hinsicht, nur muss man wissen, was es ist; der gemeine
Mann sagt dann oft: „nehmen Sie es nicht übel, wir haben
nur so davon geredet, was uns in den Kopf kam; es hat kein
Tadel sein sollen, wir konnten ja wissen, dass wir vielleicht gar
nicht genugsam unterrichtet waren."

50. Sehr wichtig ist, den richtigen Zeitpunkt der Versetzung in Andere nicht zu versäumen. Wenn das Kind in der
Zeit ist, wo es das Bedürfniss nach Nahrung sehr lebhaft empfindet, ist es auch am leichtesten dahin zu bringen, Anderen
von dem seinigen, falls es nur nicht im Momente selbst Hunger
leidet und dadurch präoccupirt ist, abzugeben. Die Gewöhnung,
der Mutter, dem Bruder einen Löffel voll anzubieten und zu
verabreichen, ist durchaus nicht ohne Werth. Das so geweckte
Bewusstsein, dass Nahrung Allen nothwendig ist und Hunger
Allen weh thut, ist dann bleibende Grundlage der Rücksicht
auf Andere. Ebenso ist es mit Spielsachen und dem Leihen
und gelegentlichen Schenken derselben zu halten. Die Weckung
des Wohlwollens muss aber eine unmittelbare sein, es selbst
muss direct angeregt werden, die blos indirecte Anregung nach
der Moral des wohlverstandenen Interesses (er giebt dir dafür
wieder einmal etwas) oder der blossen Cultur (der Dienstbote
muss essen, damit er uns die Hülfsverrichtungen leisten kann)
lässt den Anderen nur als Mittel zum Zweck erscheinen, dann
wird aber der Zweck das Absolute, das Mittel bekommt all
die Relativität, welche den Mitteln anhängt, bald braucht man
sie dringender, bald weniger u. s. f. Im späteren Leben ist
zum Versetzen oft nöthig die Rückerinnerung an ähnliche Lagen,
in denen wir waren. Es ist das nicht immer soviel wie: besinne
dich auf deine Thorheiten, dann wirst du Thorheiten Anderen
eher concediren, sondern es kann das ganz sittlich gemeint
sein. Man muss sich erinnern, wie es Einem mit 15, mit 20,
mit 25 Jahren Welt und Menschen gegenüber zu Muthe war,
um beim Einwirken auf solches Alter richtig und billig zu verfahren.

Wenn in der Kindheit Thätigkeit und Wohlwollen sind
geweckt und in einander gearbeitet worden, so kann man im
Allgemeinen versichert sein, dass der Mensch zwar mancher
Schwankung und Abweichung vielleicht wird ausgesetzt sein,
dass aber das sittliche Leben einen Punkt in ihm hat, wo
immer wieder angeknüpft werden kann. Wenn aber jenes versäumt ist? Dann kann man durch Vorstellungen im späteren
Leben auf ihn zu wirken suchen, die Lebenserfahrungen selber
können ihn auf mancherlei Gedanken bringen. Vorausgesetzt,
dass mindestens die Nachbildungsfähigkeit im Vorstellen und
Fühlen stärker da ist, kann er auf diese Weise zum Wunsch,
zum Vorsatz des Wohlwollens gebracht werden, aber dass darum seine Praxis umgebildet werde, ist noch etwas ganz Anderes.
Ohne Anschluss an Kreise, welche ihm beständige Anregung,
Anlehnung, Vorbild sind im Detail und zugleich Hemmung
seiner bisherigen Art, wird verspätetes Wohlwollen nicht effectiv.
Wo es ohne das wird, da kann man sicher sein, dass diese
Anregungen doch da sind, aber der Mensch an ihrer ideellen
Präsenz genug hat. Neben Gemeinschaften haben einzelne
Menschen da oft grosse Gewalt (Freundschaft, Liebe). Nicht
ganz selten ist aber auch die Vorstellung und Werthschätzung
des Wohlwollens erst selbst zu erzeugen. Dabei wird es gewöhnlich blos zum Wunsch gebracht, man wäre anders, als
man ist, und zum Schmerz über die bisherige effective Art.
Da der Schmerz etwas Hemmendes hat, so ist nicht allzuschwer
erreichbar ein Zurückziehen von der bisherigen Art und ein
Verweilen in der neuen Vorstellung und Werthschätzung, durch
beides aber werden in solchen Fällen gewöhnlich alle Kräfte
verbraucht und ein positives Wirken nicht mehr erreicht. Im
günstigen Fall kann, besonders in jüngeren Jahren, auch dies
positive Wirken noch erreicht werden, aber ein Theil der Kraft
wird immer aufgezehrt durch Bekämpfung der alten Art, welche
ab und zu immer wieder mindestens die Tendenz haben wird
auszubrechen. Die Voraussetzung von alle dem aber, die Erzeugung von Vorstellung und Werthschätzung selber, wird in
späteren Jahren da, wo sie vorher fehlte und nicht blos etwa

nur gehemmt war, nicht erreicht, ohne dass effectives Wohlwollen den Menschen umgiebt und zwar in starker, unverkenn-
barer Weise. Daher die Wirkung aufopfernder Liebe auf hart-
gewordene Gemüther, d. i. solcher Liebe, welche von dem ihr
nach den allgemeinen Regeln an Gütern, Musse u. s. w. Zu-
kommenden hingiebt, weil Andere einen besseren Gebrauch davon machen können oder einen dringenderen Bedarf danach
haben. Für die Fortführung des Sittlichen auf Erden ist die
allgemeine Liebe nothwendig, für die Gewinnung harter Herzen,
seien sie mehr von Haus aus so oder durch spätere Lebenserfahrungen so geworden, ist die aufopfernde Liebe nothwendig.
Beide sind nicht streng getrennt, jene hat täglich auch von
dieser in sich, diese muss auf Grund jener sich erheben, um
nicht statt Mehrung der Sittlichkeit ein Grossziehen der Unsittlichkeit zu werden (§ 40); die Liebe, welche dem Laster
nachgeht in die Gefängnisse und Schlupfwinkel, um von dort
zu retten, was irgend möglich, ist nöthig, aber auch die ist
nöthig, welche vorbeugend wirkt, dass nicht Menschen heran-
wachsen, welche die Gefängnisse bevölkern und die Schlupfwinkel suchen. Eine ist nicht grösser als die andere, es sind
verschiedene Talente mit im Spiel; danach ist zu entscheiden,
welcher Weise man sich vorwiegend zuwendet, aber eine scharfe
Grenze giebt es nicht, und man muss sie nicht aufzurichten
suchen.

51. Die dritte Cardinaltugend ist praktische Verständigkeit
in Bezug auf Mittel und Zweck, Ursache und Wirkung. Sie
besagt: man muss praktisch und theoretisch gelernt haben,
dass auf die Natur nicht anders mit Erfolg gewirkt werden
kann als nach ihren Gesetzen, und auf Menschen nicht anders
als auf Grund der Kenntniss der wirklichen Gesetze menschlicher Natur. Wo dies nicht ist, da führen Thätigkeit und
Wohlwollen auch in ihrer Durchdringung leicht aus Mangel an
Erfolg zur Verstimmung und zum Missmuth gegenüber der Welt,
der Natur sowohl als der Menschenwelt, oder zu abergläubi-
schen und phantastischen Vorstellungen, mit denen man sich,
so gut es geht, hinhält. »Naturae non imperatur nisi parendo,

und menschliche Dinge wollen nicht nach Aperçüs, genialen Ein-
fällen, frommen Wünschen behandelt sein. Die Grundlage für
praktische Verständigkeit gegenüber der Natur ist Anschauung
im modernen Sinne und Uebung des Verstandes. Als ausser
Controverse kann darüber Folgendes gelten. Sofern uns in Bezug
auf die äussere Welt nicht nur aller qualitative Inhalt (Farbe,
Schwere u. s. w.), sondern auch alle quantitativen Determina-
tionen (ob ein Ding rund oder eckig u. s. w.) lediglich durch
die Sinne zugeführt werden, ist die Anschauung, d. h. die Auffassung und Bewahrung des sinnlich Gegebenen, die Grundlage
aller bezüglichen Erkenntniss. Diese Anschauung ist aber nicht
immer von selbst genaue Auffassung und treue Bewahrung
des Gegebenen, sondern im Durchschnitt begnügt sich der
Mensch mit dem Grade von Genauigkeit, welcher für die
nächsten praktischen Zwecke des gewöhnlichen Lebens ausreicht.
Sodann ist er bei der Sinnesbildung abhängig von seiner Umgebung, er lernt sehen und überhaupt beachten, was die Erwachsenen sehen und beachten, unter denen er lebt. Weiter
ist die Individualität der Menschen bei der sinnlichen Auffassung sehr verschieden. Die einen sehen das Schöne, die
anderen das Nützliche, die einen werden von den Farben angezogen, die anderen von der Gestalt. Beim Gesichtssinn endlich, der um seiner Universalität willen sich fast in alle anderen Sinne mit hineinverwebt, überwiegt von Haus aus speciell
die Farbe und der Glanz (Beispiel das Kind, die Art des
Putzes bei niederer Cultur, aber auch die bleibende Bedeutung
der Edelmetalle und Edelsteine bei der höchsten Cultur), dagegen tritt die Auffassung der Gestalt mit Einschluss der
Mass- und Zahlverhältnisse ursprünglich beim Kinde sehr zurück und bleibt bei vielen Menschen immer gering (Pestalozzi).
Anschauung im prägnanten Sinne, d. h. genaue Auffassung und
treue Bewahrung des sinnlich Gegebenen, ist aber für jeden
Menschen wünschenswerth; denn aus ihr entsteht nicht nur
Kenntniss der Natur, sondern auch mit dieser Unterwerfung
unter wohlerkannte Nothwendigkeit und überlegtes Handeln,
besonnene Wahl der Mittel zum Zweck (Herbart). Haupter-

forderniss einer gebildeten Anschauung ist einerseits Deutlichkeit und richtige Abstufung, andererseits Reichthum und freie
Beweglichkeit (Waitz). Deutlichkeit besagt so viel wie möglichst
vollständige Sonderung der unterscheidbaren Einzelnheiten, richtige Abstufung meint solche Gliederung des Ganzen, dass alle
einzelnen Theile in dem Grade hervor- und zurücktreten,
welchen ihr besonderes Verhältniss zum Ganzen nöthig macht,
Reichthum ist genaues Auffassen und treues Behalten der
Nüancen, freie Beweglichkeit bezieht sich auf die Elemente und
elementaren Gruppirungen und das Hin- und Hergehen des
Vorstellens unter ihnen. Um zu solcher gebildeten Anschauung
vorzubereiten, sind in den ersten Jahren des Kindes dienlich
1) Fernhalten alles die Sinne durch Ueberreizung Angreifenden,
2) Verweilenlassen bei sinnlichen Eindrücken, so lange das
Kind davon gefesselt ist; 3) für das Auge speciell einfach
regelmässige Gestalten von lebhafter Farbe auf stark abstechen-
dem Hintergrund (Waitz), für das Gehör einfache Töne und
Intervalle (Herbart). Wenn das Kind ziemliche Geläufigkeit im
Sprechen erlangt hat, kann mehr Methode beobachtet werden,
die sich aber stets an die Spontaneität des Kindes anschliessen
muss; dazu tritt gelegentliches Aufmerksammachen auf dies
und jenes, was das Kind noch übersicht. Erst im schulpflich-
tigen Alter darf so viel Stetigkeit der Aufmerksamkeit erwartet
werden, um einen methodischen Unterricht zur Bildung der
Anschauung in eigenen Stunden oder als Theil anderer Stunden
zu beginnen. Hierbei ist erste Regel, dass an das angeknüpft
werde, was das Kind schon kennt; auf den analytischen Gang,
von der ungefähren Auffassung eines Ganzen zur genauen Auffassung der Theile, muss der synthetische Gang, von der genauen Auffassung der Theile zur genauen des Ganzen, folgen.
So auch bei den Mass- und Zahlverhältnissen, wo man erst nach
vieler Uebung an concreten Gegenständen bis zu den geometrischen Formenelementen und dem abstracten Zählen fortgehen
darf, dann aber auch von diesen aus synthetisch eine geometri-
sche Gestalten- und arithmetische Zahlenlehre sich entwickeln
muss. Dem naturwissenschaftlichen Unterricht muss gleichfalls

eine ähnliche Vorübung der Anschauung an mannichfachen einzelnen Gegenständen vorhergehen, womöglich mit Ausgang von der Thierwelt, da diese dem Kinde näher steht. Mit Recht bemerkt endlich Waitz, dass Geschmack und Kunstsinn sich ohne eine umfassende, über die geometrischen Formen hinausgehende Cultur der Anschauung gar nicht erwerben lasse, und verlangt, dass eine solche bis in das späteste Knabenalter fortgeführt werde; er rechnet hierher Physiognomik der Pflanzen und Thiere, bei Menschen die typischen Formen der Race und einzelner Stämme. den äusseren Habitus verschiedener Stände, alle natürliche und kunstmässige Darstellung des Inneren in Geberden, Stellungen etc. Gewöhnlich denkt man bei Anschauung blos an den Gesichtssinn; es giebt aber auch eine Bildung der anderen Sinne, wie der Chemiker und Apotheker ein Beispiel davon in Bezug auf den Geruch und Geschmack ist, der Tuchhändler in Beziehung auf das Getast, noch mehr der Blindgeborene u. s. f. Ein Fehler des Anschauungsunterrichtes ist oft, dass das Sprechen darin das Uebergewicht bekommt, dass flüchtiges Sehen u. s. w. statt Vertiefung und Verweilung geboten wird. Für weitere Ausführung dieser Punkte verweise ich auf: Herbart ABC der Anschauung, Einleitung I, II, III; Umriss pädagogischer Vorlesungen § 111—116; Waitz allgemeine Pädagogik § 7—9; Raumer Geschichte der Pädagogik III S. 257—326 (Naturunterricht, 8. Charakteristik der Schüler); Schleiermacher, Erziehungslehre S. 327--333; Kehr, die Praxis der Volksschule S. 129—133 und bei demselben die Abschnitte über Rechenunterricht, Unterricht in Geometrie, Geographie und Naturgeschichte. Ueber die mögliche Bildung der anderen Sinne neben dem Gesichtssinn vgl. Beneke, Erziehungs- und Unterrichtslehre § 18 gegen Ende, und Hartmann, Glückseligkeitslehre für das physische Leben des Menschen, Leipzig 1876, S. 259 ff. Wo solche Bildung der Anschauung in der Kindheit versäumt worden ist. muss sie später nach Kräften nachgeholt werden. Mathematiklehrer wissen, wie wenig sie bei dem Durchschnitt der Schüler Erfolg haben, wenn sie nicht auf eine gebildete Anschauung rechnen dürfen, an welche sich dann leicht die

mathematische Phantasie anschliesst, ohne welche es schon mit
der Trigonometrie nicht mehr recht geht. Erfahrene Lehrer
schicken daher dem eigentlichen mathematischen Unterricht
eine Vorübung in Auffassen, Zeichnen, Messen u. s. w. geometrischer Formen voraus, ebenso wie sie dem Rechenunterricht
anfangs durch sinnliche Anschauung zu Hülfe kommen, wo diese
nicht vorher geübt wurde. Bekannt ist es auf den Universitäten, dass der angehende Naturwissenschaftler und Mediciner
vor allem muss sehen lernen, weil er es bei der vorherrschenden Art unseres Unterrichts noch nicht kann. Aber nicht blos
für einzelne Berufsarten, sondern für alle Lebensführung ist
gebildete Anschauung erforderlich, soll es nicht beim Tasten,
Rathen und Träumen bleiben. Natürlich ist nicht gemeint,
dass jede sinnliche Auffassung des Menschen dem Ideal einer
gebildeten Anschauung entspreche, dazu würde die Zeit und
Kraft nicht ausreichen, aber es muss Fähigkeit und Uebung
bereitet sein, sich gegebenen Falls eine solche jeder Zeit verschaffen zu können, und das allgemeine sinnliche Auffassen
muss gewandter und exakter sein, als es bei uns noch zu sein
pflegt.

52. Da es sich bei der Anschauung nicht nur um augen-
blickliches genaues Auffassen handelt, sondern zugleich um
treues Bewahren, so ist kurz auf das Gedächtniss hinzuweisen.
Die psychologischen Erscheinungen, welche wir als Gedächtniss
zusammenfassen, lassen sich auf folgende elementare Gesetze
zurückführen. Jeder Vorstellung kommt eine gewisse Beharrungs-
kraft zu; wird sie auch zunächst vergessen, so kann sie sich
doch bei Wiederkehr desselben Gegenstandes, der sie erregte,
wieder einstellen, wir „erinnern uns" dann, dass wir den
Gegenstand bereits kennen. Eine einmal gehabte Vorstellung
kann aber zweitens dadurch erweckt werden, dass uns eine
andere Vorstellung jetzt präsent ist, die mit jener ähnlich ist
oder von ihr contrastirt oder mit jener gleichzeitig oder unmittelbar nach ihr aufgefasst wurde (Ideenassociation). So erinnert uns etwa ein Mensch an einen anderen, weil er ganz
gleiches Haar hat, bei einem Riesen fällt uns durch Contrast

ein Zwerg ein, bei einem bestimmten Haus erinnern wir uns
der Linde daneben, ein Ereigniss bringt uns alles, was darauf
folgte, vor die Seele, selbst wenn es innerlich gar nicht damit
zusammenhängt. Es giebt somit nicht blos ein Beharren isolirter
Vorstellungen, sondern ebenso und noch mehr ein Beharren
von Gruppen und Reihen von Vorstellungen. Die Vorstellungen,
welche nach diesen Gesetzen behalten werden, werden aber so
behalten, wie sie aufgefasst sind, d. h. in der Genauigkeit und
Bestimmtheit oder Ungenauigkeit und Vagheit. Die Beharrungs-
kraft der aufgefassten Vorstellungen und Gruppen und Reihen
ist sehr verschieden, sie wird verstärkt durch Wiederholung.
Die Ausbildung des Gedächtnisses auf Grund dieser elementaren
Gesetze ist erforderlich, von ihr hängt alles geistige Leben ab,
sofern dies ohne einen gewissen Reichthum und eine Mannichfaltigkeit leicht präsenter Vorstellungen nicht denkbar ist. Die
Hauptpunkte dieser Ausbildung sind: die Auffassung der einzelnen Vorstellungen oder Gruppen und Reihen muss genau
und richtig sein, sonst wird lauter Ungenaues und Falsches
behalten. Es giebt kein Gedächtniss überhaupt, sondern blos
eine Beharrung und Reproduction bestimmter Vorstellungen
und Gruppen und Reihen, es muss daher das Gedächtniss für
Sprachformen, Mathematik, Geschichte etc. immer besonders
geübt werden. In der früheren Jugend ist die Seele empfänglich für neue Vorstellungen und ihr Behalten; je mehr die
Seele schon Vorstellungen und Gruppen und Reihen von solchen
hat, desto mehr Hindernisse stehen der Aufnahme und dem
Behalten von Neuem entgegen, während für die alten Vorstellungen durch fortwährende Uebung das Gedächtniss sich
noch steigert und erweitert. Von den Ideenassociationen aus
wird der Mensch leicht ein Sklave des Gedächtnisses, indem
ihm nur etwas einfällt in einer bestimmten Verbindung und
sonst nicht. Daher können wir zwar das *abc* in der Reihenfolge von *a* bis *z* geläufig aufsagen, aber nur sehr schwer umgekehrt; daher befähigt Geläufigkeit im Uebersetzen aus der
fremden Sprache in die unsrige noch nicht entfernt zu einer
gleichen Fähigkeit des Uebersetzens aus unserer Sprache in

die fremde. Wo es daher die Sache erfordert, müssen mannichfache Associationen durch Uebung hergestellt werden rückwärts
und vorwärts. Um die Freiheit der Reproduction und die
selbständige Herrschaft über den Stoff zu bewirken, empfiehlt
sich besonders bei Wiederholungen ein Wechsel der Gesichtspunkte. Zu beachten ist, dass das Gedächtniss gerade wie die
Aufmerksamkeit (§ 13) nur mittelbar vom Willen abhängt,
dass das Gedächtniss ebenfalls physiologisch bedingt ist (der
Erschöpfte kann sich schwer besinnen), dass vieles hierbei
ausserdem individuell ist, z. B. manche lernen oder besinnen
sich besser sitzend, andere stehend, andere leise, einige laut,
manchmal bedarf man zum Behalten mnemotechnischer Hülfs-
mittel, indem man das zu Merkende an eine Nebenvorstellung
anknüpft (ein Verfahren, das zur Regel zu machen verkehrt
ist, weil ein Umweg und eine doppelte Belastung und gewöhnlich eine Belastung mit nichtssagendem Zahl- oder Bilderkram).
Eine Haupthülfe für das Gedächtniss ist die Stimmung in sich
zu erzeugen, welche gewöhnlich mit der Sache, um die es sich
handelt, verbunden war, aber diese Stimmung kann man sich
nicht immer geben, sie hängt oft vom Gemeingefühl des Organismus ab, an manchen Tagen kann man sich daher schwer
auf etwas besinnen, was an anderen uns nur so zufliesst.

53. Die dritte Cardinaltugend ist praktische Verständigkeit
genannt, weil zwar auf den Verstand bei ihr alles hinausläuft,
dieser aber an der Anschauung und dem Gedächtniss seine
Stützpunkte hat; der Verstand ist somit blos ein Theil
der Verständigkeit, die Zuspitzung derselben. Was Verstand
ist, lässt sich am besten mit Beziehung auf das Gedächtniss
deutlich machen. Verstand ist zunächst ein Verknüpfen und
Verbinden theils von Elementen von Vorstellungen, theils von
ganzen Vorstellungen, aber dies Verknüpfen und Verbinden
unterscheidet sich von dem Verknüpfen und Verbinden, welches
in den Associationen statt hat, dadurch, dass bei diesen die
Elemente der Vorstellungen oder die ganzen Vorstellungen nach
äusserlichen Gesichtspunkten (Gleichzeitigkeit, Nacheinander,
irgendwelche Aehnlichkeit und Contrast) verknüpft werden,

während Verstand heisst: Elemente von Vorstellungen und ganze
Vorstellungen nach inneren Momenten verknüpfen. Diese inneren
Momente sind die logischen Gesetze, also die logischen Kategorien (Substanz, Eigenschaft und Thätigkeit, Relationen, unter
den letzteren besonders Ursache und Wirkung, Zweck und
Mittel), die Unterscheidung der wesentlichen und ausserwesent-
lichen Merkmale, die Art- und Gattungsbegriffe, die Urtheile
und die mannichfachen Arten von Schlüssen. Unter diese Auffassung lassen sich die verschiedenen aufgestellten Erklärungen
von Verstand vereinigen: nach Leibniz-Wolff ist Verstand soviel
wie deutliches Vorstellen, d. h. die gleichmässige Hervorhebung
der einem Begriffe einwohnenden Theilvorstellungen, nach
Kant und Beneke ist Verstand das Vermögen der Begriffe,
nach Kant auch der Kategorien, nach Herbart ist Verstand das
Vermögen, unsere Gedanken nach der Beschaffenheit des Gedachten zu verknüpfen oder sich im Denken nach der Qualität
des Gedachten zu richten. Der Verstand entwickelt sich im
Menschen ebenso spontan wie das Vorstellen und die Associationen; die Aufgabe vor allem in der Erziehung ist, in Anknüpfung an das spontan Vorhandene die logische Auffassung
auf Grund und innerhalb der Wahrnehmungen und Associationen mehr und mehr zu entwickeln, d. h. die eigentliche
Intelligenz zu bilden. Dazu genügt es nicht, die verstandes-
mässige Auffassung blos vorzumachen und das Vorgemachte nachahmen und einüben zu lassen, sondern man muss den Menschen
auch anleiten, alle einzelnen Schritte selbst zu thun, sonst lernt
er blos einen fremden Verstand auswendig, bekommt aber
keinen eigenen. Gefordert ist dabei, genaue Auffassung und
kräftige Reproduction der Elemente von Vorstellungen oder der
ganzen Vorstellungen, welche verbunden werden sollen, vorher
zu bewirken, sonst wird der Verstand ungenau und vag. Erforderlich ist ferner, dass die inneren Momente, welche der
Verstand verknüpft, sich im Kinde von selbst geregt haben und
durch Hinweisung darauf allmählich verstärkt worden sind, d. h.
die Verstandesbildung darf nicht übereilt werden, sondern muss
langsam gehen; da sie indess bei den einfachen und häufig

vorkommenden Vorstellungen früh beginnt, so kann sie in Bezug hierauf, z. B. von Seiten der Schule, von Anfang an gepflegt
werden. Da das Allgemeine im logischen Denken eine grosse
Rolle spielt und an die Aehnlichkeit der Vorstellungen anknüpft,
aber im Unterschied von der Association nach Aehnlichkeit das
wesentlich Gleiche heraushebt, dies aber später bemerkt wird
als jene vageren Aehnlichkeiten, so ist es psychologisch begreiflich, dass in Kindheit und Jugend dem strengeren Denken,
welches an das Wesentliche sich bindet, eine Zeit vorhergeht, welche
mit Lebhaftigkeit allerlei Aehnlichkeiten oft sehr überraschender Art unter Vorstellungen entdeckt, d. h. sich in witzigen
oder Gleichnisscombinationen ergeht (Beneke), es ist das eine
Vorstufe des Verstandes, nicht das Höhere dem Verstande gegenüber.

54. Das nächste Feld dieser praktischen Verständigkeit,
deren Elemente soeben beschrieben sind, ist die Natur und
ihre Gesetze. Sie kann dabei mehr durch praktische Uebung,
mehr in theoretischer Weise oder durch beide zugleich erworben werden, je nach Begabung und Umgebung. Sie hat ihre
Anwendung aber auch auf die Menschenwelt und hat sie immer
gehabt: es ist hier das, was man Menschenkenntniss, Verständniss
menschlicher Dinge genannt hat. Sie ist wie die Naturkennt-
niss immer gewesen, aber wie diese in sehr verschiedener Weise.
Dass die Natur unter festen Gesetzen stehe, und dass das mathematische Element dabei leitend sei, ist sehr spät erkannt
worden, ebenso ist das Entscheidende der Menschenkenntniss,
die wahre Natur des Willens und die Gesetze seiner Bildung,
von überaus modernem Datum. Freilich sind die Thatsachen
hier so durchschlagend, dass diejenigen Menschenklassen, welche
nicht überwiegend intellectuell oder contemplativ beanlagt
waren, das Richtige nie ganz verfehlten; das Volk und seine
Sprichwörter haben oft eine überraschende Kenntniss von Wille
und Entwicklung desselben verrathen, aber es kam damit nicht
auf gegenüber der falschen Willenstheorie, welche von den intellectuell und contemplativ Begabten und eben dadurch Leitenden aufgestellt wurde, und so kam dem Volke seine eigene

instinctiv abstrahirte Kenntniss wenig ´zu statten. Es gilt
also, die Menschenkenntniss auf den volksmässig und wissenschaftlich zugleich gesicherten Grundlagen wieder aufzuerbauen.
Dies kann nun am Schluss in der obigen Weise geschehen
(§ 2—18), aber von Haus aus muss es im Anschluss an die
Umgebung sich vollziehen, durch Beispiel ermunternder, warnen-
der Art, zuerst freilich dadurch, dass Eltern und Erzieher ihre
Theorie mit ihrer Praxis selber in Uebereinstimmung bringen.
Für weitere Ausbildung ist ein Hauptgebiet die Geschichte
und das Leben der Völker und zwar immer noch vorzüglich
die alte Geschichte und das Alterthum, in dem die Grund-
elemente menschlicher Natur und ihrer Bethätigung in grossen
und dabei einfachen Zügen hervortreten, an ihm lernt man
nach Luther, Locke, Kant Menschenkenntniss, an ihm lernt
man aber auch in Sokrates, Plato, den Stoikern an der falschen
Willenstheorie stutzig werden, weil sie bei ihnen so paradox
auftritt. Die Menschenkenntniss, die man am Alterthum lernt,
bedarf aber der Ergänzung, es fehlte dem Alterthum die richtige Auffassung wirthschaftlicher Verhältnisse und der darauf
bezüglichen Seiten menschlichen Wesens, diese muss daher aus
der modernen Entwicklung hinzugethan werden. Für die Gebildeten ist ein solcher auch theoretischer Erwerb von Menschenkenntniss nothwendiger als für die weniger Gebildeten,
weil diese, sofern die intellectuelle Begabung nicht in ihnen
vorwiegt, zur richtigen Menschenauffassung viel eher unbefangen bleiben. Die Kenntniss menschlicher Art muss aber
nicht blos eine theoretische sein, sondern auch praktisch Bezug
nehmen auf uns selber. Der Mensch muss gelernt haben z. B.,
dass, wenn er etwas angreift so und so, es geht, während es
auf andere Weise nicht ging, und diese Kenntniss muss mit
einer gewissen Mehrseitigkeit in ihm erzeugt sein, dass er sich
etwa selbst sagen kann: in dieser Umgebung und Gesellschaft
denkst du anders als früher und bist mit diesem Denken nicht
zufrieden, also ziehe dich aus ihr zurück und suche andere u. s. f.
Eine der besten Früchte der Menschenkenntniss aus der Geschichte ist die Einsicht, dass es eine objective Veränderlichkeit

der Natur giebt durch technische Einwirkung des Menschen,
und eine Möglichkeit bestimmte menschliche Verhältnisse um-
zuändern, dass beides aber nur unter Rücksichtnahme auf die
natürlichen und psychologischen Gesetze geschehen kann. Der
Mensch, der zu wenig auf diese Einsicht hingeleitet ist, wie
z. B. die Bauern, früher mindestens, hängt daher zähe an dem
einmal gelernten Gedanken- und Bewegungstrain, widerstrebt
aller Neuerung und hegt gegen das objective Gelingen derselben
alles nur erdenkliche Misstrauen. Die Gebildeten bei uns dagegen,
bei denen häufig blos das Vorstellen geübt worden ist, sind in
Gefahr radical zu werden, wenigstens in der Jugend, bis sie
gelernt haben, dass die Umsetzung von Vorstellung in Handlung, d. h. entsprechende Bewegungen, gar nicht so leicht ist.
Manchmal neigen auch die Ungebildeten zum Radicalismus,
wenn unter heftigem Druck bestehender Verhältnisse das Gefühl, es müsse anders werden, in ihnen mächtig geworden
ist. Dann greifen sie nach den dem Bestehenden möglichst
unähnlichen Vorstellungen (nach dem Gesetz des Contrastes),
und in der unruhigen Erregung des gegenwärtigen Unbehagens
meinen sie, in einem Tage diese Vorstellungen in Wirklichkeit,
d. h. entsprechende Bewegungen bleibender Art, umsetzen zu
können. Ein Beispiel ist die französische Revolution, wo 1) die
Gebildeten mit den Vorstellungen alles gethan glaubten (Aufklärung des Verstandes war ihnen Aenderung des Menschen),
2) die Ungebildeten den von ihrer Wirklichkeit contrastirenden
Vorstellungen ganz hingegeben waren und sich aus Unbehagen
mit derselben aufbäumten gegen das diesem Ideal Wider-
sprechende. Geblieben ist aber aus all den stürmischen Bewegungen blos, was auch vorher im Einzelnen schon von be-
sonnenen Neuerungen bestand, nur wurden diese von einzelnen
Theilen auf das Ganze ausgedehnt (Tocqueville, l'ancien régime
et la révolution).

55. Die drei Cardinaltugenden, Thätigkeit, Wohlwollen,
praktische Verständigkeit und zwar als in einander gearbeitet,
haben sich unmittelbar als die Fertigkeiten und Gesinnungen
(ἕξεις) ergeben, durch welche allein Erhaltung und Förderung

der Menschheit kann bewirkt werden. ´ Wie verhalten sie sich
zu den hauptsächlichen früher aufgestellten Cardinaltugenden?
Die bei den Alten gefeierten Cardinaltugenden waren 1) Einsicht, d. h. dass man überhaupt denkt, nicht blos von Impuls
und Gewöhnung sich bestimmen lässt, 2) Mässigkeit, d. h. dass
man Herr über die sinnlichen Lusttriebe ist, 3) Tapferkeit in
dem Sinne, dass man vor Schwierigkeiten nicht zurückschrecke,
sondern sie überwinde, 4) Gerechtigkeit, die jedem das ihm Zukommende giebt, den Gleichen Gleiches, den Ungleichen Un-
gleiches. Es waren die (geforderten) Tugenden der wohlsitu-
irten Klassen, welche wegen ihrer Wohlsituirtheit neigten 1) zur
Gedankenlosigkeit, 2) zum Vergnügen, 3) zur Scheu vor Anstrengung und 4) zur Vorwegnahme des Besten oder der Güter
für sich, da sie selbst schon in ihrer Lage solche πλεονεκτοῦν-
τες waren. Die Grundlage dieser Tugenden war ja die Voraussetzung der natürlichen und unaufhebbaren Ungleichheit der
Menschen. Bei den Stoikern, welche Gleichheit voraussetzten,
begegnen wir daher zwar denselben Namen, aber die inhaltliche
Ausfüllung hat viel Umdeutung; da sie aber davon ausgingen,
dass die starke und richtige Vorstellung das Thun nach sich
ziehe (falsche Willenstheorie), so ist von daher ihre Tugendlehre
unpraktisch geworden. Schleiermacher's Cardinaltugenden, welche
den hellenischen nachgebildet sind, Weisheit, Liebe, Besonnenheit, Beharrlichkeit, lassen das Theoretische zu sehr hervortreten (Weisheit, Besonnenheit), Liebe ist ihm Eingehen der
Vernunft in den organischen Process und zwar mit Ausdauer
(Beharrlichkeit), diese Bestimmung zeigt, dass ihm die organische Thätigkeit (vegetatives und Muskelsystem) wie eine Art
Herablassung aus dem Theoretischen ins Praktische ist. Die
chinesischen Cardinaltugenden sind: Weisheit, Gerechtigkeit,
Humanität (Wohlwollen), Anstand (die gebührende Ehre erweisen). Der Anstand ist eine besondere Tugend, da die Chinesen sehr reizbar gegen Verletzungen oder Vernachlässigungen
sind; daher ebenso wie die Japanesen sehr höflich, aber auch
sehr rachgierig, die Japaner offen und wagend, die Chinesen
mehr nachtragend. Die Tapferkeit oder etwas Entsprechendes

fehlt als Cardinaltugend. Die Chinesen sind allem kriegerischen und militärischen Wesen abgeneigt. Tapferkeit ist nach Mencius ein unbewegtes (in der Tugend festes) Herz haben. Die aristotelische Tugendlehre endlich führt eine Menge Tugenden auf, wie es scheint nach den Hauptbeziehungen des Lebens, der Mensch blos in sich betrachtet, der Mensch im Verhältniss zu Gütern, Ehre, Verkehr und zwar geselligem, Freundschafts-, Geschäftsverkehr. Vorausgesetzt ist dabei der Untergrund griechischen Lebens, d. h. natürliche und sittliche Ungleichheit der Menschen, Geringachtung aller überwiegend körperlichen Arbeit.

Die überwiegend wirthschaftlichen Naturen und die wirthschaftlichen Verhältnisse überhaupt.

56. Unser Moralprinzip, Erhaltung und Förderung der Menschheit, verstattet eine sittliche Verwerthung aller Hauptseiten menschlichen Wesens. Nun sind die Hauptseiten nach §§ 17 u. 34 nicht in jedem Menschen gleich vorhanden, sondern es hat ein Ueberwiegen statt: in einem Menschen überwiegt das vegetative System, in einem anderen das Muskelsystem, in einem dritten das Nervensystem, und der möglichen Combinationen sind da wieder sehr mannichfache, alle aber sind auch in ihrem Ueberwiegen einer sittlichen Verwendung fähig. Dies des Näheren darzulegen und die Mittel und Wege dazu anzugeben, wird nunmehr unsere Hauptaufgabe sein.

Wir beginnen mit dem vegetativen System, denn es ist nach dem Früheren die bleibende Grundlage auch des Muskel- und Nervensystems. Da die Beziehungspunkte dieses Systems die äusseren Güter als Genussmittel sind, so hat es unsere Betrachtung zugleich mit den wirthschaftlichen Verhältnissen zu thun. Die bei den Culturvölkern am längsten verbreitet gewesene Lehre hierüber verdankt ihre Entstehung etwa folgenden Momenten. Der Mensch bedarf zu seinem Leben der Sachgüter, diese sind aber in beschränkter Anzahl vorhanden, und erregen daher, da jeder derselben bedarf, einen grossen Eifer der Bewerbung um sie. Dagegen sind die geistigen Güter, Wissenschaft, Kunst, Religion als Betrachtung himmlischer Dinge, Güter, welche jeder besitzen kann, ohne dass

12*

darum sein Nachbar weniger davon zu besitzen brauchte. Also
ist die Aufgabe, sich in Bezug auf die Sachgüter möglichst zu
beschränken und sich um so mehr den geistigen Gütern zuzuwenden. Diese geistigen Güter waren, wie gesagt, Wissenschaft,
Kunst, und da diese nicht Allen zugänglich waren wegen der besonderen Begabung, die bei ihnen erfordert wird, vorzüglich
Religion als Contemplation oder Beschäftigung mit den göttlichen geoffenbarten Lehren und Thaten. Die Voraussetzung dabei war, dass der Mensch wesentlich ein intellectuelles, ästhetisches und contemplatives Wesen sei, wie ja Plato, Aristoteles,
die Neuplatoniker seinen Begriff bestimmt hatten und das
Mittelalter diese Lehre durchaus annahm, auch die neueren
Systeme (Kant) in der sinnlichen Abhängigkeit des Menschen
etwas gesehen haben, was man gern los sein möchte. Die
möglichste Beschränkung in Bezug auf irdische Güter war nach
dieser Ansicht auch darum geboten, weil ein Hingeben an dieselben von dem intellectuellen u. s. w. Leben abzog, den Menschen somit seiner eigentlichen Aufgabe entfremdete, und dazu
noch übermüthig und genusssüchtig machte. Aehnlich hat sich
die Auffassung des Menschen und der irdischen Güter in Indien gestaltet. So sehr das nun alles die herrschende Doktrin
war, so wenig war es herrschende Praxis: immer im Alterthum
und im Mittelalter klagte man, dass das Streben nach irdischen
Gütern die Menschen erfülle. Anders war die Entwicklung in
China. Wissenschaft als solche, Religion als solche hat sich
dort nicht herausgebildet, es überwog die materielle Entwicklung, Ackerbau, Industrie. Wissenschaft und Religion, wie sie
da waren, wurden in deren Dienst gestellt: das kriegerische
Leben und der Militärstand sogar werden bei den Chinesen
gering geachtet. Aber die Erfahrung hat selbst Confucius den
Satz gegeben, dass Reichthum für die Tugend nicht wünschenswerth sei.

57. Diese Lehre nehmen wir nicht an. Ihre Voraussetzungen sind unzutreffend. 1) Die Sachgüter sind zwar von
Natur in beschränkter Anzahl da, aber sie können durch
menschliche Arbeit vermehrt werden, die menschliche Thätig-

keit kann mit Benutzung der immanenten Gesetze der Natur
Brauchbarkeiten an Dingen hervorlocken, die sie unmittelbar
nicht hatten, oder vorhandene Brauchbarkeiten steigern. 2) Der
Mensch ist nicht überwiegend ein intellectuelles, ästhetisches,
contemplatives Wesen. Es giebt Menschen, welche so sind, es
sind die, in welchen das Nervensystem von Haus aus besonders
regsam ist, aber so, dass Muskel- und vegetatives System auch
thätig sind. Es giebt andere, in welchen das Muskelsystem besonders regsam ist, aber so, dass Nerven- und vegetatives
System auch tüchtig sind: es sind dies die militärischen und
technisch-industriellen Naturen. Es giebt endlich solche, in
welchen das vegetative System besonders regsam ist, aber so,
dass Muskel- und Nervensystem auch tüchtig sind. In diesen
letzteren herrscht die Richtung des Denkens und Thuns auf
materielles Wohl vor, nicht nothwendig blos das eigene, sondern
überhaupt auf materielles Wohl als wichtig und als Haupt-
gegenstand ihres Denkens und Thuns. Sie können dabei geistig sehr rührig, mit Muskelkraft sehr eifrig sein, aber die Beziehung derselben auf materielle Subsistenz ist in ihnen vorwiegend. Dass diese Richtung vorherrschend in der Menschheit
war und ist, hat man nur so lange seltsam und beklagenswerth
finden können, als man nicht erkannt hatte, dass auch das im
engeren Sinne sog. geistige Leben in unserer gegenwärtigen
Existenzweise mitbedingt ist durch das vegetative System, dass
die Nerven- und Muskelkraft, welche zu jenem geistigen Leben
erforderlich ist, sich fort und fort nur erhebt und erhält auf
Grundlage der vegetativen Functionen. Nachdem diese Erkenntniss gewonnen, muss es natürlich erscheinen, dass die eigentliche Grundbedingung des menschlich geistigen Lebens auch die
allgemein verbreitetste ist. Dass alle drei Hauptrichtungen in
der Menschheit sind, hat man früh gewusst, die alte Formel
von Lehrstand, Wehrstand, Nährstand deutet hierauf, aber die
sittliche Werthschätzung war keine gleiche, muss es aber werden. Auch die Sinnlichkeit ist nach § 34 Geistigkeit, auch
die Richtung auf materielles Wohl kann der Erhaltung und
Förderung der Menschheit dienen, bei dem immanenten Stand-

punkt, welchen die Moral einzunehmen hat, dient sie derselben sogar sehr, ein Ausblick in transcendente Regionen ist auch bei ihr nicht ausgeschlossen. 3) Dass ein Hingeben an Sachgüter, dass insbesondere Reichthum eine sittliche Gefahr in sich trage, ist von den meisten Moralisten behauptet worden, aber mit demselben Recht kann man sagen, Reichthum an intellectuellen oder an Thätigkeitskräften ist stets eine sittliche Gefahr gewesen. Die intellectuellen Naturen sind geneigt, im Intellectuellen „die Würde des Menschen allein zu sehen und den Pöbel zu verachten, der von nichts weiss", wie Kant nach seinem eigenen Geständniss eine solche Zeit gehabt hat. Wo der intellectuelle Zug die religiöse Richtung nahm, da ist die Gefahr der Unduldsamkeit und Rechthaberei nie ausgeblieben. Je individueller vieles in den religiösen Auffassungen war, d. h. je weniger es auf allgemeine Gründe und Gesichtspunkte konnte zurückgeführt werden, desto mehr waren die Religionen geneigt in der Widerstrebung gegen sie Bosheit und von Gott verworfene Schlechtigkeit zu sehen und, wie in höherem Auftrag, Strafe und Gewalt eintreten zu lassen. Thätigkeitstrieb als solcher hat besonders als kriegerischer die ganze Weltgeschichte gestaltet. Also im Reichthum haben wir eine Gefahr, aber eine, die dem vegetativen System durchaus nicht allein eigen ist, wie die Vertreter des sog. höheren geistigen Lebens sich und Anderen vorreden.

58. Die lange Geringschätzung des vegetativen Systems und der darauf sich beziehenden Gedanken und Bestrebungen hat eine grosse und verhängnissvolle Folge gehabt. Man erachtete als das sittliche Verhalten, sich und seine Gedanken von irdischen Gütern und Bestrebungen möglichst abzuwenden, bei den Menschen, welche dies noch nicht thaten, durch Vorstellungen und Ermahnungen dahin zu wirken; im Uebrigen aber hat man die materielle Seite des Lebens sich selbst überlassen, gleichsam als sei es gefährlich, sich auch nur in Gedanken damit abzugeben, wie man ja auch das Unsittliche und Böse selber meist aus der Sinnlichkeit ableitete. Die Folge war, dass man keine Wissenschaft der irdischen Güter und Be-

strebungen ausbildete, oder nur eine beschränkende Lehre darüber aufstellte, etwa wie Kant es mit dem „eudämonistischen" Zuge menschlicher Natur gemacht hat. Man überliess also eine Hauptseite, ja die Grundlage des ganzen menschlichen Seins sich selbst, ihren rohen Versuchen, die meist noch mit bösem Gewissen geplagt waren, weil man ihnen einredete, sie seien eigentlich von Sünde nie frei. Die Nationalökonomie ist daher eine moderne Wissenschaft. Sie fehlt vielen Völkern noch ganz. Nur über Ackerbau hat man früh geschrieben, weil er die Grundlage aller höheren Cultur ist, und man ihm zuschrieb 1) eine mindestens kräftigende Wirkung, der Bauer war auch guter Soldat, 2) eine grosse Verträglichkeit mit religiösem Sinn, 3) Freiheit von den schlimmen Wirkungen des eigentlichen Reichthums (Industrie, Handel, Geld). Die Industrie insbesondere schien unkräftig zu machen an Leib und Seele; Handel aber führe zu Reichthum und sittlichem Verderben. Daher die Geringschätzung der erwerbenden Klassen oder die niedere sittliche Taxirung derselben durch einen grossen Theil der Welt. Der Islam hat keine Nationalökonomie hervorgebracht: die unter den Türken beliebteste ethische Schrift (Algazel's O Kind) und die unter den persischen und indischen gebildeten Muhammedanern verbreitete Ethik*), welche auf Avicenna zurückgeht, haben so gut wie nichts über Sachgütererwerb, sie machen höchstens aufmerksam auf die Gefahren des Reichthums und ermuntern zum Almosen. Die indische Cultur hat Landbauer, Handwerker und Kaufleute zu unteren Klassen gemacht. Die ökonomischen Betrachtungen und Bestrebungen der Alten waren überwiegend negativ. Dugald Stewart (the works of A. Smith etc. by Dugald Stewart vol. V S. 486) schildert sie treffend so: „Der grosse Gegenstand der Politik der Alten war, der Liebe zum Geld und dem Geschmack an Luxus durch positive Institutionen entgegenzuwirken und in der grossen Masse des Volkes Gewohnheiten der Frugalität

---

*) Practical philosophy of the Muhammadan people etc. translated by Thompson. London 1839.

und Strenge der Sitten aufrechtzuerhalten. Der Verfall der
Staaten wird von den Philosophen und Historikern sowohl
Griechenlands als Roms übereinstimmend dem Einfluss von
Reichthum auf den Nationalcharakter zugeschrieben; die Gesetze Lycurgs, welche während eines Verlaufs von Menschen-
altern die edlen Metalle aus Sparta verbannten, werden von
vielen unter ihnen als das vollkommenste Muster der Gesetzgebung
hingestellt, welches von menschlicher Weisheit erdacht worden
ist." Die Moral des Mittelalters, welcher die religiöse Contemplation das Höchste war, und welche in Armuth, Ehelosigkeit
und Hingebung unter fremde geistliche Leitung die menschliche
Vollkommenheit (status perfectionis acquirendae) sah, versuchte,
da man zum Bestand der Menschheit irdischen Erwerb doch
nicht entbehren konnte, mindestens den Trieb dazu einzuschränken und herabzudrücken. Als dann mit Beginn der Neuzeit sich die wirthschaftlichen Bestrebungen freier und freudiger
regten — die Reformation hatte ja das aktive Leben als nicht
in sich religiös geringer erklärt —, haben im Zusammenhang
mit der Politik die Regierungen unter den wirthschaftlichen
Richtungen diejenigen begünstigt und selbst gesetzlich gemacht
welche den Mitteln zur Kriegführung und überhaupt dem fisca-
lischen Interesse am besten zu dienen schienen. Als dann er-
leuchteten Köpfen grosse Nachtheile für das Völkerleben von
dieser wirthschaftlichen Richtung (Mercantilsystem) herzukommen
schienen, da ist besonders durch A. Smith die Reaction in den
nationalökonomischen Anschauungen vollzogen worden, welche
den jetzigen Ansichten noch im Grossen und Ganzen zu
Grunde liegt.

59. Freilich hatte bei dieser Reform A. Smith eine Grund-
überzeugung, welche wir auch bei Rousseau finden, nur dass
sie bei Rousseau mehr auf dem moralischen und politischen
Gebiet wirksam erscheint, bei Smith auf dem ökonomischen.
A. Smith und Rousseau leben des Glaubens, dass, wenn man
sich blos enthalte, den natürlichen Verlauf durch menschliche
Erfindungen zu stören, alles auf das Beste gehen werde. Dugald
Stewart (Works of A. Smith Bd. V S. 504) theilt eine Stelle

mit aus früheren (dem nationalökonomischen Hauptwerk voraufgehenden) Aufzeichnungen, welche diesen Gedanken klar
ausspricht. „Die Menschen werden gewöhnlich von Staatsmän-
nern und Projectmachern als das Material einer Art politischer
Mechanik betrachtet. Die Projectmacher stören die Natur in
dem Lauf ihrer Operationen in menschlichen Angelegenheiten;
und es bedarf nicht mehr als sie allein wirken zu lassen (and
it requires no more than to let her alone) und ihr freien
Spielraum in der Verfolgung ihrer Zwecke zu geben, dass sie
ihre eigenen Absichten gründen kann (that she may establish
her own designs)." Die gleiche Ueberzeugung ist ein Grundzug
in dem Hauptwerke. In den „Untersuchungen über die Natur
und die Ursachen des Nationalreichthums, aus dem Englischen
der 4. Auflage neu übersetzt (von Garve) Breslau 1794" heisst
es Bd. III S. 41: „Jeder einzelne Mensch ist immer darauf bedacht, das Kapital, über welches er zu gebieten hat, auf das
vortheilhafteste zu benutzen. Es ist wahr, er hat dabei seinen
Vortheil und nicht den Vortheil der Gesellschaft vor Augen,
aber natürlicher oder vielmehr nothwendiger Weise leitet ihn
das Studium seines eigenen Vortheils gerade auf solche An-
wendungen seines Kapitals, welche zugleich der Gesellschaft am
meisten Vortheil bringen." — S. 45: „Der einzelne Mensch hat
freilich die Absicht nicht, das gemeine Beste zu fördern, auch
weiss er nicht, wie er dasselbe befördert. Wenn er den einheimischen Gewerbfleiss lieber unterstützt als den auswärtigen,
so denkt er blos an seine Sicherheit, und wenn er den Gewerbfleiss auf den grössten Flor treibt, so hat er nur seinen Gewinn
vor Augen, und er wird hierbei, wie bei vielen anderen Dingen,
von einer unsichtbaren Hand auf die Beförderung von Zwecken
geleitet, welche er sich nicht vorsetzt. Es ist auch für die
Gesellschaft eben kein Unglück, wenn er diese Zwecke sich
nicht selbst vorsetzt. Indem er seinen Gewinn verfolgt, (S. 46)
befördert er das gemeine Beste oft wirksamer, als wenn er es
absichtlich befördern wollte." Auch in „the theory of moral sen-
timents etc." klingt derselbe Grundton an. Dort heisst es
(6. edition London 1790 Bd. I S. 465): „Umsonst (it is to no

purpose) betrachtet der stolze und gefühllose Gutsherr seine
ausgedehnten Felder und verzehrt ohne einen Gedanken an die
Bedürfnisse seiner Brüder in der Einbildung für sich die ganze
Erndte, welche auf ihnen wächst. — Sein Auge ist grösser als
sein Magen. — Was übrig bleibt, ist er genöthigt unter die
zu vertheilen, welche in der feinsten Weise das Wenige zu-
bereiten, das er selbst verbraucht, unter die, welche den Palast
zurechtmachen, in welchem das Wenige verzehrt wird, unter
die, welche all den verschiedenen Tand und die Kleinode besorgen und in Ordnung halten, welche in der Haushaltung der
Grossen verwendet werden. Alle diese leiten so von seinem
Luxus und seiner Laune den Theil der Nothwendigkeiten des
Lebens her, welche sie vergeblich (466) von seiner Menschlich-
keit oder Gerechtigkeit würden erwartet haben. Das Erzeugniss
des Bodens unterhält zu allen Zeiten ungefähr die Zahl von
Bewohnern, welche es fähig ist zu erhalten. Die Reichen
wählen nur aus dem Haufen das aus, was am kostbarsten und
angenehmsten ist. — — Sie werden durch eine unsichtbare
Hand geleitet, ungefähr dieselbe Vertheilung der Nothwendigkeiten des Lebens zu machen, welche wäre gemacht worden,
wäre die Erde in gleichen Theilen unter all ihre Bewohner
vertheilt worden, und ohne es zu beabsichtigen, ohne es zu
wissen, befördern sie so das Interesse der Gesellschaft und verschaffen Mittel zur Vermehrung der Gattung. Als die Vor-
sehung die Erde wenigen stolzen Herrn (lordly masters) ver-
theilte, so vergass sie nicht und verliess nicht die, welche bei
der Vertheilung ausgelassen schienen. Auch diese letzteren
geniessen ihr Theil von allem, was sie hervorbringt." Die
Grundüberzeugung von Smith ist daher: das Interesse des
Einzelnen, sofern man es im wirthschaftlichen Leben frei schalten
lässt, bringt — so hat es Gott vorher geordnet — unmittelbar
und ohne Weiteres das Wohl des Ganzen, d. h. aller anderen
Einzelnen mit hervor. Der Anlass zu dieser Ueberzeugung lag
1) in der Erkenntniss, dass die bisherige wirthschaftliche Bevormundung viel Uebles gestiftet habe, 2) in der Wahrnehmung,
dass, wo sie zurückgetreten sei, die wirthschaftlichen Zustände

blühendere waren, 3) in dem richtigen Gefühl, dass Freilassung der wirthschaftlichen Interessen kraft der Bedeutung individueller Bethätigung (§ 41) einen ungeahnten Aufschwung bringen müsse. So sehr aber jene Grundüberzeugung Stützpunkte hat, so ist sie in dem Sinne, wie er sie gehegt und folgenden Generationen eingepflanzt, so gut eine utopistische Schwärmerei, wie manche andere in wirthschaftlichen Dingen aufgetretene. Wenn sich so eine Ueberzeugung von Smith zu einem schönen, aber falschen Glauben zuspitzte, so thut das dem keinen Eintrag, dass, wie bei Rousseau, in den Ausgangspunkten der Ueberzeugung viel bleibend Wahres lag, und dass andere Hauptgedanken des Mannes von bleibender Bedeutung gleichfalls sind. Die Nationalökonomie hat die individuelle Bethätigung*) in ihre Rechte eingesetzt und hat gelehrt, dass, so sehr die Natur die Grundlage bei der Güterhervorbringung ist, doch die menschliche Arbeit ein hinzukommender Factor von früher kaum geahnter Tragweite ist, dass aber diese Arbeit nur wirksam ist, wenn sie den Gesetzen der äusseren Natur folgt, ein Satz, bei dem sie durch die moderne Naturwissenschaft unterstützt wurde. Durch beide Lehren hat die Nationalökonomik die Thätigkeit nicht nur, sondern auch die praktische Verständigkeit in Bezug auf Ursache und Wirkung, Zweck und Mittel, also zwei der Cardinaltugenden an ihrem Theile geweckt und gebildet.

60. Aber bestehen ihre Lehren auch mit dem Wohlwollen? Fast scheint es nicht. A. Smith mindestens hat in den grundlegenden Auseinandersetzungen (Bd. I S. 25 in der Uebersetzung von Garve) Selbstliebe und Wohlwollen in Gegensatz gestellt, er gebraucht auch dafür die Ausdrücke Menschenliebe und Eigennutz: auf die so bestimmte Selbstliebe baut er dann das System auf, vertrauend (in schönem, aber falschem Glauben), dass die Natur für den Einklang von Selbstliebe der Einzelnen und Interesse Aller vorgesorgt habe. Aber dies Selbstinteresse ist nicht das einzige mögliche, es giebt noch ein anderes, welches

---

*) Wie aus ihr das Privateigenthum folgt, ist § 41 kurz berührt und weiter ausgeführt Rechtsphilosophie §§ 23 u. 24.

sich mit unserem Moralprinzip nicht nur verträgt, sondern
dieses selbst ist. Smith hätte es von Locke entnehmen können;
nach diesem hat der Mensch die Verpflichtung, seine Talente
auszubilden zur eigenen Subsistenz und zum gemeinsamen Gebrauch des Lebens. Indem der Mensch seine eigene Subsistenz
sich durch seine Arbeit verschafft, fällt er Anderen nicht zur
Last, macht ihnen weder Sorge noch Beschwerde. Das Gleiche
darf und soll er dann von jedem Anderen erwarten, wird also
zunächst die Producte seiner Thätigkeit nur gegen Leistungen
ihrerseits hingeben (Tausch), nur Nothleidenden giebt er von
dem Seinen ohne Gegenleistung, und dabei wird er sich daran
erfreuen, dass durch die Bethätigung, wie er sie gerade übt,
z. B. Ackerbau, Anderen mit anderen Bethätigungen, die gleichfalls deren eigener Subsistenz und dem gemeinsamen Gebrauch
des Lebens dienen, diese durch Lieferung von Nahrungsmitteln
ermöglicht werden. Von einer anderen Seite freilich schafft
die Nationalökonomie eine grosse sittliche Schwierigkeit, bietet
aber auch die Mittel zu ihrer Lösung. Sie lehrt, nur das sei
ein wirthschaftliches Gut, was in geringerer Menge vorhanden ist, als dass es jedem von selbst sich in ausreichender
Weise darbiete. Wo Wasser im Ueberfluss da ist zu allen
Zeiten, da fällt es niemand ein, besondere Veranstaltungen dafür zu treffen, dass er es zu einer bestimmten Zeit habe. Im
Schlaraffenland würde es daher zwar Sachgüter geben, d. h.
Mittel zur Bedürfnissbefriedigung, aber keine wirthschaftlichen, keine, für deren Erlangung oder Besitz besondere Mühen
aufgewendet würden. Diejenigen Güter sind demnach wirthschaftliche Güter, deren Zahl geringer ist als ihr Bedarf, Bedarf nicht etwa des Luxus, sondern auch der allerdringendsten
Nothwendigkeit. Wenn dem so ist bei den meisten Sachgütern,
wie es denn nicht geläugnet werden kann, so entsteht eine
grosse Schwierigkeit. Ich habe die und die Güter heisst dann
stets so viel wie: ich schliesse eben dadurch Andere von ihnen
aus, mein Haben ist ein Entbehren Anderer. Man hat früher
in diesem Gefühle als das Höchste hingestellt, sich der Güter
möglichst zu enthalten (Armuth und Askese im Buddhismus,

Christenthum, Muhammedanismus) oder, wenn sie Einem zuge-
kommen sind, sich möglichst ihrer wieder zu entledigen entweder
auf einmal (Weltentsagung) oder successive (Almosen). Wären
die Güter überwiegend Naturgaben, so wäre das Mittel richtig:
Einige hungern und heirathen nicht, damit Andere sich satt
essen und noch Ueberfluss in sich erhalten zur Fortpflanzung
des Geschlechtes. Muss man dazu wieder zurückkehren? Die
Antwort ist: diese Methode hat, abgesehen von anderen Uebeln
der Enthaltsamkeit, welche später noch vorkommen werden, zu
wenig geleistet. Die Enthaltenden mussten immer wieder von
den Anderen ernährt werden, direkt oder indirekt, und ausserdem liegt in jener Theorie eine Ueberschätzung des Naturfac-
tors in der menschlichen Wirthschaft vor. Seitdem der Arbeitsfactor in seiner ganzen Bedeutung ist erkannt worden, bietet
sich eine ganz andere Lösung von Seiten des Prinzips der Erhaltung und Förderung der Menschheit oder, wie wir nach
§ 35 auch sagen können, Seitens der Liebe dar. Diese Lösung
deutet die Nationalökonomie an durch die Aufforderung, productiv zu sein. Schlechthin productiv sein heisst das Weltvermögen steigern (Roscher). Derjenige ist also productiv, welcher
mehr hervorbringt von Gütern, als er zur eigenen Subsistenz
verbraucht, so dass ein Ueberschuss für Andere da ist, ein
Ueberschuss, welcher nicht dagewesen wäre, wenn er, dieser
Producirende, nicht gewesen wäre. Dies Prinzip macht allein,
dass ein Mensch mit gutem Gewissen leben unter den Menschen
und der Dinge sich bedienen mag. Indem ich die Güter ge-
brauche, um mehr, als sie selbst sind, damit zu produciren,
vermehre ich durch meine Arbeit den Vorrath wirthschaftlicher
Güter, so dass immer Mehrere solche sich aneignen können.
Die Liebe verstattet daher den Genuss der Sachgüter nicht
nur, sondern sie fordert denselben, denn anders werden die
persönlichen Kräfte, welche die Voraussetzung der Production
sind, nicht beschafft; sie gebietet aber auch den eigenen Genuss
auf das für Erhaltung dieser Arbeitskräfte im weiteren Sinne
ausreichende Mass einzuschränken, alles, was ich darüber hinaus
für mich verwende, entziehe ich Anderen; Arbeitsamkeit und

Mässigkeit sind daher die beiden wirthschaftlichen Haupttugenden und zwar Arbeitsamkeit als Muskel- und Nervenkraft, weil nur beides zusammen die Güterqualitäten der Dinge vermehrt. Mässigkeit ist aber nicht als Enthaltsamkeit gemeint — die wirkt zu wenig —, sondern als Genuss zum Zweck der productiven Muskel- und Nervenkraft. Für diese Mässigkeit giebt es freilich kein allgemeines Mass; was für den Einen mässig ist, kann für den Anderen unmässig sein und für den Dritten zu wenig. Der Kanon ist, dass man darauf achte, ob bei der Lebensweise die Kräfte sowohl als die Geneigtheit zur Arbeit nachhaltig frisch und stark bleiben. Selbst bei dem einzelnen Menschen wechselt das Bedürfniss nach Alter und Umständen; wer sich aber nach jenem Kanon richtet, der hat im Grossen und Ganzen am Naturbedürfniss einen sicheren Leiter, während bei Unmässigkeit sowohl als Askese sehr bald das Gefühl kein zutreffender Bestimmungsgrund mehr ist. Dass die lange Zeit herrschend gewesene Lehre, wonach eine grosse unmittelbare Consumtion der Reichen eine Wohlthat für die Aermeren sei, falsch ist, wird von englischen und deutschen Nationalökonomen zugegeben. Roscher sagt (die Grundlagen der Nationalökonomie 9. Auflage S. 478, § 220 B): „Wird die Ersparniss zur Gründung eines stehenden Kapitals benutzt (Kapital ist nach § 42 jedes Product, welches zur ferneren Production aufbewahrt wird), so findet Verzehrung von Gütern, Ernährung beschäftigter Arbeiter, Absatz von Gewerbtreibenden ebensowohl statt, wie bei der früheren, unproductiven Consumtion. Nur wird der Strom dort gewöhnlich in andere Kanäle geleitet. Wenn ein Reicher die Summen zum Häuserbau verwendet, die er sonst für Mätressen auszugeben pflegte, so verdienen Maurer, Zimmerleute etc., was sonst Friseure, Putzhändler etc. in Anspruch nahmen, es wird an Trüffeln und Champagner weniger, desto mehr an Fleisch und Brod verzehrt. Das Endresultat ist ein Haus, welches entweder die persönlichen Genüsse oder die materiellen Producte der Volkswirthschaft dauernd vergrössert. — Ganz ähnlich, wenn das Ersparte als umlaufendes Kapital benutzt wird." Bei J. St. Mill heisst es (Grundzüge der politischen Oekonomie, übersetzt von Soetbeer, Leipzig 1869 Bd. I S. 86 u. 90): „Nach meiner Auffassung schafft jemand, der Sachgüter kauft und sie selbst verbraucht, den arbeitenden Klassen keinen Nutzen; nur durch dasjenige, was er dem eigenen Verbrauch entzieht und im Austausch gegen Arbeit direkt zur Bezahlung von Arbeitern ausgiebt, nützt er den arbeitenden Klassen oder vermehrt den Umfang ihrer Beschäftigung." — — „Wenn ich statt 100 Thlr. für Wein oder Seide auszugeben, diesen Betrag als Arbeitslohn oder als Almosen verausgabe, so ist in beiden Fällen die Nachfrage nach Sachgütern ganz gleich: in dem einen Fall ist eine Nachfrage nach Wein und Seide zum Werth von 100 Thlrn., im anderen Fall nach Brod, Bier, Kleidung, Feuerung u. a. für die Arbeiter zu demselben Werthe; allein im lezteren Falle haben die Arbeiter im Gemeinwesen von den Producten desselben den Werth von 100 Thlrn. mehr unter sich vertheilt. Ich habe soviel weniger verbraucht und meine Verbrauchsbefähigung auf die Arbeiter übertragen." Die sittliche Pflicht der Reichen ist daher, sparsam für sich zu sein und ihre Ersparung zunächst für Unterhaltung sog. gemeiner Arbeit anzuwenden, d. h. solcher, welche die nothwendigsten Bedürfnisse für Alle hervorbringt. Es ist nicht, vielleicht nie, zu fürchten, dass so bald hierin zu viel geschähe. „So lange wir Menschen sehen, die schlecht genährt, schlecht gekleidet sind u. s. w., so lange werden wir, streng genommen, kaum sagen können, dass zu viele Nahrungsmittel, Kleidungstücke erzeugt würden" (Roscher ebendaselbst S. 471, § 216). Es ist auch nicht zu besorgen, dass dann zu wenig Mittel für Pflege der anderen Seiten menschlichen Wesens (Kunst, Wissenschaft, Religion u. s. w.) übrig blieben. Im Gegentheil werden, wo viel Unterhaltsmittel sind, diese das für ihr Bestehen Erforderliche erst recht finden. Aus der Wichtigkeit des Arbeitsfactors erklärt sich das Zurücktreten des Almosens. Dies war früher der übliche Ausgleich, der Habende theilte von seiner Habe denen, die ganz leer ausgingen, mit oder half ihnen nach. Dies bleibt unter Umständen (Krankheit, Arbeitsmangel) noch heute Pflicht, aber die Regel muss sein durch Unterhaltung von

Arbeitsgelegenheiten dem auf seine blosse Arbeitskraft Angewiesenen zu den Subsistenzmitteln zu verhelfen. Dadurch, dass die
Reichen sittlich gehalten sind, ihre Güter vorab zur Unterhaltung productiver Arbeit zu verwenden, fällt die Gefahr hinweg,
dass Reichthum Genusssucht und Uebermuth werde. Es hängt
das dem Reichthum nicht nothwendig an, so wenig wie dem
Wissen die Verachtung der Nichtwissenden, der Religion die
Intoleranz nothwendig anhängt.

61. Was die Arbeitstheilung betrifft, so ist der Nationalökonomie unbedingt zuzugeben, dass die Beschäftigung in Einer
Richtung eine Fertigkeit und Gewandtheit erzeugt, durch welche
der Gütervorrath sehr vermehrt wird, also auch mehr da ist,
dem Bedarf zu genügen. Ebenso was die Maschinen betrifft, so
ist ihr Nutzen für vermehrte und erleichterte Hervorbringung
augenscheinlich, nur muss gesorgt sein, dass die durch eine
neue Maschine ersparte menschliche Arbeit in anderer Weise
Mittel zur Beschäftigung und Subsistenz finde. Arbeitstheilung
und Maschinen dienen also der Erhaltung und Förderung der
Menschheit, sofern mehr Sachgüter dadurch hergestellt werden.
Aber es darf gefragt werden, ob beides nicht in seinem fortgeschrittenen Zustand, als äusserste Arbeitstheilung und Maschi-
nenbenutzung, grosse Nachtheile habe. Der Mensch ist ein
sehr complicirtes Wesen: wie seine Nahrung nicht blos aus
Einem bestehen kann, dies Eine müsste dann die verschiedenen
zur Ernährung erforderlichen Stoffe bereits in sich enthalten,
also in Wahrheit ein Vieles sein, so kann er auch nicht blos
einige Muskeln oder mehrere Muskeln blos in einer Weise beständig anwenden; ebenso ist es mit den Sinnen und dem Gedankenlauf. Wird er durch Gewalt oder die Verhältnisse dazu
gezwungen, so leiden alle Muskeln, Sinne und Gedanken, die
dabei nicht mit erregt oder beschäftigt werden. Blos Eins
wird ausgebildet, alles Andere unterdrückt, der Mensch wird
stumpf geistig und körperlich. Werden aber die nichtbe-
schäftigten Theile nicht stumpf, sondern behalten eine gewisse
Regsamkeit, so entsteht nach der Arbeit, sobald etwas Erholung
eingetreten ist, ein um so heftigerer Trieb von da aus, die

Muskelpartie z. B. wird ein Reiz zu gewissen Handlungen, bei
denen sie Bethätigung findet, die Sinne suchen etwas Anderes,
womit sie sich abgeben können, die Gedanken regen sich gleichfalls in irgend einer Weise. Da aber der Mensch doch in der
Arbeit seine Hauptkraft verbraucht hat, so ist er jenen spontanen Regungen ohne Gegenkraft überlassen und hingegeben,
er folgt dem Zuge, der sich regt, sei er sittlich werthvoll oder
das Gegentheil: Stumpfheit oder Regellosigkeit ausserhalb der
Arbeitszeit ist daher eine sehr gewöhnliche Begleitung der allzu
einseitigen Beschäftigung. Kommt dazu, dass der Mensch nicht
gehörig ernährt ist — bei uns ein sehr häufiger Fall —, so
entstehen die wilden Triebe nach gehobenem Lebensgefühl, die
mehr mit erregenden als zugleich plastischen Stoffen beschwichtigt werden. Alles das hat übrigens nicht blos bei der sogenannten niederen Arbeit statt, sondern ebenso auch bei
höherer; der Kaufmannslehrling ist bei eintöniger Beschäftigung
oft ähnlich daran, der Schreiber auf einem Amt nicht minder,
der Beamtendienst hat auch seine Einseitigkeiten körperlicher
und geistiger Art, die Stumpfheit bei ihm heisst Pedantismus.
A. Smith hat mehr als manche seiner Nachfolger die üblen
Nebenfolgen der gesteigerten Arbeitstheilung und Maschinen-
verwendung vorauserkannt und als Abhülfe vorgeschlagen
Jugendunterricht, Erhaltung der allseitigen Muskelkraft und
Frische durch militärische Uebungen, geistige Anregung durch
die Kirche, welche letztere aber niemand aufgezwungen werden
dürfe: alles das soll vom Staat ausgehen, es ist ein National-
interesse (Nationalreichthum, übersetzt von Garve, Bd. IV,
S. 161 ff.). Er sieht also darin eine Rechtspflicht, wie wir
auch (s. Rechtsphilosophie § 28), aber da wir hier nicht so
sehr das behandeln, was schon das Recht zu fordern hat, welches grundsätzlich nicht auf Einer speciellen Moral beruhen
soll, so fügen wir bei, was unser sittliches Prinzip verlangt.
Ein Gegengewicht gegen die Einseitigkeit, die geistige und körperliche, der gesteigerten Arbeitstheilung und des Maschinen-
gebrauchs muss stattfinden. Das Erste ist, dass genügende
Ernährung und gesunde Wohnung nach der Arbeit da ist. Wo

die Arbeiter nicht im Stande sind, das lediglich aus sich zu beschaffen, da müssen ihnen die Einsichtigen aus den Nicht-arbeitern zu Hülfe kommen, wie es ja viele Fabrikherren längst gethan haben. Ueberhaupt gehört es zur sittlichen Mässigkeit, dass kein zu grosser Unterschied zwischen den verschiedenen Menschen in Bezug auf Nahrung und Wohnung statt habe. Es werden allerdings stets Unterschiede bleiben, da bei gröberer Arbeit auch gröbere Kost leichter verdaut werden kann, aber der Nahrungswerth bei der Kost des gemeinen Mannes soll reell sein und seinem Zweck, Erhaltung der Körpersubstanz und Kraft, entsprechen. Der gemeine Mann braucht weniger Räume in seiner Wohnung, schon weil sein Arbeitslocal ausserhalb derselben ist, aber luftig und hell und trocken und freundlich muss sie auch sein, um ihrem Zwecke zu dienen. Wo ein grosser Unterschied in Nahrung und Wohnung statt hat, da ist der wesentlichen Gleichheit aller Menschen nicht Rechnung getragen, da entstehen nothwendig Unterschiede im Genuss als solchem und werden Unterscheidungsmerkmale der Menschen, was den sittlichen Gesichtspunkt verrückt. Selbst in der Kleidung ist ein grosser Unterschied nicht wünschenswerth. Der Arbeiter wird zwar bei seiner Arbeit entsprechend gekleidet sein, aber nach derselben und in der Erholung soll er sich als einer unter Gleichen fühlen dürfen. Das Zweite ist, dass die Erholung nicht eine dem blossen psychologischen Mechanismus und seinen Zufällen überlassene sei, dadurch wird sie eben gedankenlos oder roh, sondern da müssen wieder die Einsichtigen ev. mit einem Opfer an ihrer Musse oder an ihren Gütern eintreten, um die Möglichkeit einer in sich sinnvollen Erholung zu bieten. Kegelspielen, Ballspielen und andere Spiele müssen für die Muskelbethätigung da sein, Gegenstände zum Betrachten für die Sinne, Märchen- und Geschichtenerzähler — man denke an die Erzähler im Morgenland —, Gesang, kleine Aufführungen, Gelegenheit zur Lectüre. Am besten ist es, wenn sich alles dieses aus den arbeitenden Klassen selbst hervormacht, aber der Anregung und Betheiligung der Einsichtigen ausserhalb dieser Klasse werden sie nicht entbehren können und sollen

sie auch nicht, denn dazu sind die mehr anders Begabten und
Beschäftigten sittlich mit da, um mit ihrer mehr spontanen anderen Art den mehr Receptiven zur Ergänzung zu dienen. Aber die
Voraussetzung ist, dass die Ernährung und auch die Arbeitszeit
derartig sei, dass nach derselben noch ein Ueberschuss von Kraft
für die Erholung bleibt. Die Erholung, wie sie oben angesetzt
wurde, hatte besonders die jüngeren Arbeiter im Auge, für die
verheiratheten Männer ist die Haupterholung das Leben im
Haus und mit den Kindern; das Haus muss aber dann danach
sein, Erholung zu bieten, womöglich mit einem kleinen Garten
für Nutz- und Zierpflanzen; auch Nebenbeschäftigungen anderer
Art, Schnitzen u. s. f., soweit sie Liebhaberei, sind nicht ausgeschlossen. Solche Erholung hat zur Folge, dass nicht blos
alle Kräfte, leibliche und geistige, beschäftigt und erhalten werden, also weder Abstumpfung noch regellose Triebe entstehen,
sondern die Erhaltung derselben kommt auch der Arbeit selbst
zu Gute durch die Gestärktheit, mit der zu ihr zurückgekehrt
wird, und die anregende Wirkung der Freudigkeit von der Erholung her für die neu gestärkten Kräfte.

62. Zu dem Prinzip der Concurrenz verhalten wir uns so.
Freie Concurrenz heisst: jeder, der Lust hat etwas zu treiben,
darf es treiben und mag sehen, wie weit er damit kommt. Soweit also die freie Concurrenz soviel ist wie Gewährenlassen der
Individualität in der Wahl des Berufs oder der Art der Be-
schäftigung, erkennen wir sie vollständig an; nur was aus dem
Einzelnen selbst ganz spontan oder auf blosse Anregung durch
Beispiel kommt, das wird etwas Tüchtiges. Aber wir erinnern
uns, dass die blosse Lust etwas zu treiben noch nicht eine
Bürgschaft des Erfolgs ist (§ 14), dass also bei einer Berufswahl die dortigen Cautelen müssen beobachtet werden, wenn
nicht der Einzelne zum Schaden kommen und zugleich die
Rücksicht auf Andere verletzt werden soll. Dass aber die freie
Concurrenz ganz von selber ein unfehlbarer Regulator wünschenswerther wirthschaftlicher Verhältnisse sei, das läugnen
wir durchaus. Der Einzelne wird nicht nur leicht ergreifen,
was ihm Lust macht, ohne dass er das Aeussere des erforder-

lichen Talentes hat, er wird auch leicht ergreifen, was gerade
Andere in seiner Umgebung ergreifen, falls er kein besonders
ausgeprägtes Talent hat, sondern sich je nach Vorbild und Anregung in Mehreres finden kann. Ferner wird die Ueberfüllung
des Einen Zweiges keineswegs so bald ausgeglichen; gerade der
mechanische Arbeiter findet sich gar nicht so schnell aus seiner
besonderen einseitigen Beschäftigung heraus und in eine andere
hinein. Ueberfüllung eines Zweiges hat aber Ueberproduction
und in Folge derselben Geschäftsstockung zur Folge, und diese
wieder längeren oder kürzeren Mangel an Arbeit und Unter-
stützungsbedürftigkeit. Von dieser Seite hat also die freie
Concurrenz Folgen, welche abzuwenden jeder Staat sich wird
angelegen sein lassen (s. Rechtsphilosophie § 29); aber ausser
dem, was dieser zu thun hat in Bezug hierauf, wird es von
der Liebe aus geboten sein, nicht nur sich daran zu betheiligen
mit derjenigen Lebhaftigkeit des Gefühls für Wohl und Wehe
des Einzelnen, welche ihr eigen ist gegenüber der Moral des
wohlverstandenen Interesses und der blossen Cultur, sondern
auch nach Kräften innerhalb des Rechtes durch Rath und That
den Uebelständen entgegenzuwirken. Sie wird in ihrem Kreise
nicht nach Lust, sondern nach Lust und Talent den Beruf
wählen und zu solcher Wahl anhalten, es werden die Einsichtigen aus ihr sich Kenntniss und Ueberblick zu verschaffen
versuchen von dem Stand und der weiteren Wahrscheinlichkeit
der Bedürfnisse und Geschäfte, was bei grösserer Gleichheit in
Nahrung, Kleidung, Wohnung gar nicht so schwierig sein dürfte,
sie wird Bureau's für Arbeitsnachweisungen einrichten, wie schon
vielfach geschieht u. s. w. Mit einem Wort: sie wird suchen
die Wohlthaten der Concurrenz zu erhalten und die Nachtheile
möglichst zu beseitigen. Concurrenz hat für sie wesentlich den
Sinn: Unternehmung nach eigener Auffassung und in der einer
bestimmten Individualität zusagendsten Weise. Es heisst, ihr
individuell freies Wirken mit und neben Anderen, das Ziel Aller
ist dabei dasselbe, Erhaltung und Förderung der Menschheit,
den Handelnden mit eingeschlossen. Ein Gegeneinanderwirken,
ein sich gegenseitig Verdrängen liegt in dem Begriff an sich

durchaus nicht, historisch ist der Gegensatz Bevormundung von
Staats wegen und vom Staat übertragenes Monopol. Die freie
Concurrenz, d. h. die wirthschaftliche Bethätigung des Einzelnen
nach seiner freien Individualität, schliesst freien Zusammenschluss mit Anderen, auch in festeren Organisationen, gar nicht
aus (Innungen in freier Weise, gerade wie Aerztekammern,
Advokatenkammern u. s. w.). Solcher Zusammenschluss ist für
Viele gefordert, um das Bewusstsein der bestimmten sittlichen
Aufgabe und Verantwortlichkeit zu erhalten und zu beleben. —
63. Dass durch die Concurrenz die Preise herabgedrückt
werden, hat sich nur da bewährt, wo der Concurrenten so viele
sind, dass sie sich nicht mit einander verbinden können. Wo
dies geschehen kann, ist es regelmässig geschehen, und hat
gerade zu dem geführt, was die Concurrenz vernichten sollte,
zum Monopol, aber nicht mehr zum Staatsmonopol mit seiner
Aufsicht und der Drohung, welche im Verhältniss zum Staate
lag, sondern zu einem selbstherrlichen, uncontrolirten. Warum
sollten aber die Preise herabgedrückt werden? Damit sie nach
den Nationalökonomen den natürlichen (A. Smith) oder nothwendigen (J. St. Mill) Preis erreichen. Der natürliche Preis
ist derjenige, ohne welchen die Waare auf die Dauer nicht hergestellt werden kann. Er bestimmt sich nach den Productions-
kosten sammt dem gewöhnlichen Kapitalgewinn. Wie hoch soll
aber der gewöhnliche Kapitalgewinn sein oder, allgemein gewendet, wie hoch soll das Aequivalent für unsere Bethätigung
sein? Das Ziel ist, dass man durch seine Arbeit, sie sei von
welcher Art sie wolle, in den Besitz von so viel materiellen
Mitteln gelange, als erforderlich sind, um als Glied der Menschheit erhalten und gefördert zu werden. Populär ausgedrückt: der
sittliche Mensch will leben, leben von seiner Arbeit, d. h. dadurch,
dass er seine Kräfte zur eigenen Subsistenz und zugleich zum
allgemeinen Besten verwendet. Diese Arbeit soll ihm die Mittel
verschaffen, selbst weiter zu leben, d. h. die Mittel zur Ernährung, Kleidung, Wohnung, zur Gründung einer Familie, ev. zur
Unterstützung seiner Angehörigen, und soll so viel Ueberschuss
gewähren, dass er auch in kranken Tagen oder im arbeits-

unfähigen Alter das Nothwendige hat. Diese Forderungen sind
nicht zu hoch. Alle gebildeten, d. h. überwiegend geistigen
Berufsarten stellen sie und finden ihre materielle Lage ungenügend, wenn sie bei mässigen Ansprüchen dies nicht gewährt.
Wenn also der Arbeiter durch seine tägliche Arbeit, allein oder
mit anderen zusammen oder als Glied eines Arbeitsganzen
(Fabrik), nicht soviel verdient, so ist er ungenügend bezahlt,
der Preis seiner Arbeit steht unter dem natürlichen. Ebenso
sieht es der Kaufmann an, wenn er mit den Preisen in seinem
Geschäft jenes Ziel nicht erreicht; $1/5$ für Wohnung, $3/5$ für
Haushalt und Vergnügungen, $1/5$ zurückzulegen, war die frühere
kaufmännische Weisheitsregel. Es leuchtet ein, dass namentlich
im Arbeiterstand lange der natürliche Preis nicht bezahlt wurde;
der Grund war, wie Thornton („die Arbeit") gezeigt, dass die
Arbeiter nicht warten konnten, sondern, um nicht zu verhungern,
gezwungen waren, auch auf schlechtere Bedingungen einzugehen.
Es liegt zu Tage, dass es Sache der Liebe ist, in dieser Beziehung ihre Lage zu verbessern, freilich unter In-anspruch-
nahme ihrer Arbeitsamkeit und Mässigkeit. Wie soll dies erreicht werden? Der Fabrikant, der Kaufmann sollen auch nicht
unter dem natürlichen Preis arbeiten, höchstens kann man das,
wenn sie wohlhabend sind, zeitweilig verlangen, damit sie nicht
durch Aufgeben des Geschäftes in schwerer Zeit die Arbeiter
brodlos machen. Wie kann der Geschäftsmann aber bei der jetzigen
Art der Concurrenz anders, als suchen schnell reich zu werden,
denn jeden Augenblick kann ihm ein Concurrent entstehen, der
ihn aus dem Felde schlägt blos dadurch, dass er seine Arbeiter
schlechter bezahlt und so im Stande ist, die Waare billiger auf
den Markt zu werfen; ist er aber vorher reich geworden, so
kann er das ruhig abwarten. Man hat mit Recht gesagt, dass
die Concurrenz in diesem Sinne das frühere Recht des Stärkeren ersetze durch das Recht des wirthschaftlich Rücksichtslosen. Hier giebt es keine Abhülfe — denn die, welche das
Recht (Rechtsphilosophie § 28) gewährt, ist blosse Nothhülfe —,
als dass die Gesinnung und Sitte verbreitet wird einer grossen
Mässigung in den Lebensansprüchen, so dass, wer Reichthum

hat, ihn zumeist ansieht als Mittel zur Production, um die Sachgüter zu vermehren zum allgemeinen Gebrauch. Ausserdem
müssen dann recht viele damit beginnen, den Arbeitern die von
der Liebe geforderte Behandlung angedeihen zu lassen oder
auch sich ihren Anforderungen gegenüber (Gewerkvereine) darauf einzulassen. Dies wird die Folge haben, dass solche Behandlung Sitte wird, und wo erst eine bessere Lage der Arbeiter
durchgeführt ist, da kann es wohl zur allgemeinen Ueberzeugung
kommen, dass nicht reich werden gross ist, sondern Reichthum
gemeinnützig gebrauchen. Zunächst freilich wird es schwer sein
in den gegenwärtigen Verhältnissen Aenderungen herbeizuführen.
Es werden nicht blos von den Arbeitern Thornton's Rathschläge
(„die Arbeit") an die Gewerkvereine zu beherzigen sein, auch
die Arbeitgeber könnten noch manches Nützliche gegen die
wilde Concurrenz unter sich einführen, z. B. Versicherungsgesell-
schaften auf unverschuldeten Bankerott, auf unverschuldetes
Aufgebenmüssen des Geschäftes. So gut sich unverschuldete
Armuth constatiren lässt, so gut und noch besser wird sich
auch derartiges unverschuldete Geschäftsunglück nachweisen
lassen.

64. Freilich im Augenblick wird Manches von dem über
Concurrenz Bemerkten utopisch erscheinen. Indess wie die freie
Concurrenz schon vom Rechte aus Einengungen erleiden muss,
und je mehr und mehr sich herausstellt, dass sie nur zum Theil
das Zaubermittel ist, für das sie A. Smith gegenüber dem Mono-
polgeist des Mercantilsystems hielt, so wird dann auch für
manche Bestrebungen das Feld frei werden, an welche jetzt
kaum gedacht wird. Z. B. sehr viele Sätze der Nationalökonomie beruhen darauf, dass der Werthbegriff als ein im Grossen
und Ganzen Unveränderliches in der Menschheit betrachtet wird.
So heisst es bei J. St. Mill (Grundzüge u. s. w. II. Bd. S. 101)
„Die Volkswirthschaft hat nichts zu schaffen mit der vergleichen-
den Schätzung der verschiedenen Arten des Gebrauchs oder
des verschiedenen Nutzens nach dem Urtheil eines Philosophen
oder eines Sittenlehrers. Unter dem Nutzen einer Sache versteht man in der Volkswirthschaft ihre Fähigkeit, ein Verlangen

zu befriedigen oder einem Zweck zu dienen." Werthschätzung ist
aber nicht blos dem Grade nach, sondern auch dem Inhalte nach
sehr modificirbar: früher war Krieg edel, heutzutage zählt Arbeit
mit zu dem Edlen, jede Geschichte des Luxus in der Nationalökonomie zeigt die Veränderlichkeit der Werthschätzungen. Selbst
der Satz: ein grösserer materieller Vortheil wird stets einem
kleineren vorgezogen, ist blos richtig ceteris paribus. Es ist also
keineswegs die Werthschätzung, auch im Materiellen nicht, eine
unveränderliche Grösse, sie kann modificirt werden, und dadurch
ergeben sich wirthschaftliche Folgen von grosser Tragweite. Mill
selber hat auf sittliche Modificirung der Werthschätzung wiederholt hingewiesen. So ist nach ihm (II. Bd. S. 290) das sogenannte theure Leben in England der Hauptsache nach nicht
so sehr eine Nothwendigkeit als ein unverständiges Herkommen
aller Klassen. Wer über dem Tagelöhnerstande steht, hält es
nämlich für durchaus erforderlich, dass die Artikel, welche er
consumirt, entweder von gleicher Qualität sein sollen mit denen,
welche viel reichere Leute gebrauchen, oder mindestens so wenig
wie möglich sich von denselben dem äusseren Schein nach
unterscheiden. Bd. III S. 117 verlangt er von der Regierung,
„sie sollte niemals der gemeinen Auffassung huldigen, welche
den Reichthum nur aus der kläglichen Eitelkeit, sich damit
brüsten zu können, werthschätzt, oder aus dem noch erbärm-
licheren Gefühl, dass man sich schämt für nicht reich zu gelten,
— Rücksichten, welche sicherlich drei Viertel alles Aufwandes
der Mittelklassen veranlassen." Nach Bd. III S. 140 liegt „eines
der socialen Uebel Englands in der fast zur Gewohnheit gewordenen Sucht, vor den Augen der Welt den Anschein eines
grösseren Einkommens behaupten zu wollen, als man in Wirklichkeit hat." Vgl. a. ebendas. S. 182. Nach Bd. III S. 16 „stehen
in dem Augenblick des Verkaufs die unmittelbaren Interessen
des Getreidehändlers und des Consumenten sich einander entgegen, wie dies immer zwischen Verkäufern und Käufern der
Fall ist." Aber schon S. 60 ebendas. heisst es: „Ich bekenne,
dass ich mich nicht mit dem Lebensideal derjenigen befreunden
kann, welche dafür halten, dass fortwährendes Gegeneinander-

kämpfen der normale Zustand menschlicher Wesen sei." Und
S. 94 Anm. wird dem cooperativen Magazin zu Rochdale nach-
gerühmt: „Verkäufer und Käufer kommen als Freunde zusammen,
da hört man nichts von Ueberforderung einerseits und Misstrauen andererseits." Und wenn Bd. II S. 339 gesagt wird,
gewisse Umstände riefen „Speculationen hervor, die mitunter
einen verständigen Charakter haben, häufiger aber unverstän-
diger und massloser Art sind, indem ein bedeutender Theil der
Geschäftsleute lieber Aufregung als Sicherheit mag", so steht
soviel fest, dass Mill solche Darlegungen gemacht hat, nicht
blos um eine Thatsache zu constatiren, sondern um mit darauf
hinzuwirken, dass sie mehr und mehr abnehme. Man darf nur
nicht sich dem Glauben hingeben, dass moralische Hinweise als
solche helfen, das ist aber auch ganz gegen unsere Meinung.
Solche Hinweisungen bleiben blosse Bilder der Contemplation,
wo sie mindestens eine Spur von Empfänglichkeit antreffen, Bethätigung entsteht durch sie nur, wo die Bethätigung schon
auf dem Sprunge stand, sich von sich aus oder auf leise Anregung hervorzumachen. Aber der Einzelne als solcher vermag
da wenig, es müssen sich Gleichgesinnte zusammenthun. Der
Einzelne kommt als isolirt leicht zur Meinung, dass diese Welt
für eine Bethätigung, wie er sie möchte, nicht eingerichtet sei;
eine Vereinigung aber kann sich behaupten und bei vielen, die
möchten, aber von sich aus nicht können, durchdringen. Freilich ein goldnes Zeitalter darf man nie träumen. Vor Perioden
der Schwankungen und des Darniederliegens aller Verdienste
kann niemand bewahren. Natürliche Ursachen (in einer Gegend
Pest, in einer anderen Erdbeben, in einer dritten Ausfall der
erforderlichen Erndte) und menschliche Verhältnisse (Kriege
mit ihren Vor- und Nachwehen) können derangirend wirken:
dann muss eben gegenseitiges Tragen und Stützen an die Stelle
freudiger Arbeit und Erfolgs treten, bis bessere Zeiten kommen.

65. Gold und Silber, gegen welche die Moralisten zu allen
Zeiten viel gesagt haben, wird man sich als allgemeine Tausch-
mittel müssen gefallen lassen. Geld überhaupt ist nach der
Nationalökonomie diejenige Waare, welche zugleich als all-

gemeines Tauschmittel dient. Es ist daher nicht nothwendig,
dass die edlen Metalle das Geld sind. Dass sie es aber geworden sind, liegt in ihrer Schönheit, Dauerhaftigkeit und Seltenheit, verbunden mit der Eigenschaft, leicht in kleine Stücke
gebracht zu werden und leicht das Zeichen ihres Werthes an
sich zu nehmen. Einige dieser Eigenschaften theilen gewisse
Steine mit ihnen, die daher als Edelsteine gefeiert, aber da sie
der leichten Theilbarkeit und Bezeichenbarkeit entbehren, nicht
Geld geworden sind. Fragt man sich also, worin liegt der
Werth der edlen Metalle letztlich, so ist die einzige angebbare
Antwort die, in ihrer Schönheit, die sie zum Schmuck der Umgebung und der eigenen Person werden liess. Und bei den
Edelsteinen ist es nicht anders. Es ist also die Hauptwaare
auf der Erde etwas geworden, was nicht dem vegetativen System
dient; wäre kein Gold und Silber auf der Erde, so könnten die
Menschen so gut leben wie vorher. Hier ist ein Punkt, wo
das Aesthetische, die Lust des Auges in der Betrachtung, über
alle anderen dringenden Bedürfnisse dominirt. Vergebens hat
Schleiermacher der ästhetischen Bedeutung der edlen Metalle
eine Art kosmische zu substituiren gesucht. Philosophische
Ethik S. 196 sagt er: „Gewiss liegt der Grund (für das Metall-
geld) nicht in dem Werthe, den die Metalle im Bildungsgebiet
(es ist das bei ihm soviel wie das Gebiet technischer Bearbeitung) an sich haben; denn gerade insofern sind sie selbst Waare,
welches immer die Unvollkommenheit des Geldes ist. Vielleicht
weil sie der herausgetretene Mittelpunkt der Erde und also
wirklich zu allen Dingen im gleichen Verhältniss sind, und weil
sie in dem Ineinander von Starrheit und Beweglichkeit, von
Undurchdringlichkeit und Licht alle Differenzen repräsentiren.
Etwas Natürliches wenigstens liegt offenbar zu Grunde." Aehnlich hat er sich in der „Lehre vom Staat" ausgesprochen S. 230.
Es ist nun an sich gar kein Unglück, dass die Menschheit an
der Schönheit gewisser Metalle sich erfreut und an der Schönheit gewisser Steine, sowenig wie es als ein Unglück betrachtet
wird, dass man seine Freude an dem Blau des Himmels und
an der Farbenpracht der Blumen hat. Es ist sogar ein Glück,

dass alle Menschen dieser Freude an den Edelmetallen fähig
sind, und dass diese durch ihre anderen Eigenschaften sich
zum bequemen Tauschmittel eignen; denn ein solches allgemeines
Tauschmittel ist durchaus Bedürfniss, und es muss dieses zugleich einen Werth in sich haben. Blosse Anweisung (in Papier
oder Ac.) auf ein Güteräquivalent setzt einen Zustand von Vertrauen und Sicherheit in der Menschheit voraus, welcher von
Anfang an nicht da war, welcher bei uns nur hier und da annähernd erreicht ist (gegenseitige Abrechnung in einem clearing-
house, checks) und durch die mannichfachsten Umstände zeitweilig mindestens wieder getrübt werden kann, wo also die Edelmetalle selber als unmittelbare Zahlungsmittel wieder eintreten
müssen. Ausserdem setzen Gold und Silber, um überhaupt
Geld zu werden, einen gewissen Wohlstand voraus, der durchaus wünschenswerth ist. Die Gefahren des Edelmetallgeldes sind
die alles Aesthetischen, es gilt ihnen entgegenzuwirken, was,
soweit es das Theoretische angeht, durch die Nationalökonomie
von A. Smith an klassisch geleistet ist.

66. Das Resultat unserer Betrachtungen §§ 56—65 ist:
das vegetative System und die Bethätigung von ihm aus ist nicht
blos natürlich, sondern sich ihm hingeben ist sittlich. Von
seiner Befriedigung hängt die Erhaltung und Förderung der
Menschheit nach allen Seiten ihres Seins ab. Diese Hingebung
an das vegetative System kann darum mit ganzer sittlicher
Freudigkeit geschehen, weil die Arbeit ein Hauptfactor in der
Befriedigung desselben ist, und auf Grund dieses Factors jeder
mit bestem Gewissen sich die Naturgaben aneignen und ihrer sich
bedienen mag, falls er nur durch seine Arbeit mehr producirt,
als er consumirt, und dafür sorgt, dass seine Producte zur Vertheilung unter die Menschheit kommen, nicht zur mühelosen Vertheilung der Aneignenden, sondern sofern diese arbeitsfähig sind,
ist auf die gleiche Auffassung und Bethätigung ihrerseits zu
rechnen, so dass Tausch der Arbeitsproducte die unter jener
Bedingung sittliche Form der Vertheilung ist. Das vegetative
System mit seinem materiellen Geniessen und Arbeiten ist daher
eminent sittlich, und ganz falsch ist der Gegensatz von Materiell

und Ideal, den wir noch bei uns gewöhnlich finden, indem man
dem Materiellen als das Ideale gegenüberstellt Kunst und Wissenschaft. Unsere Vorliebe in Deutschland für die geistigen
Berufsarten und die künstlerischen, obwohl die letzteren schon
weniger, ist bekannt, auf sie gründet es sich, dass Wissenschaft
und Kunst uns als das eigentlich Ideale erscheinen. Es waltet
da eine Amphibolie: ideal wird einmal genommen im Sinne von
überwiegend Intellectuell, das andremal im Sinn von schlechthin sittlich Werthvoll, und beides wird dann in Eins confun-
dirt, d. h. die aristotelisch-mittelalterliche Werthschätzung des
Intellectuellen als des eigentlich Sittlichen bricht wieder durch,
wie sie ja in der absoluten Philosophie, wenn auch mit verschiedenen Modificationen, herrschte (bei Schelling war das
Aesthetische, bei Hegel das Begriffliche das Höchste). Es wäre
vielleicht wohlgethan, zwischen ideal und ideell zu unterscheiden, ideal dem Sittlichen, ideell dem Intellectuellen gleichzu-
setzen. Der richtige Ansatz ist: ideal ist alles, was der sittlichen
Aufgabe um ihrer selbst willen dient, dies thut aber das Intellectuell-contemplative nicht mehr als das Materiell-mecha-
nische. Alles Materielle ist ideal, sobald es der Erhaltung und
Förderung der Menschheit, den Einzelnen mit eingeschlossen,
dient. Also, um die Lockesche Wendung zu gebrauchen, der
Ackerknecht, die Viehmagd, welche sich bethätigt 1) zur eigenen Subsistenz, damit sie nicht Anderen zur Last falle, 2) mit
Lust daran, dass durch solche Arbeit auch für Andere mit anderen Bethätigungen Lebensunterhalt geschaffen wird, — der
Bauer, der da spricht: wenn wir nicht arbeiteten, wie sollten
dann die Anderen leben, hat eine ideale Aufgabe und erfüllt
sie in idealer Gesinnung. So wie der niedere Arbeiter, so kann
aber auch der Fabrikant, der Kaufmann, der Techniker in solch
idealer Gesinnung wirken mit lauter materiellen Gütern. Nicht
dass er weniger Muskelkraft und mehr Nervenkraft verwendet
als der grobe Arbeiter, macht sein Wirken ideal, sondern ideal
wird sein und des Gelehrten und Künstlers Wirken blos durch
die sittliche Gesinnung und Auffassung, von welcher allein die
Idealität abhängt.

67. Wie verhält sich aber unsere Léhre zum Communismus und Socialismus? Sie verwirft beide durchaus; sowohl den Communismus, denn das individuelle Eigenthum gehört zur individuellen Bethätigung und diese zum Menschen, als den Socialismus oder die Organisation der Arbeit und die Vertheilung des Ertrags von Staats wegen, denn sowohl die Arbeit als der Genuss gedeiht nur, d. h. ist nur erhaltend und fördernd, wo er individuell ist. Aber unsere Lehre kommt dem entgegen, was von wahren Bedürfnissen beiden Theorien zu Grunde liegt. Die meisten Menschen bedürfen unbeschadet ihrer Individualität einer Leitung, d. h. sie können nur auf Anregung und unter Beispiel sich erfolgreich bethätigen (§§ 10, 11), diese Leitung finden sie aber, Gleichheit als entwickeltes Gefühl vorausgesetzt, nur gerecht, wo sie sich durch dieselbe erhalten und gefördert finden; nun finden sie sich zum grossen Theil durch die fortgeschrittene Theilung der Arbeit und den Maschinengebrauch in ihrer individuellen Bethätigung gehemmt und gemindert, darum reagiren sie so heftig, seitdem ihnen dies als Masse gerade in Folge der Ausbreitung des Fabrikbetriebs ist zum Bewusstsein gekommen. Hier muss Abhülfe geschehen; schon der Staat kann darin vielerlei thun (Rechtsphilos. § 28), aber er kann nicht ganz durchgreifen; denn er kann auch die Individualität der anderen widerstrebenden Klassen nicht einfach hemmen und herabmindern durch die Gesetzgebung, sonst versagen sie sich. Daher sind an wirthschaftlichen Verhältnissen grosse Staaten zu Grunde gegangen. Die Gesellschaft, d. h. die freieren Vereinigungen von Menschen innerhalb eines oder mehrerer Staaten, sind in solchen Dingen viel mächtiger gewesen. Wenn die socialen Verhältnisse regenerirt wurden, sind sie überwiegend in freier Weise von bestimmten kleinen Gesellschaftsgruppen aus regenerirt worden. Meist ist bisher diese Regeneration der socialen Verhältnisse mit der Religion verbunden gewesen. Das Christenthum hat auf die unterdrückten Klassen der griechisch-römischen Welt wesentlich gewirkt dadurch, dass es Gleichheit aller in seine Gemeinschaft Eintretenden statuirte und die Liebesbethätigung von Bruder zu Bruder brachte. Der Islam hatte

in den orientalischen Ländern einen leichten Siegeszug nicht
blos durch die Waffen der Araber, sondern dadurch, dass er
überall, wo er nahte, mit der Lehre: wer zum Islam übertritt,
ist kein Sklave mehr, die Sklaven im Voraus für sich hatte.
Der Buddhismus hat durch das Erbarmen mit allem Lebendigen,
in dem er ein Gleiches sieht, viele Millionen ergriffen. Die
mittelalterliche Kirche, so lange sie noch im Aufstreben war,
hat sich sowohl der Leibeigenen angenommen, als der ver-
armenden Freien und der ganz Verarmten, für jene hat sie
gewisse natürliche Rechte vertreten (z. B. Ehe), diese wurden
ihre Lehnsleute, die dritten fanden Brod und Obdach bei ihr.
Wo freilich die katholische Kirche zu voller Macht kam, da
hat sich herausgestellt, dass ihre doppelte Moral (§ 30), die
höhere des rein geistlichen Lebens mit Armuth, Ehelosigkeit
und Gehorsam, die niedere der in der Welt Lebenden, aber
mit möglichster Richtung auf das Contemplative und Herab-
minderung der materiellen u. s. w. Gedanken, der wirthschaftlichen Wohlfahrt nicht günstig sind. Das klassische Land, diese
Wirkung des vollen und ganzen Katholicismus zu studiren, ist
Spanien, denn die italienischen Republiken in ihrer Blüthezeit
hatten einen starken Zug der Selbständigkeit, in Frankreich
aber ist niemals die officiell kirchliche Moral auch die effective
Volksmoral geworden. „Wie viel reicher wäre Spanien heute,
wenn es die müssigen Kapitale seiner Kirchenpracht für Chaus-
seen und Kanäle benutzt hätte" (Roscher, die Grundlagen
der Nationalökonomie 9. Auflage S. 85 § 43). „Noch 1781
musste die Akademie zu Madrid eine Preisaufgabe stellen, dass
die nützlichen Gewerbe nichts Ehrenrühriges haben." (Ebendas.
S. 105 § 54.) Die Reformation brachte die grosse Erlösung,
dass sie die Gottwohlgefälligkeit jedes nützlichen Berufes lehrte,
also die gewerbthätigen Nationen des Nordens von dem Druck
befreite, der auf solchen Gemüthern lasten musste, wo ihnen
nach mittelalterlicher Doctrin das contemplative Leben als der
einzig wahre Gottesdienst gepredigt wurde. Ausserdem brachte
die Reformation Befreiung von Rom, das, je ferner es den nordischen Ländern war, desto weniger die Sinnesart dieser Völker

fasste und daher desto rücksichtsloser sie ausbeutete: entfernte
Provinzen werden leicht am schlechtesten regiert. Heutzutage
hat die Kirche darum so wenig inneren Anhang, weil sie den
wirthschaftenden Klassen so wenig zu bieten weiss, meist hat
sie sich sogar der modernen wirthschaftlichen Entwicklung entzogen, ihre Diener kennen sie nicht. Die Rückbiegungsversuche
ins Mittelalter, welche von der katholischen Kirche manchmal
unternommen werden, sind auf die Dauer vergeblich. Die protestantischen Geistlichen können vielleicht noch viel wirken,
wenn sie sich der wirthschaftlichen Lehren und des Heilsamen
in ihnen bemächtigen, sie brauchen darum nicht wie die ratio-
nalistischen Pfarrer des vorigen Jahrhunderts über Stallfütterung
zu predigen, obwohl jene Zeit mit ihrem ernsten moralischen
Appell keine schlechte war; aber auch in anderer Weise kann
sich noch heute wirthschaftliche Regeneration der Gesellschaft
an die Religion anschliessen. Es muss aber eine Beziehung
zur Religion bei solchen Bestrebungen nicht statt haben, es
können Leute von verschiedener religiöser Ueberzeugung oder
auch ohne eine bestimmte derartige Ueberzeugung zu Vereinen
zusammentreten und einzelne Seiten der Sache oder auch ein
ganzes Programm in die Hand nehmen. Die Hauptsache ist,
dass nicht Reden gehalten und Projecte discutirt werden, sondern dass ein thatsächlicher Anfang gemacht wird, an welchen
sich Andere anschliessen können. Die Menschen werden nicht
so sehr durch Worte, als durch Beispiele und Vorbilder angeregt. Worte helfen blos, wenn alle Bedingungen der Bethätigung da sind und es blos der Erregung des Gedankens bedarf, die Spannkräfte in Bewegungskräfte umzusetzen. Wo dies
aber nicht ist, da müssen erst die Bewegungen vorgemacht
werden und dadurch deren Nachbildung und vermittelst dieser
die Gefühle und Vorstellungen geweckt werden. Liebe in diesem
Sinne vereinzelt kann wenig wirken, sie kann lindern, helfen,
trösten, unsträflich sein und wandeln; sie muss Anschluss haben
und Zusammenschluss, nicht um als Macht aufzutreten, die
durch Gewalt oder Drohung wirkt, sondern um in grossen
Zügen und Allen sichtbaren Handlungen zu wirken. Nicht als

Stille im Lande, nicht in Verborgenheit und halber Heimlich-
keit muss gewirthschaftet werden, sondern offen und klar und in
Zusammenhang, ohne darum mit Reden viel Lärm zu machen.
Aber ist dies Mittel nicht etwa gegen das Prinzip der Selbsthülfe, welches doch hochgehalten werden muss, 1) weil es dem
Individualismus, der Bethätigung nach eigener Art überhaupt
entspricht, 2) weil von jedem sittlich verlangt wird, dass er
thue, was in seinen Kräften steht.   Der Individualismus in
diesem Sinne muss allerdings gewahrt werden, aber er schliesst
Vereinigung mit Anderen und Anregung und Vorbild Anderer
nicht aus.   Die Schulze-Delitzsch'sche Selbsthülfe (welche aber
eingestandnermassen mehr dem kleinen Gewerbsmanne als dem
eigentlichen Arbeiter zu Gute kommt, also ihr Herrliches hat,
aber nicht für alles auf einmal ausreicht) ist so, wie wir
es ansetzen.   Schulze ist dabei der anregende und vorbildliche
Geist, der noch heute als solcher unter den 1000 kleinen Gemeinschaften wirkt, die er ins Leben gerufen hat direct oder
indirect, und ohne innere Nothwendigkeit hat er in seinem
Arbeiterkatechismus die wirthschaftlichen Bestrebungen des Einzelnen auf das wohlverstandene Interesse zurückgeführt, derselbe
liesse sich leicht in das Prinzip der Erhaltung und Förderung
der Menschheit, den Handelnden immer mit eingeschlossen, um-
schreiben.   Die meisten Menschen bedürfen einer solchen Leitung nicht blos im Wirthschaftlichen, sondern auch im Geistigen.
Die wir nicht selbst Dichter, Künstler, wissenschaftliche Ent-
decker oder Erfinder sind, wir lassen uns von den originalen
Köpfen leiten, indem wir das, was von künstlerischer oder wissenschaftlicher Befähigung in uns ist, an ihren Arbeiten oder
Erzeugnissen bilden, nähren, beleben.   Nicht anders ist es mit
den dem wirthschaftlichen Leben mehr Zugewandten.   Leiter
müssen sie haben, selten entstehen ihnen dieselben aus ihrem
Kreise, die Einsichtigen aus anderen Kreisen sind daher verpflichtet sich ihrer anzunehmen.   Wo der Arbeiter, der Bauer
die richtigen Leiter nicht findet, da kann es nicht anders als
nach § 54 so zugehen: die Unzufriedenheit mit den gerade
herrschenden Zuständen erzeugt Gedanken des Andersseins,

zunächst treten unter diesen nach psychologischen Gesetzen
hervor die contrastirenden Vorstellungen, also bei uns gegenüber
dem Atomismus der Concurrenz mit ihrer angeblichen Selbst-
regulirung Gemein-Wirthschaft und Collectiveigenthum von
Staats wegen. Es geschieht das nach denselben psychologischen
Gesetzen, nach denen dem Verschmachtenden in der Wüste die
Fata morgana Seen und Oasen vorspiegelt, nach denen gerade
beim Volke Märchen wie das Schlaraffenland so beliebt sind,
nach denen im Mittelalter die Sehnsucht nach einer Panacee
oder der Goldmacherkunst so gross war, nach denen in den
Religionen man sich das Paradies oder den Himmel meist ge-
dacht hat als Inbegriff alles dessen, was man wünschte, auf
Erden aber nicht so hatte. Der praktischen Verständigkeit in
Bezug auf Mittel und Zweck, Ursache und Wirkung ist ein
solcher Zustand des Gefühls und Vorstellens sehr unzugänglich.
Wirksame Abhülfe ist hier blos, dass man bessere Zustände
thatsächlich einführt und von ihnen aus etwa auf misslungene
Versuche der utopistischen Art hinweist.

68. Wenn das vegetative System und seine Befriedigung
der Erhaltung und Förderung der Menschheit dienlich wird durch
Arbeit, welche mehr producirt, als man verbraucht, und der
Sittliche diesen Anspruch gegen die Anderen erheben muss,
wie soll er sich verhalten zu denen, welche diesem Anspruch
nicht nachkommen, gegen die Schwachen, die Kränklichen, die
Trägen oder die der Arbeit ganz Widerstrebenden? Zuerst ist
zu sagen, dass der Satz: productiv ist derjenige, welcher das
Weltvermögen vermehrt, nicht heisst, blos der unmittelbar in
Ackerbau oder Industrie Thätige ist productiv, sondern productiv
kann auch derjenige sein, welcher unmittelbar in alle dem nichts
leistet, dagegen durch seine Bethätigung dazu beiträgt, dass die
Bedingungen des wirthschaftlichen Lebens, ohne welche der Mensch
bei Arbeitstheilung und Tausch nicht bestehen könnte, erhalten
und wo nöthig verbessert werden (Soldat, Beamter), oder dazu
beiträgt, dass die Seiten menschlichen Wesens gepflegt werden,
welche in den mehr wirthschaftlich beanlagten Menschen auch
da sind, aber der Anregung durch Andere zu ihrer Bethätigung

bedürfen (Gelehrte, Künstler, Geistliche). Ein solcher producirt
Leistungen für Erhaltung und Förderung der Menschheit, und
wenn er thätig und regsam in seinen Leistungen ist und mässig
in seiner Lebensweise, so kann man sicher sein, dass er mehr
producirt als verbraucht. Aber die Schwachen? Hier ist zu
sagen: ein Mensch, der aus Unvermögen nur soviel leistet, als
er verbraucht, ist sittlich werthvoll, er ist ein Glied mehr, thätig
in seiner vollen Kraft, man wird sich an ihm freuen und ihn
nicht empfinden lassen, dass Andere mehr leisten. Der Kränk-
liche wird weniger leisten, als er verbraucht. Hier ist die
Pflicht klar, gegen die Kränklichkeit anzukämpfen, damit sie
überwunden und der Mensch leistungsfähig werde, wenn nicht
mit Ueberschuss, so doch in Aequivalenz zu seinem Gebrauch.
Ist die Kränklichkeit unheilbar, so fordert die Erhaltung und
Förderung der Menschheit, dass der Leidende aufgefasst werde
als Einer, dem es selbst wehe thut, dass er nichts leisten kann,
dass ihm somit die Liebe zur Menschheit bewiesen wird nicht
blos darin, dass wir seine Tage fristen mit Opfern (§ 39), sondern dies auch mit Freudigkeit und Willigkeit thun, um ihm
seine innere Lage von da aus leichter zu gestalten. Der Kranke
kann dagegen durch Geduld, Sanftmuth, Selbstbeherrschung,
Anspruchslosigkeit eine Leistung hohen Ranges liefern; denn
ohne solche Beispiele wird stets der Gesunde, falls er einmal
krank wird, mehr zur Ungeduld geneigt sein und zur Unruhe.
Nur wird der unheilbar Kranke nicht verlangen dürfen, dass
sich Alles gleichsam um ihn drehe, als ob seine meist geträumte
Rettung oder unendliche Versuche zur Linderung die einzige
Aufgabe des kleinen oder grösseren Kreises sei, dem seine Pflege
obliegt. Der Mann der Arbeit, der mechanischen Arbeit, sieht
es auch meist so an: er steht auf dem Standpunkt, wie ihn
Plato (in der Republik) schildert. Kann der Arzt ihn nicht
gesund machen, so dass er wieder irgend tüchtig zu etwas
wird, so verlangt er, dass derselbe ihn der Krankheit und ihrer
Auflösung überlasse. Die ποσοτροφία derer, welche blos sein
wollen, auch wenn sie gar nichts leisten, nicht einmal Geduld
und Sanftmuth haben, und alle Mittel in Bewegung setzen, um

nur noch einen Tag, einen Monat, ein Jahr hinzuvegetiren, ist
nicht sittlich, und kann nicht gefordert werden von der Umgebung. In dieser Beziehung ist Schleiermacher's Aufsatz über
die platonische Stelle durchaus zutreffend, so wenig er dem
weichlichen Sinn auch unseres Geschlechtes vielleicht zusagt.
Und der Faule? Gemeint ist damit Einer, der Kraft zur Arbeit
hat, mindestens bis zur Selbsternährung, die aber nicht von
sich aus in Bewegung kommt. Einen solchen zu ernähren hat
niemand die sittliche Pflicht, legt er sich auf Belästigung Anderer, durch Betteln u. dgl., so kann er vom Rechte zwangs-
weise angehalten werden zu so viel Arbeit (Arbeitshaus), dass
er mindestens Kost, Wohnung und auch an seinem Theil
die Mittel aufbringt, welche zum Zwang selbst erforderlich
sind.

69. Wie aber soll die Liebe verfahren Andersdenkenden
gegenüber, also unter Menschen des wohlverstandenen Interesses
und der blossen Cultur? Zunächst wird sie nach sich verfahren,
denn Beispiele wirken am meisten, und sie kann nur hoffen,
die Anderen zu ihrer Art herüberzuziehen, wenn sie nicht
Worte, sondern vor Allem Thaten giebt, und dadurch etwa die
Keime ihrer Art in den Anderen belebt. Wenn aber die Anderen das benutzen, sie blos auszubeuten? Dann wird sie sich
auf den Rechtsstandpunkt zurückziehen, sowohl im Privatver-
kehr als im Völkerverkehr, aber stets so viel Liebe in das,
was im Rechte offen gelassen ist, hineinlegen, als sie nur irgend
vermag, ohne die blosse Beute und das Gelächter der anderen
Lebensansichten zu werden. Im Zweifelsfalle wird der Ausgangspunkt des Handelns den Menschen gegenüber für die Liebe
der Rechtsstandpunkt sein, aber so, dass jeder bald merken
kann, hier habe er es mit Einem zu thun, dessen Gesinnung
und Bethätigung nicht im blossen Recht mit seiner Latitüde
für nähere moralische Ausfüllungen aufgeht, sondern der bestimmt die und die Gesinnung und Bethätigung hat, sie nicht
blos übt Gleichgesinnten gegenüber, sondern jedem gegenüber,
der mindestens soviel Achtung davor zeigt, dass er sich hütet,
sie zu missbrauchen. Die Güte wird also Güte sein, ohne

Schwäche zu werden; nur wird sie eher einmal durch zu viel fehlen wollen als durch zu wenig.

70. Und wie wird die Liebe sich stellen mit ihrer Forderung der Arbeitsamkeit und Mässigkeit gegenüber den verschiedenen Klimaten? Sie wird deren Verhältnisse in Rechnung bringen. Zunächst wird sie keineswegs verlangen, dass, was bei uns im Durchschnitt hierin Regel ist, allüberall in gleicher Weise so sei. Mässigkeit ist ein Kanon, der erhalten sein kann bei sehr verschiedenen Maassen und Massen der Genussmittel. Der Polarmensch verschlingt Massen von Fett; er kann mässig dabei insofern sein, als diese Massen zur Erhaltung seiner Wärme und Arbeitskraft erforderlich sind. Der Südländer braucht weniger als wir, er hat für Erhaltung der Wärme durch Speise und Getränke wenig zu sorgen, das besorgt die höhere umgebende Temperatur für ihn, er hat blos für einen Ueberschuss von Kraft zur Arbeit zu sorgen, er wird dabei eher durch Schatten und kühlende Getränke dafür wirken, dass die Verdünstung seines Körpers nicht zu gross werde und nicht andere das ganze System erschlaffende Wirkungen der Hitze eintreten. Was die Arbeit betrifft, so ergeben sich gleichfalls vom Klima aus grosse Unterschiede. Bei uns ist Arbeit, mindestens sofern sie Bewegung ist, nothwendig zur Erhaltung und Förderung selbst des physischen Lebens. Ausserdem hat die kältere Luft, da sie schwerer ist und somit reichlicher in die Lungen eindringt, einen erhöhten Stoffwechsel zur Folge und dadurch eine Erhöhung aller Systeme, auch des Muskelsystems; speciell ruft sie dann noch durch die stärkere Wärmeausstrahlung des Körpers ein Bedürfniss nach Ausgleichung des Wärmeverlustes durch Nahrung und Bewegung hervor. Dazu kommt, dass die kältere Jahreszeit Vorräthe für sie zu sammeln frühe zwingt, also die Arbeit und zwar die methodische Arbeit vom vegetativen System aus hat bei uns besondere Anreizungsmittel. Hierzu tritt noch, dass die äusseren Bedingungen, d. h. was von Mitteln zur Ernährung und zum Erwerb vorgefunden oder mitgebracht oder zugeführt wurde, so sehr auf die ganze Arbeit und Art eines Volkes bei der Befriedigung der materiellen Be-

dürfnisse einwirken. Aeusserst instructiv ist in dieser Beziehung
der Abschnitt über Amerika und Australien vor ihrer Entdeckung und Besiedelung in Peschels Völkerkunde. Nun kann
es sich treffen, dass ein Volk oder ein Einzelner, aus einem
Lande in ein anderes kommend mit den bei ihm errungenen
Mitteln, erkennt, dass leicht der Ertrag desselben könne verviel-
fältigt werden zur eigenen Förderung des einheimischen Volkes
— was schon eine sittliche Aufgabe für sich wäre — und zum
Nutzen anderer Völker. Die sittliche Aufgabe ist natürlich,
dahin zu wirken, dass dies geschehe, denn dies trägt zur Erhaltung und Förderung der Menschheit überaus bei, aber die
Aufgabe ist auch, dass es nicht so geschehe, dass ein Theil
der Menschheit dabei erhalten und gefördert wird, der andere
dafür geschwächt oder vernichtet. Das moderne Europa ist
seit den grossen Länderentdeckungen überwiegend nach einem
Princip verfahren (s. Rechtsphil. § 64), welches zu Letzterem
führte, um so mehr sollten wir darauf denken, es anders zu
machen. Helfen hierzu können nur Culturmissionen, d. h. Einzelne müssen sich in einem solchen Lande niederlassen, um aus
den dort genau kennen gelernten vorhandenen Bedingungen
heraus den Uebergang zu besseren Verhältnissen für das Volk
selbst und dadurch auch für andere Völker herbeizuführen.
Einige Methodisten- und Herrnhuter-Missionen auf den Südseeinseln sollen so verfahren sein. Wo ein Volk sich ablehnend
verhält, zieht man sich auf den Rechtsstandpunkt zurück. Man
darf nicht sagen, solche Betrachtungen kämen bereits zu spät,
es könne sich nur darum handeln, den sog. Naturvölkern die
Wohlthat der Euthanasie zu verschaffen, ihren einmal eingelei-
teten Untergang zu mildern soviel möglich. Es mag in manchen
Gegenden richtig sein, dass auch das sittliche Verfahren jetzt
nichts weiter mehr erreicht, aber für einen grossen Theil der
Erde steht die Sache nicht so. In Südamerika, in Afrika, in
Asien, vielleicht auch auf den Südseeinseln noch giebt es Massen
von Völkern, welche der besseren Befriedigung der Bedürfnisse
durch den europäischen Factor der Arbeit, der ihnen aber zunächst angepasst werden müsste, können zugänglich gemacht

werden. Diese Anpassung des Arbeitsfactors an die vorhandenen Verhältnisse ist die Hauptsache im Anfang. Verkehrt war
der Grundsatz, man müsse nur neue Bedürfnisse in dem Menschen wachrufen, dann würden mit dem Trieb nach ihrer Befriedigung auch die Mittel gesucht werden, man werde also die
dem Lande eigenthümlichen Güter vermehren, um für die Gegenstände des Verlangens etwas zum Tausch zu haben. In Afrika
hat dies bekanntlich blos dazu geführt, dass diejenigen, welche
durch die Gewohnheit der Macht auch die Gewohnheit hatten,
ihre Bedürfnisse befriedigt zu sehen, sich nach dem ihnen be-
quemsten Mittel umschauten, Tauschobjecte zu haben; dies
Mittel bestand darin, von den eigenen Unterthanen möglichst
viele als Sklaven zu verkaufen und von den Nachbarvölkern
recht viele durch Krieg in Gefangenschaft und dann in die
Sklaverei zu bringen. Freilich, wären die Sklaven nicht begehrt
worden, so wären sie kein Tauschmittel gewesen, daher sucht
man mit Recht den Sklavenhandel zu unterdrücken; damit ist
aber noch keine vermehrte Arbeitsamkeit und Industrie in
diesen Völkern geschaffen, sondern das muss nun noch geschehen, nicht dadurch, dass man ihnen complicirte Maschinen
zeigt, die sie anstaunen wie Hexerei, sondern dass man an ihre
vorhandenen Bethätigungen anknüpft, diese nach Massgabe der
klimatischen Verhältnisse steigert, sie selbst bei dieser gesteigerten Bethätigung und Production sich gefördert finden lässt,
daran weiter knüpft u. s. w. Dieser Weg ist lang und langsam, aber der richtige; er ist auch der, welchen wir selbst
sind geführt worden. Die Missionäre brachten den germanischen
Völkern nicht blos das Christenthum, sondern zugleich eine
Menge Verbesserungen des Ackerbaus und der ganzen wirthschaftlichen Verhältnisse, und zwar anknüpfend an das Vor-
gefundene und von da aus Muster gebend. Heutzutage muss
die wirthschaftliche Mission das Erste sein, denn das können
diese Völker fassen, aber unsere Discrepanz der Confessionen
und confessionellen Denominationen können sie nicht fassen; die
naive Anbequemung des Christenthums an die heidnischen Religionen aber, wie sie bei den früheren Bekehrungen thatsächlich

üblich war, ist heutzutage nicht mehr möglich, die Missionäre selbst könnten das Mittelding von Christenthum und Heidenthum nicht mehr mitmachen. An solche wirthschaftliche Anfänge kann sich dann später Anderes anschliessen. Zuerst müsste man Häuptlinge bewegen, für das Land geeignete Handwerker, Ackerbauer u. a. einzuladen, sie zu versorgen und zu schützen, diese müssten sich im Lande womöglich verheirathen oder sonst sesshaft machen u. s. f. Bei der europäischen Wanderlust und Abenteuerlust selbst unter fleissigen und edlen Menschen wird es an Bereitwilligkeit zu derartigen Functionen nicht fehlen. Dann muss aber auch Zeit gelassen werden. Herder hat den Vers Vergils, tantae molis erat romanam condere gentem, mit der Umwandlung germanas condere gentes zum Motto seiner Betrachtung des Mittelalters gemacht. In der That fast 1000 Jahre sind nothwendig gewesen, dass aus den Stürmen der Völkerwanderung die modernen germanischen und germanisch-romanischen Völker hervorgingen. So lange brauchte es nun nicht zu dauern, wo methodisch verfahren wird. Das Mittelalter war eine Zeit naturwüchsiger Versuche und dabei von religiösen Kämpfen nach Aussen und im Inneren bewegt, bis es gelang, unter Hochhaltung der Religion doch ein Allgemeinmenschliches zu erringen. Das Ideal ist, dass über die ganze Erde als Praxis und als Theorie verbreitet sei, dass das vegetative System und seine Bedürfnisse zu befriedigen sind durch Arbeit, welche mehr producirt, als sie selbst verbraucht, dass dies allein mit Erhaltung und Förderung der Menschheit verträglich ist, dass aber dabei mancherlei Modificationen nach Klima insbesondere und Flora und Fauna statthaben können, die doch jener Gesinnung und Uebung selber keinen Eintrag thun.

Die Naturen der überwiegenden Muskelbethätigung als solcher.

71. Die erste Hauptart menschlichen Wesens war die, wo das vegetative System besonders regsam ist, aber so, dass Muskel- und Nervensystem auch tüchtig sind; es war die Art, wo Thun und Denken vorzüglich auf materielles Wohl und seine Befriedigung gerichtet ist, an sie schloss sich darum die Betrachtung der wirthschaftlichen Verhältnisse überhaupt an. Die zweite Hauptart menschlichen Wesens ist die, wo das Muskelsystem a potiori regsam ist, aber das vegetative System und das Nervensystem auch kräftig sind. Es ergiebt die Naturen, welchen Activität um ihrer selbst willen werthvoll ist. Das vegetative System ist bei ihnen schon darum kräftig, weil das Muskelsystem es ist und zur Bethätigung aus sich inclinirt, dies Tummeln aber, zumal wenn es in freier Luft statt hat, dem vegetativen Leben diejenigen Reize zuführt, welche zum Ersatz lebhaft auffordern und zur Mehrung der Kraft. Aber nicht das vegetative Leben und seine Befriedigung ist dabei die Hauptabsicht, sondern das gilt blos als unvermeidliche Unterlage, als *ἀναγκαῖον*, dagegen die Muskelbethätigung als das *καλόν*, das wahrhaft Menschliche und Höhere. Das Nervensystem kann dabei in verschiedener Weise regsam sein, wenig und viel, aber das Charakteristische ist, dass Phantasien und Gedanken sich auf die Muskelbethätigung irgendwie beziehen als Mittel, als Anknüpfungspunkte, sie werden nicht um ihrer selbst willen gesucht. In der Geschichte haben sich diese activen Naturen besonders so gezeigt. Die unmittelbarste Art ihrer Bethätigung ist das kriegerische Leben der alten Zeiten

gewesen. Dies mag seinen Anknüpfungspunkt schon daran gehabt haben, dass die grössere Verbreitung der Thiere in jenen
Tagen den Kampf gegen dieselben nothwendig machte und so
den Muskelbethätigungen und der Lust an ihnen willkommene
Gelegenheit bot. Aber solchen Naturen zuckte es überhaupt
gleichsam in den Fingern, wenn sie etwas wollten, es einfach
zu nehmen, wenn sich etwas entgegenstellte, zum Kampf überzugehen. (Siehe den Abschnitt über den zu erwartenden Gang
der menschlichen Entwicklung § 22 ff.) Ausserdem erschienen
ihnen diejenigen, welche dem vegetativen System um seiner
selbst willen ergeben waren, als die Geringeren, sie selbst als die
Höheren, Edleren. Daher ist das kriegerische Leben in den
ältesten Perioden, vom Räuberleben wenig verschieden, so verbreitet gewesen, und im Zusammentreffen kriegerischer Horden
galt es, die eigene Kraft als die stärkere zu erweisen. Dies
kriegerische Leben konnte sich in mannichfacher Weise näher
gestalten. Die, welche ihm zugethan waren, mochten selbst eine
Grundlage vegetativer Lebenserhaltung haben, aber eine dürftige
(Nomaden), und sich für Ergänzung derselben oder Verschaffung
besserer Mittel an die mehr Sesshaften und damit auch dem
vegetativen Leben mehr Dienenden wenden, als die Höheren,
die von den Niederen forderten. Das kriegerische Leben konnte
auch insoweit in sich Selbstzweck sein, dass innerhalb eines
Volkes sich eine Kriegerkaste ausbildete, welche blos den militärischen Uebungen lebte, dafür aber die Ackerbauer beschützte
und zugleich beherrschte. Oder eine ganze Gruppe konnte
kriegerisch sein, überwiegend oder in Verbindung mit Ackerbau, und so auf Krieg und Beherrschung Anderer ausgehen
(in Griechenland Sparta, in Italien die Römer). Es war aber
nicht so, dass in allen Menschen die kriegerische Anlage da
war oder leicht geweckt werden konnte: in Vorderasien hat
dieselbe nach den Alten sehr viel gefehlt, weshalb diese Völker
fremden Eroberern so oft zur Beute wurden. In China fehlt
dieselbe seit Langem; das Militär wird dort verachtet, obwohl
es thatsächlich herrscht (Mandschu), nur Ackerbau, Industrie
und was man von Wissen hat, ist geschützt. Die kriegerische

Bethätigung konnte mit grossen intellectuellen Kräften gepaart sein, die sich zeigten in allem, was Kriegführung und Heerwesen betraf. Dies konnte zur Kunst werden, unterworfene Völker dauernd zu beherrschen, nicht blos durch ein System militärischer Einrichtungen (Roms Colonien, viele Schöpfungen des frühesten Mittelalters), sondern auch durch politische Organisation. Das Letztere war blos dann der Fall, wenn das kriegerische Volk zugleich Sinn für das vegetative Leben und die Mittel seines Bestandes hatte (Ackerbau und irgend welche Industrie). Darum hat Rom nicht blos unterworfen, sondern auch verwaltet in grossartiger Weise, während die Türken zwar im Erobern gross waren, aber auf Verwaltung sich nie verstanden, sie führten auch in den besiegten Ländern den Krieg weiter durch Beraubungen und Missbräuche aller Art. hingegen verstanden sich die Araber des Mittelalters z. B. in Spanien auch auf Verwaltung.

72. Die Aktivität um ihrer selbst willen kann sich aber nicht blos als kriegerische bethätigen, sie vermag dies auch in anderer Weise, nur bedarf sie immer eines äusseren Gegenstandes, eines Objectes. Bethätigung ist Aeusserung von Muskelkraft, diese Aeusserung vollzieht sich in Verkürzung und Verlängerung der Muskeln, diese Muskeln endigen aber in peripherischen Theilen, welche durch jene Bethätigung allerlei Zustandsänderungen erleiden. Haben wir bei unserer Muskelbethätigung etwas in der Hand, so werden diese Hautreize erfüllt, und die Muskeln selbst bekommen einen Anhalt für ihre Verkürzungen und Verlängerungen. Daher hat die schwedische Zimmergymnastik so etwas Leeres in sich, was verschwindet, sobald man Geräthe hat, die man mindestens umfassen kann. Ausserdem hat man ohne Object kein Mass für die Kraft; wer mit dem Arm ins Leere stösst, der weiss noch nicht, ob er viel Stosskraft besitzt oder wenige. Daher wendet sich die Muskelkraft natürlicherweise auf ein Object und besonders auf einen anderen Menschen, mit dem man um die Wette ringt oder irgendwie sich misst. Die Muskelbethätigungen nun, soweit sie nicht kriegerische waren oder mit den kriegerischen

Uebungen zusammenhingen, wandten sich keineswegs von vorn herein dem Ackerbau und den Nothwendigkeiten des Lebens zu, denn die wurden von den aktiven Naturen als niedere Stufe angesehen, sie wandten sich dem Künstlerischen zu, dem Schmuck, vor allem dem, welcher dem kriegerischen Leben selber diente, der Waffenverfertigung oder der Pracht der Kämpfer und Herrscher. Natürlich zeigte sich solche technische Bethätigung nur bei Völkern, welche Phantasie und künstlerische Begabung hatten, so bei den Griechen (Hephästos ganz technisch, Pallas halb kriegerisch und halb künstlerisch), bei vielen orientalischen Völkern (Festungen, Paläste, Streitwagen). Auch bei den alten Deutschen ist es nicht zufällig, dass Wieland der Schmied gefeiert wird. Diese künstlerische Bethätigung konnte daher auch in Ehren stehen, während Handwerker verachtet waren und man Ackerbau mehr und mehr durch Sklaven betreiben liess. Auch im Mittelalter hat sich das Gewerbe ursprünglich aus dem Waffen- und Kunstgewerbe herausgebildet, dies war geschätzt um sein selbst willen. Comte hat die Ansicht aufgestellt, der Nutzen der Sklaverei habe darin bestanden, dass von den Menschen, die alle von Natur wenig Trieb zur Arbeit hätten, die schwächeren durch die stärkeren seien gezwungen worden zur Arbeit eben als Sklaven; dadurch sei die Gewohnheit der Arbeit im Laufe der Generationen erzeugt worden. Diese Ansicht ist nicht richtig. In despotischen Ländern, wo die Sklaverei am verbreitetsten war, ist die Thätigkeit bis in die neueste Zeit nie eine grosse gewesen, in Griechenland und Rom war die Thatsache die, dass je mehr Sklaven, desto grösser der ökonomische Rückgang. Erst als die Gleichheit aller Menschen in Europa mehr betont war und Ackerbau von den Deutschen her, ebenso Waffenschmiedekunst und Kunstgewerbe hochgehalten wurde, da ist die Bethätigung als Bethätigung mehr in Aufnahme gekommen, aber gerade nicht bei der Fortsetzung der früheren Sklaverei, den Leibeigenen, sondern bei denen zumeist, welche aus deren Mitte flüchteten nach den Städten und sich dort den Gewerben hingaben. Diese Flüchtlinge waren gerade solche, welche aktiver Art waren, sich dem Zwang

ungern beugten und durch ihren Trieb zu freier Aktivität hoffen
konnten, in den Städten nicht blos Unterhalt, sondern auch
Fortkommen zu finden.

73. Wie ist es jetzt bei uns? giebt es noch solche aktive
Naturen, und zwar mit den Neigungen, wie sie aus der Geschichte sind geschildert worden? Dass es Naturen mit kriegerischen Neigungen giebt, ist bekannt, in der Kindheit spielen
alle Knaben mit Wonne Soldat und in der Jugend freuen sich
nicht wenige auf den Waffen-Rock. Aber der beste Beweis
ist, dass nur ein grosser Feldherr zu erstehen braucht, so elek-
trisirt er die Massen (Friedrich der Gr., Napoleon), und wenn
sie können, ziehen sie ihm zu. Kriegsruhm gilt noch immer
als der höchste, er ist den meisten bei uns am verständlichsten,
sie können sich am leichtesten hinein versetzen. Aber auch
die andere Bethätigung, welche kurz Kunstgewerbe genannt ist,
hat zahlreiche Vertreter. Das eigentliche Kunstgewerbe hat
zwar in Deutschland abgenommen, aber der Grund ist mit der,
dass, was sich auch bei uns früher diesem zuwandte, jetzt als
Techniker, Ingenieur u. s. w. seine Bethätigung findet. In dem
Knabenalter zeigt sich die Neigung zu dieser Richtung deutlich
darin, dass der Betreffende immer etwas zu fabriciren, zu häm-
mern, leimen, gestalten haben muss. So sehr aber die Wurzel
der beiden Richtungen der Aktivität, der kriegerischen und der
technischen, Eine ist, Regsamkeit des Muskelsystems von sich
aus, so können doch beide Richtungen einander fremd sein.
Der Grund ist: die kriegerische Aktivität misst ihre Kräfte an
anderen Menschen und hat an ihnen ihren Beziehungspunkt,
die technische hat ihn an Naturobjecten und freut sich am
Triumph über diese. Beide Kraftbethätigungen können so
schliesslich ganz auseinander gehen, Völker mit grossem Kunst-
fleiss sind daher fremden Eroberern oft leichte Beute gewesen.
Dass der Zug technischer Aktivität auch in der modernen Zeit
noch hervortreten konnte als Selbstzweck, sieht man einmal an
dem Vorwurf, welchen A. Smith den nationalökonomischen
Theorien seiner Zeit macht, sie sprächen oft, als wäre das
einzige Ziel die Production, während die Production doch um

der Consumtion willen sei, und zweitens daran, dass Fichte's Moralsystem darauf hinausläuft, es solle die Sinnenwelt immer mehr unter den Einfluss der menschlichen Technik gebracht und nach Zweckbegriffen bearbeitet werden; darin stelle sich immer vollständiger die Selbständigkeit der Vernunft dar. Von dem, was bei uns Cultur und ihre Aufgabe genannt wird, läuft gleichfalls vieles auf dasselbe hinaus, technische Herrschaft des Menschen über die Naturkräfte als Ideal an sich.

74. Es sind aber nicht blos diese grossen Züge, in welchen die aktiven Naturen sich zeigen, sondern viele kleine und mehr verbreitete sind beachtenswerth. Die aktiven Naturen sind theils spontan-aktiv, theils auf Anregung, gewöhnlich genügt dazu eine sehr leise Anregung. Bei einem Marsch, einer Tanz-musik regen sich die Glieder unwillkürlich, bei Kindern ganz sichtlich, bei Erwachsenen weniger, aber noch merklich, wenn sie zu den entsprechenden Bewegungen durch ihre Jahre noch disponirt sind. Dies sind allgemein verbreitete Züge, auch den anderen Hauptarten menschlichen Wesens eigen. Aktive Naturen sind die, welche auf Wahrnehmung und Vorstellung von Be-wegungen hin oder auch ganz spontan zu starker motorischer Innervation erregt werden, sie würden Mühe haben, dieser Er-regung zu widerstehen, sie geben sich ihr von frühe an als Kinder und junge Leute hin, sie können nicht ruhig sein, sie müssen, wie man sagt, sich austoben; im Mannesalter sind sie die unternehmenden Köpfe, die am Ringen und Mühen und Wettbewerb an sich Freude haben. In dem Jugendalter sind stärkere Muskel- und Bewegungstriebe allgemein. Die Spiele werden bei der Jugend von da aus verständlich: Kinder wer-den von einer Menge Dinge zu motorischen Innervationen an-geregt, durch das rege Wachsthum sind eine Menge von Mus-kelspannungsgefühlen in ihnen, welche bei dem leisesten Anstoss zur Auslösung kommen. Daher der Streit in der Jugend als Gelegenheit zur Muskelbethätigung so willkommen ist und oft gesucht wird oder mindestens jeder Blick, jedes Wort gern ge-deutet wird als berechtigend zum Losbruch. Bei Mädchen in entsprechendem Alter zeigen sich ähnliche Erscheinungen. Die

motorische Innervation ist aber schwächer, daher ergeht sie sich mehr in Tanz, Spiel, Schwatzen und Lachen. Als begleitend ist die motorische Innervation sehr weit verbreitet: laut denken, gestikuliren, auch wenn man allein ist, gehört hierher, die religiösen Muskelbewegungen sind bekannt und in irgend einer Form überall da, als Tanz, als orgiastischer Taumel, als ruhiges die Hände zum Himmel empor Halten, als Falten der Hände, Niederknien, Niederwerfen u. s. w. Die motorische Innervation wirkt im Ganzen unläugbar zweckmässig, d. h. angemessen für Erhaltung des Gesammtseins, im Einzelnen aber auch dasselbe gefährdend. Wie gefährlich sind oft die Spiele der Kindheit, welche auf Auslösung von Muskelspannungen beruhen, das Klettern und Steigen. Wie manches Mädchen hat sich die Schwindsucht angetanzt, wie mancher Jüngling ist im Duell gefallen. Die Spannungsgefühle, welche im Tanz, im Duell, in der Prügelei ausgelöst werden, sind so stark, dass gegen die Gefahr der Bethätigung höchstens Vorsichtsmassregeln ergriffen werden, die aber im Moment oft genug wieder fahren gelassen werden; dazu kommt, dass die Hingebung an die motorische Innervation eine solche Lust ist, nicht blos als Befreiung vom Triebe, also als Abwälzung von etwas Peinigendem, sondern als positiver Genuss aus ihr selber. Verstärkt wird der Reiz motorischer Innervation, wenn man sehr Viele etwas thun sieht, dies reisst bekanntlich fort. Die Wahrnehmung und Vorstellung, welche die motorische Innervation anregt, ist dann eben so und so viel mal gegeben, dadurch wird jede andere Vorstellung ausgeschlossen, es entsteht so eine Verstärkung der Anregung, und diese wird, wo nur die leiseste Disposition da ist, übermächtig. Wo die Muskeltriebe mehr spontan wirken und im Wachsen oder bei reichlicher Ernährung starke Reize entstehen, da kommen sie auch ohne Anregung von aussen zu heller Empfindung und zwar als Lustgefühle an möglicher Bethätigung oder als Unlustgefühle wegen Nichtbethätigung oder nicht genügender Bethätigung. Der Officier im Frieden wünscht sich einen frischen fröhlichen Krieg, l'armée s'ennuie, sie findet im Friedensdienst keine Ableitung

mehr für die entwickelte kriegerische Spannkraft. Der erste
beste Gegenstand wird unter solchen Umständen für Muskel-
übung gut genug. Daher schubst sich die Jugend so gern und
das Volk, dem es nach der Arbeit noch wohl ist, daher balgen
sich Knaben, wo sie nur können, daher die Lust der Jagd und
aller Abenteuer.

75. Ebenfalls von Muskelreizen geht das aus, was Kinder
und junge Leute „Unsinn machen" nennen. Es ist nicht Spiel;
denn Spiel hat gewöhnlich einen Sinn, d. h. gilt als eine bewusste zweckmässige Art von Thätigkeit zur Erholung oder
überhaupt Beschäftigung. Unsinn ist verschieden vom Spiel
durch das Plötzliche, Momentane seiner Einfälle und der sich
daran knüpfenden Handlungen, sowie durch das Nichtbewusstsein seiner Zweckmässigkeit. Z. B. ein Schüler fängt plötzlich
an den andern zu stossen, dieser findet sich dadurch nicht veranlasst zur Reaction in Wort oder That, wohl aber dazu, einen
dritten zu stossen, dieser stösst den vierten, und so geht es
reihum, es entsteht ein allgemeines Stossen, welches den Aus-
übenden sehr lächerlich und kurzweilig ist; fragt man, was
macht ihr da, so ist die Antwort: wir machen Unsinn. Ein
junges Mädchen kommt zum anderen, wie sie da zusammen-
stehen, nimmt plötzlich das eine das andere an der Hand und
fängt mit ihm an herumzutanzen. Junge Leute machen eine
Partie, sie gehen an einem Abhang, der aber sanft und wo das
Herabstolpern ungefährlich: auf einmal fangen sie an, einander
hinunterzustossen, es ist allgemeines Jauchzen darüber, sie haben
Unsinn gemacht. Es sind das alles Auslösungen von Spannungs-
gefühlen, die spontan oder auf leise Anregung eintreten. Die
Jugend hat in Folge des Wachsthums eine beständige Unruhe
in den Gliedern, so dass die Füsse fortwährend die Lage wechseln, der Oberkörper sie wechselt, die Hände bald die Knöpfe
fassen, bald die Uhrkette halten, bald in die Haare fahren,
bald mit Feder oder Bleistift spielen, alles ohne dass der Mensch
es oft nur weiss. Sind Kinder müde zu spielen, sind aber noch
Spannungsgefühle da, welche durch das Spiel nicht ausgelöst
sind, so gerathen sie auf Unsinn: es schlägt etwa eines vor,

wer am längsten auf einem Beine stehen kann u. s. f. Nicht
aller Unsinn ist so harmlos, z. B. nicht das Laternen einwerfen,
Bäume ausreissen, Läden ausheben, Regenröhren abschneiden,
Pfosten ausgraben, Bänke umwerfen, wie das bei Studenten und
jungen Leuten der höheren Stände in Angetrunkenheit öfter vorkommt. Diese haben schon als junge wohlgenährte und dabei
nicht unmittelbar mit den Muskeln arbeitende Leute Ueberfülle
an Kraft, also starke innere Reize zur Bethätigung derselben,
dazu kommt die Erregung durch die Angetrunkenheit, welche
zugleich die Vorstellungen nur einseitig mit Bezug auf das,
wodurch der Muskeltrieb könnte befriedigt werden, hervortreibt,
dagegen die Gegengründe, also die etwaigen Folgen für Andere,
zurückdrängt. Die Jugend sieht nur den „Jux", den Unsinn,
dass sie das und das Ungewöhnliche thun und dadurch eine
Befriedigung jenes Dranges herbeiführen. Dabei wirkt oft noch
die Vorstellung, dass, wenn sie überrascht werden, sie durch
Laufen entrinnen könnten, also auch in diesem Falle den Muskelgefühlen genug gethan werde. Wenn Unsinn nach dieser
Seite mit dem Nachlassen der momentanen und oft unzusam-
menhängenden Muskelspannungen aufhört, also etwa gegen das
25. Jahr — die meisten Männer haben dann z. B. die starke
Tanzlust hinter sich und gerathen nicht leicht mehr mit dem
Nachtwächter in Conflict —, so fängt er nach anderer Seite
oft erst da an, er hat alsdann seinen Hauptsitz in der Liebe,
„verliebter Unsinn" ist ein bekannter Ausdruck. Dass sich
aber einer etwa ganz vergnügt an dem Fenster etwas vortrom-
melt oder sich etwas vorpfeift, ohne recht davon zu wissen,
erhält sich noch lange. Später kehrt der Jugendunsinn mehr
nur auf kurze Zeit wieder, namentlich im Zusammenleben mit
den eigenen Kindern, aber es ist dann mehr Erinnerung und
Nachklang, als dass körperlich eine Auslösung von Spannungen
nöthig wäre.

76. Dies gilt vom Muskelsystem und seiner überwiegenden
Regsamkeit, blos physiologisch-psychologisch und geschichtlich
betrachtet. Wie ist es nun sittlich zu verwenden, hat es noch
eine Stelle in der Erhaltung und Förderung der Menschheit?

Einer solchen sittlichen Verwendung ist es in hohem Grade fähig. Dass es eine wesentliche Seite menschlicher Natur repräsentirt, sehen wir daraus, dass die anders angelegten Menschen, besonders die dem vegetativen System und der Bethätigung von da aus Hingegebenen, sich Jahrhunderte lang mit einer gewissen Willigkeit von den kriegerisch Gesinnten haben beherrschen lassen, und dass die Technik, wie sie dem militärischen und Herrscher-Leben diente, besondere Hochachtung gefunden hat. Aus dieser Anerkennung ist zu schliessen, dass auch die dem vegetativen Leben und seinen Bedürfnissen mehr Zugewendeten eine Nachempfindung des überwiegenden Muskellebens und seiner Bethätigung hatten, dass also ein blos relativer Unterschied hier obwaltete. Es ist nicht zufällig, dass die Gleichheit menschlicher Natur zur vollen Anerkennung zuerst unter den Völkern gekommen ist, welche bei überwiegender Anlage zur Muskelbethätigung zugleich die Wichtigkeit und Bedeutsamkeit der Arbeit für die Bedürfnissbefriedigung des vegetativen Lebens herausgefunden haben. Dadurch dass die Nationalökonomie den Arbeitsfactor herausstellte, ist der Muskelbethätigung es nahe gelegt worden, sich auch auf die Gebiete zu wenden, welche mit der Beschaffung der materiellen Bedürfnisse hauptsächlich zu thun haben (Technik im weitesten Sinne). Und zugleich ist durch die Erkenntniss der Wissenschaft, dass die vegetative Grundlage unseres Lebens auch die Grundlage der Muskelbethätigung ist, das Vorurtheil zerstört, als ob das vegetative Leben, weil es dem mehr zum Handeln und Denken um sein selbst willen Aufgelegten weniger zum Bewusstsein kommt, darum auch von geringerer Würde wäre. Die sittliche Ansicht ist nunmehr: die überwiegende Muskelbethätigung ist werthvoll, aber nicht werthvoller als das Ueberwiegen des vegetativen Systems, falls nur bei demselben Muskel- und Nervensystem auch tüchtig sind. Es giebt nur das überwiegende Muskelsystem Anlage zu einem besonderen Beruf, zu einem Beruf, der als Technik im weitesten Sinne offenbar für Erhaltung und Förderung der Menschheit beiträgt; aber auch als Militär? Hier müssen verschiedene Punkte der Betrachtung unterschieden werden. Setzt man einen Zustand der Menschheit, worin kein Streit, kein Krieg weder sein, noch je wieder möglich sein würde, so fiele der Beruf des Kriegers weg, aber die militärische Ausbildung fiele darum noch nicht weg, falls sich herausstellte, dass bei ihr gewisse Muskelsysteme oder Combinationen solcher geübt würden, welche bei den anderen Beschäftigungen ungeübt blieben; denn dann würden die blossen Spannungsgefühle zu militärischer Ausbildung treiben, und für die Frische und Kräftigkeit des Gesammtlebens würde dieselbe erforderlich sein, aber die militärischen Uebungen würden dann etwa die Bedeutung haben wie das Turnen und die körperlichen Spiele jetzt. Hält man aber an der Thatsache fest, dass verschiedene Lebensansichten immer in der Menschheit gewesen sind und auch in Zukunft noch lange möglicherweise bleiben werden, dass ausserdem auch Naturen stets vorgekommen sind und künftig vorkommen werden, welche keine Ordnung und keinerlei Rücksicht auf Andere mögen, also selbst über die Rechtsforderungen sich hinwegzusetzen geneigt sind, bedenkt man dabei, dass zwischen ganzen Gruppen der Menschheit ähnliche Discrepanzen vorkommen und noch lange vorkommen können (s. Rechtsphil. § 65), so wird man das militärische Leben als solches, als kriegerische Ausbildung, für sittlich nothwendig erachten auch von der Liebe aus. Ein Volk oder ein Staat, der ganz im Sinne der Erhaltung und Förderung der Menschheit handelte, würde anderen Völkern gegenüber, die das nicht thun, durchaus in die Lage kommen können, sich mit den Waffen zu vertheidigen oder mit den Waffen das Recht zu schützen. Denn die Liebe ist zwar stets geneigt, auch über das Recht hinaus willig zu sein, aber sie ist darum nicht verpflichtet, sich von Andersgesinnten zum Narren halten und die Federn ausrupfen zu lassen, sie ist vielmehr verpflichtet dagegen zu thun. Es ist dabei nicht nöthig, dass der militärisch Angelegte sein Leben lang Militär bleibe, er wird das schon nach den Körperkräften, die dazu verlangt werden, nicht können, er wird mit der Zeit in Civilstellen von analoger Bethätigung übergehen (Civilversorgung bei Mannschaft und

Officieren). Am besten ist der Zustand, wo jedermann, der die erforderliche Körperkraft hat, Militär wird, also allgemeine Wehrpflicht; nicht nur dient sie als Uebung der Frische und Kräftigkeit des Körpers auch nach dieser Seite und Weckung der entsprechenden Gefühle und Vorstellungen, sondern indem die Mehrzahl der Nation sich als befähigt für das Militärische erweist, wird auch am besten dem Unterschied entgegengewirkt, welcher sich immer wieder leicht eindrängen wird, wo das Militär blos eine Auswahl der Nation ist. Es ist diese allgemeine Wehrpflicht aber nicht sittlich nothwendig; sittlich kann von der Gleichheit aller Menschen aus blos verlangt werden, dass die militärische Berufsart nicht höher geachtet wird, als die des Ackerbauers, Arbeiters und Industriellen. Die allgemeine Wehrpflicht empfiehlt sich aber nicht blos dadurch, dass bei ihr die Mehrzahl nach wenigen Jahren überwiegend in das bürgerliche Berufsleben zurücktritt und deshalb mit ihrem Gedanken- und Gefühlskreis niemals aus demselben ganz herauswächst: sie empfiehlt sich auch dadurch, dass der junge Mann einige Jahre in der Zeit gerade des Wachsthums Soldat ist, wo bei genügender, aber nicht übermässiger Ernährung seine Kraft durch beides, Wachsthum und militärische Uebungen, vollauf zur Ausbildung und Ausgestaltung kommt, ohne dass doch ein grosser Ueberschuss bliebe und Zeit wäre für die sittlichen Gefahren, welche dem kriegerischen Leben als solchem leicht anhaften. Diese Gefahren sind, dass, wo das Muskelleben ganz überwiegend ausgebildet wird, wenig Kraft für geistige Beschäftigung in der Freizeit bleibt, wo aber der Geist leer ist, da haben die animalischen Begehrungen freies Feld (Herbart). Früher war bei Gemeinen und Officieren diese Gefahr gross; sie ist gemildert beim Gemeinen dadurch, dass seine Dienstzeit in die Zeit des Wachsthums fällt, also ein Ueberschuss von Muskelkraft in der Freizeit kaum da ist, und die geistigen Verbindungen mit den Kreisen, aus denen er kommt und in die er zurückkehrt, lebendig bleiben. Beim Officier ist diese Gefahr auf die Dauer grösser, aber auch gemildert durch die höhere theoretische Bildung, welche der Beruf heute erfordert, und die

15*

mancherlei geistigen Interessen, die von daher gleich anfangs
erweckt werden. „Man muss sich gewöhnen, alle Tage mindestens 5 Minuten etwas Vernünftiges zu lesen" (Göthe). Eine
Gefahr für den Officierstand ist geblieben. Er soll ein Muster
von Tapferkeit und Unerschrockenheit im Kampfe sein. Zur
Tapferkeit gehört aber mit ein gewisses Leichtnehmen mit dem
Leben, ein kühn dasselbe aufs Spiel setzen, und eine gewisse
Fröhlichkeit und Munterkeit dabei; und wer sich nicht vorher
so geübt hat, der wird in der Stunde der Gefahr nicht sicher
sein können, dass er dann ganz der Bravour und militärischen
Geschicklichkeit hingegeben sei, achtlos auf die etwaigen Folgen
für sein unmittelbares Dasein. Es gehört also zum Officier
allerdings eine gewisse Leichtlebigkeit, diese muss gewahrt werden und behütet, dass sie nicht in sittlichen Leichtsinn ausarte.
Der Zauber militärischen Wesens, körperliche Frische und Gewandtheit mit muthiger Stimmung, die den Schwung der Kühn-
heit in die ganze geistige Art bringt, kann auch erworben und
erhalten werden, ohne in Trinkgelagen, Geschlechtsabenteuern,
Spiel, Schulden und Händeln sich zu üben.

77. Was die kleineren Züge der Muskelaktivität betrifft,
so muss anerkannt werden, dass die Spannungsgefühle da sind
und ihre Auslösung oft nicht ohne Schaden für die Betreffenden kann unterdrückt werden. Aber nicht alle diese spontanen
oder auf Anregung ausbrechenden Aktivitäten sind sittlich
werthvoll, sie dienen nicht alle der Erhaltung und Förderung
der Menschheit, weder dem Einzelnen selbst, noch denen, die
dabei mit ihm in Berührung kommen. Hier ist eine Hauptaufgabe der Erziehung: die Aktivitäten, welche nach der Erfahrung dem Einzelleben nützlich und Anderen nicht schädlich
oder gleichfalls nützlich sind, müssen erhalten und verstärkt
werden nach § 9, die anderen sind möglichst zu hemmen, ev.
zu unterdrücken nach § 15. Der Spruch ist allerdings richtig,
dass Jugend sich austoben muss, d. h. die Spannungsgefühle
und Bewegungstriebe müssen eine Auslösung finden, es ist aber
weder für das Einzelleben noch für die, welche mit ihm in
Berührung kommen, einerlei, wie diese Auslösung statt hat.

So sind gewiss Waffen- und Fechtübungen für viele Naturen sehr nützlich, aber das Duell ist darum nicht nothwendig. Könnten sie nicht den Wunsch, auch unter einander zu messen, wie es mit ihrer Kraft und Gewandtheit steht, dadurch befriedigen, dass sie Schaufechten vor Sachkundigen halten, wie die Turner Schau- und Preisturnen halten? Die Streitigkeiten, welche unter jungen Leuten schon darum leicht vorkommen, weil jede verwickelte Lage ihnen neu ist und die sittliche Beurtheilung derselben schwierig, sollten vor einem Ehrengericht, aus ihnen selber und mit älteren Männern gemischt, ausgetragen werden. In ähnlicher Weise könnten Kampfübungen unter Knaben in unschuldiger und doch sehr anregender Weise eingerichtet werden; Streitigkeiten aber könnten sie gewöhnt werden in einer ihrem berechtigten Selbstgefühl und zugleich dem vorgeschrittenen Urtheil der Erwachsenen gemässen Weise auszutragen. Bei uns ist zu wenig für Spiele und zwar für Spiele mit Gemeinsamkeit und gemeinsamer Ordnung gesorgt. Was ist es für ein Vorzug der Engländer, dass sie von frühe an, so wie mehrere zusammen sind, sich einen Vorsitzenden wählen, der die Leitung hat und dem sie sich fügen, freilich setzt dies die Geneigtheit voraus, dass der Vorsitzende nichts sein will als primus inter pares. Da kann Freiheit und Ordnung zusammensein, anders nicht. Was das Unsinn machen betrifft, so ist das Sittliche in Bezug hierauf, das physiologisch-psychologische Grundelement, also das Bedürfniss nach Lösung von Spannungen in anderer als der bei Arbeit und Spiel gewöhnlichen Weise anzuerkennen, ihm aber so nachzugeben, dass es gegen Andere harmlos und in sich selbst als eine andere gelegentliche Art der Erholung wirkt.

Schleiermacher hat Vieles von dem, was wir zuletzt behandelt haben, unter den Begriff der Darstellung gebracht, d. h. des äusseren Hervortretens von etwas Innerem; das Sittliche desselben findet er in der Beziehung auf die Gemeinschaft, es komme dadurch dem Anderen etwas zur Anschauung, was als Element in der menschlichen Natur liege, aber vielleicht in diesem Anderen nicht so, dass es sich von selbst geregt hätte.

Diese Auffassung passt nicht; es ist sehr vieles bei den Muskelbethätigungen, soweit sie nicht auf Andere Bezug haben, was
der Andere nicht als ein Element menschlicher Natur nach-
empfindet, nicht gleichsam als Weckung einer Seite in ihm
selbst ansieht. Es lässt sich auch nicht alle solche Muskelbethätigung künstlerisch gestalten, es ist vieles darin Eigenheit,
Wunderlichkeit (Amerikanismus). Im Allgemeinen ist zu erwarten, dass der Einzelne mit den Jahren solche Züge mehr
abstreift: durch den Beruf bildet sich eine gewisse Art von
Muskelbethätigung in Arbeit und Erholung besonders aus, sobald die Zeit des stürmischen Wachsthums vorüber ist, sterben
eine Menge Spannungsgefühle von selbst ab, aber wie viele behalten den Reiz mit den Fingern zu spielen, sich den Bart zu
streichen u. s. f. Hier kann von einer gegenseitigen Darstellung wesentlicher Stücke menschlicher Natur nicht die Rede
sein, und doch beruhen jene Reize auf oft unaufhebbarer physiologisch-psychologischer Grundlage. — Die bei dem vegetativen System aufgestellten Regeln der Arbeitsamkeit und Mässigkeit gelten natürlich auch für das überwiegende Muskelsystem,
da auch dieses Sachgüter zu seiner Befriedigung bedarf, ihm
also dieselben sittlichen Verpflichtungen von daher erwachsen.

Die überwiegend geistigen (intellectuellen, religiös-contemplativen, ästhetischen) Naturen.

78. Die dritte Hauptart menschlichen Wesens ist diejenige, wo das Nervenleben überwiegt, aber so, dass Muskelsystem und vegetatives System gleichfalls tüchtig sind. Es ergiebt die Naturen, welchen geistiges Leben als das Höchste erscheint, geistiges Leben als Wissenschaft, als religiöse Contemplation, als ästhetisches Sinnen und auch von da aus Gestalten. Da diese drei Arten keineswegs immer zusammen sind, so müssen wir sie auch gesondert betrachten.

Das geistige Leben als Wissenschaft hat sich vor der modernen Zeit eigentlich nur bei den Griechen ausgebildet, bei allen anderen Völkern war Wissen mit der religiösen Contemplation innig verschmolzen, soweit es sich überhaupt als besonderer Zug geregt hat (Indien). Das Eigenthümliche des Wissens als solchen ist, dass gegenständliches Vorstellen um sein selbst willen gesucht wird, nicht blos als Anknüpfungspunkt für materielles, militärisches, technisches Streben. Jene Art ist selten in der Menschheit; für die meisten Menschen hat das gegenständliche Vorstellen, die Frage: was etwas ist, blos Interesse als Anknüpfungspunkt für Werthschätzung und Begehrung. Es ist jetzt allgemein zugegeben, dass die nächste unmittelbare Sinneswahrnehmung praktische Bedeutung hat, sie lehrt uns nicht die Natur der Dinge kennen, sie führt uns viel eher darüber irre, wohl aber sind wir im Stande mit Hülfe derselben uns das zur Erhaltung und zum Wohlsein Nothwendige im Durchschnitt zu verschaffen. Die Ausdeutung ferner, zu welcher die Sinneswahrnehmung nach unserer physiologisch-

psychologischen Constitution unmittelbar mit anregte (§ 24),
ist die mythologische gewesen, die Beseelung aller Hauptagen-
tien der Natur. Sie hat an sich geringen Erkenntnisswerth;
denn höchstens lässt sich dieser mythologischen Auffassung das
nachrühmen, dass sie die Welt als ein Reich regsamer Kräfte
betrachtete, was richtiger war als der spätere todte Stoff, aber
daneben führte sie theoretisch eher irre, denn indem man die
ursprüngliche Regellosigkeit des eigenen Inneren auf die Dinge
übertrug, kam man zu einer ganz falschen Stellung in Bezug
auf Behandlung derselben. Dagegen hatte die mythologische
Auffassung einen anderen praktischen Werth, sie hatte einen
sympathischen Zug, der bei aller Schreckniss, welche die
Naturdinge oft zeigten, beruhigte, tröstete, reizte, grosse Aussichten gab. Da die unmittelbare Sinnesempfindung blos praktische
Bedeutung hatte, d. h. Anknüpfungspunkt für Gefühl und Begehren war, so wurde sie auch nur soweit beachtet, als für
leidliches Genügen nach der praktischen Seite erfordert wurde,
die Sinnesempfindung war vag und blieb so. Nicht anders war
es mit der mythologischen Ausdeutung und der an dieselbe sich
anschliessenden Praxis (Zauberei, Beschwörungen u. s. f.), bei
welcher die Effectivität theils auf zufälligen besseren Beobachtungen und ihrer Benutzung beruhte (Medicamente), theils auf
solchen Associationen, wie Proben von ihnen § 24 gegeben sind.
Eine längere Bekanntschaft mit der Natur, wenn sie eine extensiv ausgebreitete war, konnte hier mit der Zeit auf eine
grössere Einheit der mythologischen Auffassung führen (mono-
theistischer Zug in Griechenland, Rom, Aegypten, China), und
die technische, militärische, materielle oft hundertjährige Hantirung brachte eine oft feine und vielseitige praktische Kenntniss der betreffenden Objecte der Behandlung hervor.

79. Wo der Zug auf Wissen als solches hervortrat, d. h.
gegenständliches Vorstellen um sein selbst willen gesucht wurde,
da knüpfte es an die Empfindungen, wie sie zunächst gegeben
waren, an und suchte unter den Wahrnehmungsdingen die Ordnung und den Zusammenhang herzustellen, der sich bei solcher
Betrachtung um der Betrachtung willen aufzudrängen schien

(ältere griechische Philosophie). Daneben aber kam ein anderer
Zug auf, dass nämlich die Empfindung Anstoss gab zu gewissen
Vorstellungen, die sich dann in freierer Weise mehr im blossen
Denken weiter und weiter auszubilden vermochten: das war das
Hervortreten der Mathematik (Pythagoreer) oder gewisser logischer Reflexionen (Eleaten). Sobald diese von der Empfindung
mehr unabhängigen, sich mehr für sich im blossen Denken aus-
bildenden Vorstellungen erwacht waren, erwuchs von da aus
der Empfindung und ihrem Inhalt eine Minderung ihrer Digni-
tät, sie erschien als die niedere Welt, die ihre Deutung oder
Beurtheilung erst von jenen höheren Vorstellungen zu empfangen
habe, gerade wie die nach Erfüllung der sinnlichen Bedürfnisse
sich frei regenden Muskelkräfte überhaupt als das Höhere erschienen. Genauere Beachtung unter den Wahrnehmungsgegen-
ständen fanden nur der Himmel und die Sterne, lediglich aus
dem Grunde, weil sie einen von der umgebenden Welt verschiedenen, mehr göttlichen Eindruck machten (τὰ θεῖα). Mit diesen
sich regenden mathematischen und logischen Elementen als dem
Höheren verband sich von Sokrates an auf Grund der falschen
Willenstheorie (§ 8) die Ueberzeugung, dass der menschliche Geist
eine ursprüngliche nach Zweckbegriffen verfahrende Bewegungsursache sei, und dass dies die sichere Erkenntniss wäre, nach
der man die Welt und ihre Bewegung aufzufassen habe. Alle
diese Momente sind in Plato zusammenverschmolzen, individuell
modificirt durch eine Abneigung gegen Empfindung, welche nach
ihm blos ein Anstoss für die übersinnlichen Kräfte unseres
Geistes sein sollte, der sich aber hinzugeben und bei ihr zu verweilen der Seele Schwindel und lauter Täuschungen (wegen des
unvermeidlichen Lustgehaltes der Empfindungen) erregen sollte;
darum durfte die Empfindung nicht in den Wahrnehmungs-
objecten studirt werden, sondern in den auf Veranlassung derselben in der Seele aufgetauchten Begriffen, welche natürlich
Allgemeinbegriffe waren und das wahre, auch zugleich geistige
Objective zu dem schillernden und unsteten Empfindungsschein
bildeten. Aristoteles hatte diese Reizbarkeit gegenüber der
Empfindung nicht, und er sah, dass Plato trotz ihr die inhalt-

liche Bestimmung seiner Ideen aus der Empfindung entlehnt
hatte (αἰσθητὰ ἀΐδια), er verleibte daher, was Plato Ideen genannt, der Sinneswelt selber ein, als geistähnliche Triebe und
Kräfte; vollständig behielt er den Gedanken, dass nur der Geist
Ursache sei und zwar nach Zweckbegriffen. Dass es in der
Welt nicht rein und ganz nach den Zweckgedanken zugehe,
forderte bei Beiden seine Erklärung, als solche bot sich dar
das scheinbar Unbestimmte, Schwankende, Wandelbare in den
Sinnesdingen = Materie, fähig der Form und doch auch derselben widerstrebend. Diese aristotelischen Gedanken, mit der
religiösen Wiederbelebung des Platonismus im Neuplatonismus
versetzt, wurden die Wissenschaft des Mittelalters, das doch
zugleich die Antriebe ausbildete, über dieselben eines Tages
hinauszugehen, denn eifrig merkte es an, welche Eigenthümlichkeiten der Körper sich nicht aus der aristotelischen Lehre
von den 4 Urqualitäten (Warm, Kalt, Trocken und Feucht) erklären liessen, und bot in diesen qualitates occultae mit der
Zeit einen Ansatzpunkt erneuter Forschung. Viel Zuwachs
hatte in der Zwischenzeit durch Beobachtungen die Astronomie gewonnen, mit welcher mathematische Betrachtungen fort
und fort verbunden waren, und welche eine Probe der Richtigkeit ihrer Aufstellungen in den zutreffenden oder nicht zutreffenden Voraussagungen der Himmelserscheinungen besass.
An der Astronomie kam man auch zuerst auf den Gedanken,
dass die nächsten Sinneswahrnehmungen keineswegs den eigentlichen Sachverhalt angeben, und construirte diesen eigentlichen
Sachverhalt (Copernikus). In der Astronomie zeigten dann bald
verfeinerte Instrumente eine Welt neuer Beobachtungen (Galilei).
Gleichzeitig war durch die grossen Länderentdeckungen und
das Neue ihrer Fauna und Flora der Sinn für Wahrnehmung
und Beobachtung gereizt und kam auch den altbekannten
Gegenständen zu Gute. So hat sich allmälich das Grundgerüst
moderner Wissenschaft herausgearbeitet, dessen Hauptstücke
sind: exakte, d. h. mathematisch-logische Beobachtung ist der
Eckstein des Wissens, Empfindung ist nicht mehr blos der
Anstoss für höhere mathematische oder logisch-metaphysische

(Substanz, Ursache u. s. w.) Begriffe, welche auf die Empfindung ihr Licht strahlen, sondern das mathematische und logisch-metaphysische Element sind an sich formal und nur durch Zusammenschluss mit der Empfindung bekommen sie einen Inhalt haltbarer und fruchtbarer Art; über die unmittelbaren Empfindungen hinauszudringen im Forschen ist erlaubt und geboten, aber man muss dabei stets in Zusammenhang und Analogie mit dem Beobachteten bleiben, um nicht ins Leere und Phantastische zu gerathen. Durch dies Grundgerüste hat die Wissenschaft etwas die menschlichen Auffassungen Ausgleichendes und Annäherndes bekommen: die Empfindungen können und müssen von jedem, der sich darum bemüht, können nachgemacht werden, das mathematische Element und die logisch-metaphysischen Formalbegriffe gleichfalls. Es ist eine Gemeinsamkeit der Forschung dadurch bereitet. Zugleich ist aber ein Moment der Technik in die wissenschaftliche Arbeit gekommen in den Experimenten und oft verwickelten Zurüstungen, welche erfordert werden; ebenfalls dient die Wissenschaft der Technik durch die vorausgesagten und herbeigeführten praktischen Erfolge, in denen sie eine Verification ihrer Theorien sieht. Durch die Bedeutung der Empfindung als Ausgangspunkt für das Wissen ist die Geringschätzung der sinnlichen Seite des Lebens weggefallen; die jetzige wissenschaftliche Arbeit braucht kräftige Sinne und gewandte Muskeln, daher auch eine tüchtige vegetative Grundlage. So ist die Missachtung, welche die wissenschaftlichen Naturen früher gegen die Richtung auf materielles Wohl hegten und oft auch gegen Militär und Technik, gewichen dem Gefühl, dass verschiedene menschliche Bethätigungen hier vorliegen, die alle zur Erhaltung und Förderung der Menschheit gebraucht werden, und wo eine der anderen helfen und nützen kann. Das wissenschaftliche Leben ist daher nicht mehr ein Höheres neben den anderen als niederen sittlichen Bethätigungen oder als kaum aus sich sittlich (Aristoteles), sondern es ist blos eine sittliche Bethätigung neben den anderen; die Anlage dazu ist blos Aufforderung zu einem bestimmten sittlichen Beruf, der theils die Wendung nehmen

kann, die Wissenschaft durch eigene Forschung weiter zu führen, theils ihre sicheren Resultate dem materiellen Leben und
der militärischen und technischen Bethätigung und den diesen
überwiegend Zugewendeten zugänglich zu machen.

80. Durch die Verbindung von Empfindung und den
mathematischen und logisch-metaphysischen Formalbegriffen ist
die Wissenschaft immanentes Erkennen geworden, d. h. sie geht
auf die Erscheinungen, auf die sinnlichen Wahrnehmungen und
die nach deren Anleitung anzusetzenden Dinge und ihre Gesetze. Die Erkenntniss des Ansich's der Dinge, d. h. wie die
Dinge ausser der Relation zu unserer Wahrnehmung sein mögen,
bleibt eine mögliche Aufgabe, ein Gegenstand des Strebens und
des Versuchs. Die Versuche sind nicht mehr so leicht, als
man früher geglaubt hat. So lange man im menschlichen
Geiste auf Grund der falschen Willenstheorie (§ 8) eine ursprüngliche Bewegungsursache sah, hatte man einen thatsächlichen Anknüpfungspunkt für einen inhaltlichen Ansatz der
Dinge oder ihres zusammenfassenden Grundes: der Geist war
das letzte Prinzip. Seitdem sich erwiesen, dass der menschliche
Geist nicht eine ursprüngliche, sondern eine überaus bedingte
Ursächlichkeit ist, entbehrt man eines solchen gewissermassen
auf der That ergriffenen Prinzips. Eben damit ist auch der
Zweckbegriff zurückgetreten. Zwecke kennen wir auch in uns
nur in bedingter Weise, sie sind nicht das Primäre in unserem
Thun, sondern sie entstehen erst aus den unwillkürlichen Bethätigungen. In den Erscheinungen nehmen wir unzweifelhaft
wahr ein Zusammenwirken der Ursachen, aber aus ihm ergiebt
sich gleichsehr Werthvolles wie Unwerthvolles, Leben sowohl
als Tod, Gesundheit und Krankheit, reiches und verkümmertes
geistiges Sein. Durch alles das ist aber die inhaltliche Ausdeutung der Natur der Dinge und ihrer letzten Gründe blos
schwierig gemacht, eine Unmöglichkeit, sie zu finden und in
der bestimmten Weise zu versuchen, ist damit noch nicht bewiesen. Die Versuche, die Lücken inhaltlicher Erkenntniss
auszufüllen, bilden das Gebiet der Metaphysik, sie können und
werden immer gemacht werden, nur mit mehr Bescheidenheit

und Besonnenheit, als früher manchmal'üblich war. Ein Kanon
ist dabei massgebend: die immanente Erkenntniss, wie sie oben
ist angesetzt worden, muss der unverrückbare Ausgangspunkt
sein, und ihre Sätze müssen durch die metaphysischen Annahmen nicht blos verständlicher werden, sondern auch allein durch
sie verständlich. Vielfach ist es geschehen, in der neueren
Zeit bewusster Weise, früher mehr unbewusst, dass man die
Lücken theoretischen Wissens ausfüllte auf praktischem Wege,
durch sog. moralische Postulate, Bedürfnisse des Gemüthes,
durch aesthetisch-moralische Weltansicht. Man sah in der
moralischen Seite des Menschen das Hereinragen eines Transcendenten, von welchem Licht auf die etwa dunklen theoretischen Punkte falle. Durch die Immanenz der Moral (§ 35)
ist eine solche Ansicht ausgeschlossen. Auch die Moral wurzelt ganz und gar in dem Boden der Erscheinungen, d. h. der
bedingten Kräfte des Menschen in seinem Zusammenhang mit
der Natur und ihren Gesetzen. Es thut das, wie gezeigt, weder
der Grösse der sittlichen Aufgabe, noch der Kräftigkeit zur
Lösung derselben Eintrag, aber Aufgabe wie Kräfte wachsen
aus der gegebenen Welt, den Menschen mit eingeschlossen, hervor und ihm zu. Besonders für das Gelingen, für den Erfolg
hat man geglaubt eine transcendente Wendung nehmen zu
müssen, es hing das gleichfalls mit der falschen Willenstheorie
zusammen, bei der es ja gerade an der Effectivität des Willens
räthselhafter Weise so oft gebrach. Nachdem gezeigt, wo diese
Kräfte innerhalb der Menschenwelt und der Dinge liegen, ist
zu schliessen: das und das ist das sittliche Handeln und unter
den und den inneren und äusseren Bedingungen — sofern sie
sittlich zulässig sind — ist es von Erfolg, also muss ich mich
bemühen diese Bedingungen herbeizuführen. Der feste Boden
der Moral, wie der der theoretischen Wissenschaft, ist daher
die Immanenz. Darum sind Ausblicke und Rückblicke tran-
scendenter Art bei der Moral so wenig ausgeschlossen wie bei
dem theoretischen Wissen, sie müssen nur den festen Boden
der Immanenz intact lassen. Die Erhaltung und Förderung
der Menschheit kann als der schliessliche Wille Gottes gefasst

werden, der in der Welt nach immanenten Gesetzen menschlicher Natur zur Auswirkung kommt, aus dem sittlichen Leben
kann die Hoffnung seliger Unsterblichkeit bei Gott erwachsen,
aber fest muss stehen, dass, um ein Engel zu werden, man vorher ein tüchtiger Mensch sein muss.

81. Für alle, die leitenden sowohl als die receptiven, Intelligenzen sind massgebend die Ausführungen, welche bei der
Tugend der praktischen Verständigkeit über Anschauung, Gedächtniss und Verstand gegeben worden sind. Hier ist noch
auf einige Hindernisse objectiver Art hinzudeuten.. Die meisten
Menschen erzählen ungenau. Zum Theil hatten sie ihre besondere Gedankenreihe im Kopfe, als sie ein Ereigniss wahrnah-
men, und haben es unter dem Einfluss jener Gedankenreihe
vag und obenhin aufgefasst, sind sich aber dessen nicht bewusst, dass eine Hemmung genauen Auffassens vorhanden war,
und geben in gutem Glauben ihren Bericht als den völlig und
genau zutreffenden aus. Zum Theil waren sie zwar mit ganzer
Seele dem Ereigniss zugewendet, aber ein Sinn ist in ihnen
mehr entwickelt, im einen das Gesicht, im andern das Gehör.
Wer ganz Gesicht ist, fasst das Gehörte ungenauer auf, deutet
es sich aber unwillkürlich nach der Gesichtswahrnehmung aus,
so dass er als gehört bezeichnet, was in hohem Grade blosse
subjective Auslegung von Halbgehörtem war. In wem das
Hören überwiegt, der legt sich oft das ungenau Gesehene nach
dem genau Gehörten aus, er dichtet es in Nüancirungen mindestens um. In wem Gesicht und Gehör trefflich und wessen
geistige Haltung zur objectiven Auffassung gestimmt war, der
sieht oder hört doch bei complicirten Ereignissen immer nur
Bruchstücke, die der psychologische Mechanismus auf Grund
ähnlicher Ereignisse, die früher waren oder gewesen sein sollen,
sofort zu einer Gesammtvorstellung ergänzt, aber diese Ergänzung kann eine ganz falsche sein. Häufig macht auch ein Theil
des Ereignisses aus ganz zufälligen Gründen einen besonderen
Eindruck, so dass nach Anleitung desselben alles Andere zu-
rechtgestellt wird, wiederum falsch. Es ist daher ganz natürlich, wie es denn auch alltäglich ist, dass mehrere Bericht-

erstatter über ein und dasselbe Ereigniss nicht zusammenstimmen, thäten sie es, so liegt die Vermuthung absichtlicher oder unabsichtlicher Verabredung nahe. Mit der letzteren ist gemeint, dass vielleicht gleich nach der That die Zeugen mit einander sprachen, und einer dabei seine Auffassung mit solcher Zuversicht oder inneren Wahrscheinlichkeit vortrug, dass bei den anderen seine Auffassung als die wahre, also auch von ihnen eigentlich wahrgenommene sofort gilt. Wie viel Mühe gehört dazu, ein Gespräch, das wir mit einem Anderen geführt, wortgetreu wiederzuerzählen: ist es länger gewesen, so bringen Associations-sowohl wie logische Gesetze mitten in der angefangenen Erzählung Störungen hervor: die Association zieht ähnliche, aber doch vielleicht nicht unmittelbar aufeinandergefolgte Aussprüche an eine Stelle zusammen, die logischen Gesetze verbinden als unmittelbaren Schluss, was zwar als Prämisse und Conclusion zusammengehört, aber doch vielleicht noch durch Manches getrennt war. Dazu tritt wieder die unwillkürliche Ergänzung dessen, was wir eigentlich vergessen hatten. Sobald wir sagen: wart einmal, da muss ich mich besinnen, sind wir nicht sicher, ob das Besinnen nicht zu einem Ergänzen wird, was zwar nicht freie Dichtung bringt, aber „Wahrheit und Dichtung" uns selbst verborgen in einander webt. Dazu kommt endlich noch, dass mit den Empfindungen, den Elementen der Wahrnehmung, mehr oder minder ein Gefühlston verbunden ist, aus der Sache heraus und zugleich abhängig von unseren momentanen Zuständen. Bei den Tast-, Geruchs- und Geschmacksempfindungen herrscht der Gefühlston vor dem objectiven oder blossen Erkenntniss-inhalt der Empfindung meist ganz vor, aber auch in Gesicht und Gehör kann der Erkenntnissinhalt durch das begleitende Gefühl ganz alterirt werden. Je mehr z. B. im Schmerz die Intensität der Empfindung hervortritt, desto mehr tritt die Qualität zurück; nun hängen aber die näheren Vorstellungen von den Objecten ab von der Qualität der Empfindungen, es wird also der Schmerz unfähig machen zu einer richtigen Objectsvorstellung. Nun wird aber dem Schmerz eine Ursache gegeben, eine äussere oder innere. Demgemäss wird er ein

Object als Ursache setzen, aber unrichtig, weil er selbst hindert, die Qualität des gegebenen äusseren Objects zu beachten. Das, was leitet bei der Ansetzung des Objects, ist die Grösse des Schmerzes, man denkt somit die Ursache als gross, ungeheuer etc., ist sie aber nach Erinnerung oder nach der anfangs noch wirksam gewesenen Qualitätsauffassung nicht so gross, so denkt man ihre innerliche Kraft wenigstens gross und ungeheuer, oder die Ursache dehnt sich plötzlich aus etc. Die Träume, die Fieberphantasien, die Gespenstererzählungen, die Erzählungen Schwerverwundeter in einer Schlacht von dem Moment, ehe sie das Bewusstsein verliess, bestätigen dies: aus einem Cavallerie-angriff, den der Verwundete wahrnahm, wird der „Tod mit seinem unendlichen Heer gegen ihn anrückend". So lange man noch keine genaue Vorstellung vom Innenzustand des Körpers hatte, wurden für die scheinbar plötzlichen Umänderungen des Gesundheitsgefühls in Krankheit blos äussere Ursachen gesucht und wegen Plötzlichkeit und Stärke des Schmerzes eine plötzliche und mit grosser Kraft wirkende, d. h. übernatürliche, göttliche oder geisterhafte. Dies ist fast ganz allgemein unter den Völkern gewesen und ist es überwiegend noch. Bei unseren Gebildeten ist es noch ähnlich: es wird zwar nicht mehr auf eine übernatürliche Ursache geschlossen, aber die Ursache, d. h. die zum Schmerz hinzugedachte Erkrankung, wird wegen der oft nur durch Contrast momentan so gedachten Grösse des Unbehagens gross und somit gefährlich gedacht: Schwindsucht, Lungenentzündung, Diphtheritis etc. ist das Mindeste, was sie bei körperlichem Unbehagen vermuthen. Dieser psychologische Vorgang kann natürlich durch Bildung gemildert und theilweise im Entstehen überwunden werden, aber da ist er einiger-massen immer. Die Freude als Gefühlston einer Empfindung steht der objectiven Auffassung nicht so im Wege, wie der Schmerz, dadurch, dass sie beim Object verweilen macht, scheint sie seiner inhaltlichen Erkenntniss mit zu dienen. Dies ist auch zutreffend, aber die Freude darf nicht zu gross sein, weder im Ganzen noch im Theil. Allzu grosse Freude über das Ganze des Objects macht unruhig, mehr zur Aeusserung ihrer selbst als zur näheren Betrachtung des Gegenstandes geneigt, Freude über einen Theil des Objects trübt die Auffassung des Ganzen, sie schreibt dem Ganzen die Eigenschaften zu, die eigentlich nur einem Theil zukommen, der aber so sehr auf uns erregend wirkt, dass die anderen Seiten gar nicht in Betracht genommen werden. In der Liebe sind diese Illusionen bekannt. Wie unzuverlässig sind die Erinnerungen einer schönen Gegend, darum, weil oft die Wald- und Bergesluft es war, welche uns wohl that und über die ästhetische Gleichgültigkeit der Gegend, nach Abzug jener Organempfindungen, uns täuschte. Alle diese Momente, welche die richtige Auffassung und Wiedergabe der Empfindungen hemmen können, müssen bei der Erziehung berücksichtigt werden, man muss, wo sie zu beobachten sind, darauf hinweisen, aber auch daraus Cautelen ziehen für vorkommende Fälle.

82. Viel verbreiteter als das Wissen ist die zweite Art überwiegend geistigen Lebens, die Religion. Nach der Geschichte ist Religion Auffassen der Erscheinungen oder der letzten Gründe nach Analogie mit dem Menschen, welcher selbst als geistige Causalität vorher gefasst war. Dies ist der gemeinsame Grundzug der Religionen in ihren rohesten wie in ihren verfeinertsten Formen. Von ähnlichen Auffassungen der Wissenschaft unterscheidet sich die Religion dabei dadurch, dass ihre Aufstellungen als Intuition auftreten, als ein Aufleuchten bestimmter Auffassungen, die in sich selbst ihre Wahrheit und Gewissheit tragen; auf Gründe und wissenschaftliche Methode hat sich Religion daher stets nur secundär eingelassen, der Weg war von Haus aus, dass in einem Individuum eine Intuition stark war, in der es sich beseligt fühlte, diese theilte es Anderen mit, sie gleichfalls zu beseligen, und wo es empfängliche Gemüther fand, da wurde eine Religionsgemeinde gestiftet. Der Religion eigenthümlich ist daher, dass sie sich mehr an die individuellen als an die gemeinsamen Züge menschlichen Wesens anlehnt. Daher waren auch die Versuche einer allgemeinen (natürlichen) Religion, d. i. einer solchen, welche sich mehr an die gemeinsamen Züge menschlichen Wesens mit Hülfe

der Wissenschaft anknüpft, nie erfolgreich: es fehlt ihnen gerade die Intuition mit ihrer individuell packenden Kraft. Wie aber das gegenständliche Wissen keineswegs in allen Menschen als eine theoretische Macht sich entwickelte, sondern meist nur Anknüpfungspunkt für Gefühle und Begehrungen war, so ist es auch mit der Religion gewesen: überwiegend waren ihre Vorstellungen blos Beziehungspunkte für Bestrebungen materieller, militärischer, technischer Art. Beispiele, wie sich dies praktisch machte, sind § 24 gegeben. Wo Religion mehr theoretisch ausgebildet wurde, da ging man von derselben Auffassung des Menschen als einer ursprünglichen geistigen Bewegungsursache aus: empfand man bei den Bewegungen, welche vom Menschen ausgingen, die Werthgefühle als Antecedentien, so dachte man Gott oder die göttlichen Wesen als nach Zwecken handelnde Intelligenzen (Plato, Aristoteles, die vorherrschende Richtung im Christenthum); traten die Werthgefühle bei der Bethätigung des Menschen mehr zurück, wie es bei den impulsiven Naturen der Fall ist (§§ 21 u. 8), so war in Gott die grundlose Willkür das Höchste und Letzte (Islam, die Nominalisten des Mittelalters). Wo dabei das Praktische als Unbehagen empfunden wurde, wie in Indien (§ 36), da war Gott reine Intelligenz, das innerste Wesen des Menschen dies gleichfalls, die erscheinende Welt eine blosse Täuschung. Die Religion als überwiegend geistige Betrachtung, Contemplation, ist aber nur bei wenigen Völkern überhaupt da gewesen (Indien, Christenthum, Muhammedanismus), und auch bei diesen war es stets blos eine kleine Zahl, welche der Contemplation als solcher sich widmete, für die grosse Masse auch hier und überhaupt in der Menschheit war Religion stets nur ein Anknüpfungspunkt für Religiosität, die theoretische Vorstellung ein Ansatz für gewisse innere oder äussere Bethätigungen. Mit dieser Religiosität hat es folgende Bewandtniss. Unser geistiges Leben, was hier soviel ist wie unser bewusstes Leben überhaupt, reicht in unbewusste Tiefen hinein. All unser willkürliches Thun, körperlicher und geistiger Art, hat zur Voraussetzung ursprünglich unwillkürliche Bethätigung, selbst wo man die Bedingungen von

alle dem mehr und mehr erkannt hat, bleibt vieles davon
dunkel und undurchsichtig — wir müssen warten, bis die günstigen Bedingungen kommen —, oft sind sie auch idiosynkratisch, wir kennen sie, aber wir vermögen sie von uns aus nicht
ganz zu erregen und sehen den Zusammenhang nicht ein, warum
gerade diese Bedingungen den und den Erfolg haben. Diese
Abhängigkeit von den dunkeln Tiefen unserer eigenen und der
umgebenden Natur ist die Wurzel der Religiosität. Wir fühlen
uns dabei wie durch eine höhere Hand geleitet, bald fördernd,
bald hemmend. Diese Religiosität ist an sich nicht gebunden
an die Vorstellungen jener dunkeln Mächte als geistiger Agen-
tien, auch der theoretische Materialismus hat diese Religiosität
(s. Jordans Andachten), aber es gehört zu der wie es scheint
unvermeidlichen Poesie der Religiosität, dass auch er diese
Kräfte beseelt, auch D. Strauss kam nicht darum herum, von
dem Genius seiner Natur zu sprechen. Diese aus dunkler Tiefe
aufsteigenden Kräfte werden dem Menschen sein Gott oder die
besondere Bethätigung der Gottheit an ihm. Wer die Gabe
hat, in anderen Menschen solche Kräfte auszulösen, durch
Worte, durch Handlungen, oft der seltsamsten Art, der wird
für diese Anderen ein Vermittler göttlicher Gaben. Diese Auslösung von Kräften kann nicht blos Weckung neuer sein, sondern auch in der Beschwichtigung von Unruhe, Zweifel, Bangigkeit bestehen. Dass in der so beschriebenen Religiosität das
eigentliche Wesen der Religion besteht, erkennt man in den
Erklärungen der berufensten Vertreter z. B. des Christenthums.
Thomas Aquinas spricht sich Summa theologica Sec. Secundae
qu. 85, art. 1 so aus: naturalis ratio dictat homini, quod alicui
superiori subdatur propter defectus, quos in se ipso sentit, in
quibus ab aliquo superiori eget adjuvari et dirigi; et quidquid
illud sit, hoc est quod apud omnes dicitur deus. Luther schreibt
catechismus major P. I decem praecepta (Meyer, S. 249): quod
deum habere nihil aliud sit quam habere aliquid, cui cor huma-
num per omnia fidere soleat; — — — gentilium quoque opi-
nione deum habere nihil aliud est quam fidere et credere. Wie
beide Erklärungen andeuten, ist Religiosität in diesem Sinne

blos formal, des mannichfachsten Inhaltes fähig, auch der Räuber,
der Mörder kann in diesem Sinne religiös sein und ist es oft
gewesen. Ebenso kann diese Religiosität die Form der Religion
blos leise, als poetische Metapher an sich tragen: der Pantheist,
der Materialist hat diese Religiosität oft lebhaft. Endlich kann
die Art, wie das Gehoben- und Gestärktsein entsteht, die ver-
schiedenartigste und wunderlichste sein. Göthe schreibt einmal
in der italienischen Reise: „Die Sonne scheint warm und man
glaubt wieder einmal an einen Gott", d. h. für ihn war der
Sonnenschein ein solches seine Kräfte in besonderer Weise anregendes Agens, also wurde er von da zu religiöser Empfindung angeregt. Wie viel Bizarres selbst dabei mitunterläuft
und doch wirksam war und ist, zeigen die verschiedenen und
oft gar nicht in ihrer Wirksamkeit für Andere nachempfind-
baren Cultusgebräuche.

83. Jede Religion und Religiosität fasst sich selbst als
eine Wirkung aus der Höhe, es ist das insofern ganz wahr, als
unser Leben aus unbekannten Tiefen auftaucht und aus denselben sich beständig nährt und wächst. Die Religion erhebt
blos eine mögliche Annahme über die Beschaffenheit dieser
unbekannten Tiefen mit der Zuversicht unmittelbarer Intuition
zu der wirklichen Wahrheit, und hat zu ihrer individuellen
Art der Weckung und Steigerung der Kräfte das Zutrauen,
die allgemeine, für alle passende zu sein. In beiden Beziehungen verhält sich Wissenschaft zur Religion einschränkend. Die
Wissenschaft giebt zwar zu, dass unser Leben aus unbekannten
Tiefen auftaucht und aus denselben sich beständig nährt und
wächst, sie hat auch nichts dagegen, dass in der Weise der
Intuition Annahmen über diese Tiefen gemacht werden, aber
sie muss verlangen, dass diese Annahmen nicht die sicher erkannten Gesetze der Erscheinungen aufheben, und sie läugnet
die Verbindlichkeit solcher Annahmen für alle. Ebenso bekennt
sie gerne, dass es Menschen giebt, deren religiöse Individualität
erregend auf die Individualität vieler Anderen wirken kann,
aber sie ist gewiss, dass diese Individualität nur nach den allgemeinen Gesetzen menschlicher Art wirkt, und dass ihre be-

sondere Wirksamkeit, wo sich nicht alle von derselben angesprochen fühlen, auf einem idiosynkratischen Moment beruht,
welches sehr werthvoll sein kann für viele ähnlich Angelegte,
und zugleich doch blos eine complicirte Combination allgemeiner
menschlicher Gesetze ist. Die Wissenschaft wird daher die
Religion aus den immanenten Kräften menschlicher Natur erklären, wie sie sich selber auch erklärt, ohne darum zu läugnen,
dass zu diesen immanenten Kräften auch gehört, sich Annahmen über das Transcendente zu bilden, sowohl in wissenschaftlicher als in der freieren Weise der Religion, und Belebung
und Erhöhung unseres Seins zu suchen aus seinen unbekannten
Tiefen sowohl nach den Bedingungen desselben, wie sie bereits
erkannt sind, als in der mehr individuellen Weise der Religion.
Einschränkend verhält sich Wissenschaft zur Religion dadurch,
dass sie den immanenten Thatbestand menschlicher und äusserer Natur, soweit er sicher erkannt ist, aufrecht erhält als
den unverrückbaren Boden, welchen auch religiöse Theorie und
Praxis anzuerkennen hat. Einschränkend verhält sie sich auch
dadurch, dass sie zwar in der Religiosität einen allgemein
menschlichen, in der bestimmten Religiosität und Religion aber
einen mehr individuellen und idiosynkratischen Zug sieht. Gefordert ist daher zur Erhaltung und Förderung der Menschheit
Freiheit der Wissenschaft, aber auch Freiheit der Religion, nur
müssen beide sich mit den allgemeinen Voraussetzungen menschlichen Zusammenlebens überhaupt vertragen (s. Rechtsphilos.
§§ 41, 42).

84. Wie in allen Seiten menschlichen Wesens, so giebt es
auch in der Religion mehr von sich aus active und mehr blos
receptive Naturen. Die letzteren haben sich um die ersteren
stets ebenso geschaart, wie die ersteren den letzteren sich zugewendet. Religiöse Gemeinschaft constituirt ist Kirche. Kirche
ist nicht nothwendig der sittliche Verein schlechtweg. Für
alle Seiten des Lebens, deren Gesetze und bedingenden Kräfte
klar erkannt sind, kann es und giebt es vielfach gesonderte
Vereine, so für Wissenschaft, Kunst, Technik, wirthschaftliche
Belehrung und Fortbildung u. s. w. Die Kirche, oder vielmehr,

wegen der mehr individuellen Art des Religiösen, die Kirchen
werden ihre eigenthümliche Bedeutung stets haben, in ihnen
wird jeder die mehr individuellen Belebungen und Erhöhungen
suchen, deren Gesetze und bedingenden Kräfte wegen der Complicirtheit der Combination in anderem Wege als dem der Intuition nicht gefunden werden können. Die Kirche kann freilich auch die allgemeinen Gesetze und bedingenden Kräfte in
den Kreis ihrer Behandlung mit ziehen; dadurch kann sie der
umfassende sittliche Verein verhältnissmässig bleiben. Sittlich
zu fordern ist es nicht, dass jedermann einer bestimmten Kirche
oder bestimmten Religion angehöre, zumal wo eine Mehrheit
anderer die verschiedenen Seiten menschlichen Wesens anregender Gemeinschaften besteht. Gedanken über das Transcendente
zu haben ist nicht den Kirchen allein eigen; und es kann sich
ein Mensch auch in dem mehr gelegentlichen Zusammensein
mit Anderen individuell erbauen, oder seine aparte Weise haben,
welche in sich und für Andere harmlos ist, von der er sich
aber nur mit Einbusse an Frische und Munterkeit seiner sittlichen Bethätigung loszureissen vermöchte, und die ihm doch
nicht zugleich für Andere als von erweckender Macht scheint.

85. Da in den Religionen visionäre Zustände oft eine grosse
Rolle gespielt haben und wie eine höhere Empfindung der gemeinen Empfindung entgegengestellt worden sind, so verlohnt
es sich diese Zustände näher zu betrachten. Visionäre Zustände
giebt es nicht blos in der Religion, sie sind auch ausser derselben verbreitet, „es sind Zustände, in denen die Vorstellungsbilder eine grössere und bisweilen quälende Lebhaftigkeit annehmen, am meisten geschieht dies bei erhöhter Reizbarkeit
des ganzen Nervensystems, wie sie namentlich in Folge von
Erschöpfung durch angestrengtes Nachdenken, Fasten und Anstrengungen aller Art sich zeigen." Gewöhnlich überwiegt in
uns die Empfindung und das darauf bezügliche Denken, ebendadurch werden in uns eine Menge Vorstellungsbilder, welche
von früher her da sind und die Grundlage von Gedächtniss
sowohl als Phantasie bilden, gehemmt. Durch die Ueberanstrengung oder die mangelhafte Ernährung oder beides zusammen

sind nun die Kräfte des willkürlichen Denkens geschwächt, man
möchte wohl die aufsteigenden Vorstellungsbilder verbannen,
aber es gelingt nicht oder nur auf kurze Zeit. Auch diejenige
Hemmung der Vorstellungsbilder, welche für gewöhnlich durch
die fort und fort zuströmenden Sinnesempfindungen geübt wird,
fällt in solchen Zeiten weg: man hat nicht mehr die Kraft
mit Aufmerksamkeit zu sehen, zu hören u. s. w. Durch den
Wegfall der sonstigen Hemmungen haben die Vorstellungsbilder
freies Feld. Dazu tritt ein weiterer Umstand. Die Nerven
und Muskeln sind nicht blos in gewöhnlicher Weise erschöpft,
so dass ein blosses Ausruhen, Nahrungsnahme, Schlaf sie erholen
könnte, sondern sie sind überreizt, d. h. in einem krampfartigen
Zustande, in abnormen Regungen mit daran sich anschliessenden
Vorstellungen und Gefühlen. Wer das lange Sitzen (etwa bei
einem Mittagsmahl) nicht vertragen kann, dem entstehen nach
einigen Stunden Zuckungstriebe in den Beinen, er wendet sie,
streckt sie hin und her, sucht zum Aufstehen zu bewegen und,
ist der Aufbruch erfolgt, so bewegt er sich einige Zeit hin und
her, damit ist dem krampfartigen Zustande abgeholfen. Es
kann aber nach grossen Muskelanstrengungen ganz anders kommen, es können förmliche Muskelhallucinationen eintreten. Ich
selbst habe erlebt, dass nach einer 14stündigen überaus müh-
seligen Bergtour in Tirol ich vor Müdigkeit erstens nicht einschlafen konnte, sondern die ganze Nacht wach lag, dabei mir
es aber war, als ob alle einzelnen Glieder ausgerenkt wären
und nur noch lose zusammenhingen, und als ob gleichzeitig
das Bett mit mir beständig zum Fenster hinaus- und durch die
Hausthür über die Treppe in die Stube wieder hineinführe und
Räuber dabei stets hinterher jagten. Am folgenden Morgen
trat nach einem warmen Bad die gewöhnliche angenehme Müdigkeit ein. Ein Beispiel von Nerven- und Muskelüberreizung zusammen entnehme ich den „Psychologischen Analysen auf physiologischer Grundlage" von Horwicz, 1. Thl. Halle 1872, S. 303.
II. hatte auf der Universität einem dreitägigen Stiftungsfest
beigewohnt, „wobei wir jüngeren sog. Randalirfüchse fast die
ganzen 3 Tage und 3 Nächte mit Singen, Trinken und Jubiliren

verbracht hatten. Als ich die 4. Nacht erschöpft in meinem Bette
lag, trat nach einem kurzen Halbschlummer ein Zustand ein, den
ich mit Entsetzen als den Beginn einer Geisteskrankheit betrachtete. Es zogen nämlich unaufhörlich, im raschesten Wechsel, die Scenen des 3tägigen Gelages an meinem Geiste vorüber,
und namentlich hörte ich fortwährend die Stimmen meiner Ge-
fährten und meine eigene in den Gesängen, Scherzen und Ge-
sprächen, die wir geführt hatten. Es war mir unmöglich, diese
Erinnerungen, die von einer quälenden Lebhaftigkeit waren
und in ihrer steten Wiederholung mir Ueberdruss einflössten,
zu verbannen." Sehr bekannt sind die Zustände nervöser
Erschöpfung, welche gewöhnlich so beschrieben werden, es zit-
tere alles an einem, oder man sei dem Hellsehen nahe. Es
sind das Zustände, welche etwa nach oder bei Krankenpflege
mit grosser Gemüthsbewegung eintreten, oder auch bei an-
gestrengten geistigen Arbeiten ohne die erforderliche äussere
Ruhe und mit gelegentlich von aussen dazwischentretenden
Gemüthserregungen. Es ist aber nicht immer so, dass bei
diesen Zuständen der Ueberreizung in Folge von Erschöpfung
die Vorstellungen unangenehm sind und quälend, sie können
auch sehr angenehm und erwünscht sein. Es wird von einem
Mongolen erzählt, der verirrt in den Steppen niedersank und
nicht Schlaf finden konnte; da erschien ihm der Gott seines
Stammes und verhiess ihm Rettung, die ihm auch wurde. In
diesem Falle regten sich zwar den Umständen entsprechend die
Vorstellungsbilder, aber zu diesen gehörte mit die Vorstellung
der Rettung, als auf welche am Tage all sein Sinnen und
Merken war gerichtet gewesen, und zwar erschien ihm das Bild
der Rettung in Folge früherer Vorstellungsmassen verwoben mit
dem Gott seines Stammes. Diese Vorstellungen belebten seinen
Muth, sofern noch nicht alle physische Kraft entschwunden war
oder sich durch das Niederlegen wieder gehoben hatte, er
rettete sich, Zeitlebens überzeugt von dem Gott und seiner
Hülfe. Wäre er gänzlich erschöpft gewesen und ohne Gedanken an Rettung, so würde das Gefühl des Endes die darauf
sonst bezüglichen Vorstellungen hervorgetrieben haben, etwa der

Gott wäre ihm erschienen und hätte ihm seine Aufnahme in die seligen Gefilde angekündigt, oder er würde in den letzten Augenblicken geglaubt haben, schon in jenen Auen zu wandeln, gerade wie der Verschmachtende in der Wüste in Folge des Wunsches und Contrastes Bilder von Seen und Palmen vor sich zu sehen glaubt. Hat man solche Zustände einmal als erhebend erfahren, so können sie Volkssitte werden. So wurden bei den Indianerstämmen die Jünglinge gegen die Zeit der Pubertät in einen Wald gebracht, dort unter Leitung eines alten Mannes grossen Strapatzen und Entbehrungen unterworfen, zuletzt wird jeder der völligen Einsamkeit übergeben. Dort liegt er erschöpft, in dieser Erschöpfung erscheint ihm der Gott des Stammes und nimmt ihn als Diener an. Die Jünglinge kehren gefeit für ihr Leben zum Stamme zurück und werden sofort verheirathet. Dass in solchen Zuständen auch Offenbarungen und Enthüllungen vorkommen können, ist sehr begreiflich. Solche Zustände sind durch das Zurücktreten der aufmerksamen Empfindung und des willkürlichen Denkens sehr geeignet für das Hervortreten des Sinnengedächtnisses und überhaupt mancher Vorstellungen, die, einmal gehabt oder flüchtig aufgenommen, dann durch das gewöhnliche Empfinden und Denken ganz überwuchert wurden, jetzt aber sich hervorthun und durch die Bedeutsamkeit ihres Inhalts und den Werth, der sich etwa an sie anknüpft, überaus mächtig das Gemüth ergreifen, und nach dem Schwinden der Erschöpfung als herrschende Idee und Macht in dem Menschen verharren können. Mit Sinnesgedächtniss ist gemeint, dass manche Empfindung gehabt, aber nicht bewusst wird, weil sie von anderen Empfindungen und Gedanken noch im Entstehen ihrer Bewusstheit zurückgedrängt wird, so wie wir etwa die Glocke nicht schlagen hören bei der Arbeit, aber doch vielleicht überzeugt sind, dass es geschlagen hat, und sogar fähig sind die Schläge noch nachträglich zu zählen, oder wie jener Kaufmann, dem es beim zu-Bette-Gehen plötzlich so angst wurde, sein Gewölbe stehe in Brand, dass er hineilte und eben noch recht kam ein entstandenes Feuer zu löschen, und der nun sich erinnerte, dass

er Abends beim Weggehen ein glimmendes Schwefelholz gegen
seine Gewohnheit im Gewölbe weggeworfen hatte.

86. Bei den religiösen Visionen z. B. im Christenthum,
im Muhammedanismus, bei denen Zurückziehen von der Welt,
Enthaltsamkeit und Fasten, Stille der Seele, also Zurückdrängen
des willkürlichen Denkens, eine so grosse Rolle spielten, ist
das, was erlebt wurde, durchaus den physiologisch-psychologischen
Zuständen angemessen gewesen. In besonderen Lagen, d. h.
wo besondere Interessen drängten, wurden Offenbarungen, Weis-
sagungen, Rathschläge gegeben, oft sehr weise und heilsame.
Wo solche besondere Lagen fehlten, trat mehr ein allgemeiner
Zustand ein, aber natürlich mit religiöser Wendung, ein Zustand
der Seligkeit oder Begnadigung. Diese mystischen Erlebnisse
waren vorzüglich von zwei Arten, entweder Zustände eines
seligen Lichtes oder Zustände einer liebenden Verschmelzung;
jene finden bei den Naturen statt, wo die Erregung des Nervensystems besonders den Sehnerv mit erregt und dadurch die
Gefühle wunderbarer Erleuchtung, so sinnlich, greifbar und
mächtig, wie die Mystik sie schildert, bewirkt, diese bei den
Naturen, wo die Erregung des Nervensystems auf die mit dem
geschlechtlichen Leben zusammenhängenden Theile, oder auf
die Tast-, Geschmacks-, Geruchsnerven miterregend wirkt und
dadurch der religiösen Vorstellung die specielle Wendung liebender Verschmelzung, innigster Umarmung giebt, begleitet von
dem Gefühl einer unendlichen Süssigkeit oder eines süssen
Duftes. Was solche Methode, Zurückziehung von der Welt, Einsamkeit, etwas Fasten, Richtung der willkürlichen Aufmerksamkeit auf einen Gedankencomplex, bewirken kann, sieht man an
den exercitia spiritualia der Jesuiten, welche auf den visionären Vorgängen von Ignatius beruhen. Reisende haben sehr
Aehnliches berichtet von der Art, wie Schamanen ihre Nachfolger und Medicinmänner ihre Schüler ziehen und weihen.
Ganz in dieselbe Kategorie gehört aber auch der halb visionäre
Zustand, der häufig bei denen, die sich zum Examen vorberei-
ten, kurz vor demselben eintritt: solche sind ganz gewissen
Vorstellungsmassen zugewendet, darüber treten die Empfindungen

zurück, die Kraft des willkürlichen Denkens wird schwach, weil es zu sehr getheilt und überanstrengt ist, Appetit- und Schlaflosigkeit in Folge der Ueberreizung des Gehirns treten hinzu, der Mensch ist nicht mehr seiner Vorstellungsbilder Herr, und diese tummeln sich nach eigenen, halb logischen, halb associativen Gesetzen und mit der besonderen Regellosigkeit, welche von den abnormen Körperzuständen ausgeht. Das beste Mittel gegen solche Zustände, wenn sie zu stark werden, ist, das Examen schleunigst zu machen und sich danach tüchtig auszuruhen, besonders durch Anregung des Muskel- und vegetativen Systems (Fusstouren). Es ist aber nicht immer Erschöpfung, welche Empfindung und damit verbundenes Denken zurückdrängt und die Vorstellungsbilder ganz ungehemmt aufstreben lässt, es kann auch ein ähnlicher Zustand eintreten durch allzugrossen Gebrauch von Reizmitteln. Wo visionäre Zustände gesucht wurden, sind solche Mittel daher viel gebraucht (Haschisch, Hexensalbe). Ihre Folgen sind Erhöhung der Erregung innerhalb des Organismus, also Erhöhung der Thätigkeit der Nerven an sich, eben dadurch wird der Mensch stumpf gegen äussere Eindrücke und ihre Aufnahme, der Nerv ist nicht mehr in genügend indifferentem Zustand für treue Leitung der äusseren Reize, diese werden vielleicht aufgefasst, aber in der Art, wie sie bei Illusionen auch aufgefasst werden. Es hört aber auch das willkürliche Denken auf, d. h. es ist nicht mehr möglich die Richtung der Aufmerksamkeit auf eine andere Gedankenmasse, denn dies erfordert gleichfalls einen mehr indifferenten Zustand des Nervensystems, man weiss ja, wie körperliches Unbehagen, Aufregung in Folge von Sorgen, Unruhe in der Umgebung die zum Nachdenken erforderliche Aufmerksamkeit nicht aufkommen lässt. In solchen Zuständen treten diejenigen Vorstellungsbilder auf, welche dem durch die Droguen herbeigeführten Zustand der Nerven entsprechen; da dieser Zustand einer der Erregung ist, so sind es zuerst freundliche Bilder und Stimmungen, nur im Rückschlag düstere oder dumpfe. Nicht immer sind religiöse Vorstellungen und Gefühle so gesucht worden, so kaum bei dem chinesischen Opiumgenuss, wohl aber

bei dem Haschischgebrauch in der muhammedanischen Welt.
Inclinirend zu ähnlichen Vorstellungen und Gefühlen ist oft die
Zeit der Pubertätsentwicklung, wo durch die vollständige Aus-
.bildung des Sperma und seine Rückwirkung auf alle Seiten des
Lebens eine innerphysiologische Erregung eintritt, welche Vor-
stellungen und Gefühle des Unendlichen wachruft.

87. Wie sollen wir nun solche visionäre Zustände beurtheilen? welches sind die für Erhaltung und Förderung der
Menschheit dienlicheren, die, wo Empfindung und mit ihr verbundenes Denken vorherrscht, oder die, wo eine sonst durch
jene beiden mehr gehemmte Selbstthätigkeit des Nervensystems
und der sich daran anschliessenden Vorstellungsbilder waltet?
Normal sind beide, insofern sie natürlich sind, d. h. durch
natürliche Ursachen eintreten. Ursprünglich sind die visionären
Zustände gewiss ungesucht gekommen, erst als sich ein Werthurtheil daran hing, hat man sie durch Vorbereitungen herbeizuführen gesucht, und ob diese Vorbereitungen Zurückziehen
aus der Welt und Askese waren oder Droguen, macht keinen
wesentlichen Unterschied. Ist der Werth dieser Zustände an
sich ein höherer als der Werth der gewöhnlichen, ist, was sie
an Vorstellungsinhalt und Gefühl bieten, Reflex oder Vorge-
schmack einer höheren Welt im Unterschied von der gemeinen
Welt der Empfindung und des sich daran anschliessenden Denkens, so müsste man urtheilen, dass Droguen gleichsam Arznei-
mittel zur Herbeiführung überirdischer Stimmungen und Bilder
wären, vergleichbar dem Eisen oder anderen Kräftigungsmitteln
des leiblichen Lebens, wie dies ja die Ansicht der Türken ist.
Werthschätzung und Objectivität oder Hindeutung auf Objectivität bei solchen Zuständen lässt sich nur dadurch sicherstellen,
dass man sie vergleicht mit den gewöhnlichen Zuständen. Und
da fällt sofort in die Augen, wie richtig die Bemerkung von
A. Comte ist, dass der Vorstellungsinhalt visionärer Mystik,
den sie in so vielen 100 Jahren erbracht, ein überaus dürftiger,
vager und folgenloser sei. Ueber ganz allgemeine überall
wiederkehrende Bilder ist sie nicht hinausgekommen, für weiteres Wissen lässt sich damit nichts anfangen, für die Welt,

wie sie sich in den gewöhnlichen Empfindungen darstellt, ergeben sich daraus keine Aufschlüsse. Die Beseligungsgefühle dieser Zustände sind gefolgt von um so grösserer Prostration, gerade nach den höchsten Entzückungen klagte die Mystik über geistliche Oede, Dürre, Verlassenheit. Alle Erkenntnisse, welche sich als allgemein mittheilbar erwiesen und der Erhaltung und Förderung der Menschheit dienlich, werden der Empfindung und dem damit verbundenen Denken verdankt. Die hierin wurzelnden Werthgefühle sind zugleich den stürmischen Auf- und Abschwankungen visionärer Gefühle entnommen, dadurch gleichfalls der Erhaltung und Förderung der Menschheit angemessener. Demnach ist man gehalten, die visionären Zustände zwar für wirklich und wahr zu halten im subjectiven Sinne, aber für unreal und unwahr im objectiven. Man darf das Bild der irdischen und der himmlischen Dinge nicht nach ihnen entwerfen, sondern nach den gewöhnlichen Empfindungen und dem damit verbundenen oder von ihnen ausgehenden Denken, man darf die Seligkeit des Himmels sich nicht aus ihnen entnehmen, sondern aus der Freudigkeit immanenter sittlicher Bethätigung, und hat zu urtheilen, dass in den visionären Zuständen etwas für sich auftritt, was stets blos gebunden durch Empfindung und darauf bezügliches Denken sollte Verwendung finden. Die Grundlage solcher Zustände, eine von Empfindung und damit verbundenem Denken relativ freie Selbstthätigkeit des Nervensystems und der Vorstellungsbilder ist ja auch die Grundlage der Phantasie im weitesten Sinne, wie sie als Pläne machen, als freies Combiniren, als ergötzendes Spiel allüberall auftritt, helfend dem Empfinden und darauf bezüglichen Denken und erholend von dessen Anstrengungen. Die Phantasie in dieser weiten Grundlage hat daher eine breite Wirksamkeit im Leben, und ganz abmessen und abwägen lässt sich diese Wirksamkeit nicht. Man hat sie daher mehr gewähren zu lassen, nur sollen Empfindung und Denken stets ihre Vorstellungs- und Gefühlswelt nachträglich prüfen. Nach Malebranche's Ausspruch ist „jeder Mensch visionär hinsichtlich gewisser Gegenstände, und sind die, welche es am wenigsten sind, die weisesten."

88. Die dritte Hauptart geistigen Lebens ist die ästhetische, das Wohlgefallen am Schönen im engeren Sinne und
seine Darstellung in der Kunst, diese gleichfalls in engerer Bedeutung verstanden. Das Schöne in diesem engeren Sinne ist
dadurch charakterisirt, 1) dass es im blossen Vorstellen gefällt,
unabhängig noch vom sinnlich-Angenehmen, wissenschaftlich-
Wahren und von praktischen Zwecken, 2) dass seine äussere
Darstellung gefällt, wiederum noch abgesehen davon, ob das
Dargestellte ein sinnliches Bedürfniss befriedigt oder der Wissenschaft und Praxis dient. In diesem Sinne ist das Schöne
zwar überall auf der Erde irgendwie da, aber nicht immer rein,
sondern gewöhnlich verschmolzen mit den anderen Lebensäus-
serungen, es tritt als Schmuck zur sinnlichen Bedürfnissbefriedigung, zur wissenschaftlichen oder praktischen Bethätigung.
Wie stark aber die Neigung für das Aesthetische in der Menschheit war, sieht man an der Bemerkung, welche alle Ethnologen
gemacht haben, dass auf Schmuck, auf Putz bei allen Völkern
mehr gehalten und mehr Erfindsamkeit verwendet worden ist,
als auf das Nützliche, d. h. auf das der Erhaltung und Förderung der Grundlagen menschlichen Lebens Dienende. Es hängt
das damit zusammen, dass (§ 26), sobald das Gröbste der
ἀναγκαῖα beschafft war, der Ueberschuss von Kraft sich dem
καλόν zuwendete, dieses καλόν wurde zum Theil in kriegerischer
Bethätigung, Wissenschaft, religiöser Contemplation gesehen,
überwiegend aber im Aesthetischen als solchem, nur in Verschmelzung mit einer oder der anderen jener Bethätigungen.
Wir dürfen uns nur nicht dadurch täuschen lassen, dass uns
vieles bei anderen Völkern nicht schön erscheint, was ihnen
so erschien. Eine Definition des Schönen muss rein formal sein,
wenn sie zugleich der Geschichte gerecht werden will. Dem
Neger, dem Chinesen gefällt seine Musik, die uns martert. Es
giebt ausserdem ein ästhetisches Wohlgefallen durch Association, das sehr weit reicht und von dem wir Beispiele täglich
erleben. Dichtern, Künstlern gefallen ihre Werke, und sie
können nicht begreifen, dass Andere sie nicht so finden. Bei
ihnen hat sich die innere Bethätigung bei der Production, die,

sofern sie frei und frisch von statten geht, etwas an sich selbst
Wohlgefallendes hat, mit auf das äussere Resultat derselben
übertragen. Daher der Rath des nonum prematur in annum,
denn dann ist vielleicht jene Association aufgelöst und die
Werke stehen uns gegenüber wie jedem Anderen. Am auffal-
lendsten ist diese täuschende Verschmelzung von innerem Gefühl und äusserem Gegenstande darin, dass so viele Menschen
sich für schön halten, die es nicht sind. Sie haben, wenn gesund und munter, meist ein ziemliches Wohlgefühl, dies Wohlgefühl haftet an ihnen, sie tragen es unbewusst überall mit
herum, sehen sie in einen Spiegel, so haben sie es auch, und
so scheint es ihnen aus dem Bilde entgegenzustrahlen. Aehnlich ist es damit, dass so viele Damen keinen Geschmack haben;
sie sehen Farben, Bänder u. s. f., diese gefallen ihnen überhaupt oder an Anderen, also legen sie dieselben an und glauben nun auch zu gefallen: dass aber das Ensemble, weil etwa
die Farbe nicht zum Teint, zum Haar passt, an ihnen gerade
zum Gegentheil werden kann, daran denken sie nicht. Aus
solchen Mischungen setzt sich das ästhetische Wohlgefallen und
der Geschmack vielfach zusammen. Wenn in einem Volk durch
besondere Verhältnisse eine ästhetische Art hervorgetreten ist
und Beifall gefunden hat, weil die Bedingungen in den mehr
receptiven Naturen die gleichen waren wie in den mehr activen,
so wird diese Art bleiben und, durch ihr fortwährendes Dasein
verstärkt, sogar ästhetische Norm werden, ebendamit wird Sinn
und Empfänglichkeit für Anderes absterben. Wir stellen uns
den Teufel schwarz vor, der Neger weiss; der Chinese mit seinem Büschel schwarzen Haares erscheint uns wenig anziehend,
die Chinesen nennen die Engländer rothe Teufel wegen ihres
blonden Haarwuchses. Auch bei uns ist das Schöne und die
Kunst nach Ständen nicht nur, sondern nach Individualität in
demselben Stand sehr verschieden. Dem Einen genügt zur
Kunst, dass sie überhaupt Darstellung ist, das blosse Nachempfinden und Nachbilden von etwas, was schwach in ihm ist,
ist als Ergänzung oder Verstärkung erwünscht, das sind die
ästhetischen Realisten, welche vor allem Treue von der Kunst

verlangen. Andere begnügen sich nicht mit der Treue, sondern
fordern, dass die Kunst noch ein davon verschiedenes eigenthümlich Werthvolles darstelle. Unter diesen Idealisten giebt
es wieder zwei Hauptrichtungen: die, welche das in der Wirklichkeit zerstreute Schöne zusammensucht und in Eins verschmilzt (Griechen, Göthe), und eine andere, welche ein Schönes
will, welches mehr der Gegenwart und Wirklichkeit entflieht
und seine eigene Welt bildet (Romantik; sie war zu allen Zeiten). Da aber das Schöne doch immer auf Natur und Menschenwelt und deren Ausdeutung Bezug haben muss, so kann
wieder grosse Verschiedenheit sein in dem, was der Einzelne
bevorzugt.

89. Dass die Technik in der Kunst so bewundert wird,
hat seinen Grund darin, dass ästhetisches Wohlgefallen, mehr
receptiv oder selbst mehr schöpferisch in der Phantasie, sehr
verbreitet ist, dass aber die Bedingungen, von denen die er-
folgreiche Darstellung des in der Phantasie Geschauten oder
Construirten abhängt, überaus complicirt und selten sind. Einen
Künstler macht somit allerdings die Technik, aber nicht sie
allein, wie die Künstler es selbst oft ansehen möchten. Bei
der Kunst, sowohl dem Ausüben als Aufnehmen, spielt oft noch
Eins mit. Es giebt viele Regungen im Menschen, die er nicht
will, d. h. von denen er sich mit Abscheu oder Unwille abwendet, die er aber als Regungen darum noch nicht los wird,
er unterdrückt sie soweit, dass sie nicht in sein Handeln, wissenschaftliches oder praktisches Thun, übergehen, aber sie streben trotzdem zu irgendwelcher Gestaltung. Da ist es nun nicht
blos Göthesche Praxis gewesen, sich das so Bedrückende von
der Seele zu schreiben (Wahlverwandtschaften; auch Mephisto-
pheles nach H. Grimm), sondern es ist das analoge Verfahren
eine alte Praxis der Menschheit. Daher das viele Dämonische,
Frazzenhafte in der Kunst als Sujet und als Beiwerk, es tobt
die Phantasie sich da oft gerade in dem aus, was der Mensch
nicht mag. Was zu schwach in ihm ist von Natur oder durch
Bildung, um Theorie oder Praxis zu werden, das ist oft noch
stark genug, um sich in Phantasie und bis zur Darstellung

derselben nach aussen zu erheben. Daher stammt auch die häufige Discrepanz der Dichter und Künstler zwischen ihrem Leben und ihren Werken. Merk, dass oft der allergröbste Schlingel die allerzärtlichsten Verse singt. Der Wollüstige malt oft lauter asketische Bilder, aber auch umgekehrt; auch vereinigen lässt sich beides, dass etwa das Wollüstige bei dem Asketen als Versuchung vorkommt, in der Kunst wie in der Wirklichkeit. Die Lectüre und die Kunstvorliebe des Einzelnen ist oft danach zu beurtheilen: er wird durch Lectüre von Schriften, die seiner nichtgewollten Phantasie entsprechen, dieselbe oft so weit los, dass sie ihn im Leben nicht mehr sonderlich genirt. Nicht nur die gefährlichen Seiten des Menschen lösen sich so ästhetisch aus, sondern oft auch die guten. Die Moral der meisten Menschen ist eine ästhetische, ihre Phantasie, ihre theoretischen Vorstellungen sind moralisch, ihr effectives Thun nicht. Andern, die keine so lebhaften Erregungen fataler Art haben, dass ein Loswerden derselben durch Ausgestaltung mindestens im Bilde nothwendig erscheint, ist gerade das Düstere, Schreckliche, Grausige in der Kunst unerträglich. Sie haben eine leise Neigung der Phantasie zum Unangenehmen, aber mehr als Nachklang der Wirklichkeit, sie wünschen durch die Kunst gerade davon frei zu werden, sie verlangen daher von ihr Bilder der Freude, des Trostes: das sind die Naturen der poetischen Gerechtigkeit, ein Roman muss mit einer Heirath endigen, ein Trauerspiel versöhnlich schliessen, ein Lied sanfte Hoffnung erwecken.

90. Jeder Mensch hat seine ästhetische Phantasie und gewöhnlich auch ein gewisses Darstellungstalent nach irgend einer Seite. Beide wollen Befriedigung, Auslösung. Daher muss man sie im Allgemeinen gewähren lassen, blosses Unterdrücken hilft nicht. Die Pracht, welche die Kirche am Menschen verwarf, legte sie um so mehr in den Gottesdienst, also wieder in eine menschliche Bethätigung. Wie stark gerade im Mittelalter die Lust am Schönen war (schönen Rüstungen, Kleidern, Wohnungen, Bildern, Edelsteinen, meist in Vereinigung mit kirchlichen Gedanken), sieht man an der Erklärung, welche D. Hume und

A. Smith davon gegeben haben, wie sowohl die weltlichen als die geistlichen Barone allmälich ihre hervorragende Stellung einbüssten. Ursprünglich beruhte diese mächtige Stellung auf Grundbesitz. Da dieser sehr ausgedehnt war, also die Inhaber seinen Ertrag für sich bei einfachen Bedürfnissen nicht aufzehren konnten, so gaben sie davon an andere ab gegen persön-liche Dienste (Diener, Lehnsleute, Pächter). Die Kirche benutzte ausserdem ihren Ueberfluss zum Fond für die Armen. Da kamen aus dem Morgenland (Byzanz, die Araber) mehr und mehr Kunst- und Werthsachen, nicht immer Reize für das sinn-liche Bedürfniss, aber wohl für die ästhetische Seite des Men-schen. Bald wurde es üblich, dass der Ueberschuss mehr für diese verwandt wurde, damit kamen solche Artikel in Auf-nahme, die Nachfrage nach Kunstsachen steigerte sich, Handel und Industrie blühten auf, ihnen fiel jetzt der Ueberschuss des Ertrages der geistlichen und weltlichen Herren zu. Da diese nun nicht mehr all ihren Besitz zum directen Unterhalt von Menschen verwendeten, so minderte sich ihre Macht. Indirect freilich verwendeten sie ihn noch zum Unterhalt von Menschen, aber von solchen, die nicht mehr im Verhältniss persönlicher Treue und Dienste standen, sondern in dem freieren von Ver-käufern von Waaren zu Käufern. Wer von 100 indirect ab-hängig ist, ohne direct von einem insbesondere es zu sein, wie Handwerker und Kaufleute ihren Kunden gegenüberstehen, der ist nicht mehr abhängig. So minderten sich die früheren Ab-hängigkeitsverhältnisse, und zugleich minderte sich Habe und Macht bei den grossen Herren und mehrte sich bei den Männern des Handels und der Industrie. A. Smith nennt dies die grösste Revolution, welche sich in Europa vollzogen habe, still und unbemerkt, erst von D. Hume in ihren Gründen aufgedeckt. Ihm gilt als Ursache die Eitelkeit der Menschen und ihre Selbst-liebe; wenn einer wisse, sein Einkommen für sich allein zu ver-wenden, ohne es mit Anderen zu theilen, so ziehe er die Ver-wendung allein für sich regelmässig vor. Der Grund ist aber vielmehr ein ästhetischer, das Schöne ist zu allen Zeiten ge-sucht worden, sowie die nächste Nothdurft befriedigt war. Auch das Volk nimmt Theil an diesem Zuge, es hat sich stets des Glanzes und der Pracht seiner Herrscher erfreut, wenn es ihm dabei nur irgend erträglich ging. Prächtige Herren waren stets beliebt, nur mussten sie die Schaulust der Menge auch gerne befriedigen, sich nicht für sich abschliessen.

Auch die Mode, dies verrufene Kind der Laune, hat ihre unaufhebbare physiologisch-psychologische Grundlage. Da die Mode sich besonders auf Kleidung bezieht und äussere Ausgestaltung, so hängt sie ganz besonders am Auge. Beim Auge ist bekannt die Macht des Complementären, d. h. durch gewisse Farben werden gewisse Stellen der Retina, falls der Eindruck länger andauert, ermüdet, es nimmt die Empfänglichkeit für diese bestimmte Farbe ab; nun sind aber die anderen Stellen für andere Farbeneindrücke noch unerschöpft, oder dieselben Stellen noch empfänglich für andere Farbeneindrücke, diese regen sich daher um so mehr. Der Satz variatio delectat hat hier seine Grundlage, er gilt aber nicht für alle variatio, sondern blos unter bestimmten Bedingungen. So lange für einen Eindruck die Empfänglichkeit noch gross ist, würde die variatio stören, sobald sie aber abgenommen hat, gefällt die variatio und wird gesucht, aber auch nicht jede, sondern eine, welche sich complementär zum früheren Eindruck verhält, d. h. sich an physiologische Organe wendet, welche noch frisch sind, oder an dasselbe Organ, aber so, dass dies für den neuen Eindruck noch reizempfänglich ist. Bei Geschmack, Geruch, Getast, Gehör, Muskelempfindungen gilt das gleiche Gesetz, welches sich leicht weiter ausführen liesse. Eine bestimmte Mode wird nun stets eine gewisse Summe von Retinastellen und Muskelempfindungen (Formauffassung) des Auges begünstigen, sie kann nicht alle auf einmal berücksichtigen. Dadurch werden diese Stellen besonders gereizt, und ebendadurch wird man die Mode mit der Zeit müde, es tritt dann gewöhnlich eine von der früheren sehr verschiedene ein, welche sich complementär zu dieser verhält. Mit den Moden in Möbeln, Musik u. s. w. verhält es sich ähnlich. Bei den Wohlhabenden, als denen, welche viel Zeit haben für die ästhetische Seite im Menschen, ist darum der

17*

Wechsel der Mode grösser, und am stärksten ist er bei den
Frauen, die bei ihrer Bethätigung im Kleinen und zwar so,
dass das Auge eine grosse Rolle dabei spielt (Sauberkeit, Ordnung, Eleganz), eine grosse Reizbarkeit des Organs und der
daran hängenden psychologischen Gefühle gewinnen.

Dass von den ästhetischen Elementen beim gemeinen Mann,
d. h. den überwiegend mit materiellem Erwerb durch Muskelarbeit beschäftigten Leuten, diejenigen von selbst sich am meisten ausbilden, welche Darstellung in Wort und Tönen finden,
ist begreiflich. Durch die Arbeit werden alle anderen Systeme
ermüdet, aber die Sprachwerkzeuge bleiben dabei verhältnissmässig frisch, sie regen sich daher in der Zeit der Ruhe noch
mit einer gewissen Frische, in ihnen strömt daher die Phantasie des Volkes aus, nicht immer in Versen, auch in Märchen,
Fabeln, Anekdoten, Schwänken, Sagen und Mythen. Aus diesem
Volksgrunde haben die höheren Stände sich von Zeit zu Zeit
wieder erfrischen müssen. Dass Poesie allgemein menschlich
ist, hat man freilich in Deutschland erst durch Herder und
sein Aufsuchen der Volkslieder gelernt, die schönsten Lieder
Göthe's haben diesen Volkston angeschlagen, selbst die Melo-
dieen unserer Choräle sind zum Theil aus Volksweisen hervorgegangen.

91. Soviel von dem Aesthetischen auf Grund der Psychologie und Geschichte. Die sittliche Betrachtung über dasselbe
lässt sich anknüpfen an eine Bemerkung, welche gelegentlich
die Franzosen über die deutsche Aesthetik gemacht haben. Der
Deutsche sieht nach ihnen im Schönen nicht ein Werthvolles
an sich, sondern er setzt es in Beziehung zu wissenschaftlichen,
religiösen u. s. w. Theorien, er schaut darin einen Abglanz Gottes,
eine Symbolisirung moralischer oder metaphysischer Wahrheiten u. s. f. Gefordert kann diese Rückdeutung nicht werden,
das Schöne kann als Werthvolles an sich empfunden werden
gleich anderen Werthen, aber in jener bei uns beliebten An-
schliessung des Aesthetischen an andere wesentliche Seiten
menschlichen Seins drückt sich doch das Bewusstsein aus, dass
das Aesthetische leicht eine Gefahr für diese anderen Seiten

wird, wenn es für sich und übermächtig auftritt. Unterdrücken lassen sich die ästhetischen Regungen nicht, es ist auch nicht abzusehen, warum man das sollte, sie sind in sich werthvoll und können den anderen Seiten menschlichen Wesens eingegliedert werden zu deren Steigerung und Belebung. Für die meisten Menschen freilich wird um der Wichtigkeit des Nützlichen willen dieses den Vorrang behaupten müssen, und es ist in der Erziehung hierauf zu halten, aber das Aesthetische kann ein Zusatz zum Nützlichen werden. Das Nützliche mit einem ihm angepassten ästhetisch gefallenden Zusatz ist der Begriff des Geschmackvollen. Dass bei uns das Schöne besonders als das Geschmackvolle jetzt erstrebt wird, also mehr als Ausgestaltung des Nützlichen, ist kein Unglück, sondern ein grosser Segen. Es ist ein Beweis, dass das Nützliche, d. h. das den Grundlagen des Lebens Dienende allmälich in seiner prinzipiellen Bedeutung erkannt worden ist, dass es also umgekehrt ist wie vielfach früher, wo die ἀναγκαῖα verachtet, das καλὸν allein geschätzt wurde. Auch diejenigen, welche besondere ästhetische Begabung haben, somit zur Activität und nicht blossen Receptivität im Aesthetischen gemacht sind, gilt es mit dem Bewusstsein zu erfüllen, dass diese Seite Eine im Menschen ist neben anderen, dass die wissenschaftliche, militärische, technisch-praktische und dem Materiellen zugewendete gerade so wesentliche Seiten sind und für Erhaltung der Menschheit und ihre Förderung im Vordergrund stehen. Das ist heutzutage nicht mehr so schwer zu lernen und in der Erziehung beizubringen, wie es früher war, wo selbst Schiller und Göthe speciell in der Dichtkunst das eigentliche Heil der Menschheit sehen wollten. Die speciell Begabten müssen dann ihre ästhetische Activität zur Ausbildung bringen, sehr nach den Cautelen von § 14, aber doch mit der Beachtung, dass talentvolle Männer oft erst nach vielen Versuchen auf das kamen, was ihre specifische Begabung war. Fritz Reuter schrieb zuerst mittelmässige Humoresken in Hochdeutsch, mehr zufällig kam er auf das Plattdeutsche, wo seine Grösse lag; Humor, mecklenburgischen Volkshumor hatte er nur in dem Dialekt kennen gelernt, nur so konnte er ihn wiedergeben. Es muss also bei der Ausbildung ästhetischer Naturen wohl eine gewisse Latitüde gelassen werden. Das Ziel ist, dass die Leistungen der aktiven Naturen populär werden; was die aktiven Künstler darstellen, daran sollen sich die mehr receptiven Naturen erfreuen, es giebt ihnen die Ergänzung oder Verstärkung, die sie bedürfen. Dies Hingeben ihrer Leistung darf von den Künstlern nicht gefordert werden ohne Gegenleistung, der blosse Ruhm ist keine volle Gegenleistung, wie es oft angesehen wurde in der Meinung, dass der Künstler alles nur so aus dem Aermel schüttle, während er oft gerade bei dem grossen Kräfteverbrauch, welcher der productiven Phantasie eigen ist, Zeiten glücklichen Gelingens mit längeren Zeiten des Ungelingens, Vorbereitens, annähernder Versuche erkaufen muss. Hier bietet sich eine sittliche Aufgabe für die Wohlhabenden, dass sie sich der Kunst durch Erwerb von Kunstwerken annehmen, damit dem Künstler eine ausreichende materielle Lebensstellung bereitet werde. Sind es Werke, die keiner leichten Vervielfältigung fähig sind, so haben sie die weitere Verpflichtung, sie nicht bei sich zu verschliessen, sondern der öffentlichen Beschauung zugänglich zu machen; sie brauchen sie darum nicht aus ihrem Besitz hinauszugeben. Unter der Kunstpflege dürfen freilich die anderen wesentlichen Seiten der Menschheit nicht leiden. Die vegetative Seite und ihre Befriedigung muss stets an erster Stelle kommen, die Besitzenden müssen also ihr Vermögen zunächst gemeinnützig im Sinne von § 60 anwenden, und wenn dann die Verhältnisse es erlauben, so kommt die Kunst in Betracht, sofern sie nicht blosse Ausgestaltung des Nützlichen ist, denn als diese kann sie unmittelbar demselben stets einverleibt werden.

92. Bei den receptiven Naturen im Aesthetischen, also bei der Mehrzahl der Menschen, ist in der Erziehung darauf zu achten, zu welcher Art von Phantasie und Bethätigung sie incliniren, damit hier eine gewisse Ausbildung oder auch unter Umständen Gegenwirkung und Ableitung angebracht werde. Es muss nicht immer gerade künstlerisch sein, was da erstrebt wird, oft genügt, dass der Mensch etwas hat, womit er in Er-

müdung, und weder geistig noch körperlich zur Arbeit aufgelegt, die Zeit hinbringt. Die Spiele der Erwachsenen gehören
sehr viel noch zur ästhetischen Bethätigung. Wo das Volk
noch Sonntags auszieht aus den Städten auf die Wiesen und
in die Wälder, dort die Jungen schaukeln, tanzen, Gesellschaftsspiele spielen, die Alten zusehen und plaudern von Neuigkeiten
und von ihren Jugendtagen, das enthält viele zwar kunstlose,
aber sehr werthvolle ästhetische Elemente. Auch wo der Ar-
beitsmann nach vollbrachtem Tagewerk vor seiner Thür sitzt,
seinem Kinde ein Spielzeug macht oder die Hecke ausbessert,
dass sie gerade sei und nicht so ungleich, darin steckt ästhetische Bethätigung. Das Alles liesse sich aber noch vielfach
ästhetisch heben, wozu Anleitung oder mindestens nachmach-
bares Vorbild von den ästhetisch aktiven Naturen vielfach ausgehen könnte. Von den aktiven Naturen sollten die mässig
begabten, welche ja doch, wie bei allen anderen Talenten, die
Mehrzahl bilden, sich immer mehr dem zuwenden, aus dem
Nothwendigen und Nützlichen das Geschmackvolle zu bilden,
und zwar aus dem Nothwendigen und Nützlichen selbst heraus,
nicht als blosses Aufklexen eines Fremden, gar nicht dazu Gehörigen. Die grossen Talente mögen um so mehr bleiben für
die Kunst als Darstellung des Charakteristischen (Realismus)
oder des Idealen (in der Doppelrichtung des Klassischen und
Romantischen). Dass unsere Zeit dem Künstler wenig Stoff
biete, vermag ich nicht anzuerkennen. Ich gebe blos zu, dass
frühere Zeiten es ihm leichter machten; wenn Glanz und Pracht
vorzüglich gesucht und in grossen Aufzügen ausgestellt wurden,
da war es nicht schwer, Stoffe für Auge und Phantasie zu
haben. Heutzutage muss der Künstler solche mehr suchen, er
kann sie mitten in unserer der Beschaffung der Lebens-Noth-
wendigkeiten mit technischen und wissenschaftlichen Mitteln
zugewendeten Zeit finden. Ich habe mich oft gewundert, welche
Charakterköpfe und bedeutende Gestalten es unter den Menschen giebt, wenn sie in Thätigkeit und Arbeit sind. In unseren Salons muss man sie freilich nicht suchen, wo jeder nicht
seine individuelle Art, sondern ein für dieses Zusammensein

conventionell anerzogenes Gesicht und demgemässe Haltung zeigt.
Wenn bei einem Bau um die Mittagszeit die Arbeiter sich aus-
ruhend lagern theils essend, theils schlafend, die Werkzeuge so
liegen, wie sie sie eben gebraucht haben und bald wieder brauchen werden, die Sonne über all diese Bilder von Thätigkeit
und Ruhe ihren Glanz ausgiesst, so ist das sehr malerisch,
malerischer als viele traditionelle Stoffe. Von der Antike sollte
man die Plastik selbständig nachzubilden ganz aufgeben, die
Alten sind darin Meister, man sollte höchstens versuchen, die
Ueberreste zu vervielfältigen. Wir können mit dem Nackten,
wenn man Künstler werden will, nicht frei und nicht naiv verkehren, nicht frei, weil unser Klima es nicht verstattet, nicht
naiv, weil eben wegen des nicht freien Verkehrs immer eine
zu grosse Erregbarkeit auf beiden Seiten herrscht, entweder
der gêne oder der Laxheit. Plastik muss den Menschen studiren, wie er unbefangen sich geben und unbefangen genommen
werden kann.

Alle Berufsarten, welche sich der ästhetischen Darstellung
widmen, soweit sie nicht lebensgefährlich sind für die Aus-
übenden, wie die Seiltänzer und viele Thierbändiger, oder den
öffentlichen Anstand verletzen (s. Rechtsphil. § 46), sind sittlich erlaubt und sind zu begünstigen, vorausgesetzt, dass die
anderen wesentlichen Seiten des Lebens nicht darunter leiden.
A. Smith hatte sehr Recht, als er lehrte, ein Volk fröhlich zu
erhalten sei ein Gegengewicht gegen viele finstere und trübe
Leidenschaften, fröhlich nämlich auf Grund von Arbeit und zur
Erholung von ihr. Blosse Muskelarbeit ohne Abwechselung
mit fröhlichem, harmlosem Spiel auch geistiger Art macht hart
und schroff; da immer nur eine Richtung gepflegt wird, so
geht die Elasticität und das Eingehen auf andere Art verloren,
und es ist ausserdem die Gefahr da, dass ein Rückschlag sinnlichen Geniessens mit Ungestüm und darum sittlicher Gefahr
erfolge (Matrosen). Blosse Denkarbeit, sei sie wissenschaftlich
oder contemplativ, ohne Abwechselung von geistigem oder leiblichem Spiel macht ebenfalls hart und einseitig und hat ausserdem die Gefahren, welche besonders die Geschichte der Ere-

miten und Mönche darstellt, dass nämlich die nichtbefriedigten
Triebe sich als so und so viele Versuchungen um so mehr regen,
sie machen sich bei der unausbleiblichen Ermüdung spontan
geltend, oft ohne Gegenwehr finden zu können. Zur ästhetischen Bethätigung gehören auch Scherze, Witze, Räthsel, alles
der Art. Es ist nicht immer nöthig, dass solche Bethätigungen
etwas Bedeutendes an sich haben, d. h. dass sich wichtige Seiten des vegetativen, praktischen, wissenschaftlichen, religiösen
Lebens darin mitausdrücken, es kann auch blosser „Unsinn"
sein, blosse Durcheinanderrüttelung des körperlichen und geistigen Lebens, oportet aliquando perturbari rempublicam, wie
ein frommer Mann sich darüber auszudrücken pflegte. Sittlich
ist das Alles, 1) wenn es harmlos gegen Andere oder selbst
erfreuend für sie ist, 2) wenn es zugleich harmlos in sich oder
erholend für den Betreffenden ist. Hat er die Gabe, etwas
nach anderer Richtung Bedeutendes mit hineinzulegen, um so
besser.

93. Was die ästhetische Gestaltung des Einzellebens betrifft, so ist der Kanon für dieselbe: in der Erziehung müssen
die anderen Seiten des Lebens möglichst geweckt und geübt
werden, das Aesthetische darf nicht unterdrückt, aber auch
nicht für sich ausgebildet werden — ausser wo künstlerisches
Talent ist, was aber meist später hervortritt —, sondern in
Vereinigung mit und als Zusatz zu den anderen wesentlichen
Seiten des Menschen. Also Schönheit des eigenen Leibes soll
nicht erscheinen als werthvoll in sich und über anderen Werthen,
und darum etwa zu erstreben per fas ac nefas, so dass, wer
nicht schön ist, sich mit falschen Mitteln schön macht, sondern
zu oberst werthvoll sind Gesundheit und Kräftigkeit des Lebens
als Grundlage der Thätigkeit, Schönheit gilt nur als Ausgestaltung jener beiden, die ὥρα ist zugleich καλόν. Das Volk hat
etwas von diesem gesunden Sinne. Es sagt nicht leicht: ein
schöner Mensch, ein schönes Mädchen, sondern ein sauberer
Mensch, ein sauberes Mädchen, d. h. sie halten etwas auf sich,
darauf dass ihre Gesundheit und Kräftigkeit auch als solche
erscheine, und die Art, wie sie darauf halten, ist zugleich in

sich sittlich werthvoll, weil sie zur Erhaltung jener Grundlagen des Lebens mit beiträgt. Schmuck, Putz sollen nicht werthvoll für sich sein, sondern als Ausgestaltung der nothwendigen Kleidung, nothwendig zur Arbeit und zur Ruhe und Erholung. Beim Manne hat man das meist so angesehen, seine Kleidung ist bestimmt durch den Zweck seiner Bethätigung, und das Aesthetische daran ist Geschmack, wohlgefällige Ausgestaltung des Nothwendigen. Bei den Frauen könnte es ähnlich sein. Dem physiologisch-psychologischen Moment, das in der Mode liegt, liesse sich damit entgegenwirken, dass man einen gewissen Wechsel zugesteht, wie er ja nothwendig ist (Arbeits- und Ausgehkleid), und wie er auch beim Geringsten wünschenswerth ist (Werktags- und Sonntagskleid), aber dabei wo möglich alle Hauptfarben anbrächte, so dass ein physiologisch-psychologischer Ueberdruss an der Farbe mehr vermieden würde; ausserdem müsste der Sinn für plastische Form mehr geweckt werden, ist dann die für diesen Menschen beste einmal herausgefunden, so wird man sie nicht müde.

Dass aber das Aesthetische auch, wo es nicht mehr die anderen Seiten des Lebens überwuchert, sich doch immer viel und mannichfaltig in dieselben verschlingen wird, darein wird man sich finden müssen. Es wird namentlich stets die überwiegende Art geistigen Lebens ausmachen. Dies erklärt sich so. Die meisten Menschen sind durch ihre Naturanlage auf ein vegetativ-praktisches oder technisch-praktisches Leben gerichtet, Wissenschaft interessirt sie zunächst blos, soweit sie im Zusammenhang mit dieser Art ihres Lebens steht. Nun regt sich in der Freizeit bei ihnen die Phantasie und sucht innere oder zugleich auch äussere Bethätigung. Die Phantasie ist zwar geistige Lebendigkeit, aber auch, wo sie überwiegend innerliche geistige Bethätigung ist, zeigt sie sich meist abgeneigt, sich mit Wissenschaft als solcher abzugeben. Denn die Wissenschaft hat zwar die Phantasie nöthig, aber blos als Hülfe, nicht als Meisterin. Das Vorherrschen der logischen Gesetze und ihr ganzes exactes Verfahren ist daher der Phantasie zuwider. Daher wendet sich die Phantasie nicht an die

Wissenschaft, sondern an die Kunst, an das, was ihr verwandt
ist unmittelbar oder was Anknüpfung an sie unmittelbar hat.
Das ist der alte Streit von Wissenschaft und Kunst unter den
Menschen, nicht blos Plato hat ihn geführt, seine Klagen sind
in anderer Form oft wiederholt worden. Die Leute lesen in
der Freizeit Romane, Unterhaltungsbücher, im Theater suchen
sie blos leichte Waare u. s. f. Wenn sie sich einmal der Wissenschaft zuwenden, so bevorzugen sie die schöne Darstellung,
verlangen poetisches Gewand u. s. w. Das ist alles wahr, kommt
aber lediglich davon, dass die meisten Menschen nicht die Gabe
des wissenschaftlichen Interesses als solchen haben, und dass,
wenn in der Jugendzeit dies auch bis auf einen gewissen Grad
ist entwickelt worden, es im späteren Leben im Drang und der
Ermüdung mehr praktischer Bethätigung, nicht vorhält. Dies
können wir nicht ändern, dagegen erwächst von da aus der
Wissenschaft die Aufgabe, 1) dass diejenigen, welche der popu-
lären, lehrreichen und zugleich die Phantasie anregenden Schreib-
art fähig sind, jenem Bedürfniss entgegenkommen, 2) dass für
möglichste Verbreitung solcher künstlerischen Werke gesorgt
wird, welche die Probe der Wissenschaft aushalten. Die abstracte Wissenschaft ist dem Mann des Lebens eine fremde
und zunächst todte Welt. Er verlangt Darstellung von Welt
und Menschen in markanten und zugleich concreten Zügen,
weil diese besser ergreifbar und behaltbar für ihn sind, und
zugleich mit Detail, welches die Wissenschaft meist weglassen
muss, das aber ihm allein Lebendigkeit giebt. Es ist daher
kein Wunder, dass die verbreitetsten Auffassungen über Welt
und Menschen die der religiösen Intuition sind, welche meist
eine Verschmelzung von instinctivem Wissen und Poesie ist;
ausserdem ist es begreiflich, warum die Auffassung der Welt
so oft eine überwiegend ästhetische war (Mannichfaltigkeit der
Realität = Vollkommenheit überhaupt, Gegensätze als Schönheit,
Weltgeschichte = Drama mit Verwickelung und Lösung u. s. f.).
Wo die Kunst aber überwiegt, d. h. die Ausbildung des Nothwendigen und der wissenschaftlichen und praktischen Bethätigungen hemmt, da wirkt sie entnervend; denn die höchste

Kraft des Menschen liegt in der vegetativen, der Muskel- und
Denkbethätigung, wo diese nicht Stützpunkte für die Kunst
sind, da wird sie saft- und kraftlos, die Phantasie schal und
leer, gerade wie Gefühle, die sich nicht an ein starkes vegetatives, Muskel- und Denkleben anschliessen, leere Gefühle sind,
nichtige Sentimentalität.

Das Geschlechtsleben.

94. In alle bisher betrachteten physiologisch-psychologischen Hauptsysteme und die sich daraus ergebenden menschlichen Hauptseiten hinein schlingt sich das sexuelle System und die daraus resultirenden Eigenthümlichkeiten. Ueber den Geschlechtstrieb hat die Ansicht Schopenhauers eine so weite Verbreitung gefunden, dass wir gut thun mit ihr zu beginnen. Nach Schopenhauer ist „die Grundbestrebung jedes Willens Selbsterhaltung des Wesens, bestehend in einem Suchen oder Verfolgen, Meiden und Fliehen; insofern ist er Wille zum Leben*) oder Selbstliebe**). Die vollkommenste Aeusserung des Willens zum Leben ist der Geschlechtstrieb, sein am deutlichsten ausgedrückter Typus: und hiermit ist sowohl das Entstehen der Individuen aus ihm (er vertritt die Gattung), als sein Primat über alle anderen Wünsche des natürlichen Menschen in vollkommener Uebereinstimmung. So ist auch das Sperma die Secretion der Secretionen, die Quintessenz aller Säfte, das letzte Resultat aller organischen Functionen***); denn die Natur hat nur Eine Absicht: Erhaltung aller Gattungen, sie thut Alles nur für die Gattung und nichts blos für das Individuum, weil ihr jene Alles, dieses Nichts ist.†)“ Dass die ganze Ansicht Schopenhauers vom Willen mit der falschen Willenstheorie zusammenhängt und mit ihr hinfällig wird, ist bereits § 8 bemerkt; dass der Selbsterhaltungstrieb sehr anders angesehen

---

*) Die Welt als Wille und Vorstellung II cap. 28 Ausgabe 1844.
**) Ueber den Willen in der Natur, Ausgabe 1854 S. 29.
***) Die Welt etc. 1844, II cap. 42.
†) Parerga und Paralipomena 1851, I S. 197.

werden muss, als es früher und auch bei Schopenhauer geschah, und dass er keine geeignete Grundlage zur Auffassung des Menschen ist, ergiebt sich aus § 38. Aber auch die Schopenhauersche Ausdeutung des Geschlechtstriebes ist eine verfehlte. Der Geschlechtstrieb ist nicht blos Gattungstrieb, er kann sein und ist meist Gattungs- und Individualtrieb zugleich, er dient sowohl der Erhaltung der Gattung als zugleich der Erhaltung und Förderung des Einzellebens. Nur alle vorzeitige Geschlechtsfunction, sei sie Coitus oder Selbstbefleckung, richtet das Individuum zu Grunde, nützt aber auch der Gattung nicht, oder schwächt das Individuum, damit aber auch die Möglichkeit der Erhaltung der Gattung. Mit der allmälichen Geschlechtsreife hat zunächst — und wenn keine frühe Reizung von aussen stört — ein Wachsen und Kräftigen des individuellen Lebens statt, ein Theil des Sperma wird ins Blut aufgesogen und dient so gerade dem Elan des Einzellebens, überdies suchen sich in dieser Zeit der Entwickelung die Geschlechter nicht, sie fliehen sich eher. In der Ehe des ausgereiften Menschen dient die Sorge des Mannes für die Frau und umgekehrt, sowie die Sorge beider für die Kinder zur höchsten Entfaltung aller Seiten und Anlagen menschlicher Natur, zu einer Anspannung, welche nicht nothwendig aufreibt. Im Durchschnitt leben verheirathete Männer länger als unverheirathete, unverheirathete Frauen sind, wenn sie nicht Anschluss an eine Familie finden, um Lebensglück und Lebensfrische leicht betrogen. Ausserdem leben die Eltern mit den Kindern noch einmal auf, sie werden wieder jung, die Grosseltern ebenso mit den Enkeln. Im ausgewachsenen Leben, welches bei uns in den complicirten Culturverhältnissen kaum vor dem 25. Jahre männlich, dem 21. weiblich erreicht sein möchte, gilt von dem Geschlechtsumgang: modicus excitat, nimius debilitat, also unter jener Bedingung fördert er auch physisch das individuelle Leben. Dass das Beste auch unseres Individuallebens mit der Geschlechtsfunction zusammenhängt, erhellt aus negativen Instanzen. Von den russischen Skopzen bemerkt ein Kenner: „Für ein solches Individuum — — giebt es kein Glück des Familienlebens, ihm sind Männlichkeit und höherer Flug der Phantasie fremd; am häufigsten entwickeln sich in ihm an Stelle dieser Eigenschaften — eigne Laster, wie Selbstsucht, Schlauheit, Falschheit, Hinterlist, Habsucht u. s. w." (Pelikan). Ueber die Eunuchen berichtet Maudsley: „Es ist merkwürdig, dass die Eunuchen keinen moralischen Charakter haben. Ihr Geist ist verstümmelt wie ihr Leib. Mit der Beraubung des Geschlechtsgefühls sind sie jeder geistigen Fortbildung und Energie beraubt, welche dasselbe direct oder indirect einflösst. Wie viel dieses ist, lässt sich schwer sagen, aber wäre der Mensch des Fortpflanzungstriebes beraubt und alles dessen, was geistig daraus entspringt, so würde ziemlich alle Poesie und vielleicht auch die ganze moralische Ordnung aus seinem Leben herausgerissen sein." Die negative Instanz lässt sich also so zusammenfassen: die Verschnittenen, losgelöst von der Gattungsfunction, verwenden alle Nahrung und alle Mittel des Lebens für sich, trotzdem haben sie nicht dieselbe Muskel- und Nervenkräftigkeit wie die Zeugungstüchtigen, es ist also gerade für eine höhere Entwickelung des individuellen Lebens die Gattungsfunction eine Mitbedingung. Dass eine Beherrschung der Triebe möglich ist überhaupt und speciell mit Beziehung auf Kräftigung des Individuallebens zeitweilig oder bis die Kräftigkeit beider, des Individual- und des Gattungslebens, zusammenbestehen, dafür haben alle Zeiten Zeugniss abgelegt nicht in Worten, sondern, was allein beweist, in Sitten. Cäsar sagt von den alten Germanen: intra annum vicesimum feminam attigisse, in turpissimis habent rebus; Tacitus von denselben: sera juvenum Venus eoque inexhausta pubertas. Der Athlete bei den Alten in seiner Ausbildungszeit abstinuit venere et vino. Die Indianer enthielten sich auf dem Kriegspfad der Berührung von Frauen, auch der gefangenen, weil sie so kräftiger und muthiger seien.

95. In Bezug auf den Geschlechtstrieb ist also das, was der Erhaltung und Förderung der Menschheit, den Handelnden immer miteingerechnet, dient, und somit das Sittliche ist, Entwicklung der Geschlechtsfunction, aber so, dass sie bis zur Reife dem individuellen Leben allein dienstbar ist, von da ab

zu Bethätigungen verwendet werde, welche sowohl dem Individualleben als der Fortführung der Gattung dienen. Da die völlige
Ausreifung des Menschen, bei uns wenigstens, nicht vor dem
25. Jahre erreicht ist bei Männern, dem 21. bei Frauen, so
muss bis dahin die Geschlechtsfähigkeit der Ausbildung und
Kräftigkeit und Frische des Individuallebens allein dienen. In
der Kindheit muss zunächst Fürsorge gehegt werden, dass
die Geschlechtsfunction nicht für sich thätig werde in Selbstbefleckung. Die Gefahr derselben ist bei Kindern und im
Knaben- und Mädchenalter gross. Zufällige Reibung der Theile,
zu grosse Wärme, reizende Speisen und Getränke können zu
unwillkürlichem und wegen der Annehmlichkeit und ˏin Folge
der arglosen Unwissenheit bald auch willkürlichem Sichzuthun-
machen mit den Geschlechtstheilen führen. Daher ist hierin
Behütung und Entgegenwirken durch Abhärtung nothwendig.
Noch heute klassisch für die einschlagenden Fragen ist die
„Allgemeine Revision des gesammten Schul- und Erziehungs-
wesens von Campe Theil 6 u. 7." Dort werden auch die Mittel
angegeben, das eingerissene Laster zu überwinden; solche Menschen sind überwiegend zu retten. In der Zeit der Pubertät
macht uns der Geschlechtstrieb mehr zu schaffen, besonders
weil wir mit den vielen Fragen, die er wachruft, ganz auf uns
selber angewiesen sind und auf unsere Altersgenossen. Ein ver-
ständiges Wort könnte in den Jahren viel helfen, man meint
aber durch Todtschweigen auch die Sache selber todtmachen
zu können. Wie viel Skrupel müssen wir in der Zeit durch-
machen, und wie viele nehmen dabei sittlichen Schaden. Der
nächtliche Samenerguss erschreckt uns, wir halten ihn an sich
für Sünde und glauben dadurch schon verloren zu sein. Dass
Phantasien und gelegentliche Begierden entstehen, die wir selbst
nicht wollen, trübt unsere sittliche Zuversicht. Dass wir équi-
voques so gut behalten, trotzdem wir keine Freude daran haben,
macht uns stutzig. Wie viel leichter würde uns das Leben und
unsere sittliche Ausbildung, wenn uns in jener Zeit ein Vater
oder väterlicher Freund mindestens sagte, was es mit der Geschlechtsfunction auf sich hat, und dass demnach die nächtliche

Ergiessung an sich zunächst eine blosse Hülfe der Natur ist gegen gelegentliche Ueberfüllung, dass der Trieb, so verfrüht seine Befriedigung sein würde, mit derselben Nothwendigkeit Phantasien und vorübergehende Begierden erzeugt, wie die sich steigernde Nerven- und Muskelkraft uns von künftigen Thaten träumen lässt, dass der Mensch überhaupt das behält, was seiner Stimmung verwandt ist, und, da die Geschlechtsfunction ein bleibendes Stück dieser Stimmung ist, wir auch alles darauf Bezügliche gut behalten, und dass das concrete équivoque am ehesten vergessen wird, wenn wir uns nicht durch Grübeln hineinwühlen, — dass aber alles dieses durchaus noch nicht unsere sittliche Qualität herabsetze, sondern dass es darauf ankomme, all diese Regungen damit zu beschwichtigen, dass wir sie verstehen und deuten und demgemäss als das Beste ansetzen auch für unser Individualleben, uns tüchtig zu machen für eine dauernde Verbindung mit dem anderen Geschlecht in der Ehe, ebendazu aber zunächst die Triebe so dämpfen und regeln, dass sie der kräftigen Ausbildung unseres Jugendlebens dienen und damit indirect der künftigen Ehe selber. Unterstützt wird bei der männlichen sowohl als der weiblichen Jugend das Bestreben, den Gedanken der Aufschiebung zu beleben, meist dadurch, dass in der Zeit der Pubertät gerade Jüngling an Jüngling, Mädchen an Mädchen sich fester anschliesst; es beweist dies, dass die Tendenz des betreffenden Individuallebens ist, sich in sich selbst und mit Verstärkung durch Gleiche auszubilden. Dieser Zug muss erhalten werden; beim Jüngling ist dann noch indirect dahin zu wirken, dass das Sperma überwiegend ins Blut resorbirt werde. Dies wird erreicht durch angestrengte Arbeit, aber geschieht nur schwer durch blos geistige Arbeit, es muss Muskelbethätigung dazu kommen, angestrengte Märsche, am besten eine wirkliche Handarbeit, zu der ja die Jugend oft auch sonst Neigung hat, dadurch wird auch die Phantasie und Begierde soweit beschwichtigt, dass sie mehr als leiser Wunsch und poetischer Traum künftiger Liebe fortbesteht. Die blos intellectuelle Thätigkeit bringt jene Resorption schwer fertig, im Gegentheil, die sitzende Lebensweise mit ihrer Erwärmung der Theile, die anregende Ernährung, welche geistige Anstrengung fordert, die geringe Abhärtung, welche bei ihr statt hat, werden die Triebe eher reizen. So entstand der moderne Pessimismus von Schopenhauer an, er ist wesentlich Vorliebe für Wissenschaft und Kunst mit Unfähigkeit den Geschlechtstrieb zu beherrschen (§ 36). Bei mässiger Lebensweise und tüchtiger Arbeit wird der Trieb unschwer bis zur völligen Reife zu beherrschen sein, gegen stürmische momentane Anwandlungen muss im Jüngling eine Gegenkraft geschaffen sein im Wohlwollen, in dem Bewusstsein, dass eine gelegentliche ausserehliche Erstickung des Triebes nothwendig mit einer Degradirung des Weibes verbunden ist, also das Gegentheil von Erhaltung und Förderung der Menschheit wirkt. In dem Weibe tritt es am klarsten zu Tage, dass seine Geschlechtsfunction nur sittlich ist, wenn sie Kind und Mann und Bethätigung für beide einschliesst. Wo dieser Einschluss fehlt, da werden keine Kräfte zur sittlichen Bethätigung in ihm erweckt, sondern sie werden umgekehrt geschwächt. Seltene Fälle von Krankhaftigkeit abgerechnet, bei denen dem Arzt die Behandlung zukommt, ist es Faulheit und Genusssucht, was die Dirnen zum lüderlichen Leben gebracht hat, gewöhnlich anfangs mit einem gewissen Widerstreben, so dass Verlockung durch andere oder Verführung seitens der Männer dazu erforderlich war, sie zum Aeussersten zu bringen. Zu jener Gegenkraft des Wohlwollens gegen gelegentliche übermächtige Anwandlungen muss noch hinzutreten die Praxis, wie sie Seume von sich erzählt. Seume pflegte noch in späteren Jahren — er war unverheirathet — wenn ihm der Trieb zu schaffen machte, sich bei anstrengender, auch körperlicher Arbeit auf sehr mässige Kost zu setzen. Dabei musste natürlich der geforderte Kräfteersatz durch Resorption des Sperma stattfinden, gerade wie ein fetter Mensch durch magere Kost und saure Arbeit dünner wird, weil das Fett zur Ernährung dann mit aufgesogen wird. Bei der mehr schon ausreifenden Jugend ist dabei gar nicht gefordert Enthaltung von gesellschaftlichem Verkehr mit Frauen und Mädchen, natürlich mit sittlich ernsten, im Gegentheil ist dieser

Verkehr zu suchen, 1) als Ergänzung unserer männlichen Art zu denken, zu fühlen und zu handeln durch die weibliche, eine Ergänzung, die um so nöthiger ist, je mehr wir selbst männliche Art an uns haben; blosser Männerverkehr hat leicht etwas Rohes an sich, 2) als Kennenlernen dieser weiblichen Art, um innerhalb der Verschiedenheiten, welche uns bei ihr begegnen, mit Verständigkeit der Wahl in die Ehe einst zu treten. 3) Durch beides zusammen, Kennenlernen der weiblichen Art und allgemeine Ergänzung unserer Art durch sie, wird uns das Warten auf die Ehe erleichtert und zugleich die Tendenz darauf rege erhalten. Von Mädchen gilt das Gleiche. Empfehlenswerth ist hier die französische (Provinzial-)Art, dass die jungen Männer mit allen Damen der Verwandtschaft in huldigender Weise verkehren, dadurch werden die Neigungen in der Zeit des Keimens (wo die Gefahr der Uebereilung bei der nicht völligen Ausbildung des Menschen gross ist) zertheilt und eben dadurch geschwächt. Auch in englischer Familiengeselligkeit kennt man etwas Aehnliches; to flirt ist mehr als liebenswürdig sein und weniger als den Liebhaber spielen. Dagegen sind die, wie es scheint, mehr deutschen und nordischen (Dänemark) frühen und langen Verlobungen mannichfachen Bedenken ausgesetzt.

96. In diesen Festsetzungen sind einige Punkte, welche eine eingehendere Betrachtung verlangen. So ist vorausgesetzt, dass Mann und Frau nicht blos verschieden sind, was ja auch blos quantitativ sein könnte, sondern jedes seine eigenthümliche Art habe, die eine Ergänzung durch das andere fordere. Dies führt uns zu einer Erörterung des Charakters der Männer und Frauen, wie sie sich auf Grund der physiologisch-psychologischen Auffassung verstehen lassen. Wir gehen aus von den unzweifelhaften Beobachtungen der neueren Physiologie (Wundt, Physiologie des Menschen, 2. Auflage S. 145). Bei den männlichen Thieren, den Menschen miteingeschlossen, sind die Organe der animalen Functionen, also besonders Skelett und Muskeln, kräftiger entwickelt, sie haben darum meist auch eine bedeutendere Körpergrösse. Dagegen haben die weiblichen Thiere einen grösseren Raumumfang der Geschlechtsorgane, die weib-

lichen Geschlechtsproducte sind bedeutend grösser, der Embryo
muss von dem weiblichen Thiere sehr oft bis zu einer gewissen
Stufe der Entwickelung beherbergt werden. Das männliche
Skelett ist in allen Dimensionen grösser als das weibliche; bei
diesem fällt nur sogleich der grössere Unterleibsraum, überhaupt die grössere Längenausdehnung des ganzen Rumpfes
gegenüber dem Längsdurchmesser der Extremitäten und des
Kopfes in die Augen. Hinzufügen muss man, dass die weibliche Geschlechtsreife früher fällt als die des Mannes, und dass
das Weib an dem Busen und seiner Bestimmung ein mit der
Geschlechtsfunction in unmittelbarer Beziehung stehendes Organ
mehr hat (Bain). Was ist auf Grund dieser physiologischen
Constitution zunächst des Weibes zu erwarten? Dies, dass das
Geschlechtsleben, das Gebären miteinbegriffen, das eigentliche
Centrum des Weibes ist, und dass alle anderen Functionen in
Unterordnung zu demselben stehen. Das vegetative Leben ist
bestimmt von daher, wie die regelmässige Menstruation zeigt,
das Nervenleben ist von da aus bestimmt, wie die Phantasie
des Weibes zeigt, welche sich im Kinde als Vorliebe für Spiele
mit Puppen zeigt mit aller Zärtlichkeit und Fürsorge, welche
den Erwachsenen abgelauscht ist, das Muskelleben ist bestimmt
von da aus, wie dieselben Spiele zeigen. Da die Geschlechts-
functionen in den Frauen überwiegen, so sind sie auch mehr
krankhaften Zuständen von daher unterworfen, d. h. Störungen
in den zu den Geschlechtsnerven in Beziehung stehenden Kör-
pertheilen, die sich als krankhafte Reizempfänglichkeiten sowohl
der Nerven als der Muskeln äussern. Die Frauen stehen daher
unter dem Geschlechtsleben als einem ständigen Reiz. Liebe,
aber Kinder mit eingeschlossen, ist ihr Beruf, in ihrem Dienst
ist vegetatives System, Nerven- und Muskelsystem regsam. Sie
percipiren alles lebhaft, was hierauf Bezug hat: Schönheit,
Niedlichkeit, warm and soft contacts (Bain) sind ihnen Bedürfniss; daher nächst dem Spiel mit Puppen sie so gerne kleine
Kinder und Thiere auf den Schooss nehmen, drücken und küssen.
In Folge dessen bildet sich auch alles darauf Bezügliche in
ihnen stärker aus. Der sinnliche Trieb der Liebe kommt selten

im Weib als solcher zum Bewusstsein, er zertheilt sich mehr
auf den ganzen Umfang seiner Geschlechtsorgane. In der Jugend
sind sie von dem sinnlichen Trieb als solchem durch die regelmässige Menstruation mehr befreit, dagegen bleibt er unerfüllt
als Trieb in den Brüsten und Hautdrüsen, daher das Umfangen,
ans Herz Drücken und Küssen im Verkehr junger Mädchen
unter sich so eine grosse Rolle spielt. Später regt sich der
Trieb nach Ergänzung dessen, was in ihnen schwach, aber
immerhin angelegt ist. Es entsteht ein Bewundern der geistigen
und körperlichen Kraft des Mannes, aber auch von ihm will
das Weib oft bleibend blos dies, sich an ihn geistig anlehnen
und Kuss und Händedruck und Umarmung. Nur indirect, weil
die Erfüllung dieser nächsten Triebe auch den Centraltrieb miterregt, hat sie ein Bedürfniss auch nach dessen Erfüllung, theils
und ganz besonders giebt sie dem Manne, in dem sich bald
alles nach seinem enger localisirten Triebe hin drängt, blos
nach; die Rücksicht, dass Kinder blos durch diese Vereinigung
kommen, ist hier durchschlagend, denn nicht der Geschlechtsgenuss als solcher, sondern das Kind und seine Pflege geben
ihrem leiblich-geistigen System erst die ganze Befriedigung.
Ja es liegt dem Weibe oft weniger am Manne als an den Kindern; ältere unverheirathete Mädchen wünschen sich oft in un-
befangenster Weise, ein Kind zu haben. Die Erfüllung ihrer
ganzen Triebe erhält die Frau so blos durch die Vereinigung
mit dem Manne. Da dabei das Nervenleben in ihr schwächer
ist, so ist sie mehr auf unmittelbare Sinneswahrnehmung und
auf Phantasie gestellt, und da diese einen Bezug auf ihre besondere Function nehmen, so fasst sie und behält sie und denkt
sich aus, was hierfür unmittelbar nützlich, nett, niedlich, schön
ist. Das Hingeben an das Intellectuelle als solches ist ihr mehr
fremd, sie erwartet, dass der Mann ihr hier zu Hülfe kommt,
sie kann empfinden, was Grosses in dieser anderen Art liegt,
sie kann sie aber überwiegend nicht mitmachen. Ihr geistiges
Leben ist daher nicht blos schwächer als das des Mannes, es
ist auch eigenthümlich neben ihm. Denn gerade die Unmittel-
barkeit desselben, das Achten auf den Moment und seine Eigen-

thümlichkeit, die Beziehung desselben auf Nutzen, Schönheit
u. s. f. ist etwas, was dem Manne oft fehlt, ihm ist der Moment
häufig nur ein Anknüpfungspunkt für Alles, woran er ihn erinnert, oder womit er zusammenhängen kann nach rückwärts
und vorwärts. Mit dem Muskelleben ist es ebenso. Es ist
schwächer in der Frau, aber es ist zugleich eigenthümlich: es
geht auf die unmittelbaren Bedürfnisse von Mann und Kind,
auf gegenwärtige Ernährung, Pflege, Erholung derselben. Rechnet der Mann bei seiner Thätigkeit ins Weite, so weilt die
Frau mit ihr im Nächsten und Unmittelbarsten; dadurch ist
sie oft eine heilsame Ergänzung des Mannes auch hier. Durch
die vierwöchentliche Menstruation tritt in kurzen Perioden eine
lebhafte Erneuerung ein; daher stammt wohl mit die Frische
der Auffassung in der Frau, aber auch das geringere Behalten:
sie sind in Hass, in Liebe etc. wechselnder ohne stetige Zusammenfassung in der Erinnerung. Frauen in der Schwangerschaft
bekommen etwas Gehaltneres, auch noch abgesehen von absichtlichem Zusammennehmen. Auf Grund dieser physiologisch-psychologischen Constitution ist das Beste im Weibe dies, wenn
ihre geistige Art sich früh so wendet, dass Mann und Kinder
ihr vorschweben zwar als zu besitzen zu ihrer Befriedigung,
aber diese Gefühle und Vorstellungen sofort die Tendenz des
eigenthümlichen Sinnens und Thuns für Mann und Kinder wachrufen. Daher sind Denken und Thun in entsprechender Weise im
Mädchen früh zu wecken und zu üben, sie müssen beschäftigt sein
im Dienst der täglichen kleinen Sorgen und Mühen des Hauses,
darin zur Gewandtheit, Vielseitigkeit, Erfindsamkeit, Geduld
emporgearbeitet werden, damit, wenn die Zeit für Mann und
Kinder kommt, ganz von selber diese der Mittelpunkt einer
noch erhöhten und mehr befriedigten Welt des Sinnens und
Thuns werden. Wo dies nicht geschieht, da wenden sich Gedanken und Thun leicht den blos ästhetischen Seiten der weiblichen Bethätigung zu und zwar mit Beziehung auf die eigene
Person (Schmuck, Putz). Kann das heranwachsende Mädchen
sich nicht mit thätigem Sinnen an etwas ausser ihm anlehnen
(Vater, Bruder), so träumt es wilde, d. h. dem wirklichen Leben

entfremdete Liebesträume und spinnt sich in eine romanhafte
Welt ein. Wird es mit seiner Thätigkeit nicht hingelenkt auf
die Einordnung derselben in das Leben des Mannes und seine
Zwecke, so wird ihm weibliche Bethätigung Zweck an sich.
Scheuern, Waschen wird so bei vielen Selbstzweck, wie es bei
anderen Putzen und Schmücken ist. Dazu treten dann bei
solchen Mädchen noch besonders stark die Verstimmungen von
der Hysterie aus. Man kann schliessen, dass, da es keine absolute Gesundheit giebt, das, was als Hysterie in prägnanten
Fällen bekannt ist, in schwächeren Graden vorübergehend oder
bleibend in allen Frauen etwas vorhanden ist. Diese Hysterie
zeigt sich als Launenhaftigkeit, als Versessenheit gerade auf
das und gerade jetzt, als Ungleichheit der Stimmungen („das
einemal wie die stille glänzende Meeresfläche, das anderemal
wie die wild brausende See", nach Simonides von Amorgus),
sie lachen und wissen nicht warum und weinen ebenso. Hierauf ist bei heranwachsenden Mädchen sehr zu achten. Es ist
gegen solche Erscheinungen körperlich zu wirken mit Hülfe
des Arztes, soviel es geht, aber auch beizubringen, dass solche
Stimmungen Schwäche und Krankhaftigkeit sind, und zum inneren Widerstand dagegen zu erziehen, oder mindestens die Gewöhnung herzustellen, in solchen Stimmungen sich mehr zurück-
zuhalten und dem Rathe der Umgebung zu folgen. Dass Frauen
oft wunderlich sind, ist ein altes Wort, aber man soll diese
Wunderlichkeit nicht auslegen, wie die romantische Schule that
(die poetische und die philosophische), als besondere geistige
Eigenthümlichkeiten, die etwas Mysteriöses und fast Verehrungs-
würdiges an sich hätten (Varnhagen über sein Verhältniss zur
Saling), sondern als physiologisch-psychologische Schwächen, die
ertragen werden müssen, aber nicht blos von der Umgebung,
sondern auch von den Leidenden selber. Am besten bewahrt
man Mädchen vor solcher Krankhaftigkeit dadurch, dass sie
kräftig genährt werden, viel Genuss frischer Luft haben und
sich in häuslichen nützlichen Geschäften munter und Andere
erfreuend tummeln. Ist in richtiger Weise im Mädchen die
weibliche Eigenthümlichkeit herausgebildet, so kann sich die-

selbe im Zusammenleben mit dem Manne in voller Befriedigung
aller Triebe und Anlagen bethätigen und zwar in einer gerade
für diese Frau vollen Befriedigung. Das Letztere ist die Macht
der individuellen Liebe, dass nämlich alles im Weibe, Geschlechtsfunction und Bethätigung von da aus, von einem bestimmten Mann und dem Verkehr mit ihm in einer Weise angeregt werde, wie es nicht durch jeden anderen geschehen wäre.

97. In der Geschichte ist die Eigenthümlichkeit der weiblichen Art und die Hochschätzung der Frau von da aus spät
zum Durchbruch gekommen. Sie verlangte günstige Bedingungen. Bei kriegerischen Stämmen und Nationen oder solchen,
wo Herrschaft über Andere, Wissenschaft, Kunst um ihrer selbst
willen Ideal war, fiel an der Frau besonders auf, dass ihr die
männlichen Angelegtheiten hierfür fehlten; sie wurde daher
vom Antheil an alle dem isolirt, und, als unfähig zur wahren
Gehülfin des Mannes, ganz auf Kinder-erzeugung und -pflege
und Mägdeaufsicht verwiesen, oder zu aller schweren Arbeit
ausser der kriegerischen ganz und gar gebraucht und verbraucht. Wo sie ohne Ueberanstrengung ans Haus gefesselt
war, aber ohne anlehnende Theilnahme an den Interessen des
Mannes, da wandte sich ihre Eigenthümlichkeit besonders dem
Schmuck und Putz der eigenen Person zu, wodurch sie dem
Manne zwar reizend, aber doch nicht sittlich bedeutend erscheinen konnte. Die günstigsten Bedingungen für das Heraus-
bilden der Eigenthümlichkeit des Weibes waren bei den Völkern, welche, trotzdem sie Jagd und Krieg hochhielten, doch
soweit Ackerbau trieben, dass sie selbst von den Geschäften
desselben sich nicht fernhielten, das Schwerere dabei auf sich
nahmen, das Leichtere davon sammt dem Hauswesen im engeren Sinne den Frauen überlassend. Hier war ein Wirkungskreis
angemessen nicht blos den schwächeren Kräften der Frau, sondern in ihm konnte sich auch ihre Eigenthümlichkeit geltend
machen; war sie aber einmal als eigenthümlich neben dem
Manne anerkannt und zur Theilnahme an seinen Interessen zu-
gelassen, so konnte sie sich dieselbe Stelle auch bei der Weiterbildung der Verhältnisse des Mannes wahren. Nur bei wenigen

Völkern ist bis jetzt die Stellung der Frauen eine der Sittlichkeit entsprechende, es ist hier noch eine grosse Aufgabe auf
der Erde zu lösen, die natürlich nur langsam wird gelöst werden. Dass aber Eigenthümlichkeit unter Frauen auf der ganzen
Erde angetroffen wird, das beweisen nicht blos gelegentliche
Beobachtungen von Reisenden, sondern auch die Liebeslieder
aller Nationen und die Erzählungen von einzelnen Frauen, die
sie bieten. Frauenspiegel und Frauenlob haben sie alle aufgestellt. Einzelne Männer hatten auch stets die Idee der Besserung. So machte Averroes einen Aufschwung der arabischen
Cultur abhängig von einer anderen Stellung der Frauen, die
freilich ausblieb. Die Frauen selbst wissen oft sehr wohl ihre
Lage. So giebt es erschütternde Gesänge chinesischer Mädchen,
die ihre Klagen zum Himmel ausströmen, dass sie so niedrig
und nichtig geachtet werden, und um Hülfe und Erlösung mindestens durch den Tod bitten.

98. Von der gegebenen Auffassung der Frauen aus fällt
Licht nicht blos auf ihre Erziehung, wie sie sein sollte, sondern
auch auf die Frage, ob nicht noch andere als die bei uns für
sie gewöhnlichen Berufsarten ihnen zugänglich zu machen sind.
Von der Mädchenerziehung ihrer allgemeinen Richtung nach ist
schon gesprochen. Sie muss auf die Eigenthümlichkeiten des
Weibes von vornherein Bezug nehmen und diese so entwickeln,
dass sie einst in ihrem ganzen Werthe dem Manne entgegen-
leuchten. Zu dieser Eigenthümlichkeit gehört auch, dass die
Frau mindestens ein anlehnendes Verständniss für die ihr von
Natur fremderen Seiten männlicher Bethätigung habe. Alte Zeiten haben darum auf einen gewissen muthigen und selbst unter
Umständen tapferen Sinn in den Frauen gehalten (Germanen),
in den Ständen technisch-praktischer Bethätigung (Ackerbau,
Handwerk) wird für die Möglichkeit eines theilnehmenden Ein-
gehens auf dieselbe noch zu halten sein, von geistiger Cultur
müssen den Frauen alle allgemeinen Grundlagen der Bildung,
wie Lesen, Schreiben, Rechnen zugänglich gemacht werden. In
den Ständen mehr intellectueller Beschäftigung muss für Möglichkeit eines Einblicks in das Denken und Thun des Mannes

vorgesorgt werden, aber die Hinleitung hierauf muss stets anknüpfen an ihre Eigenthümlichkeit, dass sie dem Präsenten
und seiner nützlichen und schönen Verwendung mehr zugewandt
sind, und dementsprechend ihr Denken sich gestaltet. Anleitung
zu einer genauen Auffassung der Naturgegenstände kann Zeichnen und etwas Malen sein. Sie müssen auch eine Ahnung von
den Gesetzen der Natur erhalten; aber physikalische und che-
mische Kenntnisse sollen ihnen so zugeführt werden, dass von
Gegenständen des häuslichen Betriebes (Feuer etc.) ausgegangen
wird. Menschenkenntniss und Sinn für Geschichte ist im Anschluss an schöne Literatur zu wecken. Fremde Sprachen hängen mit Literatur, Menschenkenntniss, grammatischem Gefühl,
ästhetischem Geschmack zusammen. Wegen des Vorwiegens
von Praktischem und Intuitivem in ihnen wird Religion der
Frauen ganze Metaphysik bleiben, aber sie sind zur Duldsam-
keit in dieser Hinsicht bei aller Lebendigkeit des eigenen Gefühls anzuleiten. Was die sog. Emancipation der Frauen betrifft, so wurzeln diese Bestrebungen in einer Nothlage. Das
Ziel natürlich bleibt, dass das Mädchen Gattin und Mutter
werde. Aber manches Mädchen kommt nicht dazu aus inneren
und äusseren Ursachen. Soll sie berufslos leben, zumal die
sog. weiblichen Beschäftigungen mehr und mehr durch den
Maschinenbetrieb sind verdrängt worden? Es muss allerdings
den Eltern, auch den wohlhabenden, daran liegen, ihre Töchter
so zu erziehen, dass sie ev. auf Zeiten oder für immer mit
bürgerlicher Selbständigkeit leben können. Dabei ist nicht ausgeschlossen, dass innerhalb der durch die physiologisch-psychologische Constitution gezogenen Schranken doch eine gewisse
Annäherung an die männliche Art geistiger und leiblicher Thätigkeit vorkommt. Solchen Talenten, soweit sie unzweifelhaft
da sind (die Probe ist nicht Lust, sondern Lust + Erfolg nach
§ 14), ist Raum zu lassen, aber stets mit der Beachtung, dass
die physiologisch-psychologische Grundconstitution des Weibes
immer bleibt, und also Muskel- und Nerventhätigkeit von da
aus beeinflusst wird. Also 1) die Fähigkeit, Gattin und Mutter
zu werden, darf durch die mehr männliche Bethätigung nicht

aufgehoben werden, 2) die mehr männliche Bethätigung muss
den weiblichen Grundeigenthümlichkeiten eingeordnet werden
können. So werden z. B. Frauen ganz gewiss bei der nöthigen
Anlage und Neigung vortreffliche Frauen- und Kinderärzte werden, Krankenpflege ist eine Hauptgeschicklichkeit der Frauen
schon jetzt. Der Zug zu sorgen für Andere in unmittelbarer
Bemühung ist bei dem Beruf gewahrt, es handelt sich blos um
Talent und Kraft und schickliche Gelegenheit zu den vorbereitenden Studien. Frauen und Kindern gegenüber würden weibliche Aerzte sogar eigenthümliche Vorzüge entfalten können in
Verständniss und Behandlung. Lehrerinnen von Mädchen und
kleinen Knaben sind Frauen mit Glück schon lange. Auch
noch zu anderen Berufsarten, auch künstlerischer und wissenschaftlicher Art, sind sie befähigt, besonders freilich im Anschluss an einen Mann, sie gehen von da aus am leichtesten
darauf ein, wie sie ja vom Manne aus oft gute Führerinnen
und Vorsteherinnen eines Geschäftes oder von Theilen desselben
sind. Ueberall, wo für Behandlung von etwas mit weiblicher
Eigenthümlichkeit Raum ist, haben sich Frauen schon ab und
zu ausgezeichnet (Malerei, Romanschriftstellerei, lyrische Dichtung), in den mehr männlichen Beschäftigungen sind sie blos
helfend (Herschels Schwester) oder darstellend (Miss Martineau)
gewesen. Die Frauen würden übrigens, in obiger Weise den
Grundbegriffen der Naturwissenschaften zugeführt, manche
hübsche Entdeckung machen können, indem sie diese Lehren
in dem kleinen und doch so mannichfaltigen Kreis ihrer Bethätigungen anwendeten.

99. Schon der anatomische Bau und die davon abhängige
physiologische Bethätigung zeigt, dass beim Manne das Geschlechtsleben nicht solche centrale Bedeutung hat wie beim
Weibe. Das Muskelleben ist mehr selbständig, das Nerven-
und Gehirnleben gleichfalls, das Geschlechtsleben tritt dazu als
eine Function mehr neben jenen. Es entwickelt sich auch
später im Manne, ist als Trieb mehr localisirt und nicht durch
ganz bestimmte Perioden charakterisirt. Dass das Geschlechtsleben sich später entwickelt, hat zur Folge, dass Sinn für wis-

senschaftliche, künstlerische, contemplative Bethätigung, für technisch-praktische, kriegerische, politische Thätigkeit sehr ausgebildet sein kann, ehe das Geschlechtsleben sich stärker regt.
Die Pubertätsentwicklung, wenn Vorsicht beobachtet wird (§ 95),
bringt nicht nothwendig sofort den Geschlechtstrieb als solchen
zum Bewusstsein, sondern führt zunächst eine stärkere Entwicklung des ganzen männlichen Wesens mit sich: der Körper
wird kräftiger, der Sinn unternehmender, kühner, der Geist erhält einen höheren Flug. Der sich entwickelnde Same kann
lange durch Hingabe an diese Regungen und Bethätigungen
mehr aufgesogen werden ins Blut und so den anderen Hauptseiten zu Gute kommen. Gelegentliche unfreiwillige Samen-
ergüsse haben etwas Mattmachendes und Verstimmendes, dadurch wird die Geschlechtsfunction als solche eher als etwas
Störendes und Herabziehendes angesehen. Der Jüngling entfernt sich in der Zeit sogar vom Mädchen, dessen ganze Art,
wie sie als Muskelbethätigung schwach ist und auf das Kleine
und scheinbar Alltägliche geht, wie sie als Nervenbethätigung
gleichfalls schwach ist und nicht den tiefen und schweren Problemen zugewendet, — dessen ganze Art also in der Zeit für ihn
nichts seine männliche Art Verstärkendes und Anregendes hat,
was er jetzt gerade braucht. Er wendet daher seinen Blick
auf die Männer als sein Ideal und auf gleichstrebende Jünglinge als seine Freunde und Genossen. In diese Zeit fallen die
vielen Vorsätze, sich nie zu verheirathen, um ganz und un-
gestört jenen höheren Bethätigungen des Muskel- und Nerven-
lebens sich widmen zu können. Ueberwiegt im Jüngling das
vegetative Leben und die Bethätigungen von da aus, welche ja
auch wissenschaftlicher, praktisch-technischer, kriegerischer Art
sein können (§ 17), so schwebt die Ehe zwar als ein wesentliches Stück des Lebens mit vor, der Trieb danach ist stärker,
aber besonders als Unterstützung der eigenen Bemühung zum
Fortkommen und zu einer gesicherten Lebensstellung und ge-
regelten Lebensführung. Sind endlich die Kräfte des Jünglings
so entwickelt, dass die anderen Bethätigungen frisch und sich
steigernd von Statten gehen und doch noch dauernd für die

Geschlechtsfunction ein Ueberschuss bleibt, so ist das die gefährliche Zeit im Leben des Mannes. Dann kommt ihm der Trieb als solcher stark zum Bewusstsein und in der strengen Localisirung des Mannes: die Erection ruft die bestimmte Art der Befriedigung hervor und die häufigere Pollution mit ihrer Unruhe vorher und ihrem Unbehagen nachher erscheint nicht als genügende Erfüllung des Triebes. Die einzige Art, wie dann der Trieb nicht nur beschwichtigt, sondern das Gesammtleben erfrischend und steigernd befriedigt werden kann, ist der Geschlechtsumgang mit der Frau, aus welchem dann zugleich neue sittliche Bethätigungen und ein Mittelpunkt für die früher schon geübten Bethätigungen erwachsen. Der Mann wird in der Ehe körperlich neu geboren: viel Kraft, die er vor der Ehe zur Hemmung gelegentlich heftiger Triebe verwenden musste, wird jetzt frei für Anderes, die Befriedigung des reifen Triebes selber aber hat auf den ganzen Organismus, auf vegetatives, Muskel- und Nervenleben, eine anregende Wirkung. Für den möglichen Gewinn an den übrigen Seiten des Lebens aus der Ehe führe ich eine Stelle aus Gellerts moralischen Vorlesungen an (Sämmtliche Schriften, 1775, 7. Theil S. 202 u. 203). „Welch ein weisheitsvoller Contrast ist nicht die Verschiedenheit des Charakters von beiden Geschlechtern, und mit wie vielen Vortheilen und Annehmlichkeiten des Lebens ist nicht diese Verschiedenheit verbunden. Der Muth und die Tapferkeit des männlichen Geschlechtes und die Leutseligkeit und Schüchternheit des weiblichen; der grosse Verstand der Männer zu Erfindungen und mühsamen Unternehmungen in öffentlichen Geschäften, und der feine Verstand des schönen Geschlechts zu dem, was Ordnung, Wohlanständigkeit und Geschmack im Hauswesen erfordert, wie sehr verlangen und unterstützen sie einander. Der Mann, geneigt zu herrschen, und die Frau, geschickt seine Oberherrschaft durch Sanftmuth zu mildern; er geschickt sie zu beschützen und zu versorgen, sie geschickt ihm Sorgen zu erleichtern und durch Freundlichkeit zu vergüten; er geschickt zu erwerben, sie geneigt, das Erworbene zu bewahren und durch Sparsamkeit ihren eigenen Antheil dazu beizulegen:

sind sie beide nicht für einander geschaffen? Das sanfte Wesen
des weiblichen Geschlechts mildert den muthigen Sinn des
Mannes, dass er nicht in Trotz ausarte. Die Munterkeit und
Lebhaftigkeit des weiblichen Charakters schickt sich trefflich
zu dem Ernst des männlichen, ihn nach langen Anstrengungen
wieder aufzuheitern und seinem Ernst zu wehren, dass er nicht
mürrisch werde. Die Empfindungen des schönen Geschlechts
sind zarte und flüchtige Empfindungen, die Empfindungen der
Männer dringen langsamer ein und graben tiefer. So können
beide Geschlechter einander ermuntern und besänftigen, und
wenn sie einander in ihren fehlerhaften Neigungen begegnen,
sich klüglich ausweichen." Das, was beim männlichen Charakter
dem hysterischen Moment des Weibes entspricht, ist das Hypo-
chondrische, worauf auch die Gellertsche Stelle anspielt. Die
Veranlassung dazu liegt theils darin, dass jede körperliche Störung den an seine Berufsbethätigung gewöhnten Mann sehr
hemmt, ihn wenig geduldig und abwartend trifft, theils darin,
dass der äussere Erfolg seiner Thätigkeit nicht immer seinen
Wünschen entsprechen kann, theils darin, dass die oft erfor-
derte Anspannung der Muskel- und Nervenkraft auch Zeiten
der Abspannung nach sich zieht, wo mit Prostration der Kräfte
trübe und sorgenvolle Gedanken sich regen. In vielen Häusern
wissen die Frauen daher sehr wohl, dass ihr Mann, und unter
welchen Umständen er seinen „bösen Tag" hat, so dass der
Geduld des Mannes mit den hysterischen Stimmungen der Frau
eine gleiche Geduld der Frau gegenüber den hypochondrischen
Anwandlungen des Mannes zur Seite gehen muss.

100. Es ist oben vorgekommen, dass die Zeit der Pubertät
bis zur Vollreife (25 Jahr beim Manne) eine Zeit grossen geistigen und körperlichen Elans ist, wenn dafür gesorgt wird, dass
das Sperma meist sich ins Blut resorbirt und nur selten die
ermattende natürliche Samenergiessung eintritt. Aus jenem
Elan und dem Fatalen der Pollution setzt sich oft nicht vorübergehend, sondern nachhaltig der Schluss fest, dass Enthaltung von aller Samenabgabe, also auch der Ehe, einen grossen
und edlen Schwung des Lebens verschaffe, dass dagegen Ehe

gleichsam aus höheren Regionen in niedere banne. Diese Reflexion liegt in manchen Religionen besonders der Bevorzugung
des ehelosen Standes zu Grunde, in dem die Seele besser schien
den himmlischen Dingen sich zuwenden zu können. Es ist dies
insofern eine Täuschung, als bei völliger Ausreifung des männlichen Lebens ein Ueberschuss von sexueller Kraft da ist, der
im Geschlechtsumgang mit der Frau eine eigenthümliche werthvolle Verwendung findet, so zwar, dass die anderen Seiten des
Lebens darunter nicht nothleiden, sondern umgekehrt ungeahnten Aufschwung erhalten. Die Resorption dieses Ueberschusses
macht sich aber im ausgereiften Leben nicht so von selbst, wie
in der Zeit der Entwickelung, sondern es bedarf dann künst-
licher Mittel, dem Ueberschuss zu begegnen (Fasten, Kasteiun-
gen, aber auch Kamphersäckchen), Mittel, welche die Frische
des Lebens nach all seinen Seiten nicht erhöhen, sondern herabsetzen; ausserdem entstehen von den unerfüllten sexuellen
Trieben aus Versuchungen und Verstimmungen, welche oft etwas
Inhumanes und Hartes in die solcher Art religiösen Naturen
gebracht und bewirkt haben, dass gerade diese zu Visionen und
ähnlichen Zuständen geneigt waren, welche nach § 87 an Werth
für das sittliche Leben der gewöhnlichen Empfindung und dem
damit verbundenen Denken nachstehen. Die letztere Wendung
hat im günstigen Falle die religiöse Ehelosigkeit besonders bei
Frauen genommen, ausgenommen wo sie sich in Werken der
Krankenpflege, der Kindererziehung bewegten, also in weiblichen
Bethätigungen, worin das Geschlecht auch ohne grundsätzliche
Ehelosigkeit gross sein kann. Es ist kein geringes Zeichen von
der religiösen Kraft des Protestantismus, dass ihm höchste
Frömmigkeit mit dem ehelichen Leben vereinbar war.

101. Auf Grund der physiologisch-psychologischen Constitution von Mann und Weib lässt sich verstehen, warum die
Frauen für sich in Anspruch nehmen dürfen, dass die Liebe
bei ihnen viel mehr der Mittelpunkt ihres Lebens sei als beim
Manne. Die Frau ohne Mann und Kinder entbehrt die eigentliche Erfüllung ihrer Naturanlagen. Der Mann für sich allein
kann in Muskel- und Nervenbethätigung gross sein, ohne Frau

entbehrt er zwar ein Gut, aus dem ihm sowohl Beruhigung als
Belebung quillt und Bereicherung zuwächst, aber er kann darum
doch viel leichter als die Frau ein Lebenscentrum an seiner
Muskel- und Nervenbethätigung haben. Die verschiedenen Hauptcharaktere sind nach den verschiedenen ihnen zu Grunde liegen-
den physiologisch-psychologischen Systemen hier noch verschieden, aber bei den meisten ist Liebe nicht ihr ganzes Sein,
sondern blos ein Ingrediens desselben. In wem das vegetativ-
praktische System überwiegt, mag er auch von da aus technische oder geistige Berufsarbeit treiben, in dem wird der Trieb
zur Ehe stark sein, nicht blos als physische Befriedigung, sondern auch als Ergänzung und Verstärkung der eigenen Art, da
die Frau durch ihr Walten im Haus und ihren Sinn für das
präsent Nützliche und Schöne ihm bei seinen materiellen Bestrebungen eine grosse Hülfe ist. Nationen, welche auf materielles Wohl stark halten, heirathen darum früh (Engländer).
Männer, in denen das Nerven- oder Muskelsystem mehr selbstthätig überwiegt, werden nicht so rasch zur Ehe schreiten, wenn
nicht in ganz besonderer Weise der Sinn für die weibliche Art
im Geistigen oder in der stilleren Bethätigung geweckt ist, sie
werden auch in der Ehe mehr den Hausstand und seine Besorgung durch die Frau als individuelle Ergänzung im Auge
haben: ihnen gegenüber liegt den Frauen die Klage nahe: „ihr
Männer, ihr schüttet mit der Kraft und Begier auch die Liebe
aus euch." Es giebt aber auch Männer, bei welchen — ein
gar nicht seltener Fall — das ganze Lebenssystem nach all
seinen Seiten einen erhöhten Aufschwung bekommt durch die
Bekanntschaft mit einem bestimmten weiblichen Wesen. Das
sind die Fälle, wo die Liebe Wunder wirkt; wo der Mann, der
linkisch, schüchtern war, der nicht recht wusste, was er wollte
und sollte, zu nichts recht Talent zeigte, durch die Bekanntschaft, oft durch den blossen Anblick eines Mädchens wie neu
erregt wird, so dass nicht blos der Gedanke kommt, durch
diese und den Verkehr mit ihr würdest du eine Erhöhung
deines ganzen Lebens haben, sondern dass auch diese Erhöhung
sofort anfängt, indem der Mensch, um dies weibliche Wesen

zu gewinnen, auf einmal oder sehr rasch gewandt, muthig, bestimmt in seinen Plänen und Entschlüssen, voll Interesse nach festen Richtungen wird und Gaben entfaltet, die man vorher nicht ahnte. Das sind die Charaktere, welche von den Damen gepriesen werden als allein der wahren Liebe fähig. Dies sind etwa die Hauptcharaktere, welche den Frauen in der Ehe begegnen. Im Allgemeinen ist daher zu sagen, dass die Frauen auf Grund der physiologisch-psychologischen Constitution der Männer zu der Behauptung berechtigt sind, dass in der Ehe mehr sie die Liebe ganz und voll bieten, dass ihr Liebesleben ein viel totaleres und innigeres ist als das des Mannes. Nur in den Fällen, wo eine bestimmte Neigung eine ganze Revolution im Manne bewirkt, werden beide sich hierin mehr ganz entsprechend sein. Völlig gehoben wird diese Verschiedenheit wohl nie werden, eben weil sie mit ursprünglicher Verschiedenheit der physiologisch-psychologischen Constitution der Geschlechter zusammenhängt. Wie das Mädchen aber dazu erzogen sein kann, auf die mehr selbständigen männlichen Interessen theilnehmend einzugehen (§ 98), so kann auch in der Erziehung der männlichen Jugend der Sinn für weibliche Art als eigenthümlich neben der männlichen geweckt werden. Dazu muss freilich die Anschauung eigenthümlicher weiblicher Art lebendig gegeben sein. Schwestern können darin sehr werthvoll sein, eine Mutter dieser Art wird einen bleibenden Eindruck hinterlassen; die Geselligkeit muss hinzukommen, aber eine solche, welche die weibliche Eigenthümlichkeit zur Geltung kommen lässt. Unsere conventionelle thut das nicht, sie muss dem jungen Manne, in welchem die Empfänglichkeit für weibliche Eigenthümlichkeit gering ist, als eine blos künstlich zur Erhöhung der Damen über die geistige Stellung, die sie von Natur einnehmen würden, creirte und aufrechterhaltene erscheinen. Zur lebendigen Anschauung weiblicher Eigenthümlichkeit viel passender ist die englische und amerikanische Art, wo fest und unverrückbar gewisse Regeln beobachtet werden, aber innerhalb derselben die jungen Mädchen und Männer sich ganz frei bewegen (allein Landpartien machen, auf Bälle gehen u. s. f.).

Man muss nicht erwarten, dass sich der Sinn für das Eigenthümliche weiblicher Art schnell regt, das wäre gar nicht immer wünschenswerth, es macht den Menschen oft frauenhaft im schwächlichen Sinne, aber eine Hinleitung auf dasselbe ist erforderlich, damit in Männern von mehr selbständigem Nerven- und Muskelleben sich nicht immer wieder neu und mit neuen Kräften die Auffassung früherer Zeiten erzeuge, wonach das Weib blos schwächer als der Mann und nicht zugleich eigenthümlich neben dem Manne war. Die Aufgabe ist, dass der Mann so viel Sinn für das Eigenthümliche der Frau habe, dass er es erkenne und sie möglichst seine Werthschätzung empfinden lasse. Dagegen kann die Frau nicht von dem Manne verlangen, er müsse, was er ist, blos durch sie und ihren Zauber geworden sein, denn die männliche Art ist viel eher, dass der Mann Hohes auch unabhängig von dem Frauentrieb schon erlangt, ihr muss genügen, dem Manne ein hohes sittliches Gut zu sein. Der Mann wird zu dem Höchsten, dessen er fähig ist, eine durch nichts Anderes ersetzbare Hülfe an der Frau haben, aber nicht nothwendig von der Frau aus zu diesem Höchsten kommen. Das Weib wird das Höchste, wessen es fähig ist, blos durch den Mann. Deshalb soll sie aber nicht den Gedanken in sich ausbilden, ohne den Mann wäre kein Leben, kein Athmen. Es dient solches Gethue nicht der Erhaltung und Förderung der Menschheit. Es können Verhältnisse eintreten, wo sie allein mit den Kindern und ihrer Erziehung walten muss. Den Mann lieben mit ganzem Herzen, so lange sie ihn hat, in seinem Geiste die bleibenden Verpflichtungen erfüllen, sollte er vor ihr weggenommen werden, das ist die höchste sittliche Frauenliebe.

102. Bei unseren bisherigen Betrachtungen ist unter Ehe stets stillschweigend die monogamische verstanden worden. In der That erscheint uns seit langem Monogamie als etwas so Selbstverständliches, dass wir gewohnt sind, sie als der besonderen Begründung gar nicht benöthigt anzusehen. Blicken wir aber auf die Geschichte der Theorie, so sehen wir, dass es bis auf die neuere Zeit nicht leicht war, sie als das unbedingt

sittlich Geforderte zu erweisen. Gellert in seinen moralischen
Vorlesungen (Sämmtliche Schriften 1775, 7. Theil S. 193) urtheilt: „Man kann ohne grosse Scharfsichtigkeit einsehen, dass
die Vielweiberei mehr Beschwerlichkeiten und weniger Annehmlichkeit des Lebens bei sich führt, als dass sie von der Vernunft, ohne in sehr besonderen Umständen, gebilligt werden
könnte." Er schliesst also Polygamie nicht unbedingt aus, aber
Monogamie scheint ihm viel angemessener. Denselben Standpunkt treffen wir bei massgebenden früheren Schriftstellern.
So bei Pufendorf, wo es de officio hominis et civis l. II, c. II, V
heisst: — ut unus simul duas pluresve uxores habeat, apud
plurimas gentes et in ipso quondam Iudaico populo receptum.
Nihilo minus si vel maxime a primaeva matrimonii institutione
in divinis literis tradita abstrahamus, ex ipsa tamen recta ratione
constat, longe decentius juxta atque utilius esse unum una esse
contentum. Id quod et usus omnium quas novimus gentium
Christianorum a tot seculis comprobavit. Das „contentum" der
Stelle deutet auf Grotius zurück, der sich mehrfach mit der
Frage abgegeben. Die Hauptstellen aus de jure belli ac pacis
sind B. II, c. V, § VIII, 2. Conjugium igitur naturaliter esse
existimamus talem cohabitationem maris cum femina, quae feminam constituat quasi sub oculis et custodia maris: nam tale
consortium et in mutis animantibus quibusdam videre est.
In homine vero, qua animans est utens ratione, ad hoc acces-
sit fides, qua se femina mari obstringit. Ibid. § IX, 1: Nec
aliud, ut conjugium subsistat, natura videtur requirere, sed nec
divina lex amplius videtur exegisse ante Evangelii propaga-
tionem. Nam et viri sancti ante legem plures una uxores
habuerunt et in lege praecepta quaedam dantur his, qui plures
una habeant, et regi praescribitur, ut nec uxorum nec equorum
nimiam sibi adsciscat copiam, ubi Hebraei interpretes notant
octodecim sive uxores sive concubinas regi fuisse concessas,
et Davidi deus imputat, quod uxores ei complures et quidem
illustres dedisset. Ibid. 2: — — — at Christi lex, ut res
alias, ita et hanc conjugii inter Christianos ad perfectiorem
redegit normam (in Betreff der Scheidung); et apostolus ejus
19*

atque interpres Paulus non viro tantum jus dat in corpus uxoris, quod et in naturali statu procedebat (....), sed et uxori vicissim in corpus mariti. Also der rechtliche und sittliche Begriff der Ehe lässt offen, ob ihn der Einzelne monogamisch oder polygamisch ausfüllen will. Aber das Christenthum hat die höhere Vollkommenheit eingeführt der strengeren Scheidungsgründe (Christus) und der Monogamie (Paulus), die letztere wird daraus gefolgert, dass nach Paulus das Anrecht auf die leibliche Gemeinschaft in der Ehe ein gegenseitiges sei. Zu der letzteren Stelle, 2, macht Barbeyrac die Anmerkung: Auctor noster postea mutavit sententiam, ut patet ex Adnotationibus ejus in Matth. V, 32, ubi ostendit in loco illo et similibus Evangeliorum non damnari Polygamiam, sed tantum abusum Divortii, quacunque ex causa facti. Hinc in eximio opusculo de veritate religionis christianae dicit tantum, Christianos sequi morem Germanorum et Romanorum, qui una uxore contenti fuerunt, Lib. II § 13. Et in Nota subjecta ibidem remittit tantum ad locum 1. Corr. VII, 4. Also auch im Christenthum existirt nicht so sehr ein Verbot der Polygamie, als eine Sitte der Monogamie, welche sich dadurch empfiehlt (dies deutet das contenti an), dass sie ein Zeichen von Enthaltsamkeit und Selbstbeherrschung im Sexuellen ist. Dass die Reformatoren (im Falle Philipps von Hessen) der Ansicht waren, die Vielweiberei sei in foro conscientiae erlaubt, also naturrechtlich und gewissermassen natursittlich zulässig, ist bekannt. Im Mittelalter stand die Theorie nicht anders. Nach Thomas von Aquino (Tertiae partis Summae theologicae Supplementum qu. LXV art. 1 u. art. 2) hat die Ehe drei Zwecke: der erste und Hauptzweck ist Erzeugung und Erziehung von Nachkommenschaft, der zweite ist die Arbeitstheilung zwischen Mann und Frau (communicatio operum), der dritte, sofern sie Ehe unter Gläubigen ist (inquantum inter fideles est), ist die significatio Christi und der Kirche, die Abbildung der Verhältnisse beider (Sacrament). Daraufhin urtheilt er: Pluralitas uxorum neque totaliter tollit neque aliqualiter impedit matrimonii primum finem, cum unus vir sufficiat pluribus uxoribus foecundandis

et educandis filiis ex eis natis. Sed secundarium finem etsi
non totaliter tollat, tamen multum impedit, eo quod non facile
potest esse pax in familia, ubi uni viro plures uxores junguntur;
cum non possit unus vir sufficere ad satisfaciendum pluribus
uxoribus ad votum, et etiam quia communicatio plurium in uno
officio causat litem; sicut figuli corrixantur ad invicem, et similiter plures uxores unius viri. Tertium autem finem totaliter
tollit, eo quod sicut Christus est unus, ita et Ecclesia una.
Et ideo patet ex dictis, quod pluralitas uxorum quodammodo
est contra legem naturae, et quodammodo non. Also den (katholischen) Sacramentscharakter der Ehe weggelassen, giebt es
keine unbedingte sittliche Verpflichtung auf Monogamie. Thomas
hat dies auch ibid. art. 2 anerkannt, wo es heisst: sicut ex
dictis patet, pluralitas uxorum esse dicitur contra legem naturae,
non quantum ad prima praecepta ejus (diese gehen nach art. 1
auf Erreichung des Zweckes überhaupt), sed quantum ad secunda
(diese gehen auf schwerere oder passendere Erreichung des
Zweckes), quae quasi conclusiones ex primis praeceptis derivan-
tur. Sed quia actus humanos variari oportet secundum diversas
conditiones personarum et temporum et aliarum circumstantia-
rum, ideo conclusiones praedictae a primis legis naturae praeceptis non procedunt ut semper efficaciam habentes, sed in
majori parte; talis est enim tota materia moralis, ut patet per
Philosophum (Ethic. l. I c. 3 in princ. et cap. 7 ad fin.). Et
ideo ubi eorum efficacia deficit, licite ea praetermitti possunt.
Sed quia non est facile determinare hujus modi varietates, ideo
illi, ex cujus auctoritate lex efficaciam habet, reservatur, ut licen-
tiam praebeat legem praetermittendi in illis casibus, ad quos
legis efficacia non extendere se debet, et talis licentia dispensatio dicitur. Lex autem de unitate uxoris non est humanitus,
sed divinitus instituta, nec unquam verbo aut literis tradita,
sed cordi impressa, sicut et alia, quae ad legem naturae qua-
litercumque pertinent. Et ideo in hoc a solo deo dispensatio
fieri potuit per inspirationem internam, quae quidem principaliter patribus sanctis facta est, et per eorum exemplum ad alios
derivata est, eo tempore, quo oportebat praedictum naturae

praeceptum praetermitti, ut major esset multiplicatio prolis ad cultum dei educandae. Semper enim principalior finis magis observandus est quam secundarius. Die zu erwartende Argumentation wäre gewesen, auch ausserhalb des Christenthums (eigentlich ausserhalb des katholischen Sacramentsbegriffs) ist die monogamische Ehe das sittlich Empfehlenswerthe, aber die polygamische nicht ausgeschlossen und sogar unter Umständen vorzuziehen. Um diesen einfachen Folgerungen aus den Prämissen zu entgehen, wird die Frage ganz auf das Gebiet der ATl. Offenbarung bezogen und hier Dispensation, wohlgemerkt blos innere Dispensation gefordert. Trotz dieser Verrückung des Fragepunktes bleibt das Resultat nach wie vor: abgesehen vom Sacramentscharakter der Ehe ist die Monogamie zwar die bessere Art der Ehe, aber die Polygamie keineswegs unbedingt sittlich ausgeschlossen. Rücksichtsloser spricht sich diese Ansicht im Mittelalter aus bei dem grossen Nebenbuhler des Thomas in Philosophie und Theologie, bei Duns Scotus (Reportata Parisiensia). Nach ihm ist es nicht strict, sondern blos im weiteren Sinn de lege naturae, d. h. es ist demselben multum consonum, ut sit una unius (Lib. IV Dist. XXXIII, qu. II). Nach dem stricten jus naturae posset mulier vel vir dare corpus suum ad certum tempus, ut annum, vel mensem, et ad unum actum vel duos tantum, si esset voluntas domini superioris (Gottes) et instituentis hanc legem, quia nihil est illicitum, nisi quatenus ab eo prohibitum fuit (ibid. qu. III). Aber multum erat consonum legi naturae, ut unus esset unius et perpetuus, propter bonum prolis et perfectam unionem Christi et ecclesiae designandam (ibid. qu. III).

103. Da die Theorie Jahrtausende bei uns so unsicher war und augenscheinlich eines durchgreifenden Leitpunktes entbehrte, so dürfen wir uns nicht wundern, dass in der Geschichte der Menschheit sich uns in dieser Hinsicht die mannichfachsten Erscheinungen darbieten. Sie erklären sich mit Hülfe der früheren Prinzipien über das Aufkommen menschlicher Handlungsweisen (§ 25 ff.) leicht. Ueberall, wo die Frauen blos als geringer gegenüber dem Manne und nicht als

eigenthümlich neben ihm (§ 97) angesehen wurden, entschied über Geschlechtsverhältnisse lediglich die Neigung des Mannes. Wo die Männer selbst wieder über- und untergeordnet waren an Werth (§ 27), entschied über den Besitz der Frauen die Neigung der übergeordneten. Diese fühlten sich für mehr als eine Frau befähigt, und sofern die Erzeugung als die nächste Absicht des ganzen Triebes galt, schien der Umgang mit einer Frau gegenstandslos, sobald Conception sicher eingetreten war. Kam dazu etwa noch die Gewohnheit langen Säugens der Kinder (bei vielen Naturvölkern), wobei der Geschlechtsumgang entweder dies Stillen abbrach oder wirkungslos war in Bezug auf Erzeugung, so war ein Mann, er brauchte nicht einmal besonders kräftig zu sein, bald auf mehr als ein Dutzend Frauen hingewiesen, blos vom Naturzweck der Zeugung aus und noch ganz abgesehen von Reiz und Liebe. Also auf Grund der physiologisch-psychologischen Constitution der Menschheit ergab sich überwiegend Neigung und Sitte der Polygamie. Waitz hat in der Anthropologie der Naturvölker bemerkt, dass die Polygamie durchaus nicht überall für das Familienleben von den üblen Folgen war, die man von unserem stärkeren Individualtrieb aus ihr gemeinhin zuschreibt. In China, wo bei der Höherschätzung des männlichen Geschlechtes es als ein Unglück gilt keinen Sohn zu hinterlassen, und wo daher, hat die Frau keinen geboren, von einer Nebenfrau einer gesucht wird, willigt die erste Frau gern in die Annahme einer zweiten: denn der von dieser geborene Sohn wird jener zugerechnet, und die Nebenfrau ist der ersten Frau untergeben. Aber die Polygamie hatte andere schlimme Nebenerfolge. Da die individuelle Neigung doch manchmal durchbrach, so lag es nahe, die Frauen abzuschliessen; da sie Bewachung bedurften, so führte dies zum Eunuchenthum. Beides konnte durch die Sitte so gewendet werden, dass die Frau in der Abschliessung und der Strenge derselben die Liebe des Mannes und deren Grad erkannte (Morgenland). Weitere Nebenerfolge waren, dass, da Wenige viele Frauen hatten, Andere solche entbehren mussten, und Ersatz suchten bei öffentlichen Dirnen, in Päderastie, Onanie,

Sodomiterei, wie man das alles in allen Erdtheilen mehr oder
weniger angetroffen hat. Das Verlangen nach mehr Frauen
führte noch zum Handel mit Sklavinnen, zu Raubzügen auf
Mädchen u. s. f. Alles das entstand in Ländern, wo Ungleichheit der Menschen grossen Reichthum und Macht Einzelner
oder einer Anzahl begünstigte. In Ländern, wo das weniger
der Fall war oder sich alle mehr gleich blieben, aber die
Frauen in untergeordneter Stellung waren, ausserdem aber es
als Schwäche galt, dass der Mann sich zu sehr an ein Weib
hänge, da kam es vor als Ehrensache, dass der Wirth dem
Gaste Hütte und Weib zur Verfügung stellte. In solchen Horden, wo fast keine Individualität sich entwickelte, konnte es
vorkommen, dass der Geschlechtsumgang promiscue stattfand;
sobald nur für die Kinder gesorgt war, schien dem Endzweck
der Sache gedient. Die Völker, bei denen Monogamie zuerst
strenger aufkam (Griechen, Römer, Germanen), waren solche, bei
welchen es mit der Aechtheit der Geburt genau genommen wurde:
es sollte nur vollberechtigtes Glied der bürgerlichen Gemeinde
sein, wer von reinem oder für rein erklärtem Blute abstammte
(ἐξ ἀστοῦ καὶ ἀστῆς). Wo an dieser Aechtheit das volle Bürger-
recht hing und zugleich die Bürger im Wesentlichen unter sich
gleich waren, da stellte sich instinctiv heraus, dass diese Gleichheit, damit eben alle ebenbürtig heirathen könnten, die Monogamie als Regel verlange; daneben wurden durch diese Betonung ächten Blutes die Frauen, welche es hatten, selbst höher
geachtet. Es war also ursprünglich ein Prinzip der Engigkeit,
des Abschliessens einer Gruppe in sich selbst, der Zulassung
in dieselbe gleichsam unter erschwerenden Bedingungen, welche
die Monogamie als Volksgewohnheit mehr hervorbrachte. Im
Christenthum waltete von frühe das Gefühl, dass, wenn überhaupt die Ehe mit den höchsten Forderungen desselben verträglich sei, doch die grösste Beschränkung erfordert werde,
was sich noch in dem una uxore contenti des Grotius und bei
Pufendorf ausdrückt. — Besondere Verhältnisse konnten das
nichtmonogamische Geschlechtsleben noch sehr mannichfaltig
gestalten. Es konnte Polyandrie entstehen, wie in Tibet, wo

ein sehr gewöhnlicher Fall ist, dass mehrere Brüder Eine gemeinsame Frau haben, aus Armuth, wie die Reisenden berichten. Auf den Aleuten sollen die Pelzjäger in der Zeit, wo sie dort weilen, je mit einem Eingeborenen dessen Frau theilen, weil sie eigene nicht mit sich führen können. In Afghanistan soll bei einer sehr kräftigen und muthigen Bevölkerung Geschlechtsumgang unter Männern bestehen, nicht blos aus dem allgemeinen Grund polygamischer Länder, sondern auch aus dem besonderen Umstand, dass das kriegerische Leben mit seinen ausgesetzten Posten auf steilen Klippen eine Mitnahme von Frauen in keiner Weise gestattet, also ein zeitweiliger Ersatz in dem anderen gesucht wird.

104. Ein klares Prinzip, ob Monogamie oder Polygamie oder Polyandrie, existirt erst, seit es festgestellt ist, dass auf der ganzen Erde im Durchschnitt um die Zeit der Pubertät das männliche und das weibliche Geschlecht in annähernd gleicher Zahl existirt. Nimmt man zu dieser Thatsache die Gleichheit aller Menschen in den formalen Grundzügen, so folgt von der Erhaltung und Förderung der Menschheit aus, dass der Einzelne sittlich verpflichtet ist, den anderen die Möglichkeit sich zu verheirathen nicht dadurch zu beschränken, dass er mehr als Eine Frau für sich begehrt. Also die Rücksicht auf die Anderen und nicht zunächst die Rücksicht auf uns ist es, welche die Monogamie zur sittlichen Pflicht macht, und zwar zur unbedingten Pflicht, weil die Thatsache der Gleichheit der beiden Geschlechter ganz überwiegend statt hat. Durch ein zeitweiliges oder örtliches Schwanken hierin kann die monogamische Ehe nicht bedroht werden, so wenig wie durch zeitweiligen oder örtlichen Ueberfluss an Nahrungsmitteln die Rücksicht auf Ernährungsmöglichkeit Anderer, als in welcher die Mässigkeit prinzipiell wurzelt. Wo solche Schwankungen statthaben, da dienen sie nicht zur Erschütterung, sondern zur Ausbreitung der monogamischen Ehe. Sind viele unverheirathete Mädchen an einem Ort, so ist zu sorgen für Auswanderungsmöglichkeit derselben an andere Orte, wo Mangel an solchen ist, wie ja englische Damen nach Indien überfahren, und

nach Australien eine solche Mädchenhinleitung statt hatte. Ist Ueberfluss an Männern da, welche sich verheirathen möchten, bei Mangel an Mädchen, so müssen sie auswandern und sich unter günstigeren Verhältnissen Frauen suchen. Diese Begründung der Monogamie schliesst die Verpflichtung ein, überhaupt zu heirathen, d. h. zunächst die natürlichen Anlagen, welche zur Ehe führen, nicht von dieser ab, sondern auf sie hinzulenken. Wie die Mässigkeit in Essen und Trinken ihre Begränzung findet darin, dass durch die genommene Nahrung die leibliche und geistige Arbeitskraft erhalten, ev. gesteigert werden soll: so ist die Enthaltsamkeit vor der Ehe nicht blos ein Fernbleiben von unsittlichen Verhältnissen, sondern muss zugleich die Absicht haben, der Geschlechtsanlage um so mehr und um so intensiver die Richtung auf die Ehe zu geben. Beide Geschlechter, sofern sie noch unverheirathet sind, sind sittlicherweise „stets in Tendenz zur Ehe begriffen" (Schleiermacher). Ein Enthalten von der Ehe, blos aus Bequemlichkeit und ähnlichen Gründen, ist unsittlich, sofern es einem Angehörigen des anderen Geschlechtes eine Möglichkeit entzieht, die Ehe, zu der es qualificirt ist, zu finden. Alle Frauen sollten verheirathet sein. Wo sie das nicht sind, da nimmt der Liebestrieb, speciell der Trieb sich mit dem aufwachsenden Geschlecht zu thun zu machen — der stärkste der Frauen — entweder die falsche Wendung der sog. Tantenliebe oder die Wendung auf Katzen und Hunde, oder er schlägt um in Unbefriedigtheit, welche sich äussert in Streit- und Zanksucht, in Neid und Missgunst besonders gegen Verlobte und Verheirathete; im besten Falle findet er Verwendung im Anschluss an bestehende Familien und Hülfeleistungen für sie (Tante im guten Sinne), aber selbst da kann die volle Individualität nicht wohl zur Geltung kommen, und die Wirksamkeit hat daher oft etwas für beide Theile, was nicht ganz so ist, wie es sollte.

105. Zur Monogamie gehört nicht blos, dass zu jeder Zeit blos ein Mann Eine Frau habe und umgekehrt, sondern auch dass das Verhältniss ein dauerndes und bleibendes sei der Absicht und dem bemühten Vorsatze nach. Dieses Moment der

Dauer und des Bleibenden schreibt sich theils daher, dass Kinder Mitzweck der Ehe sind, ihre Erziehung aber nur bei ausharrendem Zusammenwirken von Vater und Mutter gedeihen kann, sofern nur diese auf die Individualität der Kinder mit Leichtigkeit und schon mit Vorahnung einzugehen im Stande sind; theils ist die Dauer darum gefordert, weil die Ehe eine Anregung physischer und geistiger Art giebt, welche dem Beruf des Mannes zu statten kommt und ihm frische und kraftvolle Impulse mittheilt, den Beruf der Frau aber an sich constituirt durch ihr Leben für Mann und Kinder, ein Wechsel in dieser Hinsicht aber von den tiefgreifendsten und nachhaltigsten Folgen nicht nur für die Frau, sondern auch für den Mann sein müsste. Auflösung eines bestehenden Eheverhältnisses, etwaige Knüpfung eines neuen müsste alle Beziehungen berühren. Statt der Ruhe und Gleichmässigkeit, welche zum gedeihlichen Wirken erforderlich ist, würde Unruhe und Abspringen eintreten, wo der Ehe nicht der dauernde Charakter innewohnte. Wo daher die Ehe Monogamie war, da ist das Moment der Dauer prinzipiell stets mit aufgenommen worden. Wo nicht Monogamie war, da war die Beziehung zu den Frauen an sich eine wechselnde, um so eher konnte der Wechsel auch auf die einzelne darunter noch ausgedehnt werden bis zur spielenden Leichtigkeit in der Aufhebung der Beziehung. Der Mann hatte von der Ehe dann aber auch überwiegend blos ausser den Kindern Ruhe des physischen Triebes und heiteres Spiel, eine Einwirkung des Verhältnisses auf all sein Leben und eine Verflechtung in dasselbe ergab sich selten von daher. Die Schwankungen über den dauernden Charakter der Ehe haben sich bei uns in solchen sehr geregt, wo die Ehe als ein Zusammenschluss von Mann und Frau zur Darstellung des ganzen Menschen aufgefasst wurde, der in den Geschlechtern gleichsam getheilt sei. Dadurch wurde dieser ganze Mensch Zweck der Ehe, und diejenige Ergänzung in ihr schien gefordert, welche einen möglichst vollkommenen Menschen ergab. Da stellte es sich nun leicht ein, dass Mann und Frau sich zwar sehr bereicherten durch gegenseitige Ergänzung, dass aber doch im Verlauf des Lebens dem einen oder anderen von ihnen eine Person aufstiess, welche noch eine reichere Ergänzung zu bieten schien, dann glaubte man sich berechtigt, aus der früheren Ehe auszuscheiden und eine neue einzugehen. Diese Auffassung der Ehe basirt auf einer unzutreffenden Ansicht. Es kann wohl ein Mensch den anderen sehr ergänzen, aber dass beide in ihrer Vereinigung gewissermassen alle Seiten menschlichen Wesens in Vollendung darstellen, ist eine chimärische Voraussetzung. Irgend eines der Hauptsysteme überwiegt in jedem Menschen, jedes derselben kann wieder mannichfach nüancirt und combinirt sein. Mann und Frau können daher nie die Menschheit nach allen ihren Seiten darstellen, sondern die Ehe ist für die Frau höchste Bethätigung ihres Wesens durch die Kinder und durch das, was sie dem Manne werden kann, für den Mann ist die Ehe eine sittliche Bethätigung an sich selbst, und durch die Anregung seines physischen und geistigen Lebens von daher ein Aufschwung seiner sonstigen Bethätigungen. Mann und Frau in ihrer Verbindung sind daher ein durch nichts Anderes ersetzbares Stück werthvollen menschlichen Seins, aber sie stellen in ihrer Vereinigung nicht die ganze Menschheit dar. Diese Darstellung ist auch gar kein Stück der sittlichen Aufgabe, diese ist vielmehr, dass ein jeder zur Erhaltung und Förderung der Menschheit an sich und an Anderen nach seinen Kräften beitrage, keineswegs aber, dass er strebe gleichsam alles zu sein. Es ist nicht erforderlich zur Sittlichkeit, dass etwa ein überwiegend vegetativ-praktischer Mensch sich abmühe, ein Mensch überwiegenden Muskel- oder Nervensystems zu werden, sondern erfordert wird, dass er von seiner Natur aus mit Thätigkeit, Wohlwollen und praktischer Verständigkeit wirke unter Empfindung dafür, dass auch anders geartete Naturen für Erhaltung und Förderung der Menschheit werthvoll sind (§§ 17 u. 34).

106. Wenn Monogamie und zwar als dauernde Verbindung von Mann und Frau allein der sittlichen Aufgabe entspricht, so wird um so wichtiger der Act der Entscheidung gerade für diese Frau oder diesen Mann. Ohne individuelle Neigung soll keine Ehe eingegangen werden, sie allein giebt die leibliche

und geistige Anregung, welche die Ehe zu dem eigenthümlichen
sittlichen Gut macht. Diese individuelle Neigung kann sehr
ausgesprochen sein, sie muss es aber nicht. Es giebt nicht
wenig Männer und Frauen, welche das Bewusstsein haben, dass
sie mit verschiedenen Personen des anderen Geschlechtes eine
glückliche Ehe zu führen im Stande seien. Dies ist kein Grund
sich der Ehe zu enthalten, es muss nur der feste Sinn da sein,
in der einmal geschlossenen Verbindung auszuharren. Abneigung darf nicht da sein. Die Momente, welche die individuelle Neigung oder Abneigung bestimmen, sind dunkel. Dies
drückt das Wort aus: Ehen werden im Himmel geschlossen.
Die Dunkelheit dieser Momente ist begreiflich. Das Geschlechtsleben zieht sich in alle Seiten des menschlichen Wesens mit
hinein oder kann sich mit hineinziehen. Mit dem vegetativen
System hängt es unmittelbar zusammen, so dass es oft als ein
Anhang desselben betrachtet worden ist (θρεπτικὸν καὶ γεν-
νητικόν); das Muskel- und Nervenleben erhält in der Pubertät
von da aus einen grossen Aufschwung. Von allen Seiten des
Lebens aus kann daher der Liebestrieb eine bestimmte Determination erhalten. In all diesen Seiten und in ihren Verbindungen
läuft neben klar Vorliegendem auch nicht wenig Idiosynkratisches mit unter: dem Einen schmeckt die Speise und bekömmt
ihm gut, dem Anderen gar nicht, dem Einen ist die Muskelbewegung oder Ruhe erwünscht, dem Anderen verhasst, in der
Wissenschaft hat man das Idiosynkratische nur schwer und annähernd überwunden (Platons Abneigung gegen den Erkenntnisswerth der Empfindung, die oft wiedergekehrt ist, § 79), in
Religion, Kunst hat es und wird es seine Stelle stets behaupten.
Es ist deshalb nur natürlich, dass einige Menschen klar erkennen, warum sie gerade die und die Person lieben, während andere sich zwar ihrer tiefen und innigen Liebe, aber gar nicht
der Gründe derselben bewusst sind. Indess lassen sich einige
der determinirenden Momente mindestens im Allgemeinen her-
vorheben, was, um möglichen Gefahren derselben zu begegnen,
nicht ohne Werth ist. Mit wem ein Mensch in der Zeit des
ersten lebhaften Erwachens des Geschlechtstriebes zusammen-

trifft, in den verliebt er sich ganz gewöhnlich, als den nächsten
dem Trieb zusagenden Gegenstand. Es ist daher in dieser
Zeit dafür zu sorgen, dass sowohl Knaben als Mädchen nicht
blos mit Einem des anderen Geschlechtes, sondern mit vielen
zusammentreffen, dadurch wird die Neigung zertheilt und einer
zu frühen individuellen Entscheidung vorgebeugt; zu frühe wäre
darum die Entscheidung, weil in dieser Zeit die eigene Individualität noch entfernt nicht genügend ausgebildet ist. Wie
gross dies Moment des Zusammentreffens in der Pubertätsperiode
ist, beweist der Umstand, dass die griechischen Jünglinge sich
zunächst in Knaben verliebten, weil sie diese in der Palästra
in voller Schönheit ruhender und bewegter Gestalt und Musku-
latur sahen, während zugleich ein geselliger Verkehr mit Mädchen nicht bestand und man überdies die Eigenthümlichkeit
weiblicher Art wenig erkannt hatte, so dass sich in die Knabenliebe auch ein sentimental-romantisches Moment verflocht. Gegen
Wiederkehr ähnlicher Verhältnisse, über deren Unstatthaftigkeit
die Rechtsphil. § 46 das Erforderliche bietet, ist ein Präservativ die Verhüllung des männlichen Geschlechtes unter einander, Schamhaftigkeit im An- und Auskleiden etc.; aber dazu muss
treten Gelegenheit des geselligen (sittlichen) Verkehrs mit jungen
Mädchen, sonst bleibt die Gefahr, dass sich von dem erwachen-
den Liebestrieb unbewusst etwas in die Jünglingsfreundschaft
hineinlegt, und dadurch von der Annäherung an das andere Geschlecht und der daraus zu gewinnenden vorbereitenden Kenntniss zur Wahl lange abhält. Auf ein vegetatives Moment der
Determination hat einmal Fichte hingewiesen in einem Brief
an Schön (vom 23. August 1792. „Aus den Papieren des
Ministers etc. von Schön“ 1. Theil 1875). „Wie der Sinnes-
geschmack uns oft besonders bei Kränklichkeiten eben zu den
Speisen hinleitet, welche diejenigen Stoffe enthalten, die unserer
Mischung am meisten fehlen, so ist es denkbar, dass uns ein
physiologischer Zug gerade zu dieser Person hinleitet. Das
Wohlbehagen, die Leichtigkeit der vitalen Bewegungen u. s. w.
in der Atmosphäre einer gewissen Person wäre dann ein Wink
der Natur, im Mittelpunkt derselben zu bleiben und uns so

innig mit ihr zu verwechseln, als sie ´uns leiten würde; und
so wäre dann das augenblickliche Ergriffenwerden, ehe man
den Geist der anderen Person nur im Mindesten kennt, und
das um so merkwürdiger ist, wenn es gegenseitig ist, — das
schnellere Rollen des Blutes, kurz alles, was Sappho ihrem
Phaon gegenüber empfand, erklärt." Dies vegetative Moment
darf freilich nicht das entscheidende sein, es muss wenigstens
dazu kommen, dass die näher kennengelernte geistige Art nichts
Aufhebendes oder Beschränkendes für jene physiologisch-psychologische Anregung hat. Dagegen kommt das vegetative Moment
negativ sehr in Betracht; alles Beleidigende oder Hemmende
von da aus ist ein Wink, auf eine Verbindung zu verzichten.
Als ein klares Moment der Determination in der Liebe, ja als
ihr primum agens gilt die Schönheit. So klar ist dasselbe
darum nicht, weil die Schönheitsempfindung des Liebenden oft
idiosynkratisch ist, nur Er hat sie, alle Anderen wissen von
der Schönheit, die ihn so entzückt, nichts zu finden. In solchen
Fällen liegt eine Täuschung vor, ähnlich der, die in Bezug auf
eigene Schönheit so alltäglich ist (§ 88). Aus irgend einem
ihm selber dunklen Grunde erregt dem Betreffenden eine Person des anderen Geschlechtes Wohlgefallen, für dies Wohlgefallen
ist die Anschauung der Person conditio sine qua non, also
glaubt er, dass die Anschauung derselben unmittelbar und direct
der Grund dieses Wohlgefallens sei, und hält sie für schön.
Falls dabei nur der Grund dieses Eindruckes bleibender Art
ist, hat es mit dem falschen Ausdruck nichts auf sich. Was
aber die wirkliche Schönheit betrifft, die nicht blos der Lie-
bende, sondern auch Andere finden, so ist nicht zu läugnen,
dass dabei von Natur ein Prinzip in uns wirksam ist, welches
keineswegs der sittlichen Aufgabe günstig ist. Wie das Aesthetische überall sofort sich geregt hat, wo nur das Gröbste der
Nothdurft befriedigt war, und vor ihm wesentliche Seiten
menschlichen Seins zurücktraten, so ist diese Gefahr auch hier
immer gewesen. Dass die Schönheit, weibliche und männliche,
eine solche Gewalt hat, beruht theils auf den reichen Associationen, die sich an das Auge überhaupt knüpfen (seidenes Haar,

sammtene Haut z. B. enthält Tastassociationen), aber selbst wo
diese und mit ihnen die Tendenz zur Annäherung (Liebe ist
eine vis unitiva nach dem Aeropagiten und der Scholastik) nicht
sofort auftreten, entsteht vom Auge her eine Erregung des
vegetativen Lebens, jene „sanfte Wallung des Geblüts" (Lessing).
Es stimmt das damit, dass das Auge mit dem Geschlechts-
system eng zusammenzuhängen scheint, wie das ἑγρὸν ὄμμα
der Griechen dies andeutet und die Verschleiertheit des Organs
unmittelbar nach dem Geschlechtsgenuss. Wie viel aber der
Associationsfactor ausmacht, sieht man daran, dass viele Schön-
heiten, sowohl weibliche wie männliche, als kalte bezeichnet
werden, oder als stolze und als gehaltene. Die kalte Schönheit
zieht die Betrachtung auf sich, erweckt aber kein Verlangen der
Tastnähe, die stolze hat in ihrem übrigen Wesen etwas, welches
scheint Annäherung abzuwehren, die gehaltene macht den Eindruck, Annäherungsversuchen überlegen zu sein. Ganz anders
ist es mit der verführerischen Schönheit. Sie erweckt durch
ihre übrige Art, besonders durch Bewegung und Haltung, unmittelbar die Vorstellungen, welche sich auf Annäherung, Umarmung etc. beziehen. Es ist das nicht immer Absicht, ganz
unwillkürlich können im Manne sowohl als im Weibe die darauf
tendirenden Bewegungen stark angelegt sein, ihre Anschauung
erweckt dann ebenso unwillkürlich die verwandten Vorstellungen
und Tendenzen. Die sittliche Gefahr der verführerischen Schönheit besteht darin, dass sie im Mann wie Weib das Geschlechtsleben von allen anderen Beziehungen zu isoliren geeignet ist.
Das Weib ist schön, mit dieser Schönheit allein schon wirkt es
weithin, also glaubt es in ihr Alles zu besitzen. Der Mann
hat am Weib dann blos die Schönheit, sie ist ihm das ganze
Weib. Bei der Seltenheit vollendeter Schönheit kommt hinzu,
dass die Männer sich um ein schönes Weib um die Wette bemühen, die Frauen alle von einem schönen Manne bezaubert
sind. Dazu gesellt sich leicht die Reflexion, Schönheit sei
wegen ihrer Seltenheit bestimmt Gemeingut zu werden, es sei
das die einzige Art, wie Viele an ihr Theil haben könnten.
So wird, was ein Ingrediens des Gesammtlebens sein müsste,

zum einzigen Agens desselben, und was Anregung für die anderen Hauptbethätigungen bleiben sollte, zur einzigen Bethätigung selber. „Schöne Frauen und schöne Männer beten sich
selbst an", weil die von aussen ihnen entgegengebrachte Bevorzugung ihnen aus dem Bilde, das dadurch von ihnen in
ihnen selber entsteht, immer entgegenstrahlt. Frühere Zeiten
haben über die Schönheit die Dichtung gebildet, dass Schönheit ein Anzeigen von sittlich-geistiger Art sei und eine Aufforderung dazu mit sich führe (Griechen). Viel eher gilt der
orientalische Spruch, dass, wenn ein Mensch schön und gescheut
sei, er gewiss noch gescheuter sich würde entwickelt haben,
wenn er nicht schön wäre. Es bleibt da nichts übrig, als der
übergreifenden Bedeutung der Schönheit entgegenzuwirken, damit, wie überhaupt das für alle wesentlichen Seiten des Lebens
Bedeutende (das Nützliche und Gute nach gewöhnlichem Sprach-
gebrauch) vorgeht dem blos Aesthetischen und dies nur eine
besondere Ausgestaltung von jenem wird, so auch in der Auffassung der persönlichen Erscheinung verfahren werde. Voran-
stehen müssen in der Ausgestaltung des Leibes die Momente
der Gesundheit, Kräftigkeit, Gewandtheit, je nach den Aufgaben
der Geschlechter abgewandelt. Es muss werden wie in der
Beurtheilung des Bauern, welcher sagt: wie trefflich ist das
Mädchen in Haus- und Feldarbeit und wie nett und lieblich
ist sie dabei. In den gebildeten Ständen bei uns ist es umgekehrt: die Schönheit wird vorangestellt, auf das Andere
wenig geachtet. Wo hohe Schönheit ist, da muss von Kind
an entgegengewirkt werden, dass das Verführerische sich nicht
dazugeselle, und die wesentlichen sittlichen Bethätigungen
müssen eifrig ausgebildet und hochgehalten werden, nicht
aber geurtheilt: „der junge Mann wird schon eine reiche
Frau finden, er wird bei seiner Schönheit blos die Wahl
haben; für das Mädchen ist durch ihre Schönheit schon gesorgt." Wo das sittlich Gehaltene zur Schönheit hinzukommt,
da wird sie nicht Verwüsterin des sittlichen Lebens, des
eigenen und fremden, sondern eine segensvolle Beschützerin
und Erhalterin desselben durch die Verehrung, die sie dann

selbst rohen und sinnlich-leidenschaftlichen Gemüthern ab-
nöthigt.

107. Das, was schliesslich in der Ehe gewollt wird, ist
bei den vegetativ-praktischen Naturen Verstärkung der eigenen
Art, aber so, dass dem Manne mehr die Berufs-, der Frau
mehr die Hausgeschäfte obliegen, in den praktisch-technischen,
politischen, militärischen, wissenschaftlichen, künstlerischen Ergänzung, so dass dem Manne sein Beruf, der Frau die Führung
des Hauses und seiner etwaigen Geselligkeit obliegt. Alle aber
wollen zugleich Ergänzung im Geistigen. Der Mann giebt die
längeren Reihen, welche in die Zukunft gehen, die Frau die
kürzeren, welche mehr die Gegenwart im Auge haben — von
den Landleuten bemerkt ein Kenner, dass die Männer gern das
Land durch Kauf vermehren, die Frauen den Hausrath —.
Ausserdem wollen sie Ergänzung, der Mann durch das Zarte
der Frau, die Frau durch das Starke des Mannes. Und beide
wollen mit alle dem die Befriedigung des Geschlechtslebens im
engeren Sinne, Anregung von da aus für das Gesammtleben
und die Bethätigung, welche von den Kindern her zuwächst.
Es wird daher in der Ehe ein sehr Complicirtes gesucht, und
kein Wunder ist es, dass eine Ehe schwer ist und eine allseitige
Befriedigung in derselben vielen Hindernissen begegnet. Ebendeshalb ist für das Eingehen derselben zu fordern nicht blos
die Berathung mit dem eigenen Gefühl, sondern auch mit älteren Personen (Eltern oder entsprechenden Vertrauenspersonen).
Unser eigenes Gefühl wird uns meist richtig darin leiten, ob
wir uns durch das Zusammensein mit einer Person des anderen
Geschlechtes freudig und lebendig und in einziger und nach-
wirkender Weise erregt fühlen, aber gerade in den gebildeten
Ständen ist das Zusammensein der verschiedenen Geschlechter
häufig blos eines in der Musse- und Erholungszeit. Da kann
es sich treffen, dass zwei einander anziehend und belebend und
fast unentbehrlich sind, während das Zusammenwirken in den
mehr geschäftlichen Stücken des Lebens sich nicht decken
würde, sondern ein ganz verschiedenes Tempo, ganz verschiedene Lebhaftigkeit und Stärke des Interesses, ja entgegen-

gesetzte Auffassungen walten, und zwar so, dass sie sich nicht leicht eines dem anderen darin zu accommodiren im Stande sind. Hier gerade ist das Urtheil von Unbefangenen schwerwiegend. Es ist mir ein Dorf bekannt, wo es Sitte ist, wenn sich zwei heirathen wollen, dass kurz vor der Ehe das Mädchen den Tag im Hause des künftigen Mannes zubringt, um alle Geschäfte zu verrichten, die ihr als Frau obliegen würden; nach dem Ausfall dieser Zeit wird entschieden, ob sie zusammenpassen oder nicht. Man wird das prosaisch finden, aber es ist Prosa da, wo sie hingehört, und mit der Poesie der Liebe wohl verträglich. Es wäre sehr erforderlich bei uns, dass nicht blos der junge Mann eine berufsmässige Lebensstellung sich erworben hätte, worauf ja meist gesehen wird, sondern dass auch das Mädchen ernstliche Proben abgelegt habe, dass es einem Hauswesen vorstehen, Kranke pflegen, mit Kindern umgehen kann. Es kann bei besserer Vorbildung der Frauen für ihren wirklichen Beruf darum doch die jugendliche Fröhlichkeit, und was sie verlangt von heiterem Verkehr mit körperlicher und geistiger Bewegung (Tanz und Unterhaltung), gewahrt bleiben. Gefordert ist namentlich, dass das Mädchen das wirkliche Leben kennen gelernt habe. Es braucht darum nicht aus dem Haus geschickt zu werden, sondern es muss nur im Haus allmälich mit hineingezogen sein in die Hauptseiten des Beurtheilungskreises der Mutter, und vom Vater her einen Einblick gewonnen haben in die männlichen Interessen. Bei uns herrscht Mädchen gegenüber meist die weichliche Maxime, ihnen alles das als zum Ernst des Lebens gehörig, den sie früh genug würden kennen lernen, möglichst fern zu halten, während sie gerade im Elternhaus leicht und unmerklich und mit einer gewissen Fröhlichkeit, weil die Verantwortlichkeit zuerst gering sein kann, in alles das hineinwachsen könnten. Ausserdem vergisst man, dass sie zu Gedanken über alles das durch die Umgebung vielfach angeregt werden, und wo man ihnen nicht Anleitung zur richtigen Urtheilsbildung gibt, sie meist falsche und phantastische Vorstellungen sich bilden, nach der Seite der Leichtigkeit sowohl als der Schwierigkeit. Schon früher ist darauf hingewiesen, dass für beide Geschlechter Gelegenheiten sein müssten, sich mehr als bisher kennen zu lernen, ein freierer Verkehr ist mit strenger Zucht sehr wohl vereinbar. Entgegengewirkt würde dadurch den erträumten Idealen, welche sich jetzt junge Mädchen und Männer oft bilden. Mit Recht wird von G. Elliot in ihren Romanen die blosse Weiblichkeit als Ideal des Mannes bekämpft: das Zarte, Gefühlsmässige, dem Präsenten Hingegebene etc. ist sittlich werthlos, wenn es nicht mit Tüchtigkeit für die praktischen Aufgaben als Gattin und Mutter verbunden ist. Ebenso ist die blosse Männlichkeit, d. h. Muth, Stärke, eine gewisse Getrostheit und Selbstvertrauen, an welches sich das Weib gern anlehnt, ein gewisses Zustürmen, welches die Frauen captivirt, sittlich werthlos, wenn es nicht mit den wesentlichen Inhalten männlicher Bethätigung verbunden ist.

108. Die Erhaltung und Förderung der Menschheit, welche der Ehe Aufgabe ist, bezieht sich theils auf die Person der Ehegatten selber, theils auf Mehrung des Geschlechts durch die Kinder, welche der Ehe entspriessen, Erziehung derselben im Sinne jenes sittlichen Prinzipes mit eingeschlossen. Weil durch die Kinder das menschliche Geschlecht selbst als Träger der Sittlichkeit auf Erden perpetuirt wird, so haben die Moralisten gewöhnlich sie als Hauptziel und -Zweck der Ehe hingestellt, und speciell sollte der Geschlechtsumgang im engeren Sinne nur durch seine Beziehung hierauf sittlich sein. Aber ein so grosses Stück des Sittlichen in der Ehe die Kinder sind, so ist Erzeugung nicht der einzige Zweck auch des Geschlechtsumganges. Sofern vielmehr dieser nach dem alten Spruch als modicus excitat, d. h. nicht blos von der Unlust des Triebes befreit, sondern auch eine das ganze Leben anregende Wirkung hat, kann und darf er Selbstzweck sein. Ein unfruchtbarer Beischlaf ist darum kein sittlich nutzloser, der also etwa, wenn man die Erfolglosigkeit gewusst hätte, unterblieben sein müsste, sondern er ist wegen seiner Anregung des ganzen Lebens in sich sittlich, erhaltend und fördernd die Menschheit in unserer und in der Person des anderen Geschlechtes. Wegen des modi-

cus excitat ist der Beischlaf auch sittlich, wo notorische Un-
fruchtbarkeit statt hat oder Befruchtung erfolgt ist, nur darf
im letzteren Falle das Leben des Kindes durch ihn nicht
gefährdet werden, worüber man sich ev. an einen vertrauenswür-
digen Arzt zu wenden hat. Aber sittlich ist auch in der Ehe
der coitus blos als modicus, sofern er eben excitat und nicht
debilitat, sofern also die Kräfte für alle anderen Bethätigungen
durch ihn angeregt werden, und nicht das Gegentheil, Schwäche
und Minderung der Freudigkeit eintritt. Was modicus sei, ist
zu beurtheilen nach der Erfahrung der Einzelnen. Nach Al-
brecht von Haller besteht für einen kräftigen Mann in unseren
Klimaten das Bedürfniss zweimal die Woche. Da nach Anderen
aber ein gesunder, nicht üppig lebender Mann bei uns, wenn
unverheirathet, etwa alle 6 Tage eine nächtliche Samenentleerung zu erwarten hat, so ist die Frage, ob nicht einmal in
6 Tagen ausreichend sei. Vielleicht hat aber der Geschlechtsumgang selber etwas in dieser Hinsicht Anregendes, so dass jenes
Mehr heraus kommt. Weiter massgebend ist aber hier die allgemeine Vorschrift für das vegetative Leben, dasselbe zwar als
die Grundlage aller anderen Bethätigungen kräftig und frisch
zu erhalten, aber dabei stets die Consumtion auf das niedrigste
Mass herabzusetzen, bei dem noch jene Frische und Kräftigkeit
bleibend bestehen kann, und ausserdem durch das, was man
arbeitet auf Grund der Ernährung, mehr zu leisten, als man
consumirt hat (§ 60). Ebenso ist auf eine leichte Beherrschbarkeit des Geschlechtstriebes auch in der Ehe hinzuwirken,
da Zeiten in derselben eintreten aus mancherlei Veranlassungen,
wo der gewohnte Geschlechtsumgang aussetzen muss. Als eine
sittliche Bethätigung und zwar im eminenten Sinne, weil sie
selbst wieder direct und indirect Anregung für andere sittliche
Bethätigungen wird, ist der Geschlechtsverkehr im engeren
Sinne werthvoll im höchsten Grade, er darf daher auch als
leibliche und geistige Erquickung empfunden werden, als höchste
Freude und Wonne. Ihn als halbwidrig oder gar untermensch-
lich anzusehen (Kant und viele Moralisten) zeigt blos, wie eine
falsch-einseitige Ansicht vom Menschen und der Sittlichkeit oft

geherrscht hat. Gegen den Satz des Thomas: actus matrimo-
nialis, quia rationem deprimit propter carnalem delectationem,
hominem reddit ineptum ad spiritualia*), hat schon Duns erinnert, dass durch Martern auch die Vernunft aufgehoben werde,
und doch Gott solcher Tod für den Glauben angenehm sei.
Dass der Liebesumgang in seiner Consummation vor Anderen
verborgen wird, hat nicht seinen Grund in einem geheimen Bewusstsein der Niedrigkeit oder Hässlichkeit des Thuns — das
ist blos Annahme jener falschen Geistigkeit, welche die Fortpflanzung des Geschlechtes am liebsten „durch einen vernünftigen Discurs" (Göthe) haben möchte —, sondern das geschieht
wegen der Ausschliesslichkeit des Actes Anderen gegenüber und
der vielfach so idiosynkratischen transports de l'amour: was
man nicht mittheilen kann und darf, und was doch Andere
eventuell zur Begierde gerade danach reizen könnte, das soll man
auch nicht zeigen. — Teleologische Argumente dafür, dass die
Erzeugung der einzige Zweck des Geschlechtsumganges sei, darf
man ja nicht bringen wollen, sie beweisen zu viel. Denn wenn
jede Samenentleerung den Zweck der Erzeugung nach der Natur
haben sollte, so dürfte es keine Pollutionen geben, bei der
Frau keine Menstruation ohne darauf folgende Empfängniss, es
müsste das, sowie die Frau concipirt hat, dazu führen, dass
mit dem vorhandenen weiteren Samen man sich zu einer anderen wende u. s. f., Reflexionen, die freilich in der Geschichte
sehr gewirkt haben, aber eben auf Polygamie hin.

109. Schleiermacher hat in der „Kritik der bisherigen
Sittenlehre" der neueren Ethik vorgeworfen, dass sie keine Bestimmung über die Anzahl der Kinder gegeben, die aus einer
Ehe je nach den besonderen Verhältnissen entspriessen sollten,
während die Alten diesen Punkt wohl beachtet hätten. Gleichwohl hat er in seiner Ethik jene Lücke der Neueren nicht
ausgefüllt. Dass die Alten auf diesen Punkt achteten, ist ein
Zeichen ihrer praktischen Verständigkeit, welche sich die Frage

---

*) Tertiae partis Summae theologicae Supplementum qu. LXIV,
art. VII.

stellte, ob die Unterhaltsmittel für beliebigen Zuwachs der Bevölkerung ausreichten. Die richtigen Mittel zur sittlichen Lösung der Frage hatten sie nicht. Da bei ihnen die Arbeit und ihre werthschaffende Bedeutung noch wenig erkannt war, so verfielen sie rasch in die Angst vor Uebervölkerung, d. h. sie fürchteten, dass die Subsistenzmittel nicht mehr in genügender Weise möchten vorhanden sein. Ausserdem wollten ihre Philosophen (Plato, Aristoteles) die Staaten nicht zu gross haben, sie verlören sonst die Uebersichtlichkeit, welche zur Eunomie erfordert werde. Diese Ansichten und Verhältnisse führten bei ihnen zum Kinderaussetzen, Abortiren, zur Knabenliebe als Ableitung von Erzeugungsmöglichkeit (Kreta). In Rom führte wirthschaftlicher Verfall zur Ehelosigkeit mit lockeren Verhältnissen daneben. Wo dagegen blühende ökonomische Verhältnisse waren, wie in Aegypten, da wurden Kinder gewünscht und alle grossgezogen (Diodor). Das Christenthum widersetzte sich mit Recht all jenen Mitteln. Neben diesem Widerstand gegen die alte Art bildete sich, was Erzeugung betraf, durch Entstehung des Mönchthums und die spätere Ehelosigkeit der Geistlichen gewissermassen eine Theilung der sittlichen Arbeit, Einige enthielten sich möglichst der irdischen Güter und gänzlich der Ehe und lebten blos geistlichen Beschäftigungen, die Anderen hatten dann um so mehr Güter und konnten in rücksichtslos fruchtbarer Ehe (die Scholastik ist in der Ehe sehr nachgiebig gegen den Geschlechtstrieb propter lubricum carnis) und den damit zusammenhängenden Beschäftigungen leben. Die Reformation verwarf eine solche Theilung der sittlichen Arbeit und hatte guten Muth in Betreff der Uebervölkerung. „So räth Luther in den Sermonen vom Ehestand, jeder Mann solle mit dem 20., jedes Weib mit dem 15. bis 18. Jahre zur Ehe schreiten; wer solches um deswillen unterlässt, weil er keine Familie meint ernähren zu können, der hat kein rechtes Gottvertrauen. Gott wird Menschen, die sein Gebot erfüllen, schon nicht darben lassen" (Roscher, die Grundlagen der Nationalökonomie § 254 Anm. 2). Bei uns im Volke ist dementsprechend noch viel verbreitet der Spruch: viel Kinder, viel Brod; er soll sagen: wo viel

Kinder sind, da findet sich auch die Nahrungsmöglichkeit reichlicher ein. Wo man an Uebervölkerung litt, da war ein Hauptmittel dagegen die Auswanderung; nur wo man sehr stark am Land hängt, wie in Frankreich, in Theilen Niedersachsens, kam man auf ein anderes Mittel der Alten, numerum liberorum finire, das Zwei- oder Dreikindersystem. In England, wo man Auswanderung hatte, aber daneben an zu reicher Zahl mindestens in gewissen Klassen der Bevölkerung litt, ist man systematisch auf die Gründe der möglichen Uebervölkerung eingegangen. Das ist die Malthus'sche Lehre. Ihre Hauptgedanken sind: die Ernährung des Menschen hängt ganz an der Urproduction (Pflanzen, Thieren); so sehr der Factor der Arbeit diese zu vermehren im Stande ist, so ist diese Vermehrbarkeit doch eingeschränkt durch natürliche Bedingungen. Ueber ein gewisses Mass hinaus hilft Düngung und Bearbeitung des Bodens nicht mehr in einer dem Aufwand entsprechenden Weise, über ein bestimmtes Mass hinaus hilft auch rationelle Viehfütterung nicht mehr, da das plus nicht mehr angeeignet wird von den Thieren. Hier sind also der Production verhältnissmässig früh Schranken gesetzt, dagegen sind die natürlichen Schranken der Erzeugung sehr weit, die Bevölkerung kann schneller zunehmen als die Production. Ob Malthus' Formel: Ernährungsmittel wachsen in arithmetischer Progression, Bevölkerung in geometrischer, zutreffend ist, mag dahin stehen, auf alle Fälle leuchtet ein, dass an der Sache etwas Reelles ist, und alle Angriffe auf dies Reelle haben nur dazu gedient, es immer mehr ins Licht zu rücken. Uebervölkerung hat statt, wo die Zahl der Menschen zunimmt, ohne dass im Verhältniss die Subsistenzmittel zunehmen, und es kann sich das ereignen trotz eifriger auf Vermehrung der Production gewendeter Arbeit. Hier darf der religiöse Glaube von der Wissenschaft die Belehrung annehmen, dass der göttliche Segen, der auf treuer Arbeit ruht, was den äusseren Erfolg betrifft, sich nach immanenten Gesetzen richtet. Zu jenem Gesetz kommt noch hinzu, dass viele der natürlichen Bedingungen, welche der Uebervölkerung entgegenwirkten, als aufhebbar erkannt sind, und also von Pflichtswegen zur Erhal-

tung und Förderung der Menschheit, der concreten einzelnen
Menschen, an ihrer Aufhebung gearbeitet werden muss. Die
grosse Kindersterblichkeit ist kein unentrinnbares Muss, sie
kommt meist von schlechter Nahrung und wenig Pflege; dass
Seuchen u. s. w. die Armen besonders aufsuchen, ist kein Muss,
sondern kommt von ihrer mangelhaften Nahrung und ungesunden Wohnung. Nach Liebig verzehren die meisten Menschen
bei uns nicht halb so viel Fleisch, als sie müssten, um nicht
den Fond ihrer Kraft zu früh zu verbrauchen und eine leichte
Beute für Krankheit und sonstige Uebel zu werden. Die Erhaltung und Förderung der Menschheit verlangt also, dass an
besserer Ernährung und Körperpflege gearbeitet werde bei einem
grossen Theile der Bevölkerung. Wird aber so der standard
of life erhöht, so ist ein etwaiges Missverhältniss zwischen Subsistenzmitteln und Bevölkerung noch leichter zu besorgen. Auf
Grund dieser Erwägungen ist der Kanon für die Fruchtbarkeit
der Ehen, die bei uns nicht vor der Vollreife (25 Jahr männlich, 21 weiblich) sollten eingegangen werden, dieser: Wo kein
Missverhältniss zwischen Subsistenzmitteln und Menschenzahl zu
besorgen ist, da kann und soll die Erzeugung so viel Menschen
hervorbringen, als wozu die materiellen und geistigen Mittel —
denn auch auf diese, die Erziehungstüchtigkeit, muss Rücksicht
genommen werden — es erlauben. Danach müssten in wohlhabenden Familien viele Kinder sein, denn ihr Vermögen reicht
aus, sie zu erziehen und sie mit einem Anfang von Selbstständig-
keit in das Leben zu stellen; es ist das das Beste, was man
den Kindern mitgeben kann: tüchtige Ausbildung zum selbständigen Fortkommen durch eigene Thätigkeit. Dagegen die
Armen müssten wenig Kinder haben. Ihre Kräfte reichen höchstens aus, einige körperlich und geistig so zu erziehen, dass
sie mit Frische, Nachhaltigkeit und Verständigkeit für die Aufgaben des Lebens am Ende der Erziehung dastehen. Bei uns
hat eher das Umgekehrte statt: bei Wohlhabenden sind oft
wenig Kinder, Aermere haben grossen Kindersegen. Es liegt
das keineswegs blos darin, dass die besser Situirten mehr Selbstbeherrschung haben und darum z. B. später heirathen, sondern

es liegt da viel an Verhältnissen scheinbar nebensächlicher Art,
die aber oft um so mehr ausmachen. Die besser situirten Ehegatten haben getrennte Betten, bald auch getrennte Schlaf-
stuben, sie haben Erholungen und Zerstreuungen; in alle dem
liegen ableitende Momente. Alles das hat der Arme nicht, und
er ist so durch das stets nahe an einander Gerücktsein unmittelbar dazu geführt, reich an Kindern zu werden, zumal er,
bei irgend welcher Wohlgeartetheit, seine Freude und Erholung
an den heranwachsenden Kleinen hat. Ehe der Aermere auch
in Wohnung und Erholung besser steht, ist daher in diesen
Dingen keine Aenderung zu erwarten. Bei uns sind die jetzigen
Zustände vielfach sittlich schreckhaft: wie manche Frau aus
dem Volke siecht verfrüht an den häufigen Wochenbetten dahin, in denen sie nicht die nöthige Pflege hat für sich, weder
vorher noch nachher, und während deren Mann und Kinder
nicht die nöthige Pflege haben. Wie oft verkommen die Kinder, die sich selbst überlassen sind, weil die Eltern beide unmittelbar für Brod arbeiten müssen vom Morgen bis Abend,
und lernen von einander oder durch spontane, ungehemmte
Regung Dinge, die schlecht sind, deren Schlechtigkeit sie aber
nicht einzusehen vermögen. Wie die Verhältnisse bei uns sind,
werden zwar keine Kinder ausgesetzt, wie bei den Alten, und
abortirt, aber hunderte werden geboren, um ein sieches, welkes,
schmerzhaftes Dasein zu führen, bis im besten Falle ein grösseres
Uebel sie wegnimmt. Anderenfalls wachsen sie heran ohne rechte
geistige Kraft und ohne nachhaltige Muskelkraft, die sittlichen
Ideale hören sie wohl, aber es fehlt ihnen das innere Entgegenkommen, welches nur aus einer gewissen geistigen Regsamkeit
und einem geordneten Familienleben recht entspringen kann:
so sind sie zu Trägheit, Neid, zur Unwahrhaftigkeit, zum kleinen Krieg gegen das Eigenthum disponirt. Es ist ja nicht zufällig, dass alle Moralisten als die eigenthümlichen Fehler grosser
Armuth Faulheit und Eigenthumsverletzungen (furtum est delic-
tum servile) bezeichnet haben, während umgekehrt als die Fehler des reichen Lebens hochmüthiges Benehmen und sexueller
Wechsel galten (αἰτία καὶ μοιχεία, Aristoteles). Es giebt Leute,

welche solche Zustände Schickungen Gottes nennen. Christlicher wäre es, darin Aufforderungen zu sehen, die Ursachen, aus welchen solche Zustände hervorgehen, nach Kräften zu beseitigen, gerade wie das alte Christenthum auch mit menschlichen Mitteln dem Kinderaussetzen entgegenwirkte, indem es sich der verlassenen annahm. Nur verlangen unsere Zustände nicht blos dies Mittel, das für sich allein völlig unzureichend wäre.

Bei Frauen, deren Gesundheit es bedenklich macht, dass sie nochmals gebären, aber doch nicht geradezu es verbietet, rathen die Aerzte Enthaltung des Umganges mit der Frau einige Tage vor und einige Tage nach der Menstruation, wodurch die Conception nicht ausgeschlossen, aber ihre Wahrscheinlichkeit sehr vermindert wird.

Was die Ehen mit Personen von krankhafter oder gebrechlicher Constitution betrifft, aus Familien etwa, wo öfter Geisteskrankheiten, Schwindsucht vorgekommen, so ist die Schwierigkeit diese, dass für die betreffende Person selber die Ehe der Erhaltung und Förderung dienen kann, und dass, da nicht immer die Anlage sich vererbt oder mindestens nicht in jedem Kinde zur Entwickelung kommt, auch die Rücksicht auf die Kinder nicht ein unbedingtes Nein begründet. Indess ist hier viel mehr sittliche Vorsicht zu fordern, als sie bei uns üblich ist. Sollte aber nach reiflicher Ueberlegung, die auf den immanenten Gesetzen des leiblichen und geistigen Lebens zu basiren hat, im einzelnen Falle für Ja entschieden werden, so ist mindestens zu fordern, dass Kinder nur so weit gezeugt werden, dass die Eltern die Gewissheit haben, ihnen nicht blos eine gewöhnliche ordentliche, sondern eine ganz besondere Pflege angedeihen zu lassen, um der Entfaltung der etwaigen Keime des Uebels von da aus zu begegnen.

Wo eine Ehe dauernd unfruchtbar ist, da besteht im Allgemeinen die Pflicht, sich fremder, etwa verwaister Kinder anzunehmen, durch Adoption, wenn trotz des fehlenden Anstosses für erziehende Geschicklichkeit, welcher in eigenen Kindern liegt, solche Geschicklichkeit da ist, oder, wo sie fehlt, durch

anderweitige Fürsorge für dieselben. Nur in besonderen Fällen
(äusserste Armuth) darf man sich von dieser Pflicht, auch für
die Weiterführung der Menschheit direct thätig zu sein, zurückziehen.

Was sonst noch über Ehe zu sagen wäre, ist aus der
Rechtsphilosophie zu entnehmen; das dort Gesagte, ausser dem
rechtlich nicht verbotenen Geschlechtsumgang vor der Ehe
und ausser, wo besondere Bemerkungen negativen Inhaltes gemacht sind, eignet sich das Prinzip der Liebe alles an, auch
das über Scheidungsmöglichkeit und Scheidungsgründe, nur dass
die Liebe, wo für sie der Fall gegeben ist, mit derjenigen Geduld und Nachgiebigkeit verfährt, welche ihr eigen ist, ohne
dass sie doch darum selber aus der Erhaltung und Förderung
ausscheidet.

Ergänzende Gesammtbetrachtungen.

110. Ich füge einige ergänzende Gesammtbetrachtungen
an, welche für alle Seiten des Lebens wichtige Punkte behandeln, die eben, weil sie alle Seiten treffen, bei keiner einzelnen
schicklich zur Sprache gebracht werden konnten.

Reinheit des Herzens. Man hat öfter die Bemerkung
gemacht, dass die Alten in ihrer Moral die Reinheit des Herzens nicht gekannt, sondern sich mit richtigem Handeln gegenüber auftauchenden Begierden und Gelüsten begnügt haben.
Unter Reinheit des Herzens versteht man dann etwa, dass ein
junges Mädchen zwar voll Liebe und Hingebung für den Bräu-
tigam ist, aber keine Ahnung hat von der sinnlichen Befriedigung, welche die Gemeinschaft mit dem Manne geben wird,
und von keinem Verlangen fühlbar in dieser Richtung bewegt
ist. Ein reines Gemüth bei einem Jüngling ist soviel wie
ein solches, welches von Bildern sinnlicher Liebe nicht erregt
ist, nicht einmal in der Phantasie. Es mag in ihm immerhin
der Gedanke lebendig sein von der Seligkeit der Vereinigung
mit der Geliebten, von dem hohen Gefühl, wenn sie einst ein
Kind von ihm unter dem Herzen tragen würde, oder beide
nach einer Reihe von Jahren von einer lockigen Kinderschaar
umringt seien, aber man verlangt, dass nicht das Sinnliche als
solches und seine Momente seine Phantasie beschäftigen und
irgendwie erfüllen. Dagegen wird man von moralischer Gesinnung und nicht mehr von Reinheit des Herzens sprechen,
wenn etwa der Jüngling weiss, dass er sinnliche Triebe hat,
und das Mädchen weiss, dass es sinnliche Befriedigung giebt,
und sie sich nach derselben innerlich sehnen, aber entschlossen

sind, nur in dauernder Vereinigung mit allen Folgen derselben
für Thätigkeit und Denkweise dieselbe zu haben. Es fragt
sich: ist die Reinheit des Herzens zu fordern, um völlig moralisch zu sein, oder genügt sittliche Gesinnung und Handlungsweise gegenüber bewussten Begierden, die vielleicht zeitweilig
dem Menschen Unruhe und Kampf erregen. Zuvörderst ist zu
sagen, dass die Forderung der Reinheit des Herzens ihre schlimmen Folgen hat, sie stösst viele Menschen aus der Moral hinaus. Es wird gerechnet: ohne Reinheit des Herzens ist man
nicht wahrhaft sittlich, ich habe dieselbe nicht, sondern bin
z. B. von sexuellen Phantasien verfolgt, damit bin ich schon
nicht mehr moralisch, also sehe ich nicht ein, warum ich mir
Zwang und Zügel auferlege, mindestens habe ich dann sinnlich
Ruhe. Analog wird dieselbe Reflexion oft genug angestellt,
etwa wenn jemand öfter Regungen des Neides, der Habsucht,
des Ehrgeizes, der Rachsucht verspürt. Man kann behaupten,
dass bei uns die ersten Schritte zur Nichtachtung der sittlichen
Vorschriften sehr oft so geschehen, dass der Mensch denkt:
moralisch bist du doch nicht, denn du hast die und die schlimmen Neigungen oder Regungen, also thue nach ihnen, da ein
blosser Kampf mit denselben dir zwar sinnliches Missbehagen, aber
keine moralische Qualität verschafft. Die Forderung der Reinheit des Herzens im obigen Sinne, die so ihre grossen Gefahren
für effective Moral hat, wird gestellt von einer Ansicht vom
Menschen aus, welche die falsche Willenstheorie zur Grundlage
nimmt, und ist also aufzugeben, wie diese aufgegeben werden
musste. Sie wäre nicht einmal überall wünschenswerth. Wenn
z. B. die sexuellen Regungen einmal ˙erwacht sind, so ist es sogar das Bessere, dass sie sofort mit einer gewissen Deutlichkeit
auftreten und sich auch im Bewusstsein als solche geltend
machen, vorausgesetzt, dass sie dort Reife des Urtheils und
überhaupt die regelnden sittlichen Gegenkräfte finden. Bedenklich ist gerade die unbestimmte Unruhe und der dunkle Ge-
fühlsdrang, welche nothwendig entstehen, wo die Regungen auftreten, aber ohne Deutlichkeit. Daraus entspringen oft die
verkehrten Gefühlsschwärmereien, die Ideale unrealisirbarer

Freundschaft oder, da alles Unbestimmte ein Analogon des Unendlichen an sich trägt, die ungesunden religiösen Richtungen. Ja, wo der Geschlechtstrieb sich zwar regt, aber völlig dunkel, d. h. ohne analoge Ausdeutungen wie Freundschaft und Religion, bei denen der Grundzug immer doch Liebe zu einem uns ähnlichen Wesen ist, da artet er nicht selten übler aus, wendet sich auf Thiere, Hunde und Vögel bei jungen Mädchen, mit Küssen und auf den Schoossnehmen oft sehr unerquicklicher Art, aber freilich „mit Reinheit des Herzens"; bei jungen Männern entspricht dem das Hundehalten, -streicheln und -liebkosen. Der Mensch gewöhnt sich so, seine Liebe statt Menschen Thieren zuzuwenden, bei denen er zugleich nach Laune verfahren kann, an denen er gelegentlich auch seinen Unmuth auslässt, zu denen er gern zurückkehrt, wenn sich Menschen nicht so von ihm wollen behandeln lassen, und die sich dann an ihn schmiegen, willenlos und widerstandlos. Aber diese Art, dem dunkeln Geschlechtstrieb Luft zu machen, ist noch nicht die schlimmste. Die sonderbaren Einfälle und Anfälle in Folge heftigen Druckes jener Regungen auf Nerven- und Muskelsystem sind oft krass genug, Zerstörungswuth, wilde Ess- und Trinklust bis zur Betäubung stammen nicht selten daher. Der Geschlechtstrieb kommt so als Ueberfülle von Kraftgefühlen zum Ausbruch, als allgemeine Vitalitätssteigerung, die nach irgendwelcher Austobung sucht, von den geradezu irrsinnigen Wendungen, wie in der Pyromanie, gar nicht einmal zu reden. Man kann also umgekehrt sagen: nicht die Reinheit des Herzens ist hier wünschenswerth für die Sittlichkeit, sondern wünschenswerth ist, dass der Geschlechtstrieb klar als solcher zum Bewusstsein komme, aber freilich reife Ueberlegung und heilsame Gewohnheiten dabei vorfinde. Ein junger Mensch, der ohne sein Zuthun an sexuellen Phantasien leidet, dabei gegen die Versuchungen, welche sie mit sich führen, ankämpft, und zugleich alle seine Kräfte anspannt, um in die Lage zu kommen zu heirathen, ist durchaus sittlich. Ebenso ist es mit Regungen der Habsucht, der Eitelkeit, des Ehrgeizes, des Neides, sie müssen, wie sie sind, bekämpft werden, aber

zugleich darf das ihnen etwa zu Grunde liegende richtige Gefühl oder Streben herausgesondert und ihm Genüge gethan
werden; denn der Trieb zu besitzen, Anderen schon durch unsere Erscheinung Freude zu erregen, Bedeutendes zu leisten,
Werthvolles, was man an Anderen sieht, auch zu erlangen, ist
alles an sich sittlich zulässig.

111. Erfolg und seine sittliche Bedeutung. Zur
Erhaltung und Förderung der Menschheit wird erfordert, dass
nicht blos eine innere Tendenz darauf da sei, sondern dass das
Wohlwollen durch Thätigkeit mit praktischer Verständigkeit
auch nach aussen realisirt werde. Gewöhnlich ist in der Moral
die Sache gerade umgekehrt dargestellt worden. Die Gesinnung
gilt als das Kleinod, auf welches es ev. allein ankomme. Nun
ist es unläugbar, dass es Fälle giebt, wo die Gesinnung allein
möglich bleibt, weil das entsprechende effective Thun gehindert
ist: bin ich durch übermächtige Gewalt von Menschen oder der
Natur gefesselt, so kann ich zwar noch wohlwollend fühlen,
aber mehr nicht. In solchen Fällen ist das Wohlwollen alles,
was verlangt werden kann. Dass aber die Gesinnung so gepriesen wird, hatte den anderen Grund, dass man überhaupt
das Thun als etwas ansah, in dem es nicht weit gebracht werden könne, was immer hinter der Gesinnung weit zurückstehe,
und doch auch wieder meinte, wenn nur die Gesinnung recht
löblich und kräftig sei, so werde das Thun am ehesten sich
daraus ergeben. Dagegen ist zu sagen: die zweite Meinung ist
nicht wahr, also muss man das Thun mehr zu üben suchen,
zum Theil ergiebt sich die Gesinnung erst aus dem Thun. Wie
oft wird ein Mensch dadurch, dass er mehr zufällig dazu kam,
etwas zu thun, erst inne, wie werthvoll diese Art sei. Manches
Kind giebt zuerst dem Dürftigen mit Missbehagen; wenn es
dann sieht, wie etwa die armen Kinder sich über die unver-
hoffte Weihnachtsbescheerung freuen, so wird es erst inne, dass
hier ein Mangel vorlag, dem abzuhelfen schöner ist, als selber
mehr zu behalten. Die erstere Ansicht aber von der Unzuläng-
lichkeit des Thuns muss Aufforderung sein, das Thun mindestens soviel zu üben als irgend möglich; denn man erhält und

fördert die Menschheit nicht durch die Gesinnung, sondern durch das Thun. Die Engländer (A. Smith), welche auf die materiellen Grundlagen menschlichen Seins stets viel Gewicht gelegt haben, haben darum auch den Erfolg stets hochgestellt. Diese Hochschätzung muss nicht äusserlich sein. Der Erfolg hängt zwar viel von Naturgaben ab, aber Naturgaben so gebrauchen, dass sie den Menschen zu Gute kommen, den Handelnden selber mit eingeschlossen, ist sittlich. Praktische Naturen drücken sich oft so aus, dass das Wohlwollen unmittelbar nicht ersichtlich ist. Sie sagen etwa: „ich sinne darauf, die Arbeit zu erleichtern, den Ertrag zu vermehren; wenn mir das gelänge, sollte es bequemer und lustiger in der Welt werden, und was würden wir uns dabei gut stehen." Die gewöhnliche Moral thut immer so, als könne das nicht die reinste, edelste Sittlichkeit sein, die so spricht. Es ist sie vielleicht nicht immer, aber sein kann sie es, und oft genug ist sie's. Das gewöhnliche Urtheil der Menschen ist genau das umgekehrte der üblichen Moral gewesen: wo ein Mensch grossen Erfolg hatte, der zugleich vielen anderen Menschen zu statten kam, da ist er gepriesen worden als ein Wohlthäter der Menschheit, und man hat ihn den Edelsten seines Geschlechtes beigezählt. Es spiegelt sich darin die Bedeutung ab, welche der Erfolg für die Menschheit besitzt. Seitdem es feststeht, dass der Erfolg keineswegs ein Segen ist, der jedesmal durch einen besonderen auch zurückhaltbaren Act aus einer transcendenten Welt zur inneren Bethätigung hinzufliesst, sondern ein Segen, der ein für allemal an immanente Kräfte nach immanenten Gesetzen geknüpft ist, seitdem ist es klare sittliche Pflicht, diese Kräfte und Gesetze zu erkennen und mehr und mehr in unsere Disposition zu bringen. Der Erfolg an sich beweist allerdings nicht die sittliche Gesinnung, aber die sittliche Gesinnung ist nicht da, wenn nicht von da aus gesucht wird, welche Kräfte zu einer sittlichen Bethätigung erforderlich sind, und durch Uebung derselben dienstbar gemacht werden. Die Gesinnung überwiegend rühmen heisst den Menschen nach Innen drängen, den Erfolg, ihn blos nach Aussen drängen, es muss beides zusammen sein,

aber noch viel eher ergiebt sich aus Fertigkeit Gesinnung, als
aus Gesinnung Fertigkeit. Zum Erfolg genügt, dass dem Menschen ein Thun in der Aussenwelt gelingt, und er seine Freude
daran hat; es ist nicht nothwendig dabei, dass Andere viel
Notiz davon nehmen, viel davon reden. Sie werden es meist
thun: 1) weil sie den Erfolg äusserlich sehen, 2) weil es Wohl
und Wehe Anderer berührt. Das Letztere ist es aber gerade,
was auf das sittliche Moment des Erfolges hinweist. Man soll
suchen soviel wie möglich Erfolg im Leben zu haben, ist daher
eine Vorschrift der Sittlichkeit, aber Erfolg, der mit sittlicher
Gesinnung verträglich ist.

112. Probiren im Sittlichen. Wie sehr der Mensch
ein empirisches Wesen ist, d. h. das Bewusstsein hat, durch
blosse Vorstellung nach Analogie oder nach Beschreibung Anderer keineswegs das ganze Wesen einer Sache oder eines Verhältnisses zu erfassen, sondern nur in der Selbsterfahrung aller
Seiten inne zu werden, sieht man z. B. sehr gut an dem Zuge,
an welchem die männliche und weibliche Jugend oft laborirt,
alles durchzumachen, bei allem einmal mit dabei gewesen zu
sein. Es ist nicht immer versteckte Genusssucht, im Gegentheil
die Jugend hat oft das Gefühl, sich eine Sache, die sie nur
aus Beschreibung kennt, zu schön zu denken, und wünscht die
Selbsterfahrung herbei, um ihr Urtheil zu berichtigen. Wo
aber die schwärmerische Auffassung von etwas herrscht, das
nicht selbst erlebt ist, giebt es meist gar kein besseres Mittel,
als Gelegenheit zur Selbsterfahrung zu geben. Bälle erscheinen
den jungen Mädchen, so lange sie noch nicht auf solchen gewesen, meist als Zauberfeste und verwirklichte Feenmärchen;
waren sie einige Male dort, so ist die Auffassung schon viel
nüchterner, wenngleich vielleicht immer sehr freudig. Der
Grund dieses Vorzuges der Selbsterfahrung ist dieser: ein Werthurtheil setzt sich meist aus sehr vielen Momenten zusammen,
diese Momente alle sind in der blossen Vorstellung schwer zu
beschaffen, Analogie hilft nur sehr entfernt. Sehr viel selbst
aus Erfahrung kennen gelernt zu haben, ist daher stets von
Vortheil, es heilt von Illusionen und ergibt eine gewisse Ver-

ständigkeit in der Abschätzung. Das ist der Vorzug dessen,
der in der Welt herumgekommen ist. Die Gefahr ist, dass
man dabei zu Schaden kommt, dass nicht alle Erfahrung so
leicht gemacht werden kann, wie die des jungen Mädchens mit
den Bällen. Oft könnte auch ein Mensch durch blosse Vorstellung die Sache selbst erreichen, aber er misstraut, er hat
öfter die Erfahrung gemacht, dass doch noch etwas mehr oder
auch etwas weniger, als die Vorstellung geboten hatte, in der
Selbsterlebung war, und darum möchte er selbst in der Sache
gestanden haben. Das sind häufig die Naturen, die nur durch
Schaden klug werden, oder denen man voraussagt, dass sie
„anrennen" werden. Es ist derselbe Zug, welcher den Lehr-
und Wanderjahren zu Grunde liegt. Der Mensch will sich umsehen, wo und wobei er am besten zum Gleichgewicht seiner
Natur kommt, in welcher Bethätigung und bei welchen Verhältnissen. Dies stammt davon: der Mensch hat im Allgemeinen nicht einen klaren Ueberblick über das, was ihm am besten
passt, sondern blos ein dunkles Gefühl, eine ungefähre Vorstellung. Dadurch nun, dass er sich in neue und neue Verhältnisse begiebt, arbeitet er die bestimmte Erkenntniss in sich
hervor: die und die Verhältnisse und deine Bethätigung in
ihnen hat dir nicht zugesagt, die und die mehr, die und die am
besten. So bleibt er denn bei den besten oder leidlichen fest.
Ein ähnliches Herumprobiren geht durch viele Seiten hindurch:
so sucht sich der Mensch durch Herumtasten die Gesellschaft,
die ihm als engerer, festerer Kreis am meisten angemessen ist,
so seine Lieblingslectüre dem genre nach, seine Erholungsart
für die Freizeit etc. Unter Umständen wechselt für ihn auch
mit den Jahren, was ihm am angemessensten ist. Nicht wenig in
der Weise des Herumprobirens geht es zu bei der Verheirathung.
Viele Jahre sind da oft ein Versuchen, bei dem Mädchen
spricht das an, bei einem anderen dies. Dass manche vielen
zugleich den Hof machen, hat seinen Grund oft darin, dass alle
eine Seite haben, die sehr anspricht, und dass erst bei längerer
Bekanntschaft sich herausstellt, welche Seite am dauerndsten
fesselt oder den anderen schlechtweg überlegen ist. Auch bei

jungen Mädchen ist es ähnlich: es ist nicht immer Gefallsucht
und die Eitelkeit, viele Anbeter zu haben, sondern es ist ein
wirkliches Angezogensein nach verschiedenen Seiten, aus dem
sich, völlige Freiheit der Wahl vorausgesetzt, erst allmälich
das entscheidende Urtheil herausbildet, dass der und der sie
dauernd fessele. Es hängt das alles damit zusammen, dass der
Mensch sich selbst und die äusseren Dinge und die anderen
Menschen in den nächsten bewussten Vorstellungen zu wenig
kennt, um sich danach sofort zu entscheiden. Sich und Verhältnisse und Menschen lernt er genau erst dadurch kennen,
dass er vielfache Erfahrung gewinnt, mit jenen in lebendige
Beziehung kommt, wie man sich nicht mit Unrecht ausdrückt.

113. Peccata venialia. Es mag wohl sein, dass das
Geistige und Sittliche schon wegen seiner Bedingtheit durch
das Physiologische exacter Grössenbegriffe fähig ist, aber selbst
Herbart, der den Versuch machte diese zu bestimmen, gab zu,
dass das Leben des Einzelnen nicht dadurch unmittelbar be-
rechenbar sei. Mit anderen Worten, es bleibt im Sittlichen
immer eine gewisse Latitüde, welche nicht ganz wegzubringen
ist. Auch der besonnenste Mensch isst einmal zu viel, einmal
zu wenig, sein Lob ist einmal outrirt, sein Tadel einmal zu
linde und umgekehrt, es liegt das oft am Ton der Stimme, der
etwa noch durch Nachwirkungen aus vorherigen Bethätigungen
gehemmt ist. Das ist es, was Platon von dem ἄπειρον ableitete,
von etwas im Menschen, was nicht der festen Begränzung
zugänglich sei, obwohl er aus unserem nicht fest begränzen
Können eine Unbegränztheit an sich machte. Das ist es, was
die christliche Kirche als die unvermeidlichen peccata venialia
ansah. Venialia sind sie insofern, als die durchgebildete sittliche Art davor nicht sichert, sie aber die Substanz des sittlichen Lebens und Wirkens nicht alteriren. Aber man muss
wissen, dass auch bei durchgebildeter Sittlichkeit hier stets eine
Gefahr des Mangels bleibt. Es spornt das die Achtsamkeit
beim Handeln und macht zugleich geneigt zur etwaigen Remedur der kleinen unabsichtlichen, aus der Wirkung aber vielleicht erkennbaren Fehler. Das sittliche Leben wird dadurch

selbst nicht untergraben oder unsicher; denn dass Erhaltung
und Förderung der Menschheit durch Thätigkeit, Wohlwollen
und praktische Verständigkeit im Verein das Beste ist, kann
man einsehen und bleibt durch corrigirbare Mangelhaftigkeiten
unerschüttert. Das Nichthandeln, worin sich Manche aus Scheu
vor den dem besten Handeln leicht anklebenden Mängeln geflüchtet haben, wäre Zerstörung der Menschheit; das Wissen,
worin manche das Exacte allein gefunden haben, ist nicht
exacter: selbst die Naturwissenschaft bringt es bei Voraussetzung der Exactheit der Natur doch stets nur zu Annäherungen in ihren Detailbestimmungen. Aber aus dem Gesagten
folgt allerdings die Wahrheit des Gellertschen Wortes: „ohne
Demuth ist der Mensch eine ewige Lüge."

114. Möglichkeit verschiedener Meinungen innerhalb derselben sittlichen Grundansicht. Es kann sehr
wohl vorkommen, dass bei völliger Einstimmigkeit in der sittlichen Grundansicht doch Verschiedenheit der Meinungen im Detail
obwaltet, nicht blos in Bezug auf einen ganz einzelnen Fall,
sondern selbst in Betreff bleibender Einrichtungen. Was das
Letztere betrifft, so ist es klar, dass bleibende Einrichtungen,
etwa im Staatsleben, bei der Complicirtheit menschlicher Verhältnisse sehr mannichfache Nebenerfolge haben können, die
vielleicht nachtheilig sein werden nicht direct, aber indirect,
sie verlangen also sehr umständliche Ueberlegungen, und die
Vortheile und Nachtheile können sich dabei durchaus nicht
unzweifelhaft die einen als grösser, die anderen als kleiner herausstellen. Es drängen vielleicht die Verhältnisse zu einer
Aenderung, aber alles, was sich darbietet von Neuem, hat auch
die Gefahr übler Nebeneffecte bei sich. Dafür gibt es keinen
anderen Kanon, als vielseitige und wiederholte Ueberlegung und
Prüfung und dann Entschliessung nach bester Ueberzeugung,
und wenn es sich um eine gemeinschaftliche Massregel handelt,
nach bester Ueberzeugung der Mehrheit, die sich darum gar
nicht zu verhehlen braucht, dass ihre Entscheidung gewisse
üble Folgen nach sich ziehen kann, aber glaubt, die neue Einrichtung selbst so handhaben zu können, dass den üblen Folgen

begegnet wird, oder überzeugt ist, dass die bisherigen Einrichtungen noch mehr üble Folgen haben. Bei der Entscheidung
einer einzelnen Frage sind solche Verschiedenheiten der Ansichten noch mehr möglich. Es handelt sich etwa darum, ob
ein junger Mensch sich jetzt schon verheirathen soll oder noch
die Ehe aufschieben. Da jeder Mensch sehr verschiedene Seiten
an sich hat, so kann von der einen aus sich das empfehlen,
von der anderen das: es gilt dann, wenn er mit sich selbst zu
Rathe geht, oder man ihm Rath zu geben hat und dazu nach
der Kenntniss der Sachlage im Stande ist, die Hauptseiten ins
Auge zu fassen und von da aus die Entscheidung zu treffen.
Eine besondere Schwierigkeit ist in beiden Fällen die, dass
sehr oft über Dinge Entschluss gefasst werden muss, über die
wir selbst nicht eine volle Kenntniss haben und auch nicht im
Stande sind sie uns zu verschaffen, dass wir also auf Andere
und deren Sachkenntniss und Wohlwollen uns verlassen müssen.
Hier wäre es sehr nöthig, dass einzelne Männer und Frauen
hervorragender sittlicher Art, was heisst, dass sie in Thätigkeit,
Wohlwollen und praktischer Verständigkeit zusammen hervorragen, sich dazu bereit erklären, Menschen in ihrer Verlegenheit anzuhören und Rath zu ertheilen, z. B. über Berufsergrei-
fung, über viele oft delicate Fragen des Lebens. Das würden
dann leitende Personen sein, wie man sie immer braucht, ohne
dass doch vielleicht eine eigene Klasse daraus zu bilden wäre.
Jetzt ist das Bedürfniss nach Rath auch da, es wird aber
tumultuarisch und aufs Ohngefähr befriedigt.

    115. Der sog. Conflict der Pflichten. Unter Pflicht
verstehen wir eine Einzelforderung, welche aus der moralischen
Gesammtansicht unzweifelhaft folgt; es ist dabei gleichgültig,
ob die Pflichterfüllung überhaupt uns schwer fällt, weil sich
Gegentendenzen gegen die moralische Gesammtansicht noch in
uns regen (Kantischer Pflichtbegriff), oder ob überhaupt im
Augenblick eine solche Gegentendenz nicht zu überwinden ist.
Es giebt ja unzweifelhaft Menschen, welchen mindestens ein-
zelne Seiten des sittlichen Lebens, z. B. Thätigkeit, keinerlei
Ueberwindung kostet oder keine mehr kostet, oder welche

immer bereit sind zu helfen, zu trösten u. s. f. Für den Conflict der Pflichten ist jene Nebennüance des Begriffs gleichgültig; gemeint ist, dass in einem Augenblick oder in einer Lage mehrere Aufforderungen zu bestimmten Handlungen uns entgegentreten, wir aber nicht im Stande sind, alle zusammen zu vollbringen, sondern nur Eine mit Ausschluss der übrigen, etwa Rettung mehrerer unserer Familienglieder aus einem brennenden Hause. Man hat wohl gesagt, dass Conflicte der Pflichten nicht eintreten könnten, denn die ganzen Verhältnisse würden immer Ansatzpunkte enthalten für eine Entscheidung, was zuerst, was nachher oder, falls es dann zu spät ist, gar nicht. Dies mag in natura rerum richtig sein, aber hülfe uns nur über den Pflichtenconflict hinaus, wenn wir die volle Kenntniss der Sachlage in jedem Augenblick besässen, die in solchen Fällen gerade oft fehlt. Es bleibt daher nichts übrig, als Thätigkeit, Wohlwollen und praktische Verständigkeit mit Beziehung sowohl auf die allgemeinen als die besonderen Verhältnisse des Lebens möglichst in uns auszubilden, damit wir nach Kräften in diejenige geistige Lage dauernd gebracht sind, bei welcher Conflicte von Pflichten seltener entstehen, ev., sofern es Zeit und Umstände erlauben, uns bei mehr Fortgeschrittenen Raths zu erholen.

116. Der Mensch unter sittlich Andersdenkenden. Wie soll der Mensch sich benehmen, falls er unter sittlich Andersgesinnten sich befindet, also der Mann der Erhaltung und Förderung der Menschheit unter Anhängern des Eudämonismus oder der blossen Cultur oder unter solchen, denen eine bestimmte Regelung des Lebens verhasst ist, die einen Ruhm darein setzen, nach blossen Impulsen zu verfahren. Er wird sich auf den Rechtsstandpunkt zurückziehen, für sich Freiheit des sittlichen Thuns verlangen und von da aus sehen, wie weit er kommt. Aber wenn ihm das nicht concedirt wird? Die blosse Selbsterhaltung ist ihm kein Kanon seines Thuns, sondern die sittliche Selbsterhaltung. Für diese sittliche Selbsterhaltung verlangt er nicht Herrschaft über Andere, nicht Zwang gegen dieselben, nicht einmal, dass man es ihm bequem mache und entgegen komme, er ist zufrieden, wenn man ihm blos

verstattet, in Geduld und stiller Wirksamkeit die Sittlichkeit zu erhalten mit der Hoffnung, dass von da aus einmal bessere Zeiten kommen. Aber wenn er direct gezwungen werden soll, anders zu thun und zu sagen? Dann wird er sich zunächst sagen, es sei dort seines Bleibens nicht, er wird sich umsehen, ob er nicht eine andere Stätte findet. Aber wenn ihm das gewehrt wird oder sich keine findet? Dann tritt wieder der Rechtsstandpunkt ein, den er bei dem Gedanken, anderswohin sich zu wenden, blos aus Nachgiebigkeit der Liebe nicht sofort zähe festgehalten. Nach dem Rechtsstandpunkt hat er nach seiner Ueberzeugung so gut ein Recht zu sein wie die Anderen, denen er die Möglichkeit neben ihm ihrer sittlichen Ansicht zu leben nicht nimmt. Seine sittliche Ueberzeugung verbindet ihn, in weiten Gränzen nachgiebig und aufopfernd zu sein, aber seine Ueberzeugung und deren Berechtigung auf der Erde selber zu vernichten, dazu verpflichtet sie ihn nicht. Er darf also zur Abwehr schreiten: er befindet sich in demselben Stand, wie wenn Menschen einander kein Recht überhaupt einräumen wollen. Dann entscheidet der Kampf, und ist dieser ungleich, so wird sich der Schwächere aller Vortheile bedienen dürfen, welche ihm sichern, ohne mit den Grundlagen seiner sittlichen Ueberzeugung zu streiten: er wird nie zu Meuchelmord schreiten, aber er braucht auch seine Pläne den Gegnern nicht offen darzulegen. Das Wort von Migne: car on n' obtient son droit que par la force, hat nach der Geschichte Wahrheit. Gerade weil in der Verschiedenheit der Menschen und ihrer Ansichten so viel Idiosynkratisches mit liegt, sind sie um so fester darin, indem das Idiosynkratische gerade als das Göttliche und Charakteristische erschien. Im gewöhnlichen Leben macht man oft die Erfahrung: je weniger klare Gründe, desto mehr Eigensinn, sobald die Gründe versagen, berufen sich die Menschen auf ihr Gewissen. Es ist darum eine gewisse Stärke des ganzen Menschen, äussere Güter mit eingeschlossen, für die sittliche Ansicht erforderlich. In der That haben alle sittlichen (in der Geschichte gewöhnlich zugleich religiösen) Parteien in ihren Anfängen nach solcher Stärke gestrebt, sie ist zur Selbständigkeit des Menschen und ganzer sittlicher Gemeinschaften durchaus erforderlich. Es ist durchaus nicht so in der Welt, wie immer gesagt wird, dass die Wahrheit siege. Mindestens ist die grössere Wahrheit gegenüber der geringeren oft unterlegen. In Indien ist der Buddhismus trotz seiner Lehre von der Gleichheit aller Menschen ausgerottet worden von dem wiederauflebenden Brahmanismus mit seinem Kastenwesen. Im Islam sind die mehr wissenschaftlichen Richtungen ausgerottet worden durch die mehr ceremonielle, die höchstens Contemplation duldete. Der Protestantismus in Frankreich, in Süddeutschland ist von seiner einstigen Stärke sehr herabgebracht worden. Was alte Anschauungen oft so ausgedrückt haben, dass ein Kampf zwischen Wahrheit und Irrthum leiblich statt habe, das ist wahr, sofern verschiedene Lebensansichten oft mit den Waffen gegen einander zu streiten hatten. „Die Erhaltung und Förderung der Menschheit" wird dem soviel möglich entgegenwirken, sie wird Duldung geben, aber sie wird sie auch verlangen, und sich durch alle rechtlichen Mittel zu solcher Kraft bringen, dass sie ihr ev. nicht verweigert werden kann. — Wenn aber der Sittliche zugleich einer gemischten Gemeinschaft angehört, wie es im Rechte prinzipiell stets der Fall ist (s. Rechtsphilosophie), und z. B. ein Krieg legitim beschlossen wird, den er für unrecht hält? Dann muss er Gelegenheit gehabt haben, vor der Beschliessung seine Ansicht zu äussern. Dringt er nicht durch, so muss er sich für den Moment allen rechtlichen Consequenzen des Beschlusses fügen; denn einer Rechtsgemeinschaft anzugehören ist immer Pflicht, bei einer solchen ist man aber ähnlichen Missgriffen stets ausgesetzt. Die einzige Hülfe dagegen ist, dass er nach beendigtem Kriege zusieht, ob er nicht anderswo eine bessere sittliche Wirksamkeit haben kann (Auswanderung), oder wo ihm dies nicht möglich ist, für seine sittliche Ansicht fortzuwirken versucht im eigenen Lande, um Wiederholungen ähnlicher Art vorzubeugen. Während des Krieges selbst hat er seine Bürgerpflicht zu thun. Nur darf er, wo sich Gelegenheit bietet, auf Frieden oder Milderung der Kriegsübel ohne Schaden der Gemeinschaft hinzuwirken, dies thun.

117. **Wann und wieweit sind Leiden ein Segen?** Rein physisch ist das Leiden eine Kraftminderung; wenn nun ebendadurch die sonst üblichen Aeusserungen dieser Kraft zurücktreten und so Raum wird für das Hervortreten anderer Kräfte im Menschen, welche Werth und Freudigkeit in sich haben, so kann allerdings das Leiden das Bessere im Menschen wecken. Plinius der Jüngere sagt vom Menschen: wenn er krank ist, tum et deum esse et hominem se esse intelligit. Die Schwäche der Krankheit bringt dem Menschen zum Bewusstsein, dass es Mächte ausser seinem Willen giebt, welche ihm überlegen sind und gegen die er wenig vermag; dies blosse Schwächebewusstsein macht, dass der Mensch von Uebermuth zurückkömmt und sich überhaupt mässige und bescheidene Ziele setzt. Da durch das Leiden eine Kraft gemindert wird, so kann dasselbe Raum schaffen für das Hervortreten auch solcher Kräfte, die im Menschen sich schon ab und zu regten, aber bis jetzt unter dem Vorwalten anderer Kräfte wenig zum Bewusstsein kamen. Der Mensch kann sich im Leiden bewusst werden, dass Stille, Ruhe, Zurückgezogenheit mehr innere, geistige Bethätigungen in ihm frei machen; dabei kann er finden, dass in diesen ein grosses Gegengewicht gegen äussere Uebel liegt, dass ihm das Leiden sogar gering wird vor der inneren Lebendigkeit: er denkt nach, dichtet, künstlert in irgend einer Weise, und hat so eine geistige innere Lebendigkeit gewonnen, von deren Möglichkeit in ihm er bis zum Leiden kaum eine Ahnung hatte. Noch in anderer Weise kann Leiden heilsam wirken: Schmerz hat dies an sich, dass er eine Reaction hervorruft, die Seele sich von ihm abwendet, aber nicht blos direct von ihm, sondern auch von dem, was mit ihm ursächlich oder selbst blos räumlich und zeitlich zusammenhing. Es ist das freilich eine Quelle vieler Associationsfehler. Ein Mensch wendet sich von Frauen überhaupt ab, weil er glaubt von Einer betrogen zu sein, er traut Keinem mehr, weil ihn ein Freund getäuscht, er giebt den Glauben an Wahrheit auf, weil das System, dem er bis dahin anhing, zweifelhaft geworden ist. Es ist da Vorsicht nöthig, aber im Allgemeinen wird oft der Schmerz berechtigter

Anlass, dass wir uns von seinen Ursachen und Zusammenhängen
mit abwenden: also von leichtsinniger Gesellschaft, übermässiger
Erwerb- und Gewinnsucht, Ehrsucht etc. Die Nichtigkeit blosser
irdischer Güter kommt uns durch solchen Schmerz zum Bewusstsein und treibt unwillkürlich die anderen Seiten unseres
Wesens hervor, welche werthvoll und kraftvoll sind und so uns
nicht blos Trost werden, sondern zugleich Freude bleibender,
mit uns selbst innigst verwachsener Art. Auch die Menschen
lernen wir im Leiden scheiden, wahre und falsche Liebe trennen,
und so werden uns die reellen Naturen dadurch bekannt, die
wir in guten Tagen vielleicht ihrer Unscheinbarkeit und Einfachheit wegen nicht beachteten. Aber Eines ist immer Bedingung, dass Leiden zum Segen werden. Es muss im Menschen etwas sein, was durch das Leiden gleichsam entbunden
und frei gemacht wird. Wo solches nicht ist, da führen Leiden nicht zum Heil, sondern zur Verzweiflung oder zum Leichtsinn. So giebt es Menschen, die ein körperliches Leid durch
anderweitige Genüsse zu betäuben versuchen, das Bewusstsein
der Schwäche treibt sie zur List, zur Kunst des Raffinements,
zur gierigen Ausnutzung, so lange sie noch ein Fünkchen Lebenskraft haben; tritt in ihnen eine wilde Kraft durch Leiden oder
Abnützung zurück, so regt sich um so wilder eine andere: hört
die Wollust auf, so tritt Ehrsucht an die Stelle, und ist diese
nicht mehr erfolgreich, Besitzsucht. Die Täuschungen, die erlebt werden, treiben viele zur Gegentäuschung, zur Leichtfertig-
keit in Liebe, Freundschaft, zu einem egoistischen Anknüpfen
und Abbrechen, weil doch nichts fest und gewiss sei. Weil
Prosper Mérimé einmal als Knabe in eine Lage gebracht wurde,
dass die Gesellschaft über ihn lachte, war der reizbare Grundsatz seines Lebens, lieber tout le monde dupe von ihm als
umgekehrt. Die Vergänglichkeit und Nichtigkeit einzelner irdischer Güter treibt viele nicht zum Schluss auf alle und zur
sittlichen Innerlichkeit auch bei irdischem Erwerb, sondern zur
Lust am Wechsel mit den Gütern und dazu, von einem zum
andern zu eilen. Der Unterschied ist also der: Leiden können
dem Menschen ein Segen werden, wenn Kräfte des Segens als

reiche Anlage in ihm da sind; ist das nicht der Fall, so tritt
ein, was Aristoteles sagt, die Sinnenlust (Weltgenuss) werde
vielfach gesucht, um Schmerzen und Unbehagen zu entfliehen.
Dass Leiden so oft Anknüpfungspunkt für Religiosität sind, erklärt sich daraus, dass Religion diejenige Art von Innerlichkeit
und Geistigkeit ist, welcher die meisten Menschen bis auf einen
gewissen Grad fähig sind: in ihr werden Gefühl und Phantasie
besonders erregt, Glaube und Hoffnung ist den Religionen
wesentlich, aber Religion tröstet nur in Leiden, wenn die durch
sie geweckten Gefühle und Vorstellungen auch präsente Erleichterung mit sich bringen, eine blosse Hinweisung auf Zukunft
ohne gegenwärtige Freudigkeit und dadurch Gewähr auch der
zukünftigen wirkt nicht. Vertröstung auf den Himmel ohne
Versuch irdischer Hülfe oder Linderung erscheint eher als Hohn.
Daher haben die Religionen solche Hülfe und Linderung überall
vorgeschrieben, und wo der Mensch allein ist, da liegt mindestens in den begleitenden Gebräuchen der religiösen Vorstellungen etwas Ablenkendes (Kreuzschlagen, Beten u. s. f.). —
Die Aufgabe ist also, in der Erziehung dem Menschen eine gewisse Innerlichkeit zu geben, zu der er im Leid zurückkehren
kann. Wo gar nichts oder wenig von Innerlichkeit ist — es
giebt solche nach aussen gewendete Naturen —, da ist die Erziehung so einzurichten, dass der Mensch immer eine gewisse
Summe Freuden haben kann zum Trost in Leiden: Mässigkeit
im Genuss erhält die Fähigkeit und Leichtigkeit desselben,
Naturgenuss ist immer tröstlich, Geselligkeit, Spiel etc. Man
sehe nur die Leidenden an, wie verschieden, theils innerlich,
theils äusserlich sie sich die Zeit vertreiben.

118. Die Willensfreiheit. In der Theorie vom Willen,
welche unserer ganzen Moral zu Grunde liegt, ist unmittelbar
mit enthalten diejenige Ansicht von der Freiheit des Willens,
welche für die Moral maassgebend sein muss. Wir stellen die
Hauptpunkte dieser Ansicht zusammen, indem wir zugleich auf
die früher gegebenen Ausführungen verweisen. Einen freien
Willen als absolute Spontaneität giebt es in uns nicht. Die
Meinung, es gäbe ihn, ist entsprungen aus der falschen Theorie

vom Willen überhaupt und fällt mit dieser weg. Aller Wille
in uns setzt voraus ursprünglich unwillkürliche Bethätigungen.
Diese unwillkürlichen Bethätigungen sind zum Theil ganz spontan, zum Theil in Einigen spontan, in Anderen so, dass auf
Anregung von jenen aus sie als effective Bethätigungen, sei es
im Denken, Fühlen, Bewegung oder in zweien von diesen oder
allen zusammen, hervortreten. Diese spontanen oder receptiv-
spontanen Bethätigungen sind einer grossen Ausbildung fähig
sowohl intensiv als extensiv, aber diese Ausbildung richtet sich
nach festen Gesetzen unserer physiologisch-psychologischen Organisation, die letztere als Ausdruck für den ganzen Menschen
genommen, wie wir ihn allein kennen als leiblich-geistiges
Wesen. Die so mögliche Ausbildung des Willens in seinem
umfassenden Sinne gipfelt in dem moralischen Charakter. Der
moralische Charakter ist, was seinen Inhalt betrifft, nicht immer
gleich bestimmt worden, und es ist noch keineswegs Uebereinstimmung darin thatsächlich erreicht; aber der Gang der Geschichte giebt uns die Befugniss anzunehmen, dass Uebereinstimmung in dem Prinzip der Erhaltung und Förderung der
Menschheit erreichbar ist, und die Gesetze des Willens geben
uns die Mittel an die Hand, an der Herbeiführung eines solchen
Zustandes in der Menschheit zu arbeiten. Zu diesen Gesetzen
gehört, dass Zwang in der Moral ausgeschlossen ist, dass alles
Moralische aus dem Inneren des Menschen kommen muss, dass
diese innere Möglichkeit zur Moral aber der Anregung von
aussen und günstiger Bedingungen ebenso bedarf, um Wirklichkeit zu werden, wie sie des eigenen Bemühens des Menschen
und seiner fortwährenden Arbeit an sich selbst bedarf. Zwang
darf nur geübt werden im Rechte, d. h. in dem Inbegriff derjenigen menschlichen Einrichtungen, welche schlechterdings sein
und gehalten werden müssen, damit im Verkehr der Menschen
jeder individuell-frei sich bethätigen kann (s. Rechtsphilosophie).
Die Möglichkeit des Rechtszwanges gründet sich darauf, dass,
wer nicht den directen Willen zum Rechte hat, doch als Mensch
eines indirecten fähig ist, d. h. eines durch Belohnung und
Strafe bestimmten (§ 12). Dieser Rechtszwang ist darum kein

Zwang zur Moral, weil innerhalb des Rechtes noch sehr verschiedene moralische und moralisch-religiöse Auffassungen und Bethätigungen möglich bleiben. Innerhalb des Rechtes muss daher Freiheit verschiedener sittlicher Ansichten herrschen, so sehr dabei der Einzelne von der ausschliesslichen Wahrheit seiner Ansicht überzeugt sein mag: nur auf Grund dieser Freiheit darf und kann die richtige Ansicht zum allmälichen Siege in der Menschheit geführt werden. Alles dieses gehört zum Standpunkt der Immanenz der Moral. So wenig wie in anderen wissenschaftlichen Fragen ist auch hier ausgeschlossen der Versuch darüber hinauszugehen (§ 80); wir können das Transcendente hoffen und glauben und darüber forschen. Kanon muss sein, dass, was wir auch darüber aufstellen mögen, dies den klar erkannten immanenten Wahrheiten nie widersprechen darf. Auf welche transcendente Ausdeutung der immanenten sittlichen Erscheinungen jemand auch kommen mag, fest muss stehen, dass nicht diese Ausdeutungen sein Thun bestimmen dürfen, sondern die immanenten Gesetze müssen es bestimmen. Vielleicht ist die Zeit hierfür reif. Wenn man von der äusseren Natur etwas haben will, so wendet man sich an ihre immanenten Kräfte unter Benützung von deren immanenten Gesetzen. Ebenso muss es im Sittlichen werden: auch dieses hat seine immanenten Kräfte, welche nach immanenten, freilich sehr mannichfaltigen und complicirten Gesetzen wollen behandelt, ev. erst geweckt sein. Nur so kann das Reich Gottes auf Erden gegründet werden, oder, mehr vom immanenten Standpunkt ausgedrückt, nur so können alle Hauptseiten menschlichen Wesens sich frei neben und mit einander entfalten und dadurch sittliche Freudigkeit auf Erden auch unter mancherlei Leiden und Beschwerden und eine lebendige Hoffnung auch über die Erde hinaus in der Menschheit Wurzel schlagen.

119. Das Böse. Wenn das sittlich-Gute ist Erhaltung und Förderung der Menschheit, so ist das Böse Zerstörung und Minderung der Menschheit. Die Keime desselben liegen in doppelter Gestalt in der menschlichen Natur, denn es giebt ein Böses der Schwäche und ein Böses der Stärke. Das Böse der

Schwäche entwickelt sich aus dem, was wir alle von den ersten Lebenstagen in uns tragen und kurz als Verstimmbarkeit bezeichnen können. Wenn Unbehagen, Misslaune aus Ueberreizung oder aus dunklen körperlichen Ursachen in uns entsteht, so ruft dies als Schmerzgefühl Tendenzen zu seiner Ausgleichung hervor (§ 19), Schreien, Sich hin und her werfen, Schlagen, Kratzen, Beissen in Kindern, in Erwachsenen kann dies analog sich erweitern zu Härte, Grausamkeit, Blutdurst. Die Verstimmung wird heftiger, wo sie Contraste vor sich hat; der Verstimmte empfindet sein Unbehagen um so energischer, je mehr er an Anderen Behagen sieht, er braucht dies nicht immer nachempfinden zu können, es genügt, dass er das dunkle Gefühl hat, „die sind ganz anders gestimmt als du“: wie die Freude gern Freude um sich hat, so ist es auch für die Verstimmung eine Erleichterung, von Gleichem umgeben zu sein. Dies Böse der Schwäche ist weit verbreitet. Auch der sittlich durchgebildetste Mensch hat immer von Neuem damit zu kämpfen, nicht seinen gelegentlichen Unmuth an Anderen auszulassen oder mindestens etwas davon auf sein Benehmen gegen sie einwirken zu lassen. Bei Kindern kündigt sich eine Krankheit gewöhnlich durch voraufgehenden „Krittel“ an, sie werden quälend für ihre Umgebung, wo sie sonst beglückend waren. Kinder, welche früh sterben an Leiden, deren Keim von Geburt an in ihnen lag, aber sich langsam entwickelte, werden in ihrem oft launenhaften, verdriesslichen, scheuen und selbst bösartigen Wesen meist erst von dem Tode aus rückwärts verständlich. Dass Völker mit schlechter Ernährung (Wilde) so oft in Grausamkeit hervorragten, mag von daher mit seinen Anlass genommen haben. Dass Unglück gewöhnlich ungerecht, bitter, hart macht, ist ein bekannter Satz. Manche Menschen merken eine ausbrechende Erkältung daran, dass sie schlechte Gedanken z. B. im Sexuellen haben, oder die ganze Welt vergiften oder in Trümmer schlagen möchten. Dies Böse der Schwäche regt sich ursprünglich unwillkürlich, wie alles im Menschen. Wie kann es ein Willkürliches werden, also eine auf Vorstellung und Werthschätzung hin eintretende innere oder zugleich äussere Bethä-

tigung, da es doch in sich Unbehagen, Verstimmung ist, also
ein Unwerthgefühl, und die Unwerthgefühle nach § 19 eine
Tendenz zur Abwendung erwecken? Das Böse der Schwäche
wird auch in der That nie direct gewollt, aber wohl kann ein
Hingeben an dasselbe und selbst ein indirectes Wollen desselben
(§ 12) Platz greifen, sofern mit der Verstimmung Zustände der
Erregung verbunden sind (Schreien, Wälzen, Zanken, Schlagen,
Austoben an Anderen), welche eine Erleichterung der Verstim-
mung direct und indirect mit sich führen, indirect, sofern von
dem eigenen Missbehagen aus Missbehagen in Anderen erweckt
wird, um nicht durch den Contrast ihres Behagens das eigene
Missbehagen verschärfter zu empfinden. Die mythische Auf-
fassung des Bösen hat daher ganz richtig den Teufeln und
Dämonen in sich selbst Unseligkeit zugeschrieben, aber eine
Linderung ihrer Unseligkeit darin gesetzt, dass sie Schaden,
Unheil, Unfrieden, mörderische Kriege anstiften und andere
Seelen zu ihrer eigenen Unseligkeit zu bringen suchen. Das
Böse der Verstimmung kann von da aus sehr anregend werden
zur Thätigkeit und zur intellectuellen Erfindsamkeit; gleichwohl
hat die mythische Auffassung ebenfalls ganz richtig es eigentlich in sich selbst schwach gedacht, denn es wurzelt primär in
Schwäche, und ihm zugeschrieben, dass es nicht so sehr aus
sich mächtig ist, als vielmehr die Keime des Bösen in Anderen
hervorzulocken sucht, um so im Verein ein starkes Böses zu
Stande zu bringen. Nur wo solche Naturen Einfluss auf Andere gewinnen, oft in sehr indirecter Weise, oder wo sie von
Natur in Verhältnissen standen, welche ihnen Andere geneigt
zum Dienst machten, haben sie nachhaltig böse Wirksamkeit
auszuüben vermocht. Der Natur der Sache abgelauscht ist auch
der Zug, dass das Böse zwar klug ist, aber doch gewöhnlich
etwas übersieht. Das Missbehagen, wie der Schmerz überhaupt,
wenn er stark ist, ist nicht durchgreifend günstig für intellectuelle Bethätigung (§ 19), der Drang, irgendwelche Erleichterung zu haben, greift bald über und hemmt eine ausdauernde
ruhige Ueberlegung. — Dies Böse der Schwäche ist so lange
naiv und sich seiner selbst als Böses nicht bewusst, so lange

ihm das Gute als solches noch nicht zum Bewusstsein gekommen ist. Dies kann ihm zum Bewusstsein kommen, insofern ein solcher Mensch auch Werthgefühle positiver Art zu haben und Andere als gleicher Werthgefühle fähig zu erkennen im Stande ist, oder mindestens Annäherungen an Beides in sich verspürt. Da ihm aber dies Letztere schwer fällt oder nur schwach in ihm sich regt, so giebt er meist den Versuch, sich zu Beidem mehr aufzuarbeiten, bald auf (§ 14), er überlässt sich dem Bösen entweder mit einer gewissen Resignation, welche oft genug hierbei vorkommt, oder falls die Erleichterung durch Wendung nach aussen gross wird, so entsteht das ruhelose und geschäftige Böse, dem es nur wohl ist, wenn es etwas zu treiben oder zu sinnen hat und insofern mindestens von dem Brüten über dem inneren Missbehagen loskommt.

120. Ausser dem Bösen der Schwäche giebt es auch ein Böses der Stärke. Seine Keime sind überall da gelegt, wo das eigene Ich zwar einen lebensvollen und freudigen Inhalt hat, aber sich von da aus nicht als eines unter vielen fühlt, mit denen es sich unter gleiche Regeln subsumirt, sondern sich als Ich fühlt, die anderen nicht als Iche oder nicht so als Ich, wie es sich selbst fühlt. Diesen Zug meint man gewöhnlich, wenn man als die Grundform des Bösen den Egoismus bezeichnet. Gemeinhin setzte man diesen Egoismus sofort näher an als sinnliche Selbstsucht oder kurzweg als Sinnlichkeit. Man nahm also an, dass die Triebe des vegetativen Lebens und des sexuellen, übermächtig den Inhalt des Ich bildend, die Selbstsucht constituiren, die sich als Genusssucht (Wein und Weiber) oder als Habsucht darstelle. Es hängt das damit zusammen, dass nach § 26 das vegetative Leben und die von da sich regenden Bethätigungen meist geringer geachtet wurden, als die Muskel- und Nervenbethätigung als solche. Aber auch diese beiden in ihren verschiedenen Formen konnten den Inhalt des Ich ausmachen, und von da aus die anderen Iche gar nicht als gleich anerkannt werden oder nur soweit, als sie denselben Inhalt mit dem eigenen Ich hatten: so entstand die Selbstsucht, welche sich als Herrschsucht, als die Moral des Virtuosenthums, als der

Hochmuth des Wissens, als der Fanatismus und die Intoleranz
der Religionen darstellt. Dies Böse der Stärke war so lange
naiv, als der Mensch blos seine Art kannte und ein Versetzen
in Andere weder von selbst sich regte, noch durch Anregung
von aussen geweckt wurde. Es ist das ein Zug, den wir noch
alle in uns kennen und der sich darin zeigt, dass wir gestehen,
einem Anderen lange Unrecht gethan zu haben, weil wir ihn
verkannten, weil seine Art und ihre Würdigung uns nur langsam aufging, zuerst uns seine Art vielmehr als ganz verkehrt
und Abwendung oder selbst Reaction unsererseits erfordernd
erschien. Diese Naivetät der Selbstsucht in ihren verschiedenen
Formen fängt an zu wanken, sobald ein auch nur annäherndes
Gefühl fremder Art und ihres Werthes sich regt, aber gewöhnlich ist diese Regung aus sich schwach; so wird sie lange übersehen oder selbst als Versuchung, die vom Richtigen und Wahren ablenke, niedergekämpft. Es ist dies das Widerstreben
gegen Aenderung und Umbildung seiner selbst, welches sich
aus den gleichen Gründen erklärt, wie, warum nur das zunächst
von uns gewollt wird, was uns leicht fällt (§ 14), und nur das
uns unmittelbar anregt, was uns homogen ist (§ 10). Schopenhauer lehnte es in einem Briefe an Frauenstädt einmal ab, sich
auf ein eigentliches Disputiren über seine Philosophie einzulassen, denn „am Ende lasse sich für jede Ansicht etwas sagen.“
Er zog aus diesem Satze nicht den Schluss: also ist meine Ansicht vielleicht mehr individuell als allgemein wahr oder hat
zwar überwiegende Wahrheit, aber auch anderen kommt mindestens relative Wahrheit zu. Denn was sich ihm als von seiner
Natur aus am leichtesten und darum festesten aufdrängte, war
der Pessimismus, in was er sich daher nicht versetzen konnte,
das lehnte er rundweg ab. Ganz ebenso ist das Verfahren gewesen, wie Religionen einander ablehnten, Völker, Culturen u. s. f.
einander ablehnten.

121. Wie dem Bösen sowohl der Schwäche als der Stärke
vorzubeugen, eventuell es zu überwinden sei, ist innerhalb der
früheren Auseinandersetzungen fortlaufend mitdargelegt; ich re-
capitulire die Hauptpunkte, welche zu beachten sind. Dem

Bösen der Schwäche ist vorzubeugen nach § 47 schon dadurch, dass in den Kindern, welche zur Verstimmung neigen, durch leibliche und geistige Pflege eine gewisse Kräftigkeit, Freudigkeit und Zufriedenheit herbeigeführt wird, sie müssen mit besonderer Güte und Liebe behandelt werden, ohne dass sie darum verweichlicht und verzärtelt zu werden brauchen. Wo die Verstimmung nicht habituell ist, sondern gelegentlich kommt, was in jedem Menschen der Fall ist, müssen zeitig die Gegenkräfte geweckt werden. Dies hat direct vom Wohlwollen aus zu geschehen, insofern jeder erlebt, wie Menschen in der Verstimmung entgegen ihrer sonstigen Art ungerecht und lieblos sind, und dies als Wehe und Leid für ihn empfindet, wenn er der Betroffene ist. Daran anknüpfend muss beigebracht werden Selbstbeherrschung in solchen Stimmungen, eventuell muss man sich für einige Zeit vom Zusammentreffen mit Menschen zurückziehen, bis die Verstimmung sich gelöst hat, oder wo dies nicht möglich war und man sich hat fortreissen lassen, da ist das geschehene Unrecht oder die Härte wieder gut zu machen, ehrlich und offen, ohne die Selbstrechtfertigung, zu der die Leidenschaften neigen wie alles, was uns so erfüllt, dass es Anderes zeitweilig ganz zurückdrängt. Es giebt Menschen, welche sich nach der Verstimmung dieser und wie sie darin waren, kaum mehr erinnern; die Selbstkenntniss hängt ja von der Stimmung ab (§ 32), ist diese eine andere, so ist auch das Bild des Menschen von sich ein anderes. Solchen ist nachzuhelfen durch frühe Hinweisung von aussen, durch welche man ihrer Erinnerung zu Hülfe kommt. Ausserdem muss in der Erziehung darauf gewirkt werden, dass der Mensch Leiden ertragen kann (§ 15), ihnen die Segenskräfte, die in ihnen liegen können, abzugewinnen vermöge (§ 117), und beides muss die Selbsterziehung dann fortsetzen. Der Mensch muss aber auch auf Leiden und ihr plötzliches Eintreten vorbereitet sein; hat er sie nicht an sich erfahren, so muss er sie an Anderen erfahren haben dadurch, dass er zur Linderung und Abhülfe derselben beizuwirken geübt ist; dadurch weiss er ihnen zu begegnen, wenn sie ihm selber kommen. Ein Mensch, der nie

krank war, stellt sich, kommt eine Krankheit über ihn, meist
sehr ungeberdig oder mindestens aufgeregt an, hat er aber
Kranke zu pflegen oder sich ihrer anzunehmen gehabt, so fällt
es ihm von der erworbenen Erfahrung aus viel leichter, selbst
krank zu sein. Was das Böse der Stärke betrifft, so liegen
die Vorkehrungen gegen dasselbe zuoberst in der Erweckung
des Wohlwollens, dem nichts Menschliches fremd ist, das darum
gegen alle menschliche Art, soweit sie sich mit den allgemeinen
Forderungen menschlichen Zusammenlebens verträgt, duldsam
ist. Die Regeln, wie dies zu wecken, sind § 47—50 umständ-
lich dargelegt. Ausserdem ist den speciellen Gefahren entgegenzuwirken, die sich nicht nur vom vegetativen und sexuellen, sondern gerade so vom Muskel- und Nervensystem aus
regen (§ 17); jede überwiegende Art des Lebens hat die Gefahr in sich einseitig zu werden und dadurch, wenn nicht das
Recht, doch die Liebe und was aus ihr folgt, blos auf die ihr
durchaus Aehnlichen zu beschränken. Besonders ist die praktische Verständigkeit in der Auffassung und Behandlung des
Bösen zu wecken. Dem sittlichen Menschen ist das Böse, wenn
es sich in ihm regt oft mitten in seinen besten Bestrebungen,
eine befremdliche und seltsame Erscheinung; von der richtigen
Willenstheorie aus verliert es diese verwirrende Gestalt. So
wenig wie das Gute, so wenig ist das Böse ursprünglich eine
willkürliche Erzeugung des Menschen, alle Bethätigung, alle
geistige Regung ist ursprünglich unwillkürlich, erst daraus werden sie willkürlich, d. h. auf Vorstellung und Werthschätzung
eintretend, und dieser Wille kann verstärkt und erweitert werden nach den Regeln von §§ 9—18. Danach kann das Gute
stark im Menschen werden, das Böse schwach und zur blossen
Versuchung herabsinken, aber als solche Versuchung wird es
sich regen, und da wir nicht alle complicirten Detailverhält-
nisse unseres leiblichen und geistigen Lebens völlig durchschauen,
so wird uns manches, wie es kommt und geht, dunkel bleiben.
Wir durchschauen aber genug, um von dem klar Erfassten aus
das Dunkle theils aufzuhellen, theils ihm die Macht zu nehmen,
uns in dem klar und sicher Erkannten zu beirren. So hat man

es stets als etwas Räthselhaftes angesehen, dass gerade dadurch, dass uns etwas verboten wird, es zum Reiz der Uebertretung werde. Psychologisch erklärt sich das sehr einfach. Das Verbotene reizt, denn 1) wirkt das Verbot wie das Beispiel, es ist ein Hinweis auf etwas, mit dem sich in Folge dessen die Gedanken beschäftigen; jedesmal, wenn wir an der Sache vorübergehen oder sie uns zufällig einfällt, denken wir an das Verbot; dadurch wird die Sache uns viel mehr ein Gegenstand des Verweilens, als es sonst der Fall gewesen. 2) Verboten wird uns gewöhnlich das, wozu wir von selbst Lust haben oder würden bekommen haben, indem also das Verbot die Aufmerksamkeit auf die Sache zieht, wird dies Lustgefühl mit erweckt und selbst gestärkt. 3) Ist kein Lustgefühl mit der Sache verbunden, so entsteht doch durch die Richtung der Aufmerksamkeit auf dieselbe eine Erregung überhaupt, eine starke Erregung regt aber die motorischen Nerven mit an und also auch diejenigen unter ihnen, welche mit der Sache in Beziehung gebracht werden können durch Handeln. Das Verbot kann daher so viel sein, wie den schlafenden Löwen wecken, wenn nicht die Kräfte zur Ueberwindung der durch dasselbe entstehenden Gedanken und Gefühlsbewegungen vorher ausreichend entwickelt sind. — Luther hat die Bemerkung gemacht, dass der Teufel einen Mann in der Ehe viel mehr mit fremden Weibern versuche, als er es oft vor der Ehe gethan. Er ruft den Teufel herbei wegen der Seltsamkeit der Sache, sofern man ja denken sollte, durch die sexuelle Befriedigung in der Ehe seien der Trieb und die Versuchungen von ihm aus fortwährend erstickt. Wir werden den Thatbestand, den Luther meint, zugeben, aber den Teufel draussen lassen, weil die Sache physiologisch-psychologisch durchaus begreiflich ist. Bei Männern, welche enthaltsam gelebt haben — Luther setzt ja solche, die vor der Ehe nicht viel Anfechtungen erlitten —, werden alle mit der Liebe in Beziehung stehenden Seiten menschlicher Natur durch den Umgang mit der Frau erst voll und ganz geweckt, die Liebestriebe nicht blos befriedigt, sondern auch gesteigert, der Mann lernt jetzt erst alle Reize weiblicher Natur kennen, von da aus

treten sie ihm auch an anderen Frauen selbst ohne besondere
Achtsamkeit seinerseits viel mehr entgegen, je mehr er seine
Frau liebt, desto mehr wird er sich gerade von anderen Frauen
angezogen fühlen, die ihr in dem oder jenem gleichen. Von da
aus können sich also unter Umständen stärkere Versuchungen
regen. Dazu kommt, wo der Trieb einmal mehr lebendig ist,
der Umstand, dass nicht immer alle Seiten des Menschen in dem
bestimmten Liebesverhältniss völlig befriedigt werden; der Zug
des Complementären (§ 90) kann sich auch hier geltend machen.
Verstehen wir so die Sache aus der physiologisch-psychologischen Natur des Menschen, so sind damit auch bereits die
Mittel zur Ueberwindung der Gefahr indicirt. Das Erste ist,
dass der Mann, wie er vor der Ehe enthaltsam war, in der
Ehe massvoll ist, damit nicht die unverbrauchten Kräfte und
Seiten seiner Natur zu einer übergreifenden und gleichsam
selbstherrlichen Macht werden, gerade wie es ein bekannter
Grundsatz welterfahrener Männer ist, die junge Frau im sexuellen Verkehr nicht an übermässigen und häufigen Reiz zu
gewöhnen; sie fürchten sonst, dass gerade in dem völlig unschuldigen, aber kraftvollen Weibe das Bedürfniss nach solchem
Reiz ein constantes werde, welches, vom Manne später nicht
wie anfangs erfüllt, sie der Anfechtung aussetze. Das Zweite
ist, dass die Liebe so aufgefasst werde, dass sie zwar in sich
ein Gut ist, aber zugleich Anregung für alle anderen Güter
werde, in der Frau durch die Fürsorge für Mann und Kinder,
im Mann für Thätigkeit in seinem Beruf und allen Seiten seiner
Betriebsamkeit; dadurch hat die Liebe von vornherein das
richtige Verhältniss zu der Allseitigkeit der sittlichen Aufgaben
und ist gesichert gegen ein einseitiges Vorwalten, welches stets
eine Gefahr ist. — Für seltsam gelten oft die Zustände, an
denen manche leiden, dass sie, an einem Abgrund stehend oder
auch am Fenster eines höheren Stockwerkes, trotz gegenwärtigen freudigen Lebensgefühles eine heftige Lust spüren sich
hinabzustürzen, andere werden, so oft ein Eisenbahnzug in
ihrer unmittelbaren Nähe heranbraust, von einem plötzlichen
Trieb erfasst, sich auf die Schienen zu werfen. Es sind das

Schwindelgefühle, welche viele Analogien haben, die beim Zurücktreten in solchen Gelegenheiten alsbald verschwinden, und
gegen welche z. B. bei Gebirgsreisen momentaner Gebrauch von
Erregungsmitteln Abhülfe geben soll. Ganz ähnlich ist es, wenn
Nordländer, die sich in Rom aufhielten, versichern, dass bei herr-
schendem Sirocco jedesmal nicht blos eine grosse Ermattung über
sie gekommen sei, sondern sie geradezu mit Selbstmordgedanken
schwer zu kämpfen gehabt hätten; es ist das eine Depression,
wie sie auch sonst vielfach vorkommt und der im Allgemeinen
durch bessere Sorge für Nervenkraft (§ 9) entgegenzuwirken ist.

122. Für die Moral ist die Aufgabe die, das Böse in seinen elementaren Formen und Keimen zu erkennen und von da
aus die Mittel zu finden ihm entgegenzuwirken und es zu überwinden, eventuell es zur blossen beherrschbaren Versuchung
herabzusetzen. Gewöhnlich hat man es ganz anders gemacht:
man hat über das Böse gestaunt und sich erschreckt, und von
diesem Staunen und Schrecken aus ist man auf Mittel zur Abhülfe verfallen, welche vielfach den primitiven Entwickelungs-
stufen menschlichen Denkens und Handelns, dem Associations-
aberglauben (§§ 19 und 23—24) angehören; vielfach hat
die Abwendung von dem Bösen, sofern sie entstand, sich zugleich verschmolzen mit dem Zug nach Ausgleichung, welcher
das Böse der Schwäche charakterisirt (§ 119); daher stammt
mit, dass man gerade durch Opfer von Menschen und überhaupt
Lebendigem eine Beschwichtigung fand. Der Gedanke an Blut,
an Auslassung der Verstimmung an einem Gegenstand, welcher
dem Menschen dunkel kam, wurde zu einem Impuls gerade
nach dieser Richtung.

Die Philosophie wollte des Bösen dadurch Herr werden,
dass sie es begriff, d. h. aus einer metaphysischen Ursache
ableitete. Gewöhnlich ist sie dem Bösen mit der falschen
Willenstheorie nahegetreten, das liberum arbitrium indifferentiae
sollte sein Grund sein, und sollte, wie es das Böse geschaffen
habe, so dasselbe wieder aufheben. Da es ein solches liberum
arbitrium indifferentiae in der menschlichen Natur nicht giebt
(§ 8), so gab es auch die Aufhebung des Bösen durch dasselbe

nicht; wo nicht unbemerkt neben dieser Lehre die richtigen
Mittel zur Weckung des Guten und zur Schwächung des Bösen
im Menschen angewendet wurden, da half alle Anrufung dieser
Art von Freiheit nicht, auch wo man an sie glaubte. Wir
haben allerdings Grund anzunehmen (§§ 25, 27—28), dass die
Grundzüge menschlicher Natur die gleichen sind, und dass alle
inhaltlichen Hauptarten menschlichen Wesens dem Prinzip der
Liebe zugänglich gemacht werden können (§§ 34 und 35), aber
es ist keineswegs so, dass diese Möglichkeit, wie das liberum
arbitrium indifferentiae es ansetzt, in allen Menschen eine unmittelbare und nächste Möglichkeit (potentia proxima und im-
mediata) wäre, es ist vielmehr nach der physiologisch-psychologischen Constitution des Menschen vielfach eine entfernte und
mittelbare Möglichkeit (potentia remota und mediata). Daher
eine grosse geschichtliche Entwickelung erforderlich war (§ 28)
und noch erfordert wird, um diese entfernte und mittelbare
Möglichkeit in eine nächste und unmittelbare zu verwandeln.
Nicht einmal die Vorstellung und Werthschätzung allgemeiner
Menschenliebe kann von jedem unmittelbar gebildet werden,
sehr oft auch auf die erste äussere Anregung noch nicht, es
bedarf oft längeren Vorbildes und vielfacher lebendiger Anschauung, bis diese Art nur etwas innerlich nachempfunden
wird. Das, was so viele täuschte, sich eine Freiheit als unmittelbare Möglichkeit des Andersseins zuzuschreiben, war ausser
den Gründen für das Aufkommen der falschen Willenstheorie
überhaupt (§ 8) der Umstand, dass in jedem Menschen mannichfache Möglichkeiten sind, gewissermassen latente Kräfte, die
hier und da durch innere und äussere besondere Complicatio-
nen einmal lebhaft sich regen und ihm dadurch die Möglichkeit des Andersseins nahelegen, aber diese Möglichkeit ist im
Grossen und Ganzen eine abstracte, es könnte das und das
sich in ihm ändern, die concreten Bedingungen, von denen eine
effective und nachhaltige Aenderung abhinge, werden meist dabei
übersehen. Ausserdem hat jeder Mensch mindestens für eine
Summe von Möglichkeiten und Bethätigungen in sich das Gefühl, dass er viel mehr daraus hätte machen und es viel weiter

darin hätte bringen können, wenn er sich mehr angestrengt hätte.
Dies Bewusstsein ist ganz richtig, aber man denkt diese Selbst-
anstrengung meist fälschlich als einen allgemeinen Impuls oder
gar nach der irrigen Willenstheorie als blosse Klärung des
Vorstellens und Belebung des Gefühls, während die Anstrengung,
die hätte helfen können, in der Benutzung der Detailgesetze
effectiven Willens bestehen muss, zu welchen Detailgesetzen
auch gehört Anregung, Verstärkung und Ergänzung durch Andere, ein Punkt, auf den die grossen Religionen mit Recht stets
ein Hauptgewicht gelegt haben. Von der falschen Vorstellung
aus, dass jeder Mensch zur wahren Sittlichkeit in potentia
proxima stehe, denkt man sich fälschlich jedes Böse als innerlich unselig und mit sich selbst unzufrieden. Nun geht das
Böse der Schwäche zwar in sich wesentlich von Verstimmung
aus, aber als diese war es noch nicht das sittlich Böse,
das wird es erst, soweit der Mensch eine Ausgleichung seiner
Verstimmung sucht dadurch, dass er Anderen auch Verstimmung
bereitet und daran Wohlgefallen hat; dieses eigentliche Böse
ist ihm selber aber Erleichterung und Wohlgefühl. Das Böse
der Stärke hat von Haus aus einen freudigen Inhalt seines
Lebens und, indem es denselben rücksichtslos geltend macht,
sieht es in dieser Geltendmachung gerade seine Aufgabe: der
Indianer, der seine gefangenen Feinde zu Tode marterte, hatte
dabei kein heimlich böses, sondern ein gutes Gewissen, gerade
so wie wenn die Inquisition Ketzer verbrannte oder Calvin den
Servet. Es giebt ein ehrlich Böses sowohl der Schwäche als
der Stärke, dies ehrlich Böse ist es, dem das Gebet gilt: Vater,
vergieb ihnen, denn sie wissen nicht, was sie thun. Dies ehrlich Böse ist das überwiegende in der Geschichte gewesen und
ist es noch. Nicht das Böse fühlt sich als Böses, sondern wo
das Gefühl des Bösen sich regt, da geschieht es von dem
Guten aus, welches als Regung dann schon irgendwie da ist.
Damit also das Böse überhaupt erkannt werde, muss man sich
an die Keime des Guten wenden, sie wecken, kräftigen und
von da aus dann das Böse bekämpfen und überwinden.

123. Manche Philosophen haben des Bösen dadurch Meister

zu werden versucht, dass sie es für Schein erklärten, es sollte
blos ein anderer Name sein für das weniger Gute oder ein
blosser Mangel am Guten. Danach dürfte es kein Böses überhaupt geben, denn dann würde alles gut sein, d. h. der Erhaltung und Förderung der Menschheit dienen, und dass das Eine
mehr dient, d. h. eine grössere Erhaltung und Förderung bewirkt, mit anderen Worten: dass es quantitative Unterschiede
der moralischen Kräfte und Bethätigungen gäbe, würde wieder
voraussetzen, dass alles innerhalb dieser quantitativen Verschiedenheiten der Erhaltung und Förderung der Menschheit
diente, also gut wäre. Dem ist aber nicht so; das Böse der
Schwäche ist an sich kein Gut und wirkt aus sich nichts
Gutes, das Böse der Stärke, d. h. der lebensvolle Egoismus, ist
nicht Erhaltung und Förderung der Menschheit, sofern sie nicht
mit ihm zusammenfällt, sondern ist Erhaltung und Förderung
seiner selbst um den Preis der Zerstörung oder Minderung Anderer mit Ausnahme derer, die man für sich gleich hält oder
nicht glaubt entbehren zu können. Das Böse daher für ein
Nicht-seiendes erklären, ist Wunsch, nicht Wahrheit. Andere
haben das Böse dadurch gleichsam zurechtrücken wollen, dass
sie es für die unerlässliche Bedingung des Guten ausgaben; es
sollte nichts denkbar sein ohne seinen Gegensatz, also könne
auch das Gute nicht sein ohne das Böse. Lange Zeit hat
diese Auffassung sich selbst widerlegt dadurch, dass sie in Gott
selbst das Böse nicht setzte, also Gegensätze doch nicht so
denknothwendig fand. Aber consequentere Geister sind nicht
davor zurückgescheut, auch das Böse selbst in Gott zu versetzen
und die Gegensätze als das allüberall und schlechthin Geforderte
zu fassen. Gewissermassen um der absurden Consequenz zu begegnen, dass dann kein Sein wäre, wenn nicht auch das Nichtsein
wäre, hat man die Einheit von Sein und Nichts als den wahren
letzten Angelpunkt von Gott und Welt gleich von Anfang an
hingestellt. Es war doch nur Selbsttäuschung eines Denkens,
das davon befangen war, dass es viele Begriffe giebt, welche
eine gegensätzliche Beziehung in sich enthalten, schlechthin
überall denknothwendig ist der Gegensatz nicht. Dass das Sein

nicht wäre, wenn das Nichts nicht wäre, bleibt absurd, denn das Sein ist eben, und das Nichts ist nicht, es ist ein blosser Gedanke vom Sein aus. Dass das Nichts sei, hiess thatsächlich, dass es verschiedene Arten des Seins gebe, von deren jeder man also sagen kann: das ist das und ist das nicht, aber trotz dieser möglichen Vergleichung bleibt jedes Seiende Sein und ist kein Nichts, Sein ist also, ohne dass der Gegensatz, das Nichtsein, wäre. Ebenso ist es sehr denkbar, dass alle Bethätigung, unwillkürliche und willkürliche, des Menschen ein erhaltendes und förderndes Thun für die Menschheit wäre, es würde von da aus allerdings der Gedanke entstehen können einer Minderung und Störung derselben, aber dieser Gedanke könnte als blosse leere Möglichkeit bestehen, ohne dass er irgendwelche Bethätigung würde. Für die Wirklichkeit ergeben sich aus der Lehre, dass Gut und Bös nothwendige Gegensätze seien, Consequenzen, welche von dieser Wirklichkeit abgelehnt werden. Erhaltung und Förderung der Menschheit und Zerstörung und Minderung derselben müssten mit einander steigen und fallen, je mehr Erhaltung und Förderung, desto mehr Zerstörung und Minderung und umgekehrt, Eins fordert ja das Andere und kann nicht ohne es sein. In Wirklichkeit hat aber die Verlängerung z. B. des menschlichen Lebens durch bessere Gesundheitspflege und die grössere Ausbildung des Rechtes und die Ausbreitung milderer Sitten keineswegs eine entsprechende Zerstörung und Minderung nach sich gezogen, im Gegentheil, wo die erhaltenden und fördernden Kräfte steigen, sind die zerstörenden und hemmenden gesunken. So wenig in wirthschaftlichen Dingen der alte Satz richtig sein muss, dass Gewinn des Einen immer Verlust des Anderen ist, ebensowenig muss überhaupt, damit Ein Mensch gut sei, ein anderer schlecht sein. Genau genommen müsste nach jener Theorie der Gegensätze der gute Mensch auch zugleich der böse sein, das erhaltende und fördernde Thun zugleich das zerstörende und mindernde, was gleichfalls aller sittlichen Wirklichkeit ins Gesicht schlägt.

Allerdings kann man, nachdem die immanente Natur und die Gesetze des Bösen festgestellt sind, gerade wie bei der

Wissenschaft überhaupt, so auch über das Böse noch transcendente Untersuchungen anstellen, aber für diese muss das Gesetz gelten, wie für Wissenschaft überhaupt (§ 80), dass die transcendenten Aufstellungen dem sicher erkannten Immanenten nicht widersprechen und dasselbe nicht nach sich umbeugen dürfen.

124. Wir haben § 116 davon gehandelt, wie sich der Mensch des Prinzips der Liebe unter Andersdenkenden zu verhalten habe; es wird vielleicht gut sein, noch besonders darauf zu reflectiren, wie er sich gegen das Böse der Schwäche und der Stärke, wo es ihm in Anderen entgegentritt, zu verhalten habe. Das Erste ist, dass, sei ebendies Böse völlig naiv oder von Reflexion getragen, der Mann der Liebe Leben nach seiner Art für sich verlangen darf innerhalb der allgemeinen Forderungen des menschlichen Zusammenlebens oder des Rechtes; denn seine Liebe verpflichtet ihn zwar zur Nachgiebigkeit und Geduld im weitesten Umfang, aber seine sittliche Ansicht selbst aufzugeben oder sein physisches Dasein als Träger seiner sittlichen Art zerstören und mindern zu lassen, dazu verpflichtet ihn die Liebe nicht, vor der Liebe ist er Einer neben Anderen, berechtigt so gut wie diese. Wo ihm das Böse die Rechtsforderungen nicht bewilligt, da hat er die Pflicht alles aufzubieten innerhalb der sittlichen und rechtlichen Mittel, damit sie ihm bewilligt werden. Zwang seinerseits gegen das Böse verwirft er, soweit derselbe nicht Rechtszwang ist, also sich auf die unerlässlichen Forderungen menschlichen Zusammenlebens bezieht; aber selbst in diesem Rechtsverhalten wird er sich treu bleiben, insofern er von dem stricten oder eigentlichen Recht nur Gebrauch macht in Nothfällen und wo alles Andere nichts hilft, sonst aber seines Rechtes mit so viel Liebe, Güte, Geduld und Nachgiebigkeit waltet, dass er dadurch unmittelbar ein Beispiel seiner sittlichen Art giebt. Denn diese Art als lebendige Bethätigung ist das einzige sichere Mittel, die Keime des Guten in Anderen zu wecken und zur Regsamkeit zu bringen, so dass ein näherer und eindringenderer Versuch zur Ueberwindung des Bösen in ihnen gemacht werden kann. Gegen das völlig naive Böse speciell wird sich die Liebe so verhalten, dass

sie seine Naivetät anerkennt, also als Zeiten der Unwissenheit
(χρόνοι ἀγνοίας, Paulus) und der unverschuldeten Unentwicke-
lung und Missentwickelung behandelt, ohne sich darum von
demselben misshandeln oder missbrauchen zu lassen, dabei
durch Beispiel und, wo dafür bereits Anknüpfung ist, auch
durch Worte darstellt, dass es andere Arten des Lebens giebt,
welche der jetzt noch Andersdenkende einst als die wahren
und ächten anzuerkennen im Stande sei. Dem naiv Bösen der
Schwäche wird dabei nicht anders abgeholfen, als wenn die
Darstellung der Liebe auf es selber geht, ihm durch Liebes-
erweisungen ein freudiges Gefühl eingepflanzt und dadurch die
Verstimmung, die Wurzel dieses Bösen, soweit möglich zum
Absterben gebracht und dafür gesorgt wird, dass gegen ihre
Ueberreste Gegenkräfte im Menschen sich vorfinden. Dies Böse
der Schwäche wird am ehesten durch aufopfernde Liebe überwunden, die von dem, was ihr nach den Regeln für Alle zusteht, freudig hingiebt, um besonderem Mangel Anderer abzuhelfen. Bei dem Bösen der Schwäche, sofern es nicht mehr
naiv ist, sondern sich auf Reflexion stützt, ist vorausgesetzt,
dass positive Werthgefühle mindestens annähernd gebildet worden sind, dass aber von da aus geschlossen wird: weil ich diese
nur wenig habe, sondern Missbehagen und Verstimmung meine
bleibende Art sind, so soll auch niemand Anderes solche positive Werthgefühle mit meinem Willen haben, sondern, so weit
ich kann, will ich alle auf meine Art oder noch tiefer herab-
bringen. „Ist mir nicht wohl, so sei es niemand wohl", ist der
Grundsatz des Bösen der Schwäche, wo es von Reflexion getragen ist. Es ist schwer, diesem Bösen beizukommen. Es
hilft nicht, blos seinen Wirkungen entgegenzutreten, denn das
verbittert es und ruft es zur äussersten Energie auf, und nicht
immer zu einer solchen, gegen welche das Recht entscheidende
Abhülfe böte. Es gilt den Versuch, wo man mit ihm zusam-
mentrifft, zuzusehen, ob sich nicht irgend eine Seite bietet, wo
ihm ein Mitgefühl der freudigen Stimmung der Anderen, sei sie
sinnlich, intellectuell, praktisch, religiös, ästhetisch, entsteht,
aus welchem eine Gegenkraft gegen seine habituell gewordene

Art geweckt werden kann; es kostet aber solche Ueberwindung
Hitze, nicht blos dem Menschen selber, sondern auch denen,
welche ihm die Anregung dazu geben.

Das Böse der Stärke, wo es naiv entgegentritt, kann in
einem Falle leicht überwunden werden. Es hat dies dann statt,
wenn die Fähigkeit, sich in Andere zu versetzen und ihre
Werthgefühle nachzuempfinden, da ist, nur aus Stärke der eigenen Art und Mangel an Anregung jener Versetzbarkeit in Andere nicht zur Entwickelung kam; wir können dann diese Anregung geben. Indess hat diese günstige Voraussetzung selten
statt, die Fähigkeit, sich in Anderer Art zu versetzen und in
ihre Werthgefühle, ist vielfach schwach oder durch die ein-
seitige Ausbildung der eigenen Art geschwächt. Dann ist die
nächste Aufgabe, solche Naturen zur Anerkennung des gleichen
Rechtes zu bringen; denn von ihm aus kann dann derjenige
Verkehr und Austausch bestehen, in welchem sich die verschiedenen Hauptarten menschlichen Seins neben einander darstellen,
dadurch können die schwach angelegten Seiten geweckt werden
und allmälich Verständniss und Anerkennung Platz greifen.
Nach der Geschichte ist aber selbst die Anerkennung formaler
Gleichheit menschlicher Natur, von welcher das gleiche Recht
abhängt, nur durch grosse Kämpfe und unter besonderen günstigen Bedingungen erfolgt (§§ 27, 28). A. Smith konnte urtheilen, dass nur Gleichheit an Muth und Kraft gegenseitige
Ehrfurcht einflösse und allein im Stande sei, unabhängige Völker
von gewaltsamen Eingriffen in die Rechte Anderer abzuhalten;
er hoffte das Gleichgewicht der Macht von einem über die
Völker aller Welttheile ausgebreiteten Handelsverkehr und der
gegenseitigen Mittheilung von Kenntnissen und Verbesserungen,
die derselbe natürlicher oder vielmehr nothwendiger Weise mit
sich führe. Die Bestrebungen, alle Völker zu einer gewissen
materiellen Macht und Culturkraft zu bringen, sind daher ein
Hauptmittel, der Gewohnheit ungleichen Rechtes im internationalen Verkehr (Rechtsphilos. § 63) entgegenzuwirken. Auch
unter uns sind die Auffassungen, welche, wenn herrschend, wieder zu ungleichem Recht zurückführen würden, noch nicht ver-

schwunden; es ist daher Pflicht, für die Erhaltung und Verstärkung derjenigen Auffassungen Sorge zu tragen, welche gleiches
Recht vertreten, und sie mit solchen Mitteln auszustatten, dass
sie dasselbe ohne Kampf, eben wegen ihrer fortdauernden Stärke,
durchzusetzen vermögen. Innerhalb des Rechtes hat dann die
freie Bewerbung der verschiedenen Lebensansichten statt, welche
dadurch allein erfolgreich ist, dass die Einzelnen, die ihr angehören, sich zusammenthun, nicht um sich in sich abzuschliessen, sondern um die Ergänzung, Verstärkung und Anregung,
deren ihre Angehörigen bedürfen, einander zu gewähren, und
von da aus bei der Zerstreuung in das Leben mit seinem Ge-
wirr verschiedener Auffassungen jeder sicher in der seinigen
und fähig der Beurtheilung und Anfassung der anderen zu
wandeln. Diese Wettbewerbung mit solcher Organisation wird
die Liebe den anderen Lebensansichten (Eudämonismus, blosse
Culturansicht) zugestehen, aber auch für sich in Anspruch nehmen und für sich Gebrauch davon machen; sie hat dabei die
Ueberzeugung der friedlichen Ueberwindung und Umwandlung
der abweichenden Ansichten in sich, schon weil sie den anderen
Lebensansichten in dem, was wesentlich ist, gerecht werden
kann, und weil diese anderen Ansichten, sobald sie des Ideales
der Liebe mindestens ästhetisch fähig geworden sind, gewöhnlich zugeben, es wäre schön, wenn die Liebe Wirklichkeit wäre
oder sein könnte, also der stille Zug des menschlichen Herzens,
wo es in Ruhe und nach mancherlei Lebenserfahrungen gedacht
oder geträumt hat, der Liebe entgegen kommt, diese muss nur
den Beweis liefern, dass sie Wirklichkeit sein kann. — Das
Böse der Stärke ist zwar in seinem Ursprung naiv, aber in
seinem Fortgang gewöhnlich mit Reflexion verbunden, mit anderen Worten, es sucht sich theoretisch zu rechtfertigen. Mit
solchem muss man sich auch theoretisch auseinandersetzen, wozu alle Anleitung aus dem Früheren geschöpft werden kann,
aber diese theoretische Auseinandersetzung hilft allein nicht.
Worte helfen überhaupt nur, wo das ihnen Entsprechende in
der Seele so vorbereitet ist, dass es blos einer Hinweisung bedarf, es zu wecken. Es gilt also vielmehr, die etwaigen Keime

für andere Gefühle, Vorstellungen und Bethätigungen in dem
theoretischen Gegner zu wecken, welche die Wurzeln unserer
Reflexion sind, damit sein ganzes Leben eine neue und doch
in ihm angelegte Wurzel erhalte, wodurch dann die frühere
Wurzel mehr und mehr zum Absterben gebracht wird, mit ihr
aber auch die von ihr getriebenen Reflexionen. Dies hat in
derselben Weise zu geschehen, wie beim naiven Egoismus. Bekannt ist, dass dem Egoismus am leichtesten beizukommen ist,
wenn er durch äussere oder innere Ursachen von seiner Lebensfrische und der Kraft, die ihn erfüllt, verliert. Natürlich, wie
er in einem einseitigen Kraftgefühl wurzelt, so wird ihm mit
dieser Wurzel auch sein eigentlicher Halt entzogen. Darum
sind Menschen und Völker im Unglück Lehren und Bethätigungen zugänglich geworden, gegen welche sie sich im Glücke
spröde ablehnend verhielten. Solcher Segen des Leidens gilt
indess nach § 117 nur da, wo die anderen Seiten menschlichen
Wesens stärker angelegt sind und also durch die Minderung
der Hauptkraft mehr entbunden werden. Wo so etwas nicht
ist, da sind Völker und Einzelmenschen, sobald ihr besonderes
Kraftgefühl gebrochen war, auch selbst durchaus gebrochen gewesen und mehr oder weniger verkümmert und zu Grunde gegangen, oder haben erst recht in sittlich Verkehrtem Trost und
Stärke gesucht. Es ist daher sittlich nicht zulässig, Menschen
und Völker blos darum in Unglück und Schwäche zu versetzen,
weil daraufhin eventuell eine sittliche Besserung eintreten
könnte. Dagegen ist es natürlich verstattet, solches Unglück,
wo es gekommen, zum Anlass erneuter Bemühung zu machen,
um die vorher schon angeregten oder etwa vorhandenen Kräfte
des Besseren jetzt leichter zur Entfaltung zu bringen und zugleich der möglicherweise depravirenden Macht des Unglücks
entgegen zu wirken.

125. Mit unserer Lehre vom Bösen, seiner Ueberwindung
und dem Verhalten zu ihm ist es nicht uninteressant dasjenige
zu vergleichen, was von den Arten und der Besserungsmöglich-
keit des Bösen ein grosser Menschenkenner gelehrt hat. Charron,
der Freund und Schüler Montaigne's und seiner Zeit ein ge-

feierter Weltpriester, sagt de la sagesse l. II ch. III 16 u. 17.
Il y a trois sortes de meschancetez et de gens vitieux. Les
uns sont incorporez au mal par discours et resolution ou par
longue habitude, tellement que leur entendement mesme y con-
sente et l'approuve; c'est quand le peché, ayant rencontré une
ame forte et vigoureuse, est tellement enraciné en elle, qu'il y
est formé et comme naturalisé, elle en est imbue et teincte du
tout. D'autres à l'opposite font mal par bouttées; selon que le
vent impetueux de la tentation trouble, agite, et precipite l'ame
au vice, et qu'ils sont surprins et emportez par la force de la
passion. Les tiers, comme moyens entre ces deux, estiment bien
leur vice tel qu'il est, l'accusent et le condamnent au rebours
des premiers, et ne sont point emportez par la passion ou tentation comme les seconds. Mais en sang froid, après y avoir
pensé, entrent en marché, le contrebalancent avec un grand
plaisir ou profit, et enfin à certain prix et mesure se prestent
à luy, et leur semble qu'il y a quelque excuse de ce faire. De
cette sorte sont les usures, et paillardises, et autres pechez re-
prins à diverses fois, consultez, deliberez, aussi les pechez de
complexion.

De ces trois, les premiers ne se repentent jamais sans une
touche extraordinaire du ciel: car estans affermis et endurcis
à la meschanceté, n'en sentent point l'aigreur et la poincte,
puis que l'entendement l'approuve, et l'ame en est toute teincte,
la volonté n'a garde de s'en desdire. Les tiers se repentent,
ce semble, en certaine façon, sçavoir, considerant simplement
l'action deshonneste en soi, mais puis compensée avec le profit
ou plaisir, ils ne s'en repentent point, et à vray dire et parler
proprement, ils ne s'en repentent point, puis que leur raison et
conscience veust et consent à la faute. Les seconds sont ceux
vrayement qui se repentent, et se r'advisent: et c'est proprement d'eux qu'est dicte la pénitence. . . .

In die moderne psychologische Auffassung übersetzt ergiebt
dies Folgendes. Die erste Klasse sind die Menschen, in welchen
ein unsittlicher Inhalt ihres Lebens, spontan oder unter Anregung von aussen, sich so entwickelt hat, dass auch alles Denken

blos von ihm aus bestimmt ist, und die sittliche Auffassung des Lebens als falsch, nicht stimmend mit der menschlichen Natur u. s. w. verworfen wird. Solche Naturen sind nur ausnahmsweise der sittlichen Umkehr zugänglich, diese Umkehr setzt voraus, dass ein Keim des Richtigen noch da ist — niemand wird gut als von dem Rest des Guten aus, der in ihm ist (Kant) — und dass es gelingt, denselben aus seiner Latenz zu wecken. Nicht blos Leiden und Misserfolge, welche den eigenen bis dahin herrschenden Lebensinhalt schwächen und zugleich durch ihre begleitenden Umstände jenen anderen Keim anregen, haben diese Kraft, sondern auch das Zusammentreffen mit hoher und starker ächter Sittlichkeit. Das Letztere ruft allerdings zunächst oft zum Widerstand auf, aber wo die Sittlichkeit sich dabei fest und gewachsen zeigt, regt sie gelegentlich sehr stürmische Umwandlungen an, bei alle dem spielt namentlich in dem Abschluss des Vorganges oft auch Idiosynkratisches mit. Wo die Keime, an welche eine Umkehr sich anschliessen könnte, sehr geschwächt sind, da wird es vielfach nur bis zum Wunsch gebracht, noch des Besseren fähig zu sein, oder dazu, dass die Aelteren den neuen Weg für die Jüngeren, die Kinder, zulassen. Wo neue Lebensansichten von aussen missionirend eindrangen, da haben sie schon viel erreicht geglaubt, wenn sie Duldung fanden und man allmälich gestattete, dass sie sich besonders der nachwachsenden Generation zuwendeten. Gerade an der Geschichte sieht man, dass der Gang der Bekehrung sich nach den allgemeinen Gesetzen der Willensbildung richtet. Die zweite Klasse Charron's sind diejenigen, in welchen die sittliche Art im Ganzen zur Kräftigkeit entwickelt ist, aber sie haben noch nicht die Unabhängigkeit und Sicherheit des durchgebildeten Charakters gewonnen (§ 16); daher sind sie unter besonderen Umständen und bei einer gewissen Höhe des Anreizes noch vor Abweichungen nicht sicher, sind aber diese Umstände und die Höhe des Anreizes vorüber, so kehren sie zu ihrer durchschnittlichen Natur nicht nur zurück, sondern von ihr aus thut ihnen die geschehene Abweichung leid. Sie sind insofern bekehrbar, als die über-

wiegende Art nur verstärkt und die Gelegenheiten zur Abweichung gelernt und gemieden werden müssen, um sittliche
Charakterfestigkeit in ihnen herzustellen. Die, welche Charron
als die Dritten zählt, haben Vorstellung und Werthschätzung
der Sittlichkeit, aber nur als gelernt von aussen oder als blos
ästhetisches Bild (§ 31), sie sind für das Sittliche in abstracto,
d. h. wenn sie in blos theoretischer und contemplativer Stimmung sind, aber ihr effectiver Wille, d. h. die Vorstellung und
Werthschätzung, auf welche Bethätigung eintritt, ist anders,
und zwar weil ihr Naturell, d. h. die unwillkürliche praktische
Bethätigung, eine andere in ihnen ist; darum erscheint ihnen
auch diesen praktischen Trieben zu folgen so entschuldbar.
Diese Menschen sind oft das Opfer der falschen Willenstheorie;
sie erwarten, dass auf die Vorstellung und Werthschätzung des
Sittlichen, die sie in theoretischer und contemplativer Stimmung
haben, der sittliche Wille als Bethätigung eintrete, der tritt
aber nicht ein, sondern ihr effectiver Wille im Leben ist ein
ganz anderer. Daher halten sie sich für machtlos und einem
unglücklichen Naturell verfallen, oder glauben, dem Sittlichen
für ihre Kräfte genug gethan zu haben, wenn sie ihm theoretisch und contemplativ huldigen. Aenderung ist darum hier
so schwer, weil sie für besser genommen werden, als sie sind.
Sie sind unsittlich, denn ihre effective Art ist entgegen der
Erhaltung und Förderung der Menschheit, speciell in den Bei-
spielen, welche Charron nennt, entgegen dem Wohlwollen und
der daraus fliessenden Scheu theils vor Uebervortheilung des
Anderen, theils vor Mitwirkung zu sexueller Unsittlichkeit.
Solche Menschen können nur durch dieselben Mittel geändert
werden, welche bei Naturen helfen können, in welchen Praxis
und Theorie zum Unsittlichen zusammenstimmen.

126. Darf das Böse gelegentlich als Incitament
des Guten benutzt werden? In den Epigonen von Immermann räth der katholische Priester dem Helden des Romans
deutlich genug, seiner Leidenschaft für die Frau eines Anderen
nachzugeben und dann durch Reue zum Guten zurückzukehren.
Dies sei der katholische und viel bessere Weg für feste Sitt-

lichkeit, als das protestantische Kämpfen mit sich selbst; jener
Weg lasse tiefer fallen und führe dann um so höher, dieser
bewirke ein schwächliches, ewig in sich selbst unkräftiges
Wesen, unkräftig zur Sünde und unkräftig zum Guten. Der
Gedanke ist einer Untersuchung werth, wobei davon ganz abgesehen werden soll, ob der eine Weg mehr katholisch, der
andere mehr protestantisch sei; auf alle Fälle ist, was bei
Immermann protestantisch genannt wird, weniger das Bewusstsein der protestantischen Kirche, wie es Luther festgestellt hat,
als die Praxis des moralischen Rationalismus, wie er Ausgang
des vorigen und Anfang dieses Jahrhunderts geherrscht hat.
Wir betrachten den Gedanken an sich. Er setzt einen Menschen voraus, dessen sittliche Art in bestimmter Richtung feststeht, der also z. B. der Liebe zu einer fremden Frau sich
hinzugeben, die bei ihr geahnte Neigung für sich zu nähren,
und das in beiden so entzündete Feuer durch Geständniss und
alle Bethätigung der Liebe zu löschen oder zu sänftigen, für
schlechthin unerlaubt, religiös ausgedrückt für sündlich hält.
Es ist ferner vorausgesetzt, dass er, wenn ihm solche Lage und
ihre Regungen nun selber kommen, dadurch nicht von seiner
Denkweise abgebracht wird und etwa einen Naturalismus der
Leidenschaft adoptirt, sondern die Denkweise beherrscht ihn
fort und fort als Gesinnung, aber er weiss nicht, wie er ihr
thatsächlich Folge leisten soll. Er sieht sich daher in einer
Versuchung, aus der ihm zwei Auswege in den Sinn kommen,
der eine des steten Kampfes, denn, wenn er sich vielleicht auch
aus der Gegenwart der geliebten Frau rettet, so trägt er die
Liebe zu ihr doch mit sich an alle Orte, es bleibt die Wunde,
er steht ebendadurch unter einem sittlichen Druck. seine Freudigkeit ist gehemmt, ein Aufschwung seiner Sittlichkeit findet
durch den Kampf nicht statt, sondern eine Art fortwährender
Gemindertheit seiner Kraft. Dagegen, scheint ihm, giebt er der
Leidenschaft nach, so wird gerade die Befriedigung derselben
die Discrepanz zwischen seiner That und seiner sittlichen Gesammtart ihm so heftig zum Bewusstsein bringen, dass ebendadurch seine sittliche Gesammtart sich wieder regen wird mit

erneuter Macht, und diesen Zustand kann er benutzen zu tiefer
Reue, zu einem erschreckten in sich Gehen. Es wird also von
da aus eine sittliche Auferstehung erfolgen, insofern zu seiner
vorherigen sittlichen Art die Erinnerung an die Reue kommt,
die ihn nach jener That ergriffen hat, dieses Erleben der
Schrecken des Gewissens wird ihn für alle analogen Fälle
stark machen, er wird viel leichter überhaupt überwinden, als
er ohne den Fehltritt gethan hätte, er wird somit moralisch
gefeiter sein als vorher, und er darf darauf rechnen, dass in
der geliebten Frau sich ein ähnlicher Vorgang vollziehen werde.
Zunächst wollen wir indess davon absehen, die Sache so anzu-
setzen, wie wir bis jetzt gethan, dass nämlich die Reflexion
geradezu den Gedanken entwickelt: lasset uns Sünde begehen,
damit durch erlebte Reue unsere sittliche Gesinnung in ihrer
Festigkeit nachträglich einen Zuwachs erhalte. Wir wollen zuerst zusehen, ob nicht thatsächlich so etwas öfter vorkommt.
Ein wohlgesitteter Knabe hat einen Diebstahl begangen: gelockt
von dem Beispiel leichtsinniger Genossen hat er etwa in der
Messe von einem Stande im Gedränge ein Messer entwendet,
unmittelbar nach der That erfasst ihn Reue, er wirft das ge-
stohlene Gut weg oder legt es unvermerkt dem Besitzer wieder
zu den anderen Sachen, aber der Stachel der Reue verlässt
ihn nie, er ist ebendadurch sein Leben lang vor jeder ähnlichen
That gesichert, gerade unter dem Einfluss derselben bildet sich
in ihm das zarteste Gefühl für Respectirung fremden Eigenthumes aus und überhaupt die scrupulöseste Ehrlichkeit. In
ähnlicher Weise können auf ein wohlgeartetes Gemüth die
Folgen wirken, die etwa eine Nothlüge oder eine muthwillige
Lüge für Andere gehabt hat, wenn sich an dieselbe Verwirrung,
Schrecken, Zank oder gar Verdacht wider Andere und Vor-
gehen gegen sie angeschlossen hat; dann entsteht in einem
solchen Gemüth der Vorsatz: ich lüge nie wieder, und sobald
eine ähnliche Versuchung auftaucht, stellt sich auch das ganze
Bild der einst empfundenen Reue ein und weist die Versuchung
zur Lüge von vornherein ab. Nicht anders wirkt bei sittlichen
Naturen eine einzige sexuelle Licenz: durch Andere verführt

oder durch eigene Triebe gequält, gerathen sie unter besonderen
Umständen halb unwillig halb willig zu einer Dirne: was sie
dort mit erleben, das Geschäftsmässige der blos sinnlichen Liebe,
die Trägheit und Genusssucht als Ursache der Hingabe der
Mädchen, oder das Schwanken zwischen Leichtsinn und Schwer-
muth bei ihnen, ohne Kraft, sich aus dem angenommenen Leben
herauszureissen, ergreift sie so, dass es einen unauslöschlichen
Eindruck macht, und keine spätere Versuchung, bei Dirnen
sich sinnliche Beruhigung zu suchen, sich in ihnen regt, dass
nicht das Bild der socialen und moralischen Verworfenheit
solcher Personen mit auftaucht, und das Bewusstsein der Reue,
auch nur einmal zur Bestärkung und Erhaltung solcher Lebensführung beigetragen zu haben, sie so mächtig bewegt, dass
keine momentane Begierde stark genug ist, sie wieder dahin
zu treiben. Man kann also im Allgemeinen behaupten, das
Bewusstsein, eine schlechte That einmal gethan zu haben, ist
bei einem Menschen von sittlicher Gesammtart das stärkste
Präservativ gegen schlechte Thaten überhaupt, es giebt ihm
einen élan der Ueberwindung, der denen oft fehlt, welche stetig
schlechte Neigungen in sich niedergekämpft haben. Da nicht
wenige Menschen nach verschiedenen Seiten das Bewusstsein
gelegentlicher arger Verfehlungen mit sich herumtragen, so
sittlich sie geartet sind und früh waren, so wird im Ganzen
die Zustimmung zu den obigen Ausführungen nicht fehlen. Wie
steht es dagegen mit dem, welcher zwar auch starken Versuchungen ausgesetzt war, dem es aber gelungen ist, sie in sich
niederzuhalten? Ich nehme ein ganz einfaches Beispiel. Es
giebt Menschen, die, wenn sie in einem Laden sind, und es
werden ihnen sehr zweckmässige oder sehr schöne Sachen gezeigt, eine unüberwindliche Lust bekommen sie zu kaufen, wiewohl ihnen ganz klar ist, dass sie dieselben nicht nöthig haben,
oder man ohne sie auskommen kann, oder es für ihre Verhältnisse Luxus wäre. Wie können sie diese Neigung bekämpfen,
die ja an sich nicht schlimm ist, indem sie mit einem Sinn
für ächte Zweckmässigkeit oder für Schönheit und mathematisch-
mechanische Eleganz zusammenhängt? Man kann die Vorsicht

gebrauchen, alles, was man kauft, soweit es nur ohne Gefahr
geschehen kann, baar zu bezahlen und dabei immer wenig Geld
bei sich zu tragen: beides erinnert dann jedesmal, wo einem
der Gedanke kommt etwas zu kaufen, lebhafter daran, dass man
in solchen Fällen einer Versuchung ausgesetzt sei, gegen welche
man gleichsam permanente Vorsichtsmassregeln in sich ergriffen
habe. Solche Vorsichtsmassregeln werden gegen andere Versuchungen in analoger Weise anzuwenden sein. Von der con-
tinuirlichen Bethätigung darin wird aber sehr viel Kraft verzehrt, ohne dass doch darum die Neigung selbst, an welche die
Versuchung anknüpft, immer geschwächt wird, weil sie etwa
von der Art ist, dass sie gerade durch das berechtigte Moment,
was in ihr liegt, stetig geweckt wird, wie etwa im obigen Fall
durch den Sinn für ächte Zweckmässigkeit, Schönheit und mathe-
matisch-mechanische Eleganz. Oder man nehme einen Mann,
der nach dem Göthe'schen Ausdruck „frauenhaft" ist, d. h.
nicht blos Sinn hat für die Schönheit der Frauen, sondern noch
mehr für ihren geistigen Zauber, und der sich dadurch, dass
er neben seiner männlichen Auffassungsweise der Dinge auch
die mehr gefühlsmässige, unmittelbare und oft das Wesentliche
treffende der Frauen aufnimmt, sich in der theoretischen Anschauung und praktischen Schätzung der Welt gefördert findet
und auch Anwendung davon macht. Welche Mittel muss ein
solcher aufbieten, um in dem Schwanken der Gefühle zwischen
geselligem Umgang, Freundschaft, erlaubter Liebe, unerlaubter
Leidenschaft sich so zu halten, dass er nie vom vorletzten zum
letzten übergeht, oder mindestens die Leidenschaft in ihm beschlossen bleibt und nie entgegen seiner grundsätzlichen Art
verwirrend sich vordränge! Soll er aber darum allen Umgang mit
Frauen fliehen, denen er doch so viel zur Anregung in seinem
Beruf, in seiner sehr ernsten und nützlichen Arbeit etwa als
Künstler, als Schriftsteller, selbst als Staatsmann verdankt, eine
Anregung, deren Wegfall seine geistige Thätigkeit und deren
verdienstliche Wirksamkeit nothwendig selbst herabmindern
würde? Oder man nehme einen Mann, der gern Männergesell-
schaft hat, sie ist ihm nicht nur erholend, sondern auch förder-

lich für seinen Beruf, ja unumgänglich, wie etwa für den Kaufmann, den Gelehrten, den Richter, den Verwaltungsbeamten
oder gar den Staatsmann, die alle ohne solchen Männerverkehr
leicht einseitig und zu sehr in ihrer Art abgeschlossen werden,
aber sie haben dabei eine Neigung zur Flasche, nicht für sich
allein, sondern immer bei der Anregung der Gesellschaft. Welche
Mühseligkeit, beides fortwährend mit einander sittlich auszugleichen, die Gesellschaft nicht aufzugeben, und der stets sich dabei erneuernden Versuchung zur Abweichung von der Mässigkeit
nicht zu unterliegen. Dazu kommt noch ein Anderes. So
lange der Mensch nicht die Erfahrung der Sünde gemacht hat
oder durch Erfahrung gelernt hat, wie nahe die Linien des
sittlich Erlaubten und nicht-Erlaubten an einander gränzen,
und wie weit er sich also von der Gränze halten muss, um sie
nicht zu überschreiten, so lange ist er nie ganz sicher, so lange
geräth er immer wieder in Schwanken, ob er nicht zu prüde,
zu ängstlich sei und dadurch sich und Andern unnöthiger Weise
Schaden oder Unannehmlichkeit bereite; denn unseren Umgang
mit Anderen aus Furcht vor uns selber einzuschränken kann
unter Umständen betrübend nicht nur, sondern selbst verletzend
sein und, was noch mehr ist, wir können ein heilsames und
selbst rettendes Element der Anderen gewesen sein, dessen Ausfall diese schlimmen Einflüssen aussetzt.

127. Trotz alledem ist die sittliche Entscheidung in thesi
nicht zweifelhaft. Es geht nicht an, sich den Grundsatz zu
machen: lasset uns Unsittlichkeit in einer bestimmten Beziehung
einmal begehen, damit wir durch Reue um so fester für die
Zukunft werden. Denn sittlich sein heisst sittlich handeln
allerwege, dies sittliche Handeln allerwege schliesst aber die
gelegentliche Wahl der Unsittlichkeit auch nur als eines Mittels
zur leichteren Sittlichkeit für die Zukunft aus. Es bleibt so-
nach sittlich nichts übrig als der Kampf, der oft Jahre lang
fortgesetzte Kampf. Dieser kann uns matter, lahmer machen
in gewisser Hinsicht, als wir mit einmaliger Sünde und dann
kräftiger Reue würden gewesen sein, aber er macht uns lahm,
matt im Dienst der Sittlichkeit. Dieser Zustand ist also unter

diesen Umständen selbst der sittliche, und mit Bewusstsein den
anderen Weg wählen ist frevelhaft und ruchlos. Wir werden
zwar alle die Erfahrung machen, dass ein gelegentliches Verfallen ins Unsittliche uns ein Sporn werden kann zu grösseren
Anstrengungen, dass dasselbe uns vorsichtiger macht und die
Mittel lehrt, wie wir uns gerade unserer Individualität nach
besser vor der Sünde hüten können. Daraus kann sich unter
Umständen der Gedanke bilden: du würdest der und der Versuchung am ehesten ledig gehen, wenn du einmal deine Lust
büsstest, — allein dieser Gedanke ist selber unter die Versuchungen zu rechnen, weil er verlangt, die sittliche Gesinnung
durch unsittliche, also durch sie selbst verbotene Handlungsweisen zu stärken. Was also, wenn es unbeabsichtigt vorkommt,
Zeichen unserer sittlichen Schwäche ist, darf nicht zu einem
Mittel sittlicher Stärkung gemacht werden. Glücklich, wenn
die einmalige That uns durch Reue darüber ein für alle Mal
gegen ähnliche Versuchungen schützt, sittlich besser wäre es
gewesen, wenn wir auch dieser Versuchung nicht unterlegen
wären, oder vielmehr mit Hülfe der früheren Erlebnisse ähnlicher Art die Versuchung bereits wirksam zu überwinden gelernt hätten. Es ist nämlich zu behaupten, dass der Gegensatz
zwischen den beiden Wegen, dem des gelegentlichen Nachgebens
mit der Folge, durch Reue leichter in Zukunft zu überwinden,
und dem des stetigen Kampfes, kein absoluter ist. Jeder Mensch
wird allerlei in seinem Leben zu bereuen haben, dies Gefühl
der Reue muss er analog zu Hülfe nehmen, wo ihm neue Versuchung kommt, die ihm schwer wird zu überwinden. Freilich
muss diese analoge Uebertragung in der Erziehung geweckt
werden, sie macht sich nicht so von selbst. Fast jede Handlungsweise muss neu geübt werden, sie hat ihren ganz besonderen Verlauf von Gefühl, Vorstellung, Wunsch oder Entschluss,
Bewegungsmechanismus (§ 11). Daher kommt es, dass ein
Mensch nach einer Seite sittlich durchgebildet sein kann und
nach einer anderen mehr verwahrlost. Man kann also sagen:
Es giebt Menschen, die in Folge vernachlässigter Praxis in der
Erziehung oder in Folge einer gewissen Schwerfälligkeit in blos

vorstellungsmässiger Construction neuer oder modificirter sittlicher Verhältnisse (§ 112) öfter anstossen werden im sittlichen
Sinne, d. h. trotz ihrer fortdauernden und ernstlichen sittlichen
Gesammtart überrascht werden von Fehltritten nach der und
jener Seite; glücklich, wenn sie davon Anlass nehmen, durch
Association von Reue mit der That vor ähnlichen Fehltritten
um so mehr behütet zu sein. Es giebt Menschen, welche auf-
merksamer und vorsichtiger sind, und daher die Versuchung
innerlich abmachen, aber in diesem Kampfe ihre Kraft fast
verbrauchen und dadurch schwächer und unwirksamer nach
aussen erscheinen, als manche, die gefallen sind, gleichsam um
desto herrlicher aufzustehen; jene fallen nicht, aber sie gehen
auch unsicher und ängstlich dahin. Es giebt Naturen, denen
dies der für sie gebotene Weg der Sittlichkeit ist, Menschen,
die viel unsittliche Phantasie zu bekämpfen haben, und deren
Thatkraft, als welche die beste Aufzehrung der Phantasie wäre
— denn wo viel Muskelkraft gebraucht wird, da wird weniger
für Nervenkraft übrig sein — von Natur gering ist oder in
der Erziehung nicht geweckt. Diese sind dann eben in ihrem
Kampfe sittlich in der von ihnen zu fordernden Weise. Sie
haben für sich, dass sie nicht gefallen sind, dass sie nicht mehr
leisten nach aussen, haben sie gegen sich; die anderen haben
für sich, dass sie mehr leisten, aber sie haben gegen sich, dass
sie nur durch Fallen zur Vorsicht gegen das Fallen gebracht
sind, aber eben diese ihre Art der Befestigung im Sittlichen
durch gelegentliche Unsittlichkeit darf nie zum Grundsatz ab-
sichtlichen Verfahrens gemacht werden. Das Ideal ist, dass
von frühe an das sittlich Gute als Fertigkeit und Gesinnung
geweckt werde so, dass sich mit dem blossen Gedanken der
Abweichung vom Sittlichen die kraftvolle Tendenz zur Abwehr
verbinde, welche bei manchen Menschen sich erst nach ge-
schehener Abweichung damit verbindet. Es liegt auf der Hand,
dass dies Ideal sehr abhängt in seiner Realisirung von einem
nicht zu schwierigen Naturell und einer einsichtsvollen Erziehung.

128. Ueber den Ausspruch: Eine Schwäche darf

der Mensch doch haben. Nitzsch (in der praktischen Theologie) erzählt, dass ein Fürst seinem Hofprediger, der ihm über einen Zug seines Wesens Vorstellungen machte, erwidert habe: Eine Schwäche darf der Mensch doch haben. Gleiche Antwort geben viele sonst wohlgeartete Menschen sich selbst mindestens innerlich, sobald sie sich gestehen müssen, dass sie mit einem fehlerhaften Zug behaftet sind. Diese Antwort hat darum oft etwas sittlich Plausibles an sich, weil der fehlerhafte Zug von der Art sein kann, dass er wie eine Erholung und Abspannung von der übrigen sittlichen Bethätigung wirkt und sie aus der Hingabe an ihn gleichsam um so eifriger zu diesen anderen durch und durch sittlichen Bethätigungen zurückkehren, oder der fehlerhafte Zug kann mit der sittlichen Bethätigung so verwoben sein, dass er ihnen selber als untrennbar davon mindestens für sie selber erscheint. Schwäche nennen sie diesen Zug, um anzudeuten, dass er eine Neigung sei, von der sie freilich zugeben müssten, es wäre besser, sie hätten sie nicht, sie nennen sie aber blos Schwäche, weil sich ihr hinzugeben ihre übrige sittliche Bethätigung nicht störe. Solche Schwächen bleibender Art — darin verschieden von dem gelegentlich Bösen, aus welchem manche glauben um so kräftiger aufzutauchen — können klein und gross sein. Man ist theilnehmend, aber man ist auch gern dafür gepriesen; man zeichnet sich aus im Dienst einer Partei mit ehrlicher Ueberzeugung und redlichem Eifer, aber man will auch die äussere Anerkennung dafür; man ist thätig und hülfreich, aber man will auch überall dabei sein und als einer erachtet werden, ohne den es nicht geht; man erweist Wohlthaten, aber die Empfänger sollen sich dafür auch zeitlebens nach einem richten; man entfaltet grosse Thätigkeit, liebt dafür aber auch zu Zeiten rauschende und verschwenderische Lustbarkeiten. Die stille Neigung zu unnöthigem Trunk bei entschiedener Tüchtigkeit in Beruf und Haus ist gleichfalls eine solche Schwäche. Bei starkem sexuellem Vermögen und entsprechenden materiellen Mitteln zur Versorgung der betreffenden Personen und etwaigen Folgen solcher Verhältnisse wird auch, besonders in den höheren Kreisen, ein thatsächliches sich

nicht Binden an die Monogamie unter Wahrung der Formen
und mit Zugeständniss ihrer überwiegenden Erforderlichkeit zu
den Schwächen gerechnet, die der Mensch bei einer im Uebrigen
sittlichen Art haben dürfe.

Solchen Reflexionen ist rundweg zu sagen, dass das Darf
ihres Wahlspruchs kein sittliches Dürfen ist, sondern dass es
heissen muss: der Mensch kann viele sittliche Seiten haben und
daneben auch unsittliche — es ist das nach § 11 nichts Ver-
wunderliches —, er muss aber suchen, die einen durch die anderen zu überwinden oder zu beherrschen, um sich zum sittlichen Charakter durchzubilden (§ 16). Es ist eine Täuschung,
dass das Unsittliche, d. h. das die Menschheit nicht Erhaltende
und Fördernde, sondern Zerstörende und Mindernde sittlich
sein könne, es ist seinem Begriff nach unsittlich und wirkt aus
sich unsittlich. Wer sich thatsächlich nicht an die Monogamie
fest bindet, löst sie auf, verletzt damit die Rücksicht auf die
Ehemöglichkeit Aller und führt thatsächlich zu einer Theorie
ungleichen Rechtes zurück (§§ 102 und 103). Wer dem Trunk
unmässig huldigt, verletzt unmittelbar die Pflicht, für Ernährungsmöglichkeit Aller auch dadurch zu sorgen, dass man sich
auf das Minimum des Genusses herabsetzt, bei welchem Frische
und Kräftigkeit des physischen und des Gesammtlebens besteht
(§ 60). Wer sich rauschenden und verschwenderischen Lustbarkeiten hingiebt neben entschiedener Anstrengung, wirkt an
seinem Theil mindestens dahin, dass das ästhetische Leben in
den Vordergrund gerückt wird, was stets eine Gefahr für die
anderen an sich wichtigen Seiten menschlicher Lebensbethätigung
gewesen ist (§ 88). Für Wohlthaten ist der beste Dank der,
dass sie den Empfänger anregen, gelegentlichen Falles selbst
wieder Wohlthäter für Andere zu werden; kann er es gegen
den Geber selbst, um so besser, aber eine Art Dankbarkeits-
knechtschaft als Dankbarkeit zu bezeichnen heisst verlangen,
dass der Mensch seine Gesammtfreiheit uns opfere, und ist ein
Eingriff in die freie sittliche Individualität des Anderen. Wenn
Dankbarkeit nicht so verkehrt verlangt würde, würde es nicht
so viel Undankbare geben, meinte Lessing, und Schleiermacher

wollte die Dankbarkeit (im gewöhnlichen Sinne) gar nicht für eine Tugend gelten lassen. Wer überall dabei sein will, weil er gern thätig ist, beeinträchtigt die Freiheit und Selbstbethätigung der Anderen und ihre Selbständigkeit, man muss sich zu deren Gunsten eher öfter zurückhalten. Anerkennung soll allerdings denen zu Theil werden, welche sich um etwas Werthvolles verdient machen, aber wer sich dazu vordrängt, drängt nicht blos ebenso Verdiente oft zurück, sondern er schadet auch oft dem Vertrauen in seine Redlichkeit und setzt sich der Gefahr aus, für einen gehalten zu werden, für den Anerkennung der Preis sei, um den er käuflich ist. Ebenso ergeht es denen, die gerne Lob hören für ihre Theilnahme; ausserdem erwecken sie in Vielen die Versuchung, zu übertreiben im Lob, und die, welche gern ehrlich bleiben, auch wo sie Theilnahme bedürfen, nöthigen sie, sich von ihrer Theilnahme auszuschliessen, sie wirken also einer sittlichen Verwendung dieser sittlichen Seite an ihnen selber entgegen.

129. Positive und negative Moral. Schleiermacher (in der Kritik der bisherigen Sittenlehre) hat unterschieden zwischen positiver und negativer Moral oder, wie er es ausdrückt, zwischen einem freien und bildenden ethischen Prinzip und zwischen einem beherrschenden und beschränkenden. Nachdem wir das Böse kennen gelernt, ist es einleuchtend, dass mehr oder weniger beide Arten der Moral, die freie und bildende, und die beherrschende und beschränkende, in jedem Menschen erfordert werden. Die freie und bildende sind die sittlichen Kräfte, d. h. die der Erhaltung und Förderung der Menschheit, den Handelnden immer mit eingeschlossen, dienenden Kräfte, welche sich spontan oder unter Anregung von aussen, gewöhnlich beides zumal, entwickeln. Würden blos solche Kräfte im Menschen sich hervorthun, so würde er die negative Moral nicht nöthig haben. Sofern aber auch unsittliche Kräfte in ihm hervortreten, wiederum spontan oder unter Anregung von aussen, müssen jene sittlichen Kräfte so gewendet werden, dass sie nicht blos für sich positiv, sondern auch den unsittlichen Trieben entgegen, negativ, sie beherrschend oder

beschränkend, wirksam seien, beherrschend, wo die unsittlichen
Kräfte schlechterdings gehemmt werden müssen, beschränkend,
wo nicht so sehr die Kräfte selbst, als die besondere Richtung,
die sie nehmen, oder der Grad, mit welchem sie sich geltend
machen möchten, das Unsittliche an sich haben. Ein Mensch
von lauter positiver Sittlichkeit würde, ohne Kampf mit unsittlichen Regungen, alle seine Kräfte in der Erhaltung und Förderung der Menschheit, ihn selbst mit eingerechnet, unausgesetzt
direct bethätigen. In einzelnen Seiten kommt so etwas annähernd vor. Es giebt Menschen, deren Natur und Freude es
ist thätig zu sein, denen Gütigkeit wie angeboren ist, denen
praktische Verständigkeit im Blute liegt, aber dass alles drei
zusammen in einem Menschen sei und leicht und immer zu-
sammenwirke, ist selten, in manchen Menschen ist jedes von
den dreien schwach, oder es fällt die Ausbreitung der Gütigkeit ihnen schwer u. s. w., und gar nicht selten ist es, dass
geradezu das Schlechtere über das Bessere überwiegt. Es muss
daher zwar an die Keime positiver sittlicher Bethätigung angeknüpft werden, in ihnen allein kann das Gegengewicht gegen
die unsittlichen Kräfte liegen, aber diese Keime müssen so ausgebildet werden, dass sie sich sowohl positiv, als auch zugleich
beherrschend und beschränkend gegen die unsittlichen Regungen
zu bethätigen im Stande sind. Was den inneren Werth betrifft, so entscheidet darüber durchaus nicht, ob einer mehr
positive oder mehr negative Moral hat. Im Allgemeinen kann
man ja sagen, die Sittlichkeit zeigt sich mehr in dem Bösen,
was wir nicht thun, als in dem Guten, was wir thun, eben
weil wir alle einen grossen Theil unserer sittlichen Kraft verbrauchen in der Ueberwindung schlimmer Neigungen, aber gerade diese Ueberwindung ist sittlich, sie dient der Erhaltung
und Förderung der Menschheit. Was man manchmal empfohlen
hat, hemmungslose Entfaltung aller Kräfte, würde zu einem
Kampf und zur gegenseitigen Aufreibung der Menschheit führen
statt zur Erhaltung und Förderung derselben. Man hat so
etwas gewöhnlich empfohlen theils von einer pantheistischen
Auffassung aus, wonach alles in der Welt, weil unmittelbar zu

Gott gehörig, auch gut sein müsse, theils von einer teleologischen Ansicht aus (Rousseau), wonach alle natürlichen Triebe, weil von Gott in uns gepflanzt, auch gute Wirkungen hätten, aber man ist an solchen Hypothesen immer bald stutzig geworden, eben weil sie sich durch die Wirklichkeit nicht bewahrheitet haben. Allerdings kann eine Erziehung, welche von vornherein das Gute anregt und stärkt, das Böse schwächt und zu überwinden versucht, viel beitragen, dass der negativen Moral weniger werde — viele Menschen denken sich unter Moral eigentlich immer nur etwas Restringirendes —, und dafür der positiven Moral um so mehr, aber es ist nicht ausgeschlossen, dass diese Verschiedenheiten, wie sie bisher statt hatten, im Grossen und Ganzen bleibender Art sind. Frische des sinnlichen Lebens, so dass dasselbe als Grundlage irdischer sittlicher Bethätigung erhalten bleibt und dieser in aller Weise unmittelbar und mittelbar 'dient, ist eine Tugend, die selten ohne einige Beherrschung und Beschränkung fort und fort herstellbar ist. Manchen Menschen fällt es leicht, diese Beherrschung und Regelung zu unterhalten, sie haben sich blos vor Uebermass zu hüten (aristotelischer Standpunkt gegenüber der Sinnlichkeit). In anderen würde dieses freiere Gewährenlassen des sinnlichen Lebens eine beständige Versuchung sein, darüber hinauszugehen zu einer stärkeren und rücksichtslosen Sinnlichkeit, sie müssen die sinnliche Seite ihrer Natur immer etwas herabdrücken (platonischer und kantischer Standpunkt). Noch andere müssen die sinnliche Seite, d. h. die Lustgefühle, welche von da aus erregt werden, möglichst ganz unterdrücken, wenn sie nicht rücksichtslos excediren sollen (asketischer Standpunkt). Da in der Jugend Askese ohne Gefahr für das sinnliche Leben, welches die Grundlage auch des sittlichen ist, nicht eigentlich geübt werden kann, so ist der Gang solcher Naturen gewöhnlich der gewesen, dass Askese erst eintrat, nachdem man den sinnlichen Trieben sich mehr oder minder heftig hingegeben, und dabei allmälich das Gefühl der Unsittlichkeit sich eingestellt hatte und zugleich das für diese Naturen einzige Mittel der Befreiung davon. Hier muss in der Jugend sehr vorgebeugt

werden dadurch, dass neben der Pflege des sinnlichen Lebens
Thätigkeit, angestrengte Thätigkeit als die beste und zugleich
positive sittliche Askese angeregt wird; ein Mensch, der an
viel Arbeit mit blos genügender Körperpflege gewöhnt ist und
sich dabei erhält, dem vergeht nach dem Volksspruch aller
Uebermuth. Es giebt aber auch umgekehrt Menschen, deren
Sinnlichkeit, d. h. vegetatives Leben, beständig einer gewissen
Anregung bedarf, damit es nicht in seiner dauernden oder vor-
übergehenden Schwäche eine sittliche Gefahr werde. Manche
Menschen werden böse und zänkisch, wenn sie, hungrig sind,
ohne dass ihnen dabei der Hunger als solcher sofort zum Bewusstsein kommt; dass mangelhafte Ernährung ausserdem die
Gefahr hervorruft, sich durch mehr zerstörende als erhaltende
Mittel ein Gefühl der Lebenskräftigkeit zu verschaffen, ist bekannt. Wie es aber ein verschiedenes Verhalten zu den vegetativen Grundlagen unseres Lebens geben kann und analog zu
den sexuellen Trieben, und diese Verschiedenheiten je nach der
besonderen Individualität alle gleich sittlich sein können, so
hat Aehnliches statt bei den sog. höheren oder geistigen Seiten
des Menschen, der praktisch-technischen Bethätigung und der
intellectuellen, religiösen, ästhetischen Art. Es giebt Menschen,
deren kriegerischer Muth und Tapferkeit hervortreten, sobald
sie gebraucht werden, also an sittlich richtigem Orte u. s. f.,
ausserdem aber sich nicht von sich aus bemerklich machen.
Andere sind zu dieser Art immer aufgelegt, aber es kostet
ihnen nicht viel sich zu sagen: hier gehört das nicht her und
du würdest durch Provokation oder schnelles Eingehen auf eine
solche leicht Unrecht begehen. Noch andere müssen sich sehr
davor zurückhalten; sowie sie sich etwas nachgeben oder die
Gelegenheit zu lockend ist, verfallen sie auf Duelle (Gebildete)
oder unmittelbaren Faustkampf (Ungebildete). Noch andere
endlich fühlen sich beständig zu militärischen Bethätigungen
disponirt, sie suchen von sich aus Kampf und Auslösung der
Muskelkräfte. Alles das braucht nicht zur Unsittlichkeit aus-
zuschlagen, sondern kann sich finden bei sittlichem Bestreben
und sittlicher Einsicht. Die beiden letzteren Arten müssen

womöglich Militär werden, da finden sie eine sittliche Verwendung; wo es nicht geht, müssen sie sich Muskelauslösung suchen
durch Geschäft und Unterhaltung, welche genugsam ermüden,
und ausserdem Gelegenheit zum Streit vermeiden. Es giebt
aber auch nicht wenige Menschen, welche in Bezug auf Muth
und Tapferkeit an sich selbst arbeiten müssen, sich etwas davon
beizubringen. Dass der technische Thätigkeitstrieb verzehrend
werden kann, ist bekannt; es giebt Menschen, die sich nie
genug thun können, wie umgekehrt auch solche, welche immer
des Antriebes bedürfen, um einigermassen genug zu thun. Auch
das intellectuelle Leben, Wissen und Forschen wird leicht über-
wuchernd; schon die Römer heben hervor, dass man der Wissenschaft nicht so ergeben sein dürfe, dass Gefahr des Vaterlandes und unmittelbare Bürgerpflicht davor hintangesetzt werde.
Ausserdem, wie oft wird Gesundheit und das ganze Wohl der
Familie sowie das Leben in und mit ihr ausser Acht gelassen
in einer Art Leidenschaft und verzehrender Hingabe an Studien.
Auch hier kann eine Beherrschung und Beschränkung geboten
sein, und ist zu üben, aber es kann auch umgekehrt Pflicht
sein dem zu geringen intellectuellen Trieb aufzuhelfen; denn
wenn ein Mensch nicht mindestens an irgend etwas einmal effectiv inne geworden ist, was Wissen eigentlich ist, so ist er allem
Aberglauben zugänglich: der intellectuelle Trieb, nicht in intellectueller Weise befriedigt, macht sich in dunklen und tastenden Regungen Luft, Phantasien werden Visionen, Associationen
erscheinen als nothwendige Verknüpfungen, mögliche, d. h. logisch
denkbare Begriffe verdichten sich zu Wirklichkeiten u. s. f.
Welche Gefahren die ästhetische Seite des Menschen in sich
birgt, und wie darin das Gute auszubilden und das Schädliche
zu unterdrücken und zu hemmen sei, ist nicht nur §§ 88—93
ausführlich vorgekommen, sondern § 100 brachte dazu einen
Nachtrag. Mit der Religion ist es nicht anders. Ihr Eigen-
thümlichstes ist nach § 82 die Religiosität, d. h. das Gefühl,
dass unser Leben in dunkle Tiefen hinabreicht und in mehr
idiosynkratischer Weise oft wunderbar angeregt wird. Es giebt
Naturen, welche sich diesem Zuge in sich freudig hingeben,

aber sofort das Bewusstsein haben, dass hier mehr Individuelles
herrscht, als dass eine Verbindlichkeit Anderer für die besondere Art ihrer Religion gerade könnte gefolgert werden. Das
sind die Frommen, die zugleich tolerant sind und nicht abur-
theilen. Anderen fällt es schwerer, nicht ihre Religion für die
einzige und allein wahre und ächte zu halten, aber da sie andere Menschen sehen mit anderer Religion und ihnen hohe Sittlichkeit und individuelle Frömmigkeit nicht abstreiten können,
so dämpft sich von da aus ihr religiöses Ungestüm. Noch andere haben härter mit sich zu kämpfen, sie lassen zwar rechtlich religiöse Freiheit zu, aber intellectuell mindestens möchten
sie ihre Religiosität zum Ein und Alles auch der Sittlichkeit
und der Weltverbesserung machen. Selbst Schleiermacher (in
der christlichen Sitte) hat sich abgemüht festzustellen, dass nur
vom Monotheismus aus die Gleichheit und also Brüderlichkeit
der Menschen, somit das eigentliche Fundament der Moral,
habe ausgehen können. Es war ein Irrthum. In Indien war
Monotheismus und in ihm die festen Kastenunterschiede; ausserdem wenn Gott die einheitliche Ursache von Allem ist, aber
doch viel Ungleichheiten in der Natur von dieser einheitlichen
Ursache gesetzt sind, warum nicht auch in der Menschenwelt?
Die monotheistische Ueberzeugung hat daher an sich nicht die
Gleichheit der Menschen zur Folge, der Gang, in welchem sie
gefunden wurde, war ein viel verwickelterer (§§ 27, 28), und
es muss noch heute der Sinn für Gleichheit nach den Regeln
von § 48 geweckt werden. Eine Ueberschätzung der Religion
ist es auch, wenn öfter behauptet wird, das vertrauensvolle Anlehnen an die Natur und ihre Gesetze in der Neuzeit sei eine
Folge derselben. Es stimmt das nicht mit der Geschichte: das
Mittelalter hatte (durch den Teufel und die Dämonen) eine
gespensterhafte Ansicht von der Natur, die Reformatoren (man
sehe Luthers Tischgespräche) nicht minder; erst die exacte
Naturwissenschaft hat durch den Nachweis der ins Kleinste
und Grösste herrschenden constanten Gesetze und durch die
technische Beherrschbarkeit der Natur das freundliche Verhältniss zur Welt geschaffen. Wie aber im Religiösen eine gewisse

Beherrschung und Einschränkung meist nothwendig ist, so ist für manche Menschen auch Pflicht, den religiösen Zug in sich zu wecken oder wecken zu lassen. Es ist falsch, sich gegen alle mehr individuellen und selbst idiosynkratischen Erregungen grundsätzlich zu verschliessen; denn wo durch solche unser sittliches Leben direct oder indirect reicher oder stärker oder widerstandskräftiger wird, da sind sie ein Gut, und bei der Complicirtheit menschlichen Wesens hat jeder Mensch solche mehr individuelle Seiten, welche sich aber nur in wenigen spontan bethätigen, so dass sie zugleich für andere anregend werden, in den meisten harren sie einer Entbindung durch andere.

Abriss der Rechtsphilosophie.

Aufgabe der Rechtsphilosophie.

1. Philosophiren heisst sich über die letzten Prinzipien der Dinge, dies Wort im weitesten Sinne verstanden, durch wissenschaftliches Nachdenken Gewissheit verschaffen. Die Rechtsphilosophie hat es daher mit den letzten Prinzipien derjenigen Erscheinungen des menschlichen Lebens zu thun, welche wir unter dem Namen Recht befassen. Diese Aufgabe kann nicht genügend gelöst werden durch eine comparative Betrachtung der auf der Erde bis jetzt beobachteten Rechtsbildungen. Eine solche Betrachtung lehrt zwar, dass überall, wo kleinere oder grössere menschliche Gemeinschaften bestanden haben, gewisse Handlungen oder Unterlassungen durch ausdrückliche oder stillschweigende Festsetzungen als für jedermann verbindlich und im Uebertretungsfalle irgendwelche Strafe oder ähnliche menschliche Rückwirkung nach sich ziehend angesehen werden; allein dieser Begriff von Recht ist blos formal, inhaltlich bestehen innerhalb seines Umfanges die grössten Abweichungen, hier individuelles Eigenthum, dort Gemeinwirthschaft, hier Monogamie, dort Polygamie oder Polyandrie u. s. w. Das philosophische Interesse richtet sich aber gerade auf den Inhalt des Rechtes, somit auf die Frage: giebt es überhaupt einen schlechthin zu billigenden, welcher ist dies, warum ist er nicht überall unter den Menschen immer der gleiche, und was stand und steht seiner Verwirklichung im Wege? Wir müssen daher über eine blos comparative Betrachtung der geschichtlichen Rechts-

erscheinungen hinausgehen zu einer Untersuchung über den richtigen Inhalt des Rechtes. Diese Richtung der Untersuchung sollte der frühere Name für Rechtsphilosophie, der des Naturrechtes, ausdrücken. Naturrecht sollte so viel sein wie: ein für alle Menschen, sofern sie Menschen sind, d. h. eine gleiche und bleibende Wesensbeschaffenheit haben, möglicher gemeinsamer Rechtsinhalt. Das frühere Naturrecht hat diese Frage freilich viel zu abstract behandelt und sich um die Mannichfaltigkeit der Rechtsbildungen in der Menschheit zu wenig gekümmert. Darum muss die Rechtsphilosophie durch die comparative Betrachtung des Rechtes fortwährend befruchtet werden, sie kann aber dadurch nicht ersetzt werden. In der That fallen alle Versuche, die Rechtsphilosophie durchaus und gänzlich durch comparative Betrachtung der Rechtsbildungen in der Menschheit zu ersetzen, unwillkürlich in die Rechtsphilosophie zurück, indem sie nicht umhin können, Vergleichungen unter den verschiedenen Rechtsbildungen anzustellen in Bezug auf ihren Werth überhaupt, ihre einzelnen Vorzüge und Mängel u. s. w.; Werthvergleichungen setzen aber, gerade wie materielle Grössenvergleichungen, irgend einen festen Massstab voraus.

Der Begriff des Rechtes.

2. Die bisherigen philosophischen Begriffe von Recht einer Prüfung zu unterwerfen, müssen wir verschieben. Denn um sie zu beurtheilen, müssten wir als Kanon den richtigen inhaltsvollen Begriff ˙des Rechtes schon haben, den wir erst suchen. Einen Anknüpfungspunkt für diese Forschung giebt uns die Beobachtung, dass Recht ein Relationsbegriff ist, d. h. ein Verhältniss zwischen zwei Gliedern aussagt, von denen gewöhnlich beide, aber auf alle Fälle eines der Mensch ist. Man wird somit zu einer Betrachtung des Menschen greifen müssen, um von da Aufklärung über den Rechtsbegriff zu erhalten. So haben es auch fast alle Naturrechtslehrer gemacht, aber man hat oft zweierlei zu wenig beachtet. Erstens betrachtet man den Menschen, wie wir ihn zunächst kennen, als das Bild des Menschen überhaupt, vergessend, dass grosse Verschiedenheiten in der Menschheit angetroffen werden. Zweitens machen viele Rechtsphilosophen die Auffassung des so zu eng begränzten Begriffes Mensch noch einmal abhängig von ihrer theoretischen Philosophie und deren ganz bestimmten Resultaten. So z. B. Ahrens von Krause's Begriff der Vernunft, in dem die Merkmale Erfassung des Absoluten und Unendlichkeit des menschlichen Geistes*) sehr bestreitbar sind; Trendelenburg von seiner „organischen Weltanschauung", d. h. dem Gedanken, dass der Zweck in der Welt durchweg erkennbar walte, ein Satz, über den theoretisch immer noch viel Kampf ist. Man muss daher den Begriff des Menschen so fassen, dass er möglichst frei ist von den controversen Punkten der theoretischen Philosophie.

---

*) „Der Geist ist unendlich", Ahrens, Naturrecht Bd. I S. 242, 6. Auflage.

3. Wir versuchen das Wesen menschlicher Natur so zu ermitteln, dass sowohl die Geschichte als die allgemeine Völkerkunde für die Wahrheit und Richtigkeit unserer Vorstellung zeugt. Wir müssen zu diesem Behuf unseren Blick auf die ganze Menschheit richten, nicht blos auf die Griechen und Römer und die modernen Europäer. So ergiebt sich als specifisches Merkmal des Menschen die Vernunft im formalen Sinne, d. h. alle Menschen haben thatsächlich die Vorstellung von Ursache und Wirkung, Gründen und Folgen, und wenden sie von frühe an, wenn auch oft in sachlich verkehrter Weise. Hierzu kommen noch, als dem Menschen eigenthümlich, die vielfachen Sinneswahrnehmungen, die Treue des Gedächtnisses und die Wortsprache (Waitz). Aus diesen constitutiven Merkmalen des Menschen ergeben sich als consecutive, 1) dass der Mensch aus gemachten Erfahrungen in umfassender Weise lernt und sich so die Natur unterwerfen kann, 2) dass er wissenschaftliche und religiöse Vorstellungen über die Dinge in roher wie in sehr verfeinerter Weise gewinnen mag. Mit diesen theoretischen und technisch-praktischen Grundzügen des Menschen verbindet sich als anderes wesentliches Merkmal, dass er nicht nur mannichfache Triebe, Neigungen, Begehrungen hat, sondern dass er diese auch ihrem Werthe nach mit einander vergleicht, und dass er für sein ganzes Leben etwas schlechthin Werthvolles sucht, was man höchstes Gut, letzten Zweck, befriedigenden Sinn unseres ganzen Daseins, unbedingte Pflicht genannt hat; hierin wurzelt es, dass der Mensch Moral hat.

4. Alle diese Bestimmungen über den Menschen sind formal. Ihnen zufolge ist das menschliche Wesen, soweit wir es geschichtlich verfolgen können, überall auf Erden formal gleich gewesen. Dagegen zeigt die inhaltliche Ausfüllung dieses formal gleichen Wesens in der Menschheit grosse Unterschiede, nicht nur von Volk zu Volk, sondern auch in demselben Volk und in derselben Zeit eines und desselben Volkes. Die wissenschaftlichen, ästhetischen, religiösen, sittlichen Ansichten und Bethätigungen sowohl, als auch die Grade der technischen Fertigkeit und Naturbeherrschung sind stark verschieden gewesen und

sind es noch. Manche von diesen Unterschieden hat man stets in der Menschheit als zulässig betrachtet: die verschiedene Vorliebe verschiedener Menschen in Bezug auf Speise und Getränke hat man im Grossen und Ganzen sich gegenseitig gern tolerirt, an den verschiedenen Arten, das Schöne und überhaupt Aesthetische zu fassen und zu behandeln, sich sogar zum Theil erfreut, in den verschiedenen Neigungen für die oder jene Arten der Lebensbethätigung (Ackerbau, Industrie) meist eine werthvolle Mannichfaltigkeit der Talente gesehen, in Wissenschaft, sofern sie für Theologie und Moral im engeren Sinne indifferent schien, eine verhältnissmässige Freiheit geduldet und selbst als förderlich für die Ausbildung der Wissenschaften gepriesen; dagegen hat in der religiösen und sittlichen Gesammtansicht von der Welt meist jeder Mensch und jede Gruppe von Menschen die ihrige als die alleinwahre und allein wahrhaft menschliche betrachtet.

5. Im Gefühl der Wichtigkeit der religiösen und sittlichen Ansicht und von der Ueberzeugung aus, dass im Religiösen und Sittlichen nur Eine Weltansicht die wahre sein könne, und im festen Glauben, dass die eigene Ansicht diese schlechthin wahre sei, hat man sich gerade bei sehr begabten und thätigen Nationen für befugt gehalten, die eigene Ansicht hierin von allen Menschen zu fordern, mindestens aber jede Abweichung von derselben innerhalb des Volkes, wo sie die allgemeine geworden war, zu verhindern. So verfuhr das untergehende griechisch-römische Heidenthum gegen das aufkommende Christenthum, so das Christenthum, als es Staatsreligion geworden war, gegen das noch vorhandene Heidenthum, so der Islam, so die mittelalterliche Kirche. Auch der Protestantismus war anfangs nicht immer tolerant. Die Ausrottung des Buddhismus durch den Brahmanismus in Indien (c. 7—800 nach Chr.) gehört gleichfalls hierher. Ueber das Gelingen dieser Versuche, eine streng einheitliche religiöse und sittliche Ansicht durchzusetzen, lehrt die Geschichte dies. Gelungen sind sie, wo ein Volk der Ansicht, welche durchgeführt wurde, entweder sofort geneigt war oder sich nach schwacher Abwehr gegen das Neue bald in das-

selbe so hineinlebte, dass ein Zweifel an demselben und ein
Bedürfniss nach anderer Ansicht und Bethätigung nicht entstand. Wo aber solcher Zweifel und solches Bedürfniss entstand, da hat Gewalt auf die Dauer nicht geholfen, sondern
das sich regende Neue oder Abweichende hat sich nöthigenfalls
gegen die ihm angethane Gewalt mit Gewalt behauptet. Beispiele sind das Aufkommen des Protestantismus in den überwiegend germanischen Ländern Europa's, und das Durchdringen
von Glaubens-, Gewissens- und Forschungsfreiheit auch in den
romanischen Ländern. Selbst wo man mit Zwang durchgedrungen ist, da ist es bekannt, dass sich sehr lange und oft unaus-
tilgbar die alte religiös-sittliche Ansicht in der Tiefe des Volks-
bewusstseins erhalten hat, oder die neue Ansicht von der alten
aus sehr stark modificirt worden ist. So drangen viele Elemente des sinkenden Alterthums in den Katholicismus, so hegt
in Peru die Urbevölkerung den stillen Glauben, dass einst das
Incareich werde wieder aufgerichtet werden. Wo Zwang nicht
angewendet wurde und wo die natürliche oder geschichtlich gewordene Volksart der dargebotenen religiös-sittlichen Gesammtansicht nicht entgegenkommt, da ist stets auch wenig erreicht
worden. So ist z. B. der Erfolg der Missionäre in Britisch-
Indien bis jetzt ein überaus unbedeutender gewesen.

6. Auch wo bei Duldung in Bezug auf religiöse und sittliche Ansichten und Bethätigungen Wissenschaft und Leben den
Versuch gemacht haben, durch Gründe oder das Beispiel Gleich-
gesinnter die Verschiedenheit hierin zu überwinden, haben dieselben noch keineswegs zur Einhelligkeit geführt. Von der
Religion ist dies bekannt, aber in der Moral ist es nicht anders. Katholische und protestantische Moral haben tiefe Differenzen. Nach der katholischen Moral ist das contemplative,
d. h. der Betrachtung göttlicher Dinge unmittelbar gewidmete
Leben höher als das active.*) Hauptsächlich und zumeist ist

---

*) Thomas Aquinas Summa theologica Sec. Sec. qu. 182 art. I.
S. meinen Aufsatz „die klassische Moral des Katholicismus", Philosophische Monatshefte, 1879, Juli.

Gott zu lieben.*) Der Mensch muss sodann sich selbst nach
Gott mehr lieben als jeden andern; denn er liebt sich kraft
der Gottesliebe als theilhaftig des höchsten Gutes, welches Gott
ist, der Nächste aber wird geliebt als Genosse in jenem Gut.**)
Wir sollen den Nächsten lieben als (sicut) uns selbst, heisst
nicht, aequaliter uns, sondern similiter uns, nämlich ihn auch
lieben propter deum.***) An sich und wesentlich besteht die
Vollkommenheit christlichen Lebens in der Liebe, und zwar
prinzipiell in der Liebe zu Gott, secundär in der Liebe zum
Nächsten.†) Demgemäss sind die theologischen Tugenden (Glaube,
Liebe, Hoffnung), mit welchen man Gott an sich anhängt, vorzüglicher als die moralischen Tugenden, durch welche man
etwas Irdisches verachtet, um Gott anzuhängen.††) Wer ungehorsam ist dem Gebot der Liebe Gottes, sündigt schwerer,
als wer ungehorsam ist dem Gebot der Nächstenliebe.†††) Die
10 Gebote (der Dekalog) beziehen sich alle auf die Gerechtigkeit: die drei ersten handeln von den religiösen Bethätigungen,
welche der vorzüglichste Theil der Gerechtigkeit sind, die anderen beziehen sich auf Pietät und Gerechtigkeit im gewöhnlichen Sinne als ein Verhältniss unter Gleichen.ª) Gott lieben
ist an sich verdienstlicher als den Nächsten lieben. Da nun das
contemplative Leben direct und unmittelbar sich auf die Liebe
Gottes bezieht, das active Leben aber mehr direct auf die
Liebe des Nächsten geht, darum ist das contemplative Leben
von grösserer Verdienstlichkeit als das active.ᵇ) Für den, der
jemand über sich hat, ist es grösser und besser, sich dem Oberen zu verbinden als den Mangel des Unteren zu ergänzen
(supplere). Darum ist die Liebe, durch welche der Mensch mit
Gott vereint wird, vorzüglicher als das Mitleid (misericordia),
durch welches er die Mängel des Nächsten ergänzt. Indess ist
unter allen Tugenden, welche sich auf den Nächsten beziehen,
das Mitleid die vorzüglichste. Die Summe der christlichen

---

*) Thomas Aquinas Summa theologica Sec. Sec. qu. 26 art. 2.
) Ibid. qu. 26 art. 4.   *) Ibid. qu. 44 art. 7.   †) Ibid. qu. 184
art. 3.   ††) Ibid. qu. 104 art. 3.   †††) Ibid. qu. 105 art. 2.   ª) Ibid.
qu. 122 art. 1.   ᵇ) Ibid. qu. 182 art. 2.

Religion besteht in Mitleid, was die äusseren Werke angeht; gleichwohl geht die Affection der Liebe, durch welche wir mit Gott verbunden werden, vor (praeponderat) sowohl der Liebe als dem Mitleid gegen den Nächsten.*) Da so das Höchste in jeder Weise das contemplative Leben ist mit seinem unmittelbaren Versenken in Gott. so muss, wer dies Höchste erreichen will, auch auf das an sich Erlaubte verzichten, durch das aber der Mensch daran gehindert werden könnte, dass seine Neigung ganz zu Gott sich wende, in welchem die Vollkommenheit der Liebe besteht.**) Zur Vollkommenheit christlichen Lebens gehört darum Armuth, Keuschheit und Gehorsam***), d. h. die Mönchsorden. Damit soll nicht gesagt sein, dass Ehe, Abgeben mit weltlichen Geschäften und Anderes der Art gegen die Liebe sei (charitati non contrariantur), aber es sind Hindernisse, dass diese Liebe ganz effectiv sei (impedimenta actus charitatis).†) Doch sagt Thomas unumwunden: „Die, welche in der Welt leben, behalten etwas für sich und geben etwas Gott; die, welche in einem Orden leben, geben sich und das Ihre ganz Gott.††)

7. Die Reformation war sich ihres Gegensatzes auch in der Moral zur katholischen Auffassung wohl bewusst. Erstens läugnet sie, dass das contemplative Leben höher sei als das active. In der Apologie der Augsburger Confession XIII „von den Mönchsgelübden" heisst es: „Das Mönchsleben ist um nichts mehr ein Stand der Vollkommenheit, als das Leben des Ackerbauers oder Schmiedes. Auch diese sind Stände zur Erreichung der Vollkommenheit. Alle Menschen, in welchem Beruf sie auch stehen, sollen Vollkommenheit erstreben, d. h. wachsen in der Furcht Gottes, im Glauben, in der Liebe zum Nächsten und in ähnlichen geistlichen Tugenden." VIII „von den Menschensatzungen" sagt: „Sodann werden die Gebote Gottes verdunkelt; diese Werke (Fasten etc.) massen sich den Titel eines vollkommenen und geistlichen Lebens an und werden weit vorgezogen den

---

*) Thomas Aquinas Summa theologica Sec. Sec. qu. 30 art. 4.
) Ibid. qu. 186 art. 7.   *) Ibid. qu. 186 art. 6.   †) Ibid. qu. 184 art. 3.   ††) Ibid. qu. 186 art. 5.

Werken der Gebote Gottes, als den Werken des eigenen Berufes eines jeden, der Verwaltung des Staates, dem wirthschaftlichen Leben (administrationi occonomiae), dem ehelichen Leben, der Kindererziehung." Der grosse Katechismus, Th. 1, die 10 Gebote, erklärt am Schluss derselben: „ausser den 10 Geboten giebt es kein Werk, welches Gott gefallen könnte. — — Die gerühmten geistlichen Werke der Heiligen sind selbsterdachte." Zweitens corrigirte Luther ausdrücklich die katholische Fassung der Nächstenliebe. In der Predigt über das Evangelium der Heil. 3 Könige Matth. 2 sagt er: „Item, das Evangelium lehrt, die Liebe suche nicht ihr Eigenes, sondern diene nur dem Anderen. Nun halten sie das Wörtlein Liebe wohl, und scheiden von ihm alle seine Art, da sie lehren, ordentliche Liebe hebe an sich selbst an, und liebe sich am ersten und am meisten." Predigt über die Epistel am 2. Sonntag nach Trinitatis 1. Joh. 3: „Da zeiget er (der Text), was die rechte christliche Liebe sein soll, und setzt das hohe Exempel und Vorbild der Liebe Gottes oder Christi (der sein Leben für uns gelassen). Solches empfängt und fasst das Herz durch den Glauben, und daher auch also gesinnet und geneigt wird gegen seinen Nächsten, dass er ihm helfe, wie ihm geholfen ist, ob er auch sein Leben darüber lassen soll. Denn er weiss, dass er nun vom Tode errettet ist, und der leibliche Tod ihm nichts an seinem Leben schaden noch nehmen kann. Wo aber solches Herz nicht da ist, da ist auch kein Glaube noch Fühlen der Liebe Gottes noch des Lebens." Dem möglichen Auseinanderfallen der Gottes- und Nächstenliebe im Katholicismus hat Luther das stetige Ineinander beider gegenübergestellt in den herrlichen Worten („Von der Freiheit eines Christenmenschen"): „ein Christenmensch lebet nicht ihm selber, sondern in Christo und seinem Nächsten; in Christo durch den Glauben, im Nächsten durch die Liebe. Durch den Glauben fähret er über sich in Gott; aus Gott fähret er wieder unter sich durch die Liebe, und bleibet doch immer in Gott und göttlicher Liebe."

8. Der weitgreifende Unterschied katholischer und protestantischer Moral wäre also dahin zu formuliren, dass dort

das beschauliche Leben unter möglichster Zurückziehung vom
activen das Höchste ist, hier das active Leben, aber durchdrungen von Glaube und Liebe Gottes, das einzig Richtige ist,
dass dort die Abstufung ist Gottesliebe, Selbstliebe, Nächstenliebe, hier Gottes- und Nächstenliebe untrennbar in einander
verlangt werden, dass endlich dort der Nächste geliebt wird
nicht gleich uns, sondern blos ähnlich, wie wir uns selbst lieben,
hier aber die Liebe zum Nächsten eine dienende und aufopfernde
sein soll. Wie verhalten sich nun sowohl die katholische als
die protestantische Auffassung etwa zu der kantischen, als derjenigen, welche in und ausser Deutschland von den philosophischen ethischen Systemen der Neuzeit den tiefsten Eindruck
gemacht hat? Nach Kant hat die praktische Vernunft den
Primat vor der speculativen. Die speculative giebt blos sichere
Prinzipien der Erfahrungserkenntniss und höchstens einen Impuls darüber hinaus, der aber zu keiner Gewissheit führt; auf
Grund der Moral entsteht erst eine praktische Gewissheit Gottes
und der Unsterblichkeit. Nach dem Moralgesetz: handle so,
dass die Maxime deiner Handlung jederzeit Prinzip einer allgemeinen Gesetzgebung werden kann, liebt der Mensch sich
selbst sittlicherweise, sofern er sich nach dem Massstabe liebt,
in welchem alle anderen Menschen gleichsehr mit eingeschlossen
sind. Der Hauptunterschied dieser kantischen Moral sowohl
von der katholischen als der protestantischen ist, dass dort das
Wesentliche auf die natürlichen Kräfte des Menschen basirt
wird, in beiden letzteren auf übernatürliche Vorrichtungen und
Gaben. Davon abgesehen, steht Kant in der Hochhaltung des
activen Lebens auf der Seite des Protestantismus, dagegen ist
sein Begriff der Nächstenliebe abweichend von beiden kirchlichen Auffassungen, der Katholicismus drückt die Nächstenliebe
herab gegen die Selbstliebe, der Protestantismus möchte sie zur
dienenden, aufopfernden Liebe machen gleich der Liebe Christi,
Kant macht sie insofern einander gleich, als wir uns selbst nach
denselben Regeln behandeln sollen, welche die Vernunft für
Andere, weil für Alle, statuirt.

9. In Bezug auf diese bis jetzt unvertilgbaren Verschieden-

heiten in der religiösen und sittlichen Gesammtansicht entsteht die Frage: wie ist es zu deuten, dass gerade hierin solche Differenz herrscht, während z. B. über mathematische Elementarsätze, etwa dass $2 + 1 = 3$, nie ein Dissens gewesen ist? Die Philosophen haben verschiedene Erklärungsgründe hierfür aufgestellt. Nach den Einen hat Gott gerade in den höchsten Fragen keinen Zwang auferlegen wollen, sondern dem Menschen Freiheit der Entscheidung als ein hohes Gut gegeben, indem nur der selbstgewählte Anschluss an die göttliche Wahrheit und die Ergreifung des sittlich-Guten aus eigener Entscheidung vor Gott Werth habe. Nach den Anderen giebt es keine Freiheit, sondern die Mannichfaltigkeit der Ansichten und Bethätigungen ist auch hier eine Folge der sehr mannichfachen körperlichen und geistigen Constitution der Menschen, welche aber doch einer gewissen Modificabilität (durch Erziehung, Belohnung, Strafe, Lob, Tadel) fähig sei. Nach noch Anderen endlich sind jene höchsten Fragen so schwer und verwickelt, dass zwar am Ende der Tage oder in einem künftigen Leben eine vollgültige Einsicht in das allein Richtige gehofft werden darf, aber im gegenwärtigen Leben man sich mit einem ernsten Streben und Bemühen begnügen muss, das aber vor Irrthum und Verfehlung nicht sicher sei. Zu bemerken ist, dass auch im Katholicismus die Theorie für die Freiheitsansicht ist. Die von Haus aus Ungläubigen (pagani et Judaei) sollen auf keine Weise zum Glauben gezwungen werden, weil der Glaube eine Sache des Willens oder der freien Wahl ist.*) Freilich fällt der Katholicismus von dieser Freiheitstheorie wieder ab, sofern er das Beharren im Glauben nicht mehr einen fortwährenden Act der Freiheit sein lässt, sondern gegen Abtrünnige von der Kirche Zwang verstattet und zur Pflicht macht.

Zu unserem Zweck haben wir nicht nöthig uns für eine jener philosophischen Deutungen zu entscheiden, es genügt so zu argumentiren. Ob nun Freiheit, ob Verschiedenheit der Individualität, ob Allmälichkeit der Entwickelung das lösende

---

*) Thomas v. Aquino, Summa theologica Sec. Sec. qu. X art. VIII.

Wort für die abweichenden Ansichten in Religion und Sittlichkeit ist, auf alle Fälle ergiebt sich bei jeder von diesen drei Deutungen, dass ein Zwang gegen Ansicht und Art der Anderen blos darum, weil sie von der meinigen abweicht, unzulässig ist. Zwang ist ja unverträglich mit Freiheit, absurd gegen den innersten Kern einer Individualität, zweckwidrig, wo Allmälichkeit der Entwickelung angenommen wird, welche durch den Zwang nur gestört würde.

10. Unser Ergebniss über die menschliche Natur auf Grund der Ethnologie, Geschichte und Philosophie ist daher dies. Die formalen Grundzüge menschlicher Natur sind zu allen Zeiten gleich gewesen. Die inhaltliche Ausfüllung dieser formalen gleichen Grundzüge ist zwar verschieden oft schon von Mensch zu Mensch, aber diese Verschiedenheit ist nach dem, was die Geschichte und die Philosophie lehrt, prinzipiell zu toleriren. An dies Ergebniss lässt sich der Rechtsbegriff unmittelbar anschliessen, wenn wir noch folgende Betrachtung zu Hülfe nehmen. So verschieden die Ansichten über den richtigen Inhalt menschlichen Lebens sein mögen, sie alle haben doch den Verkehr der Menschen unter einander als wünschenswerth aufgestellt, einen Verkehr, in den wir überdies schon ohne all unser Zuthun gestellt sind und dem sich, auch wer künstlich es wollte, nicht unter allen Umständen entziehen könnte. Es entsteht daher die Aufgabe, diesen Verkehr von Mensch zu Mensch so einzurichten, dass Menschen auch von verschiedener Lebensauffassung mit Freiheit für diese neben einander bestehen können. Die Einrichtungen nun, welche das freie Zusammenleben der Menschen unter einander ermöglichen, und nothwendig sind, damit es sich entfalten möge, sind das Recht, oder, anders ausgedrückt: das Recht ist der Inbegriff derjenigen Forderungen von Mensch zu Mensch, welche für einen auf Freiheit Aller gegründeten Verkehr unerlässlich sind. So werden sich z. B. Ungefährdetheit von Leib und Leben, Möglichkeit Sachgüter zu haben und zu erwerben, Möglichkeit gewisser Arten von Verbindungen unter einander als Rechte erweisen lassen, weil sie den bezeichneten Begriff erfüllen. Die innere Möglichkeit dieses

Rechtes gründet sich darauf, dass alle sittlichen Ansichten mindestens für die äusseren Beziehungen des Menschen Modificabilität seiner natürlichen Art stets zugestanden haben.

Diese Erklärung von Recht zeigt ebensosehr die Beziehung wie den Unterschied des Rechtes von der Moral, und, eventuell, Religion. Das Recht hat eine Beziehung zur Moral, respective Religion, aber nicht eine ausschliessliche Beziehung blos zu einer bestimmten Moral und ev. Religion, sondern ein Verhältniss zu den verschiedenen moralischen und ev. religiösen Hauptansichten; sie alle können das Recht im obigen Sinne begründen. Rechtlichkeit ist daher die Gesinnung und der Wille, die allgemeinen Forderungen freien menschlichen Zusammenlebens zu erfüllen. Diese Rechtlichkeit wurzelt in der moralischen und ev. religiösen Gesinnung, und bedarf mindestens jener als Untergrund, aber dieser Untergrund braucht nicht in jedem Menschen der nämliche zu sein. Unsere Erklärung zeigt auch die Wichtigkeit des Rechtes. Nach ihr ist das Recht die erste Bedingung aller menschlichen Entwickelung, die conditio sine qua non derselben. Es ist zugleich der gemeinsame Boden, auf welchem sonst noch sehr verschiedene Lebensauffassungen zusammentreffen und sich neben einander friedlich und doch jede nach ihrer Art bewegen können.

11. Als fundamentale Bestimmungen für alles Weitere ergeben sich aus unserem Rechtsbegriff unmittelbar folgende Sätze: 1) Alles Recht hat eine Beziehung zur Gemeinschaft und ist nie ohne diese zu denken. Nicht blos eine Beziehung zu anderen Menschen wohnt ihm ein, sondern wegen der ganzen Naturbeschaffenheit der Menschen, wie wir sie allein in der Geschichte kennen, immer auch eine Beziehung zu einer kleineren oder grösseren irgendwie gegliederten Gesellschaft (Familie, Horde, Stamm u. s. w.). 2) Alles Recht hat eine Tendenz zur Positivität, es will gültig und anerkannt sein, geschehe dies nun dadurch, dass es factisch geübt wird und die Einzelnen von diesen Uebungen überzeugt sind, dass sie Rechte sind, oder geschehe es so, dass die einzelnen Einrichtungen auch in der Form äusserer Gesetze auftreten. 3) Das Recht ist Recht

kraft der Natur des Menschen und des menschlichen freien Zusammenlebens; Gewohnheitsrecht und Gesetzgebung sind Ausdruck dieses Rechtes, nicht eine willkürliche und beliebige Erfindung. 4) Um der freien Bethätigung der Menschen willen
ist das Recht ein nothwendiges Erforderniss, um dieser Nothwendigkeit willen ist es erzwingbar gegen den, der es nicht
befolgt, sei es aus Missverstand oder weil er rücksichtslos blos
seiner Neigung und praktischen Ansicht nachgeht. Der Rechtszwang ist nicht immer Strafe; er kann auch bestehen im Ausschluss von gewissen Vortheilen bei Nichteinhaltung eines Ter-
mines, auch darin, dass diejenigen, welche bei einer Wahlhand-
lung nicht erschienen, zu der sie berechtigt waren, sich den
Erwählten der Erschienenen müssen gefallen lassen. 5) Das
Recht bezieht sich seinem Begriff nach auf Willensinhalte, die
erstrebt werden, also auf Zwecke der Menschen oder auf Güter,
und hat insofern ein materiales Prinzip; es lässt aber gleichfalls seinem Begriff nach in diesen Willensinhalten so viel frei
und eben darum für individuelle Ausfüllung offen, als sich nur
mit dem menschlichen Zusammenleben verträgt. Dies ist die
Aeusserlichkeit des Rechtes, welche daher nicht ein Tadel, sondern das höchste Lob ist, nicht eine Leerheit des Rechtes bezeichnet, sondern aussagt, dass das für alle Menschen rechtlich
Gleiche von jedem mit einem individuellen sittlichen Gehalt
nach seiner Selbstbestimmung ausgefüllt werden kann.

12. Vergleichung unserer Definition mit dem römischen
Recht. Die Bedeutung des römischen Rechtes in den Pandekten
beruht nach allgemeiner Annahme darauf, dass sein Inhalt zum
grossen Theil nicht auf der Besonderheit gerade des römischen
Volksgeistes beruht, sondern nichts ist als der Ausdruck allgemein
menschlicher Auffassung allgemein menschlicher Verhältnisse, mit
Meisterschaft entwickelt (Windscheid). Die bei allem Wechsel und
aller Vielgestaltigkeit des menschlichen Gemeinlebens sich stets
gleichbleibenden Verhältnisse desselben nannten die römischen
Juristen Natur. Mit Bezug auf diese Verhältnisse sprechen sie
von naturalis ratio, lex naturae und jus naturale; nur entwickeln
sie den Inhalt des jus naturale stets im engsten Zusammenhang

mit dem praktischen Rechtsleben und jedesmal bestimmt durch
concrete Verhältnisse desselben. Zu dieser Behandlung des Rechtes scheinen die Römer auf praktischem Wege gekommen zu
sein. Zuerst entwickelte sich neben dem streng nationalen jus
civile bei ihnen das jus gentium, als ein Recht für die Angehörigen verschiedener Völker. Bei grösserer Ausdehnung ihrer
Herrschaft führte dies jus gentium praktisch auf die Frage,
was nach der Natur der Sache Rechtens sei, somit auf das jus
naturale. Als Grund dieses jus naturale geben sie dann mit
den Stoikern an die Einheit des Menschengeschlechtes, die
societas humana, oder die natürliche Verwandtschaft (cognatio
quaedam) der Menschen unter einander. Es leuchtet ein, wie
sich bei diesem Bildungsgang des Rechtes das allgemein-Menschliche herausarbeiten musste mit Absehen von religiösen und
sittlichen Verschiedenheiten der Einzelnen. Die Gewinnung des
Rechtsbegriffes war somit auf praktischem Wege ähnlich der,
welche wir oben theoretisch eingeschlagen haben; sie erklärt
die Universalität des römischen Rechtes, d. h. dies, dass sehr
verschiedene Lebensauffassungen sich gleichsehr Vieles aus demselben aneignen konnten. Jene Bedeutung von Natur und
Naturrecht ist die treibende Kraft des römischen Rechtes, dagegen thatsächlich unwirksam gewesen sind die einzelnen allgemeinen Definitionen, die meist äusserlich an die Stoiker erinnern: 1) die des Celsus: jus est ars boni et aequi (nach den
Stoikern sind Theile der Gerechtigkeit die χρηστότης = ἐπιστήμη εὐποιητική· die εὐκοινωνησία = ἐπιστήμη ἰσότητος ἐν
κοινωνίᾳ); 2) die des Ulpian: justitia est constans et perpetua
voluntas jus suum cuique tribuendi (nach der Stoa ist der All-
gemeinbegriff der δικαιοσύνη = ἐπιστήμη ἀπονεμητικὴ τῆς ἀξίας
ἑκάστῳ); jurisprudentia est divinarum atque humanarum rerum
notitia, justi atque injusti scientia (der erste Theil dieser Erklärung ist nachgebildet der stoischen Begriffsbestimmung der
σοφία = θείων τε καὶ ἀνθρωπίνων ἐπιστήμη· wahrscheinlich
will Ulpian diese Begriffsbestimmung durch den Zusatz justi
atque injusti scientia limitiren, so dass seine Meinung war: die
Rechtswissenschaft behandelt göttliche und menschliche Dinge,

soweit dabei die Frage nach Recht und Unrecht in Betracht
kommt). Auch der Begriff Ulpians: jus naturale est, quod
natura omnia animalia docuit, z. B. Verbindung der Geschlechter,
erinnert an Stoisches (τὸ καθῆκον διατείνει καὶ εἰς τὰ ἄλογα
ζῷα) und war von sehr untergeordneter Bedeutung gegenüber
dem jus naturale im obigen Sinne der Römer. Auch die drei
Rechtsgrundlagen, juris praecepta, nach Ulpian, honeste vivere,
neminem laedere, suum cuique tribuere, sind als solche für das
römische Recht ohne allen praktischen Einfluss geblieben. —
Vgl. besonders Hildenbrand, Rechts- und Staatsphilosophie B. 1
das Alterthum S. 600 ff.; Voigt, die Lehre vom jus naturale etc.
der Römer B. 1 § 53 und § 63 Mitte.

13. Vergleichung unseres Rechtsbegriffes mit Bestimmungen
moderner Juristen. Im Allgemeinen haben sich die Juristen
um die letzte Analyse des Rechtsbegriffes weniger bemüht, sie
stellen mehr einzelne Forderungen auf, welche im Rechtsbegriff
enthalten seien. Unser Begriff nun erfüllt z. B. die Forderung
von Ihering (Geist des römischen Rechtes) und Bruns (Ency-
klopädie der Rechtswissenschaft von Holtzendorff), dass Grund
und Zweck eines Rechtes nicht der abstracte freie Wille sei,
sondern der Wille, welcher ein Interesse, einen Nutzen, einen
Genuss verfolge; ausserdem aber lehrt er uns zugleich, welche
Interessen, d. h. Willensinhalte alle im Recht verfolgt werden
können. Nach Bruns hat die sittliche Verschiedenheit der Menschen im Allgemeinen keinen Einfluss auf ihre Rechte; der
Grund der Rechte sei die Freiheit des Menschen, nicht ihr
sittlicher Gebrauch. Auch die Formel Windscheids können wir
uns aneignen, die Rechtsordnung gebe Vorschriften, was gewollt
werden dürfe, oder das Recht bestimme, wie sich auf Grundlage
der verschiedenen thatsächlichen Voraussetzungen die Gränzen der
Willensherrschaft der sich gegenüberstehenden Individuen gestalten. Nur wissen wir durch unseren Begriff, was diese Willensinhalte alle sein können, und wonach die Gränzen der Willensherrschaft der Einzelnen zu bestimmen sind. Von juristischer Seite hat
neuerdings Ihering (der Zweck im Rechte) das Recht allgemein
so definirt: das Recht ist „die Sicherung der Lebensbedingungen

der Gesellschaft in der Form des Zwanges." Diese Erklärung, welche am nächsten steht der des Hugo Grotius, das Recht sei societatis custodia humano intellectui conveniens, trifft einen fundamentalen Punkt, wenn man Gesellschaft in dem weiteren Sinne von Gemeinschaft, Verkehr, Zusammenleben der Menschen überhaupt versteht, sie ist aber (bis jetzt wenigstens) rein formal, und es wird darauf ankommen, wie es Ihering gelingt, einen allgemein gültigen Rechtsinhalt zu ermitteln. Die Dahn (Prantl)'sche Erklärung: „das Recht ist die vernünftige Friedensordnung einer Menschengenossenschaft in den äusseren Beziehungen ihrer Glieder zu einander und den Sachen"*), können wir uns in vielen Punkten ihrer Absicht und ihrer Ausführung aneignen; nur ist dabei vernünftig in ganz relativistischem Sinne gebraucht — „jede Menschengenossenschaft hat ihr eigenes relatives Rechtsideal" —; diesem einseitigen „Historismus" gegenüber ist an der § 1 der Rechtsphilosophie gestellten Aufgabe festzuhalten.

14. Vergleichung unserer Definition mit denen moderner Rechtsphilosophen. Der Tendenz nach kommt unsere Erklärung überein mit der kantischen: „das Recht ist der Inbegriff der Bedingungen, unter denen die Willkür des Einen mit der Willkür des Anderen nach einem allgemeinen Gesetz der Freiheit zusammen bestehen kann." Willkür heisst hierbei nach Kant „das Begehrungsvermögen nach Begriffen, sofern es mit dem Bewusstsein verbunden ist, die Handlung sei vermögend, das Object hervor zu bringen," also Wille mit realisirbarem Inhalt. Auch nach Fichte ist das Recht das Verhältniss zwischen vernünftigen Wesen, dass jedes seine Freiheit durch den Begriff der Möglichkeit der Freiheit des Anderen beschränke unter der Bedingung, dass dieser das Gleiche thue. Beide gründen, wie wir, das Recht auf die Freiheit und das Zusammenleben der Menschen, und trennen das Recht von der bestimmten Moral, bei uns erscheint das Letztere so, dass das Recht das gleiche ist bei möglicher Verschiedenheit der moralischen und religiösen

---

*) Dahn, die Vernunft im Rechte.

Gesammtansicht. Factisch war dies bei Kant und Fichte auch so, aber allerdings treten die möglichen realen Inhalte des freien Willens aus der Erklärung beider nicht deutlich hervor. Ebenso stimmt mit uns das Naturrecht von Snell (in der Schweiz weit verbreitet). Nach Snell ist das Recht „die jedem Menschen nach der Vernunft zukommende gleiche Möglichkeit äusserer Freiheit, oder die gleiche Unabhängigkeit eines jeden Menschen von der Willkür jedes Anderen"; nur muss man den Zug des Menschen zur Gemeinschaft dabei mitverstehen. Total von dieser Auffassung verschieden dagegen ist der Gedanke der Krauseschen Rechtsschule und Trendelenburgs. Nach Krause ist das Recht das organische Ganze der äusseren Bedingungen des vernunftgemässen Lebens; nach Ahrens hat das Recht die Aufgabe, im Organismus des menschlichen Lebens alle Verhältnisse der Wechselbedingtheit unter allen Lebens- und Güterkreisen für die Ermöglichung aller vernünftigen Zwecke zu ordnen; ähnlich ist die Erklärung Röders. Nach Trendelenburg ist das Recht der Inbegriff derjenigen allgemeinen Bestimmungen des Handelns, durch welche es geschieht, dass das sittliche Ganze und seine Glieder sich erhalten und weiter bilden kann. Alle diese Männer verstehen dabei unter vernünftig oder sittlich ihre bestimmte moralische, meist sehr edle, Ueberzeugung; sie geben so dem Recht eine Beziehung zu blos einer sittlichen Ansicht, statt zu einer möglichen Mehrheit sittlicher, resp. religiöser Ansichten. Da nun durch ihre Theorie keineswegs die Mehrheit der Lebensansichten thatsächlich verschwunden ist, so ist bei ihnen die volle sittliche Freiheit oft bedroht, oder aber sie werden ihr zu Liebe inconsequent. Neuerdings ist diese Richtung lebhaft angegriffen worden von Ulrici in seinem Naturrecht. Er legt alles Gewicht auf die freie Subjectivität, aus welcher die eigentliche Sittlichkeit hervorgehen müsse. Das Recht ist nach ihm der Kreis der allgemeinen äusseren Bedingungen der ethischen Existenz und Subsistenz des Menschen, soweit sie durch den Menschen herstellbar sind. Indess da Ulrici die ethische Existenz und Subsistenz blos nach seinem Ziel, der geistigen Bildung, versteht, so verfällt er that-

sächlich in denselben Fehler, das Recht ist ihm eine Vorbedingung blos für seine sittliche Ansicht.

15. Vergleichung unseres Rechtsbegriffes mit der Geschichte.
Unser Rechtsbegriff ist das Ergebniss eines weiten Ueberblickes
über die ganze Menschheit. Es ist also zu erwarten, dass er
nicht der geschichtlich erste sein wird, wiewohl der geschichtlich erste sehr wohl die Tendenz zu ihm in sich tragen kann.
Geschichtlich ist das Recht in den kleineren gesonderten Gruppen der Menschheit entstanden. Es war daher in seinem Inhalt nicht nur abhängig von den äusseren Lebensbedingungen
jeder Gruppe (ob Jäger, Hirten, Ackerbauer u. s. w.), sondern
auch von dem moralischen und religiösen Gesammtgefühl, das
etwa in ihr herrschte. Fühlten sich nämlich alle Menschen
einer Gruppe in sittlicher und religiöser Hinsicht einig, so
wurde ihr Recht unwillkürlich entworfen als die äusseren
menschlichen Vorbedingungen ihrer bestimmten Lebensansicht.
So bei den Griechen, wo Sitten- und Rechtsgesetz nicht eigentlich geschieden waren, in Indien, in China, bei den Muhammedanern, der Tendenz nach auch in der mittelalterlichen Kirche.
Lockerte sich später bei solchen Völkern die Einheit der
Lebensansicht, so wird die Beziehung des Rechtes zur herrschenden Moral und Religion nicht leicht aufgegeben, aber das
Recht so gehandhabt, dass die Andersdenkenden dabei leben
können. Häufig regt sich dann aber auch theoretisch die Ansicht, dass Recht und bestimmte Moral verschieden seien, und
das Recht sich auf das zu beschränken habe, was schlechterdings zur Erhaltung der Gesellschaft und für das Gemeinwohl
erforderlich sei. Von der Art ist z. B. die mittelalterliche Formel, zum Recht gehöre eigentlich nur, Sicherheit und Friede
aufrecht zu erhalten, welche mitten in der theologisirenden
Rechtsrichtung der Scholastik immer ab und zu vorkommt.*)

---

*) Thomae Aquinatis Summa theologica, Prima Secundae qu. XCVIII
art. 1: Est autem sciendum quod est alius finis legis humanae, et alius
legis divinae. Legis enim humanae finis est temporalis tranquillitas civitatis; ad quem finem pervenit lex cohibendo exteriores actus, quantum
ad illa mala, quae possunt perturbare pacificum statum civitatis. Ibid.

Von derselben Art ist Stahl's Formel: das Recht, an sich betrachtet, habe in Folge der sündhaft gewordenen Natur des
Menschen die Aufgabe, den objectiven Bestand der sittlichen
Welt, in Uebereinstimmung mit ihrer ursprünglichen Bestimmung,
jedoch nur nach den äussersten Grenzen zu wahren.

qu. XCIX art. 2: sicut intentio principalis legis humanae est, ut faciat
amicitiam hominum ad invicem, ita intentio divinae legis est, ut constituat principaliter amicitiam hominis ad deum. Ibid. Secunda Secundae
qu. LXIX art. 2: multa secundum leges humanas impunita relinquuntur,
quae secundum divinum judicium sunt peccata, sicut patet in simplici
fornicatione; quia lex humana non exigit ab homine omnimodam virtu-
tem, quae paucorum est, et non potest inveniri in tanta multitudine populi,
quantum lex humana habet necesse sustinere.

Die Hauptrechte überwiegend von Seiten der Einzelnen betrachtet.

16. Alles Recht hat eine Beziehung zur Gemeinschaft. Einen strengen Unterschied zwischen Privatrechten und öffentlichen Rechten giebt es daher nicht. Z. B. der Einzelne hat Eigenthum, aber es ist geschützt und vielleicht auch beschränkt durch die Gemeinschaft; der Staat steht über den Einzelnen, aber gleichwohl besteht er nur aus den Einzelnen und ist ohne diese gar nicht. Indess treten bei manchen Rechtsverhältnissen die Einzelnen überwiegend hervor, in anderen die Gemeinschaft. Daher ist die gesonderte Behandlung beider empfehlenswerth, und zwar wegen der grösseren Einfachheit die Voranstellung der Rechtsverhältnisse der Einzelnen.

17. Der Mensch als rechtsfähiges Subject oder Person. Jeder Mensch hat von Natur Vernunft im formalen Sinne und das Vermögen der freien Selbstbestimmung innerhalb der menschlichen Gemeinschaft: ebendarin besteht seine Rechtsfähigkeit und er ist dadurch Person. Die selbständige Ausübung dieser Rechtsfähigkeit ist aber gebunden 1) an die Ungestörtheit der geistigen Vermögen im formalen Sinne und 2) an eine gewisse Gereiftheit derselben, wiederum im formalen Sinne. Bei geistiger Gesundheit tritt die selbständige rechtliche Handlungsfähigkeit mit der Volljährigkeit ein, welche je nach der Einfachheit oder Complicirtheit der allgemeinen Lebensverhältnisse verschieden angesetzt werden kann, und in die allmälich nach Perioden der Entwickelung überzuleiten ist (z. B. von einem gewissen Alter an selbständige Ausübung der Rechtsfähigkeit bei uns vortheilhaften Handlungen). Dagegen als Person gilt der Mensch vom Moment seiner unabhängigen Lebensfähigkeit an, d. h. von der

Geburt an, und wegen des vollen Vorhandenseins der Bedingungen der Persönlichkeit wird auch der Concipirte von der
Gemeinschaft geschützt und werden ihm seine etwaigen besonderen Rechte vorbehalten. Keinen Einfluss auf Rechtsfähigkeit
und deren Ausübung haben die Geschlechts-, Racen- und Natio-
nalitätsunterschiede, da die wesentlichen Eigenschaften menschlicher Natur von alle dem nicht berührt werden. Die Verschiedenheiten der religiösen und sittlichen Gesammtansicht
dürfen gleichfalls keinen Einfluss hierin haben, sofern sie nur
mit den allgemeinen Forderungen des freien menschlichen Zusammenlebens verträglich sind, im Gegentheil liegt die Möglichkeit solcher Verschiedenheiten mit im Begriff der Persönlichkeit.

18. Diese gleiche Rechtsfähigkeit aller Menschen ist bei
uns so ziemlich, auf der ganzen Erde aber nur wenig durchgeführt. Es stehen ihrer Anerkennung tief liegende Hindernisse
entgegen. Mit unmittelbarer Gewissheit weiss nämlich jeder
nur von sich, von anderen Menschen wissen wir nur in Folge
des Schlusses der Analogie: hier ist ein Leib und sind Bethätigungen desselben, wie bei uns, also wird auch ein Inneres, eine geistige Art gleich der unseren da sein. Nun sind
aber leibliche Unterschiede z. B. von Race zu Race und die
Unterschiede der geistigen Lebendigkeit und Interessen augenscheinlich. Daher war der Schluss auf Unähnlichkeit des
Wesens und somit auf geminderte Rechtsfähigkeit verführerisch.
Aber auch innerhalb derselben Menschengruppe lagen ähnliche
Schlüsse nahe, nach denen die Einen, ihre eigene Art für die
eigentlich menschliche haltend, den Anderen, die nicht genau
diese Art hatten, blos das Recht zuschrieben, ihnen zu dienen
und sich von ihnen leiten zu lassen. Dasselbe ergab sich, wo
man das Recht ausschliesslich in den Dienst einer einzigen
moralischen und religiösen Ansicht stellte; so haben nach
Ahrens noch heute die höher cultivirten Völker ein Cultur-
vormundschaftsrecht, d. h. das Recht, wilde oder halbwilde
Völkerschaften auch durch rechtlich-politische Unterwerfung
nach Möglichkeit für die Cultur zu gewinnen, und in derselben
Sinnesweise handelte der Islam und die mittelalterliche Christen-

heit nicht nur gegen andere, sondern auch gegen einander.
Auch den Frauen gegenüber hat man meist geschlossen: beim
Mann ist das Wesentliche Körperkraft oder Verstand und er
ist dadurch volle Persönlichkeit, bei den Frauen ist die Körperkraft geringer und herrscht mehr das Gefühl, also sind sie nicht
volle Persönlichkeit. Erst nach der Auflösung der im Mittelalter versuchten Einheit der Christenheit und unter dem Eindruck der durch die grossen Länderentdeckungen erweiterten
Welt- und Menschenkenntniss ist man auch bei uns allmälich
dahin gekommen, bei aller Verschiedenheit der Menschen ihre
formale wesentliche Gleichheit herauszufinden. Vgl. Handbuch
der Moral §§ 27 und 28.

19. Recht des Einzelnen an seinem Leben, körperlicher
und geistiger Integrität und Freiheit. Alles Recht ist um der
freien Bethätigung der Einzelnen willen; zur freien Bethätigung
ist aber nothwendige Voraussetzung Leib, Leben und Gebrauch
der körperlichen und geistigen Vermögen. Der Mensch hat somit ein Recht auf alles dieses, d. h. keiner darf das Leben,
den Leib und die Glieder des Anderen oder seine geistigen
Vermögen verletzen, oder ihn an der freien Verfügung über
alles dies hindern, soweit nicht allgemeine Beschränkungen hierin
um des menschlichen Zusammenlebens selber willen einzutreten
haben (Strafrecht, Vertheidigung des Vaterlandes). Gefordert
ist aber nur Enthaltung von directen absichtlich oder fahrlässig
von uns ausgehenden Verletzungen des Anderen, nicht Bewahrung desselben durch uns vor Verletzung und Schaden der Art
überhaupt. Durch das letztere Verlangen würde die individuell-
freie Bethätigung der Einzelnen geradezu beständigen Hemmungen ausgesetzt. Wir sind rechtlich nicht verpflichtet, wenn
irgend wo um Hülfe gerufen wird, solche zu bringen u. s. f.
Auf der anderen Seite ist gleichwohl eine solche Bewahrung
nach den Hauptseiten für alle wünschenswerth. Daher tritt
hier die Gemeinschaft ein durch Errichtung der Wohlfahrtspolizei, welche aber nur in und für dringende Fälle den Einzelnen besondere Thätigkeiten auferlegt. — Rechtlich ist endlich
dagegen nichts zu haben, dass in Fällen äusserster gemeinsamer

Gefahr der Einzelne alles für seine Rettung thun darf, selbst wenn dadurch indirect, aber augenscheinlich Anderer Leben und Leib gefährdet wird, falls jener nicht besondere Verpflichtungen berufsmässig übernommen hat (z. B. Schiffbruch, allgemeine Flucht, um dem Feuertod zu entgehen); denn dem Rechte nach ist jeder dem anderen gleich, darf also sich hier selbst der nächste sein, wenn er will.

20. Jene Rechtsverpflichtungen gegen den Anderen sind unmittelbare Folgen aus der Thatsache seines Lebens und gelten daher von dieser aus, sind darum auch unabhängig von der augenblicklichen Stimmung des Anderen in Bezug auf sein Leben u. s. f. Man darf daher die Tödtung des Anderen auch nicht mit dessen Willen vornehmen, selbst der Arzt den vorausgesehenen Tod nicht direct beschleunigen. Dagegen kann der Selbstmord durch das Recht nicht verboten werden. Denn das Recht geht von der Voraussetzung aus, dass der Einzelne in freier Bethätigung mit Anderen zusammen leben wolle; was aus diesem Zusammenlebenwollen folgt, hat es zu verlangen, dass Einer aber überhaupt leben wolle, geht über seine Ansprüche und ist blos Gewissenssache des Einzelnen. Es kann daher auch den Versuch zum Selbstmord nicht strafen, wohl aber, auf Grund einer allgemeinen Erfahrung, den geistigen Zustand des Betreffenden einige Zeit unter Beobachtung stellen, nicht sowohl gegen ihn selbst, als mit .Rücksicht auf die Anderen. Dagegen ist alle Beihülfe zum Selbstmord untersagt, und die Verhinderung desselben berechtigt, weil geistige Störung oder krankhafte Depression stets wahrscheinlich ist. Auch Selbstverletzungen der Einzelnen können nicht rechtlich bestraft werden, falls nicht besondere übernommene Verpflichtungen dadurch sollen umgangen werden (Militärdienst); denn mit welchem Apparat von Gliedern der Einzelne sein Leben gestalten will, gehört zu seiner individuellen Entscheidung. Dagegen ist Beihülfe Anderer dabei verboten, ausser in Ausübung des ärztlichen Berufes, umgekehrt giebt es aber auch keine Rechtsverpflichtung des Einzelnen, sich ärztlich operiren oder behandeln zu lassen, es müssten denn besondere Verpflichtungen

dazu übernommen sein, wie beim Eintritt in ein öffentliches
Hospital oder beim Militär.

21. Die Unumgänglichkeit dieser Festsetzungen ergiebt
sich auch daraus deutlich, dass indirecte, aber vermeidliche
Selbsttödtungen und Selbstverletzungen unzählliche vorkommen
und die meisten so, dass sie auch von den verschiedenen sittlichen oder religiös-sittlichen Gesammtansichten aus nicht als
nothwendig zur Erfüllung der menschlichen Aufgabe können
betrachtet werden, also bei der Läugnung jener Festsetzungen
müssten rechtlich verboten, ev. bestraft werden. Die meisten
Menschen bringen sich vorzeitig selbst um, den Keim zu tödtlichen Krankheiten legt oft eine bewusst unzweckmässige Lebensweise oder Mangel an zumuthbarer Vorsicht. Es ist keineswegs blos die grundsätzliche Genusssucht, welche so thut.
Manche, die prinzipiell anders gesinnt sind, haben gegebenen
Falles nicht Widerstand genug, nicht bei lebhafter Bewegung der
Lunge einen kühlen Trunk zu thun, nicht nach der Erhitzung
des Balles sich der tödtlichen Zugluft auszusetzen. Wie mancher setzt bei Studien durch Nachtarbeit und Nervenüberreizung
seine Gesundheit aufs Spiel. Der Mann, der eine zahlreiche
Familie hat, arbeitet sich oft zu Tode, nicht direct tödtet er
sich immer dadurch, aber er hat sich so angestrengt, dass etwa
eine Krankheit ihn bei seinem geschwächten Leibe hinrafft, die
er sonst in ein paar Tagen überwunden hätte. Wie will man
ein junges Mädchen verhindern an gebrochenem Herzen über
eine unglückliche Liebe zu sterben, wie ein solcher Fall von
Grillparzer (Bd. 8 „mein Erlebniss") mit Bezug auf ihn selbst
erzählt wird. Operationen auf Leben und Tod kann ein Mensch
sich unterwerfen, auch wenn er es für sich nicht nöthig hätte,
etwa eine Frau, um die Möglichkeit zu haben, Kinder zu bekommen, weil sie es wünscht, oder ihrem Manne zu Liebe.
Man lässt das alles rechtlich unbehelligt, weil man die individuell freie Bethätigung nicht hemmen will; dann muss
man aber auch dieselbe zulassen, wo sie sich in Selbstverletzungen und im Selbstmord äussert. Der Unterschied von
absichtlichem und fahrlässigem Thun würde hier nichts helfen.

Fahrlässigkeit könnte Minderung der Strafe, aber nicht Straf-freiheit begründen. Ausserdem kann man sich absichtlich tödten und verletzen unter dem Schein blosser Fahrlässigkeit: es giebt nicht wenig Menschen (nicht blos unter Frauen), welche die Kraft haben „sich gehen oder hängen zu lassen", d. h. eine Her-absetzung der vegetativen Functionen durch Willen oder durch Mangel an Gegenwillen herbeizuführen, welche zu einem lang-samen, manchmal auch schnellen Hinsterben zu führen im Stande ist. Es muss hier rechtlich Freiheit gelassen werden; dagegen ist es Sache der Gemeinschaft, wenn viele Selbstmorde über-haupt oder in einer bestimmten Klasse (z. B. beim Militär) vorkommen, nachzuforschen, ob nicht Umstände da mitwirken, welche ohne allen Eingriff in die individuelle Freiheit beseitigt werden können, so dass trotz individueller Freiheit die Einzel-nen vorziehen, im Leben zu bleiben.

22. Das Verbot der Tödtung und Verletzung erstreckt sich auch auf das Kind im Mutterschoosse, weil alle Bedingungen der Persönlichkeit hier vorhanden sind, aber es kann die Mutter durch die enge Beziehung des Fetus zu ihr rechtlich nicht in ihrer freien Bethätigung gehindert werden, weshalb gegen fahr-lässige Gefährdung des Kindes durch die Mutter rechtlich nichts zu machen ist. Man kann einer schwangeren Frau nicht recht-lich verbieten, auf der Eisenbahn zu fahren, zu Tanz zu gehen, einen Gegenstand zu heben, Thürklinken blank zu putzen, ob-wohl es feststeht, dass manche befruchtete Keime und selbst schon weit entwickelte dadurch zerstört werden. Man verbietet das nicht, weil andernfalls die freie Bethätigung der Frau, um welcher willen das Recht ist, dadurch schwere Einbusse erlitte, gerade wie man der stillenden Mutter nicht rechtlich eine be-stimmte Lebensweise auferlegt, obwohl unzweckmässiges Ver-fahren hierin (Tanzen, gewisse Speisen) dem Kinde oft Schaden bringen kann. Auch die Monogamie gefährdet oft das Gedeihen des Keimes; der fortgesetzte Umgang mit der Frau in der Schwangerschaft kann die noch wenig festgewachsene Frucht abstossen, aber Vorsicht oder gar völlige Enthaltung fordert das Recht hier nicht. — Im Falle, dass das Leben des Fetus

nur auf Kosten der Mutter zu erhalten wäre, steht dieser die
Entscheidung zu, denn sie darf bei gemeinsamer Gefahr sich
selber der Nächste sein (§ 19); bei Besinnungslosigkeit ist dieselbe zu ihren Gunsten zu suppliren, weil die bisherige Thatsache ihres bewussten Lebens, sofern keine Gegenverfügung
vorliegt, zugleich als ein Lebenwollen aufzufassen ist.

23. Recht auf Aneignung von Sachgütern. Zu seiner individuellen freien Bethätigung bedarf der Mensch fortwährend
einer Menge von Mitteln, für welche er sich letztlich an die
Natur gewiesen findet. Zwischen der Natur und dem Menschen
besteht kein Rechtsverhältniss, da nichts in der Natur die Bedingungen der Rechtsfähigkeit hat; nur die Thiere haben ein
Analogon der menschlichen Persönlichkeit, besonders in der
Werthschätzung, welche sich in den Empfindungen von Lust
und Unlust bei ihnen zeigt; daher muss auch vom Rechte dagegen gewehrt sein, dass sie grausam gequält und gemartert
werden. Der Natur gegenüber verhält sich der Mensch, wie
die Naturdinge unter sich. Diese verfahren unter einander nach
den Gesetzen ihres Wesens, so befolgt auch der Mensch das
Gesetz seines Wesens, indem er zur Realisirung seiner Zwecke
alle ihm aus der Natur erreichbaren Mittel in seinen Dienst
nimmt. Der Mensch verhält sich somit zur Natur aneignend,
sie für seine Zwecke als Mittel verwendend. Dieses Verhalten
zur Natur hat jeder Mensch als Mensch, weil im Allgemeinen
jeder dem anderen in der Bedürftigkeit der Natur gegenüber
gleich ist. Es ist daher eine allgemeine Forderung des Zusammenlebens, dass jeder aus der Natur die Mittel zu seiner individuellen Lebensbethätigung sich aneignen darf, d. h. es giebt
ein Recht auf Aneignung von Sachgütern, und wo diese nicht
unmittelbar verwendbar sind für die Zwecke der Menschen, tritt
hinzu das Recht auf Zurechtmachung für unsere Zwecke (blosse
Occupation und Occupation mit gleichzeitiger oder nachfolgen-
der Specification).

24. Alle Verwendung von Naturdingen für die Bedürfnisse
des Menschen ist letztlich individuell; was ich esse, trinke, an-
habe, der Platz, den ich einnehme, kann nicht gleichzeitig einem

Anderen dienen. Fraglich ist, ob auch Naturdinge als Mittel
für künftige individuelle Bedürfnissbefriedigung im Voraus individuell angeeignet werden sollen, d. h. ob individuelle dauernde
Verhältnisse zu bestimmten Sachgütern oder Privateigenthum
begründet sind. Das formale Wesen des Menschen fordert dies
schlechterdings. Der Mensch als Mensch muss auch in der
Gemeinschaft die Freiheit haben, nach seiner Ansicht zu leben
und sich nach seinem individuellen Ermessen zu bewegen. Zu
dieser individuellen Lebensgestaltung braucht er Sachgüter, über
welche er ausschliesslich nach seiner Ansicht verfügen darf,
d. h. Privateigenthum, soweit die Natur dies möglich macht,
ist allein dem Wesen des Menschen angemessen. Der gewöhnliche indirecte Beweis gegen den Communismus, dass nämlich
bei ihm die Menschen würden möglichst wenig arbeiten und
möglichst viel geniessen wollen, setzt fälschlich voraus, dass alle
Menschen der Moral der sinnlichen Annehmlichkeit und zwar
der Art derselben zugethan seien, welche mehr im Ruhen und
in blos spielender Beschäftigung ihr Genüge findet. Die Sache
liegt tiefer: beim Communismus könnte sich die individuelle
freie Bethätigung nicht geltend machen, diese gehört aber zum
Wesen des Menschen, ihre Niederdrückung drückt die geistige
Lebendigkeit selber nieder, auch da, wo der Mensch dagegen
sittlich ankämpft. Daher treten die gleichen Folgen, die beim
Communismus eintreten würden, überall da ein, wo eine despo-
tische Regierung durch Plünderung und Erpressung Seitens ihrer
Beamten Privat-Besitz und -Erwerb beständig bedroht.

25. Durch diese Auffassung werden auch Hauptzüge in
der Geschichte des Privateigenthums verständlich, namentlich
dass es sich nicht in allen Stücken gleichzeitig und gleichmässig
herausgebildet hat. An Kleidern, Wohnung und dem zum
nächsten Bedürfniss Erforderlichen, wie erlegtem Wild und
Heerdestücken, hat sich früh ein Privateigenthum der Einzelnen
gebildet: wo aber die individuelle Lebensbethätigung innerhalb
des Gemeinbesitzes möglich war, kam der Gedanke an Privateigenthum zunächst nicht, da der treibende Grund für dasselbe
fehlte. Jäger- und Hirtenvölker sehen daher die Jagd- und

Weidegründe als Stammeseigenthum an. Wohl von solchen
Verhältnissen aus ging, wenn Hirten- und Jägervölker zum
Ackerbau übergingen, auch jene Vorstellung und Praxis mit
auf das Ackerland über, wiewohl man hier gewöhnlich mindestens
für ein oder mehrere Jahre die Aecker zu Privateigenthum
überwies. Bei wachsender Bevölkerung bildete sich aber
auch hier volles Privateigenthum aus, weil der Trieb zur individuellen
Bethätigung jetzt nicht mehr anders befriedigt werden
konnte; denn gerade wegen der Menge der Menschen muss
der Einzelne mit möglichster Bestimmtheit wissen, worauf er
als Mittel für seine Bethätigung zu rechnen hat.

26. Die Tendenz, alles zum Privateigenthum zu machen,
was sich dazu eignet, wegen der Individualitätsnatur des Menschen
vollständig richtig, muss aber die Rücksicht in sich aufnehmen
auf die gleiche Bedürftigkeit aller Menschen und das
daraus folgende Recht aller auf Aneignung von Sachgütern (23).
Diese Rücksicht auf die Anderen musste bereits mitwirken bei
der allmälichen Einnahme der Erde durch die Menschheit, da
diese schon irgendwie gruppenweise oder mindestens nicht streng
vereinzelt dabei auftrat. Rücksicht zu nehmen beim Privateigenthum
darauf, dass Andere daneben auch Privateigenthum
haben können, ist daher eine allgemeine Forderung des freien
menschlichen Zusammenlebens und somit eine Rechtsforderung.
Sie gilt natürlich auch dann, wenn die Occupation nur noch
sehr gering ist, und an ihrer Stelle die frei vereinbarte Uebertragung
von Privateigenthum hauptsächlich gegen Ersatz an
menschlicher Arbeit überwiegt. Diese nämlich, und nicht etwa
stete Neutheilung des Privatbesitzes unter die hinzukommende
Generation, hat einzutreten, weil eine solche stete Neutheilung
die individuell-freie Bethätigung fortwährend aufheben, also
Privateigenthum selber factisch aufheben würde; die Arbeit,
welche bei steten Neutheilungen immer noch nöthig wäre, wird
ohne diese, also ohne factische Aufhebung des Privateigenthums,
ein Mittel zum Erwerb von solchem für den Arbeiter. Aber
allerdings muss darum das Privateigenthum von Rechts wegen
so gehandhabt werden, dass möglichste Rücksicht auf Erwerb-

bedürftigkeit anderer Menschen genommen wird. Jenes, das Privateigenthum, darf zwar darunter nicht leiden, auch die Benützung desselben nach der individuellen sittlichen Ansicht nicht, es darf auch der Einzelne nicht die freie Bethätigung der anderen Einzelnen durch besondere Forderungen stören (A hat kein Recht darauf, gerade von B beschäftigt zu werden), aber die Gemeinschaft hat das Recht, mit möglichster Schonung der individuellen Natur des Eigenthums sowohl durch Beschränkungen desselben als durch Erleichterung und selbst Regelung des Sachgüterverkehres dahin zu wirken, dass eine leidliche Befriedigung Aller in Bezug auf Sachgüter realisirbar sei, die Erwerbsfähigkeit und Erwerbsthätigkeit der Einzelnen vorausgesetzt.

27. Diese Rechtsordnung in Bezug auf die Handhabung von Privateigenthum führt, auch abgesehen von Naturgesetzen (dem Gesetz z. B., dass menschliche Bemühung den Ertrag eines Ackers oder das Wachsthum eines Nutzthieres nicht ins Unendliche zu steigern vermag), schon wegen der menschlichen Freiheit und der ihr nothwendig zu belassenden Latitüde zwar nie zu einem goldenen Zeitalter, vermeidet aber sociale Revolutionen (wie etwa die zeitweiligen Reductionen der Privatschulden von Staatswegen im Alterthum oder die auch später vorgekommenen directen oder indirecten gewaltsamen Aenderungen der Besitzverhältnisse), und vermeidet den Socialismus selber oder die sogenannte Organisation der Arbeit, d. h. die Centralleitung aller Production und Consumtion durch die Staatsgewalt, wodurch die freie individuelle Bethätigung unterdrückt würde. Besonders zu beachten ist noch dies: aus der individuell freien Bethätigung und aus der Abhängigkeit derselben von Naturbedingungen folgt unvermeidlich eine Ungleichheit in dem Gelingen der Ausgestaltung des Einzellebens. So sind die Erfolge der Dichter, der Gelehrten verschieden, ein Talent zum Feldherrn giebt noch nicht den Rechtsanspruch, Gelegenheit zur Bethätigung desselben zu finden. Ebenso ist es bei der Aneignung von Sachgütern. Der Einzelne hat hier nur den Anspruch auf Möglichkeit des Erwerbes überhaupt und im Fall

zeitweiliger Unmöglichkeit durch äussere Verhältnisse und im
Fall der Unfähigkeit auf Unterstützung durch die Gemeinschaft,
nicht aber auf Ausgleichung der theils sittlich-freien, theils
natürlich-unaufhebbaren Ungleichheit, sondern ist hier mit
etwaigen Ansprüchen, die er nach dieser Richtung erheben
sollte, vom menschlichen Rechte einfach abzuweisen.

28. Die zwei Momente im Privateigenthum, dass es individuell diesem Einzelnen dienen und doch dabei Rücksicht auf
Andere genommen werden soll, und die Schwierigkeit, hierin
den richtigen Einklang zu treffen, machen es zur Genüge erklärlich, dass in der Geschichte bald das individuelle Moment
sich vordrängt, bald das Gemeinschaftsmoment dagegen reagirt,
die Zeiten des Einklangs beider Momente selten sind, aber
beide Momente sich immer wieder geltend machen. In unseren
heutigen nächsten Verhältnissen sind die Schwierigkeiten diese.
Der Grossbetrieb und die moderne Technik dürfen nicht aufgegeben werden, sie leisten viel mehr als der frühere Klein-
betrieb und die überwiegende Handarbeit. Dagegen wird durch
beide der Einzelarbeiter entgegen der menschlichen Natur zu
sehr entindividualisirt: die Arbeitsinstrumente, der Arbeitsraum
sind nicht sein, die Tageseintheilung hängt nicht von ihm ab;
weil er das Ganze des Getriebes nicht überblickt, wird er nie
darin recht heimisch; durch die vorgeschrittene Arbeitstheilung
ist er in einer überaus einseitigen körperlichen und geistigen
Thätigkeit gehalten, bei Geschäftskrisen ist ihm von dieser
Einseitigkeit aus ein Uebergang zu einer anderen Bethätigung
sehr erschwert. Diesen Uebelständen ist nur theilweise abzuhelfen durch Productivassociationen der Arbeiter, nicht alle
Geschäfte vertragen sie, und sie setzen überdies eine ungefähr
gleiche Bildung der Genossen voraus, die nicht überall in der
erforderlichen Höhe bei Arbeitern zu erreichen ist. Abhülfe
kann weiter sein Erhöhung der Leistungsfähigkeit durch technisch-praktische Schulung, auf Grund hiervon Minderung der
Arbeitszeit, damit die Musse nicht nur für Ausruhen, sondern
auch für solche individuelle Bethätigungen Raum gewähre, welche
die unvermeidliche geschäftliche Einseitigkeit auszugleichen im

Stande sind. Da die Geschäftskrisen meist von den leitenden Kreisen des wirthschaftlichen Lebens mitabhängen, so ist jenen entgegenzuwirken durch Erziehung dieser in nationalökonomischer und rechtlicher Einsicht und durch Verbreitung der Erkenntniss, dass die materiellen Interessen, mit energischer Rücksicht auf die Erwerbsmöglichkeit Anderer getrieben, gerade so Verdienste um die Gemeinschaft sich erwerben, wie hervorragende Leistungen in Staats- und Militärdienst, welcher Erkenntniss der Staat durch hohe Ehrenbezeigungen an solche wirthschaftliche Verdienste Ausdruck geben muss. Ferner muss die Gemeinschaft ihre auf Förderung von Privateigenthum und Privaterwerb gerichtete Thätigkeit ausüben in lebendiger Beziehung mit den wirthschaftlichen Kreisen (Handelskammern, Gewerbekammern, aber auch Arbeiterkammern).

29. Durch die beiden Rechtsforderungen bei Privateigenthum, individuell-freie Bethätigung und Rücksicht auf Eigenthumsmöglichkeit Anderer, ist nicht weiter für oder gegen ein bestimmtes Wirthschaftssystem präjudicirt, als dass jedes solches beiden Momenten Rechnung tragen muss. Was insbesondere die Theorie betrifft, welche von A. Smith ausgegangen ist, so hat diese im höchsten Grade die individuell-freie Bethätigung in sich, die Rücksicht auf Erwerbsmöglichkeit Anderer hatte sie darin in sich, dass sie der Ueberzeugung lebte, das Wohl des Ganzen mache sich bei voller Freiheit der wirthschaftlichen Einzelinteressen von selbst. Diese Ueberzeugung ist freilich in ihrem Ausgangspunkt nicht ohne utopische Beimischung gewesen (Handbuch der Moral § 59) und hat sich durch die geschichtliche Erfahrung keineswegs ganz gerechtfertigt: es sind also ausdrückliche Massnahmen der Gemeinschaft zur Wahrung des Gemeinschaftsfactors nicht ausgeschlossen. Was speciell die Lehre vom vollen Freihandel betrifft, so ist die stets gemachte Voraussetzung dabei, dass jedes Volk von Natur oder durch seine geschichtliche Entwickelung etwas habe, was es unter besonders günstigen Bedingungen producire, und wogegen es dann leicht, was ihm fehle, von anderen Völkern eintauschen könne, deren jedes wieder irgend etwas unter einzigartigen Bedingungen

26*

produciren. Diese Voraussetzung trifft nicht überall zu, so dass
auch der volle Freihandel nicht überall statthaben kann. Der
Grundsatz, ein Volk müsse da kaufen, wo es am billigsten
kaufen könne, erleidet vom Gemeinschaftsfactor des Erwerbes
die Einschränkung: wenn dabei die Kaufkraft aller Theile
der Nation gesichert ist. Wenn bei Freihandel Einige in
der Lage wären billiger zu kaufen, ein grosser Theil aber in der
Lage aus Mangel an Verdienstgelegenheit daheim überhaupt nicht
kaufen zu können, so geht die Sorge für solche Gelegenheit
Vieler vorauf der Sorge für den billigeren Markt Einzelner oder
einzelner Artikel. Ueberdies wird nie eine grössere Gruppe
der Menschheit sich überwiegend blos auf Ein Hauptproduct
beschränken mit ihrer Bethätigung, z. B. alle ackerbautreiben-
den Länder werden bei Zunahme der Bevölkerung auch Klassen
unter sich haben, welche ein städtisches Leben und Industrie-
betrieb vorziehen; von da wirken der Vertheilung, welche der
reine Freihandel sich denkt in den Bethätigungen unter den
Völkern, stets spontane Kräfte von den einzelnen Völkern aus
entgegen. Eine grosse Gruppe von Menschen, welche sich staatlich eins fühlt (s. unten § 64), wird auch stets nach einer gewissen wirthschaftlichen Autarkie streben, wenn ihr nicht ganz
besondere günstige Momente eine solche in anderer Weise
sichern, wie es bei England durch seine Colonien und die alte
Beziehung zu Nordamerika der Fall ist.

30. Folgerungen für den Eigenthumsbegriff aus dem Moment der individuell-freien Bethätigung. Nach dem Obigen ist
Eigenthum die von der Gemeinschaft anerkannte Herrschaft
einer Person über eine Sache. Herrschaft heisst hierbei, dass
der Wille der Person als der Ausdruck ihrer individuellen
Lebensansicht für die Sache entscheidend ist in der Gesammt-
heit ihrer Beziehungen mit Ausschluss jedes anderen Willens.
Darin liegt näher 1) das Recht die Sache zu besitzen oder
auch factisch inne zu haben sammt der Befugniss, sie von
jedem Dritten abzufordern (Vindication); 2) das Recht der Benützung, d. h. des Gebrauches und des Genusses der etwaigen
Früchte; 3) das Recht der Verfügung oder der Veränderung

und Zerstörung der Sache und ihrer Veräusserung, sowohl der vollen als der beschränkten.

31. Folgerungen für den Eigenthumsbegriff aus der Rücksicht auf Eigenthumsmöglichkeit Anderer. Hierher gehören zunächst die Beschränkungen des Privateigenthums, welche im Interesse der Nachbarverhältnisse eingeführt sind, die sogenannten Nachbarrechte (z. B. beschränkte Betretung des fremden Grundstückes, um unsere Sachen abzuholen, Verbot von Anlagen, welche dem Nachbar positiv schädlich sind, Verbot der Immission körperlicher Sachen, aber auch von Rauch, Dampf u. s. w.). Dann gehört hierher die Möglichkeit von Servituten, d. h. davon, dass andere Personen als der Eigenthümer specielle beschränkte Rechte an einer Sache haben können, insofern ein solches Recht unter Umständen vom Richter, wie beim sog. Nothweg, zugewiesen werden kann. Ferner ist Eigenthum der Einzelnen im Interesse Aller ausgeschlossen bei Land- und Wasserwegen, öffentlichen Plätzen und Brunnen, beim Leinpfad an schiffbaren Flüssen u. Ae. Die Beschränkungen des Privateigenthums durch die Gemeinschaft nehmen zu, je complicirter die Lebensverhältnisse werden, d. h. je verderblicher ein Mangel an rechtlicher Rücksicht für Andere wirken würde. Namentlich ist Grund und Boden und die Urproduction im Interesse der Lebensmöglichkeit Aller den Anordnungen der Gemeinschaft nicht entzogen. Diese hat hier das Recht der Expropriation im allgemeinen Interesse, z. B. bei Strassenanlagen, aber auch, wo Besitzer Ackerland dauernd wüstliegen oder verderben lassen. Sie hat das Recht, den Forst- und Jagdbetrieb und den Bergbau von diesem Gesichtspunkt aus an gewisse Regeln zu binden, die Verkehrsmöglichkeiten, also Land- und Wasserstrassen, Posten, Telegraphen, Eisenbahnen u. s. w. bestimmten Anordnungen zu unterwerfen. Sie hat für Erwerbsmöglichkeit nach Kräften zu sorgen durch Entfesselung von Ackerbau, Gewerbe und Industrie, und indem sie nicht blos die Besitzenden schützt, sondern auch die auf Erwerb blos durch materielle oder geistige Arbeit Angewiesenen in ihrer freien Verfügung über die Verwerthung ihrer Kräfte nicht hindert, und bei Widerstreit der

Interessen das Gefühl kräftig vertritt, dass beide Klassen innerhalb jeder Lebensauffassung auf einander angewiesen sind.

32. Folgerungen aus beiden Momenten für Eigenthums-
entstehung. Entstehung von Privateigenthum muss möglichst
von der Gemeinschaft begünstigt werden. Daher ist die Occupation erlaubt, wo noch Gegenstände für sie sind; bei Ackerbau besteht aber die wirkliche Occupation nur im Anbau, bei
Bergbau in der Ausbeutung der Mineralien. Bei uns findet
die Occupation in der Regel nur statt bei weggeworfenem Gut
und bei kleineren Naturgegenständen (Schmetterlinge und In-
secten, manche Vögel, Muscheln, wildwachsende Pflanzen und
Beeren u. Ac.). Die wichtigste und häufigste Art von Entstehung des Eigenthums ist bei uns der Erwerb desselben durch
Succession in das Eigenthum einer bestimmten anderen Person,
wobei also das Dasein und der Beweis des letzteren wesentliche Voraussetzung des Erwerbes bildet. Erforderlich ist daher Kenntlichmachung und Gewissheit der Eigenthumsverhältnisse; bei Mobilien geschieht dies bei uns durch Tradition, bei
Immobilien mehr und mehr durch das Buchsystem. Da aber
auch so noch der Beweis unseres Eigenthums oft schwer wäre
und eine leichte Anfechtbarkeit desselben uns in unserer freien
Bethätigung beständig stören könnte, so ist der vorläufige Schutz
des Besitzes jedem Dritten gegenüber eingeführt, d. h. wenn
wir eine Sache thatsächlich in unserer Gewalt haben und dabei den Willen haben sie für uns zu haben, so werden wir
von der Gemeinschaft gegen jeden Dritten in diesem Besitz
erhalten, bis dieser den Beweis erbracht hat, dass wir nicht
Eigenthümer sind. Um der individuellen Natur des Eigenthums
willen und als Folge des Besitzschutzes ist auch die Verjährung
eingeführt, d. h. wenn wir fremdes Eigenthum, glaubend, es
gehöre uns, längere Zeit (natürlich bei Mobilien und Immobilien verschieden) ohne Einspruch des wirklichen Eigenthümers
gehabt haben, so geht es mit Ablauf der betreffenden Zeit in
unser Eigenthum über.

33. Die Entstehung von Eigenthum durch sog. Accession
oder Verbindung ist zu erklären aus dem Prinzip der mög-

lichsten Individualität des Eigenthums. Wenn ohne Wissen
und Willen von beiden Seiten etwas vom Eigenthum des Einen
zu dem des Anderen hinzutritt, so fällt, falls die Verbindung
fest geworden oder Trennung schwer ausführbar ist, im Interesse der individuellen Benutzbarkeit das Ganze dem Eigenthümer der Hauptsache zu; dem Eigenthümer der Nebensache
aber bleibt ein Anspruch auf den Vermögenswerth derselben.
Ist keine Sache als Hauptsache anzusehen, so tritt Gesammt-
eigenthum ein; bei leichter Trennbarkeit kann auf die Trennung
geklagt werden.   Im römischen Recht wird Grund und Boden
stets als die Hauptsache angesehen, so bei Antreibung eines
Stückes fremden Ackers durch Wassergewalt, bei Pflanzen; ist
ein festes Gebäude auf meinem Grunde aufgeführt, so bin ich
Eigenthümer, aber der Eigenthümer des Materials behält, wenn
ich ihn nicht entschädigen will, ein eventuelles, bis zum einstigen
Abbruch des Hauses suspendirtes Eigenthum am Material. Wegen
der Wichtigkeit des Bodens und der freien Verfügung über denselben sind diese Entscheidungen sachgemäss. Das Zurücktreten
des Wassers, die Entstehung einer Insel und das Vertrocknen
des Flusses behandelten die Römer gleichfalls als Accession zu
den Ufergrundstücken. Mit Unrecht; denn statt der Wasser-
strasse entsteht dann ein Weg, und gehört dem, welchem das
Wasser gehörte, also nicht immer den Ufergrundstücken, sondern gewöhnlich der Gemeinschaft (nur mit Recht des Acker-
besitzers, an das noch vorhandene Wasser zu gelangen) und so
auch die Insel.

34. Aus der Wichtigkeit der Arbeit für Eigenthumserwerb
aufzufassen ist der Schutz der Specification. Wenn ich eine
fremde Sache in der ehrlichen Ueberzeugung, sie gehöre mir,
durch Bearbeitung werthvoller gemacht habe (Specification), so
habe ich einen Anspruch auf den Mehrwerth und darum ein
vorläufiges Retentionsrecht. Wem die Sache schliesslich zuzu-
sprechen, ob dem Eigenthümer des Stoffes oder dem Bearbeiter,
ist zu entscheiden nach dem nachweisbaren grösseren Interesse,
der Verlierende aber muss entschädigt werden. Für nicht
wenige Fälle des Verkehrs lässt sich das grössere Interesse im

Voraus bestimmen und wird bei vieler und kunstreicher Arbeit
auf Seiten des Specificanten liegen. Hingegen bei Verschlechterung der Sache durch Bearbeitung hat der Eigenthümer des
Stoffes Ersatz für diesen oder für den Minderwerth zu verlangen. Das römische Prinzip bei der Specification, dass die
bearbeitete Sache eine neue Sache sei und vom Specificanten
als res nullius occupirt werde, ist unhaltbar. Da alles beständig
in Veränderung ist, so müsste consequenterweise alles unaufhörlich von neuem occupirt werden, was jede ruhige Sicherheit
des Eigenthums ausschlösse. Auch die justinianische Entscheidung, dass, wenn die Sache nicht mehr in ihre frühere Gestalt
könne gebracht werden, sie an den Verfertiger, anderenfalls an
den Eigenthümer des Stoffes falle, ist nicht aufrechtzuerhalten,
da das letztere gerade bei den bedeutendsten Arbeiten, z. B.
Guss einer Statue oder Glocke, geschehen könnte, und die aus-
helfende Unterscheidung von wesentlichen und unwesentlichen
Veränderungen zu unbestimmt ist.

35. Aus der Wichtigkeit der Arbeit für Eigenthumserwerb
ist ferner aufzufassen das Recht auf geistiges Eigenthum, d. h.
das Recht über unsere wissenschaftlichen und künstlerischen
Erzeugnisse und unsere technischen Erfindungen so verfügen zu
können, dass uns daraus ein Vermögenserwerb zu Theil werde.
Dies wird durch beliebigen Nachdruck oder Ausschreibung und
Nachbildung verhindert. Wann aber diese Fälle vorliegen, und
wo sie unsere Erwerbsmöglichkeit schädigen, und wie weit der
Schutz geistigen Eigenthums auszudehnen ist, da z. B. geschehene
Erfindungen Anderen die Möglichkeit nicht nehmen dürfen, die
gleiche Erfindung früher oder später zu machen, ist oft schwer
zu entscheiden, und es empfiehlt sich daher, den interessirten
Kreisen fortwährend anheimzugeben, aus der Prüfung bestimmter
Fälle der Praxis Regeln zu gewinnen zur Weiterbildung des
positiven Rechtes, ähnlich wie das moderne Handels- und Wech-
selrecht vielfach aus den Uebungen im Verkehr der Handels-
kreise hervorgegangen ist.

36. Die nothwendige Ergänzung der Lehre vom Eigenthum
sind die auf Eigenthumserwerb gehenden Verträge. Es sind

dies freie Vereinbarungen unter zwei oder mehreren bestimmten
Personen zu ganz bestimmten vermögensrechtlichen Handlungen,
sog. Leistungen für einander oder des Einen für den Anderen
(Obligationen). Ihre Veranlassung ist das Bedürfniss des Erwerbes von Sachgütern für die besonderen Lebenszwecke, ihre
rechtliche Verbindlichkeit gründet sich darauf, dass es eine
Forderung des menschlichen freien Zusammenlebens sein muss,
dass derartige übernommene Verabredungen gehalten werden,
weil anderenfalls die individuelle Lebensbethätigung beständig
gehemmt, gestört, ja unmöglich gemacht würde. Verträge sind
in der Regel zweiseitig oder entgeltlich, wie Tausch, Miethe,
Dienstmiethe, Mühewaltungsvertrag, verzinsliches Darlehen, zu
deren Sicherung Verpfändung und Verbürgung hinzutreten können;
sie können aber auch unentgeltlich sein, d. h. in einer einseitigen Leistung bestehen ohne Bestimmung einer Gegenleistung,
z. B. Schenkung, Erlassung oder Stundung von Schulden, Ab-
tretung einer Forderung oder eines Rechtes, Aufbewahrung von
Sachen, Besorgung eines Auftrages, Leihen zu einem bestimmten
Gebrauch, unverzinsliches Darlehen. Der Begriff des Vertrages
verlangt nur, 1) dass die Versprechungen in der ganz unzwei-
deutigen Absicht von den Theilen gegeben und angenommen
worden sind, den einen dem anderen oder beide gegenseitig
zu einer Rechtsleistung zu verbinden (daher die Solennitäten
der Verträge), 2) dass sie freie und in demselben Inhalt zu-
sammentreffende Vereinbarungen sind. Wesentlicher Irrthum
oder absichtlich von der einen Seite erzeugter Irrthum und
widerrechtliche Einschüchterung durch Drohungen machen daher den Vertrag nichtig oder anfechtbar. Ungültig sind die
Verträge, welche auf physisch unmögliche oder rechtlich verbotene Dinge gehen.

37. Einzelnes zur Lehre von den Verträgen. 1) Die Frage,
ob der Vertrag Ausdruck des blossen Willens oder der vernünftigen Interessen des Menschen zu sein habe, ist dahin zu
beantworten, dass er Ausdruck des Willens ist, sofern er menschliche allgemein-nachfühlbare Interessen zu seinem Inhalt hat,
vorausgesetzt, dass sie mit dem freien Zusammenleben sich ver-

tragen. Daher schützt das Recht allerdings Verträge der blossen
Laune nicht, und verlangt, dass die Verträge nicht contra bonos
mores seien, aber nicht im Sinne einer bestimmten Moral, sondern nur in dem Sinne, dass sie nicht gegen die dem Vertrags-
recht entsprechenden Gesinnungen und Zwecke verstossen, z. B.
ein Vertrag, durch welchen sich jemand ein gebotenes Verhalten noch besonders abkaufen lässt, ist ungültig.

2) Da bei einseitigem Vertrag keine Gegenleistung aus-
gemacht ist, so darf sie auch nicht stillschweigend doch angenommen werden, wie geschieht, wenn Schenkungen wegen
grober Undankbarkeit sollen widerrufen werden dürfen.

3) Wegen der Bedürftigkeit Aller haben, wie das Eigenthum, so auch die vermögensrechtlichen Verträge das Moment
der Rücksicht auf Erwerbsmöglichkeit Anderer in sich. Früher
suchte man dies zur Geltung zu bringen durch besondere Rechts-
wohlthaten, z. B. bei Verletzung über die Hälfte des Werthes
im Verkaufsvertrag, durch Nachsehen des Rechtsirrthumes bei
Frauen, Soldaten und Ungebildeten, durch die Wuchergesetze.
Soweit diese Hülfen sich für den Verkehr nachtheilig erwiesen,
hat man sie meist aufgehoben, und sucht Ersatz durch Benützung nationalökonomischer Erfahrungen Seitens der Gemeinschaft in Eigenthums- und Verkehrspolitik und durch möglichste
Erhaltung der Erwerbsfähigkeit, wohin auch die Aufhebung der
Schuldhaft und die Ausdehnung des Nothbedarfs bei Zahlungs-
unfähigen gehört, wobei freilich auch eine Einwirkung möglich
sein müsste, dass solche Wohlthaten nicht wiederholt leichtsinnig missbraucht werden.

38. Fortsetzung. 4) In den Verhältnissen des menschlichen Verkehrslebens ist das freiwillige gelegentliche Eintreten
für Andere, die sog. Besorgung fremder Angelegenheiten ohne
Auftrag, jedem wünschenswerth. Wenn daher diese Geschäfts-
führung sowohl an und für sich als in Betreff ihres Masses im
Interesse dessen gelegen hat, für den sie geschehen, so dass er
sie auch selbst würde gemacht haben, so muss dem Geschäfts-
führer Ersatz für seine Auslagen geleistet werden.

5) Jedem Einzelnen kann es wünschenswerth sein, sich zu

vermögensrechtlichem Behuf mit Anderen frei zu verbinden.
Gesellschaften zu diesem Zwecke müssen daher rechtlich erlaubt
sein. Gesellschaften im engeren Sinne sind sie, wenn ihr Bestand lediglich in den Willen der einzelnen Theilnehmer gelegt
ist (societas); dagegen Associationen oder Genossenschaften,
wenn der bleibende Zweck der Sache mit Einrichtungen zu
seiner Realisirung als das Dauernde betrachtet wird, das un-
berührt bleibt vom Ab- und Zutritt einzelner Mitglieder. Sofern eine solche Gesellschaft mit Einem Willen erscheint und
handelt, heisst sie juristische Person.

39. Die Lebensbethätigung des Menschen ist nicht abgeschlossen mit dem auf Eigenthum und Erwerb gerichteten
Verkehr. Eine wesentliche weitere Seite menschlichen Lebens
ist zunächst der freie gesellige Verkehr in Freundschaft, Umgang, Erholung. Es ist somit eine allgemeine Forderung des
freien menschlichen Zusammenlebens oder ein Recht, dass diese
Verhältnisse ihrer besonderen Natur nach, die durchaus individuell ist und einer für alle verbindlichen Regelung widerstrebt,
ungehindert sich entfalten dürfen. Auch grössere Vereinigungen
zu diesen Zwecken müssen rechtlich erlaubt sein. Soweit bei
solchen geselligen Vereinen vermögensrechtliche Verhältnisse
mitvorkommen, sind sie den allgemeinen Rechtsregeln hierüber
unterworfen, und sofern die Vereine feste Statuten oder Herkommen haben, kann der Einzelne, welcher sich gegen dieselbe-
ben behandelt glaubt, auch den Ausspruch der Gerichte, welche
dabei als Ehrengerichte fungiren, anrufen; aber in die Gestaltung und Vollführung ihrer inneren Zwecke mischt sich das
Recht nicht, sondern überlässt dieselben der freien gesellschaft-
lichen Auffassung und Beurtheilung. So wenig daher auf das
Innehalten eines Versprechens zum Spazierengehen oder zum
Tanzen geklagt werden kann (Ihering), ebensowenig sollten
Spiele und Wetten, da sie lediglich ihre Stelle in der Belebung
freier Geselligkeit haben, zu den vermögensrechtlichen Verträgen gerechnet und klagbar gemacht werden können. Sofern
aber die Geselligkeit eine Art annehmen würde, welche den
allgemeinen Rechtspflichten widerspräche oder ein Abfall von

der Natur geselligen Seins wäre, ist Einschreiten der Gemeinschaft zulässig: demnach ist gewerbmässiges Hasardspiel verboten, das Duell als eine Art gesellschaftlicher Ehrenerklärung unzulässig (nach §§ 19, 20).

40. Eine fernere Bethätigung des menschlichen Lebens besteht in wissenschaftlichen und künstlerischen Bestrebungen, diese im weitesten Sinne genommen. Auf Grund der Betrachtungen § 4—10 ist mit Bezug hierauf allgemeine Forderung des freien menschlichen Zusammenlebens oder ein Recht, Freiheit des Wissenschafts- und Kunstbetriebes und zwar innere und äussere Freiheit gleichsehr; denn ohne den Austausch der Ideen erlahmt und erschlafft das individuelle geistige Leben. Auch die Vereinigung zu wissenschaftlichen und künstlerischen Zwecken ist ein Recht, geschehe sie mehr in freier Weise oder in wirklichen Genossenschaften, d. h. Vereinen mit dauernden Zwecken und Einrichtungen bei möglichem Wechsel der Mitglieder. Natürlich sind die Einzelnen und die Vereine den bisher entwickelten Rechten unterworfen und dürfen nichts gegen sie thun, obwohl sie theoretisch auch diese Verhältnisse frei erörtern können; nur Handlungen gegen diese Rechte oder Beginne von Handlungen, wozu aber nicht die blosse Möglichkeit gehört, dass aus theoretischen Erörterungen Handlungen entstehen könnten, sind verboten. Die positive Förderung von Kunst und Wissenschaft durch die Gemeinschaft bezieht sich ganz richtig vorzüglich auf die Seiten derselben, wodurch sie für Erwerb und Erwerbsfähigkeit im weitesten Sinne nützlich werden können; denn von diesem Gesichtspunkte aus haben nicht nur alle Lebensansichten gleichsehr ein Interesse daran, sondern unter diesem Gesichtspunkt hat auch die Gemeinschaft das Moment der Rücksicht auf Erwerbsmöglichkeit Aller um seiner übergreifenden Wichtigkeit willen in ihnen zur Geltung zu bringen. Erst allmälich hat man dies mehr und mehr eingesehen und demgemäss von Seiten der Gemeinschaft für Schulen, Universitäten, Kunstakademien und was mit allem dem zusammenhängt, mehr gesorgt.

41. Es ist § 4—10 festgestellt, dass es mehrere sittliche

und religiös-sittliche Hauptansichten in der Menschheit stets
gegeben hat, und dass die Entscheidung für eine bestimmte
nur als durch den Einzelnen selbst im letzten Grunde erfolgend
angesehen werden kann. Freiheit der sittlichen Lebensansicht
ist daher eine allgemeine Forderung des menschlichen Zusammenlebens oder ein Recht. Als wirkliche Freiheit ist sie innere
und äussere zugleich, und schliesst die Befugniss ein, dass die
Einzelnen von gleicher sittlicher Lebensansicht sich zusammenthun können in Vereinen und Genossenschaften zum Zweck der
Belebung und Förderung ihrer sittlichen Ueberzeugung im Ganzen oder nach einzelnen Seiten. Da sich mit jeder sittlichen
Ansicht eine religiöse verbinden kann, so ist religiöse Freiheit
in gleicher Ausdehnung ein Recht, wozu aber auch gehört die
Möglichkeit der Freiheit von aller Religion. Dauernde Vereinigung zum Zweck der Belebung und Förderung des religiös-
sittlichen Lebens mit festen Einrichtungen bei möglichem Wechsel der Mitglieder ist der Begriff der Kirche, deren es um der
religiösen Freiheit willen mehrere geben kann. Die Kirchen
sind somit ihrem Begriff zufolge freie Genossenschaften innerhalb der allgemeinen Rechtsgemeinschaft. Sie gestalten daher ihre
inneren Verhältnisse frei nach ihren besonderen Ansichten; es
steht ihnen auch zu die Verwerfung anderer Religionen und
Ansichten als unrichtiger und vor Gott falscher, aber sie haben
das irdische Recht, anders zu denken und zu handeln, anzuerkennen, eben weil religiöse und sittliche Freiheit eine allgemeine Forderung menschlichen Zusammenlebens ist. Sie sind
daher, gerade wie die sittlichen Vereine, auch allen anderen
gleichen Forderungen, d. h. den bisher entwickelten Rechten
unterworfen, und was gegen diese verstösst, wie Menschenopfer,
Verstümmelung durch Andere, Anerkennung von Besitz und
Obligation blos für Gläubige in ihrem Sinne, Gewalt gegen
Ketzer, darauf müssen sie verzichten. Die inneren Verhältnisse
zu ihren Mitgliedern, soweit sie dem allgemeinen Recht nicht
entgegen sind, gelten als besondere freie Vereinbarungen, in die
sich das allgemeine Recht nicht mischt, also auch keinen Zwang
zu ihrer Erfüllung ausübt, ausser wo allgemeine Rechtsverhält-

nisse in Frage kommen. Eine Kirche kann daher auf übernommene vermögensrechtliche Verpflichtungen gegen ihre Mitglieder klagen, von ihrem Hausrecht gegen Ausgestossene Gebrauch machen, aber auch das Kirchenmitglied kann, wie jedes Mitglied einer Genossenschaft, wegen Behandlung gegen die Statuten die Entscheidung des allgemeinen Rechtes anrufen (apellatio tanquam ab abusu). Ein Interesse der Rechtsgemeinschaft an den einzelnen Kirchen ist nicht ausgeschlossen, müsste sich aber wegen der gleichen religiösen Freiheit allen ähnlichen Vereinen zuwenden, eventuell auch Gemeinden von Freidenkern (Corporationsrecht, Recht Vermächtnisse zu empfangen etc.).

42. Die ganze Frage hat theoretisch keine Schwierigkeit, sobald man sich überzeugt hat, dass das Recht als der Inbegriff der allgemeinen Forderungen des freien menschlichen Zusammenlebens ein gleiches für Alle ist bei möglicher Verschiedenheit der bestimmten sittlichen und religiös-sittlichen Ansichten, und dass die bestimmte sittliche und religiöse Ansicht, was von den letzteren meist anerkannt ist, schliesslich auf freier Annahme beruht, also auch niemals aufgezwungen werden darf. Die praktische Schwierigkeit war aber hier immer, den Irrthum zu überwinden, dass eine religiöse und sittliche Ansicht, welche sich für die allein wahre hält, darum auch ein besseres menschliches Recht habe, was so wenig folgt, als dass eine wissenschaftliche und künstlerische Ansicht, welche sich für die allein richtige hält, darum einen rechtlichen Vorzug erlange. Dieser Irrthum wird freilich so lange dauern, als noch Versuche gemacht werden, das Recht auch wissenschaftlich als die Vorbedingungen oder äusseren Voraussetzungen einer bestimmten religiös-sittlichen Ansicht zu fassen. Jede Religion und sittliche Ansicht ist auf ihre innere Ueberzeugungskraft anzuweisen, mit der sie versuchen mag die Menschen frei zu gewinnen, rechtlich sind sie, sofern sie den allgemeinen Forderungen des menschlichen freien Zusammenlebens entsprechen, alle gleich. Selbst wenn in einem Lande alle Einer Religion angehörten, so müsste das als ein Zustand betrachtet werden, von dem um der menschlichen Freiheit willen jeden Augenblick Abweichungen

eintreten können. Jenem Irrthum sind 'aber in der Geschichte fast alle Religionen, sobald sie zahlreiche Bekenner hatten, zeitweilig unterlegen und haben dadurch immer von Neuem Massregeln zur Aufrechterhaltung des allgemeinen Rechtes gegen sie nothwendig gemacht: daher ist für die Gemeinschaft im Verhältniss zu den verschiedenen Kirchen das jus inspiciendi cavendi unerlässlich.

Anm. Bei uns wird wegen ihrer praktischen Regsamkeit meist nur die römisch-katholische Kirche als das allgemeine Recht bedrohend angesehen, aber ihrer Theorie nach ist dies die protestantische Kirche in ihren grossen Erscheinungen nicht minder. Nach den orthodoxen Dogmatikern der lutherischen Kirche (H. Schmidt, die Dogmatik der ev. luther. Kirche dargestellt und aus den Quellen belegt, 3. Aufl. 1853, § 60 Magistratus politicus) sind praecipua officia magistratus politici: 1) curam gerere utriusque tabulae decalogi, quod ad externam disciplinam attinet; 2) ferre leges de negotiis civilibus et oeconomicis, juri divino et naturali consentaneas. — Magistratus civilis ordinatus est ad bonum publicum, idque quadruplex: 1) ecclesiasticum, sunt enim reges nutritii ecclesiae et episcopi extra templum; 2) civile, dum civium commoda tuetur et hostes externos a finibus patriae propulsat; 3) morale, quatenus honestas praescribit leges, quibus subditi in officio continentur, ut vitam tranquillam agant in pietate et honestate; 4) naturale, quo imperantes prospiciunt subditis de commeatu et aliis necessariis. — Circa res sacras occupatur magistratus: sollicite observando et exercendo, quae omnibus hominibus salvandis sunt credenda et agenda Ps. II, 10—12. — Im Einzelnen gehört hierzu: in haereticos — inquirere, et, ut sese judicio sistant, compellere; convictos haereseos — punire, manifestas et ab ecclesia damnatas haereses cultusque idololatricos abrogare. Endlich: necessario debent christiani obedire magistratibus suis et legibus, nisi cum jubent peccare; tunc enim magis obediendum est deo quam hominibus unter Berufung auf Act. V, 29 (eine Stelle, welche nach grammatisch-historischer Interpretation nichts sagt als: wir lassen uns unsere religiöse Ueberzeugung nicht nehmen und uns nicht verhindern, dieselbe Anderen zu verkündigen, also religiöse Freiheit für ein Recht erklärt).

43. Eine weitere Bethätigung des individuellen Lebens ergiebt sich aus der Differenz der Geschlechter. Jeder Mensch kann das Bedürfniss der geschlechtlichen Ergänzung haben, mag dies mehr ein physisches sein oder zugleich eine Ergänzung im Geistigen gesucht werden. Es ist somit eine allgemeine Forderung des freien menschlichen Zusammenlebens oder ein Recht, dass Menschen verschiedenen Geschlechtes sich zur Ergänzung in dieser Hinsicht vereinigen dürfen. Die individuell-freie Vereinigung von Mann und Frau zur dauernden geschlechtlichen Ergänzung ist das constitutive charakteristische Merkmal im Begriff der Ehe. Naturrechtlich anzuerkennen ist die Ehe nur als Monogamie und zwar aus einem für alle Lebensansichten gleichsehr verbindlichen Grunde. Da nämlich jeder Mensch das Bedürfniss nach geschlechtlicher Ergänzung haben kann, so ist, wie bei Eigenthum und Erwerb das Moment der Rücksicht auf die Möglichkeit der Bedürfnissbefriedigung Anderer obwaltete, auch hier die Rücksicht auf die Möglichkeit geschlechtlicher Ergänzung Anderer massgebend. Dies wird, wie bei Eigenthum und Erwerb, durch die Gemeinschaft zur Geltung gebracht und zwar dadurch, dass sie nur die Monogamie in der Ehe anerkennt, weil überall auf der Erde das männliche und weibliche Geschlecht um die Zeit der Geschlechtsreife in nahezu gleicher Anzahl vorhanden ist. Dieser Gesichtspunkt und somit die rechtliche Monogamie ist noch wenig auf der Erde durchgeführt. Ihr stehen im Wege, 1) dass den Frauen nicht überall mit den Männern gleiche Rechtsfähigkeit zuerkannt ist (§ 18), und somit die Möglichkeit ihrer vollen Einwirkung auf dies Verhältniss wegfällt; 2) dass, sieht man ab von der obigen Rücksicht, welche erst durch die Statistik ganz fühlbar gemacht worden ist, ein durchschlagender Grund für Monogamie und gegen Polygamie und Polyandrie, welche letztere die Kehrseite der Polygamie ist, fehlte (s. Moral § 102); 3) dass die vielfach herrschende ausschliessliche Betonung der Fortpflanzung bei der Ehe oft dazu geführt hat,

dass der Mann mit der schwangeren oder stillenden Frau keinen
Geschlechtsumgang hat, was dann leicht, da das Bedürfniss auch
dann für ihn fortbesteht, zur Polygamie drängt.

44. Weil die Geschlechtsergänzung das constitutive Merkmal der Ehe ist, ist die Ehe ein Verhältniss von eigenthümlicher Natur und fällt nicht unter den Begriff des Gesellschafts-
vertrages. Dagegen ergeben sich aus der dauernden und wegen
der Monogamie ausschliesslichen Geschlechtsergänzung als consecutive wesentliche Merkmale das Zusammenleben und Zusammenwirken zu einem Hausstand oder die vollständige Lebensgemeinschaft. Da hierbei der Mann seiner Natur nach mehr
nach aussen, die Frau mehr nach innen thätig ist, so ist der
Mann der Vertreter der Familie nach aussen. Zur Vollständig-
keit des Zusammenwirkens gehört auch bei beiderseitigem selbständigem Vermögen die Gütergemeinschaft, während die blosse
Güterverbindung und das Dotalsystem mehr schon eine wieder
mögliche Trennung ins Auge fassen, und ebendeshalb auch
Schenkungen unter Ehegatten während Lebenszeit ungültig sind.
Als freie Vereinigung muss die Ehe auch mit bewusster Freiheit eingegangen werden, ist also nur zulässig unter mannbaren
und völlig handlungsfähigen Personen. Wirklicher Zwang und
wesentlicher Irrthum machen sie nichtig; unter die wesentlichen
Irrthümer müsste aber entsprechend dem Mangel der Virginität
bei der Frau syphilitische Beschaffenheit des Mannes aufgenommen
werden. Rechtlich selbständige Hauskinder sind bei ihrer Eingeh-
ung unabhängig von der Zustimmung der Eltern. Verschiedenheit
der religiös-sittlichen Gesammtansicht der Ehegatten ist wegen der
individuellen Freiheit hierin kein rechtliches Hinderniss. Wegen
der rechtlichen Anerkennung der Ehe ist eine öffentliche Ein-
gehung derselben erforderlich. Verlöbniss begründet daher an
sich nicht schon Ehe, kann aber unter Umständen eine Ent-
schädigungsklage geben, wenn augenscheinlich der verschmähte
Theil dadurch in Nachtheil versetzt wird. Wegen der gleichen
geschlechtlichen Ergänzungsbedürftigkeit Aller darf die Gemeinschaft die Ehe nicht an besondere erschwerende Bedingungen
knüpfen, etwa aus Furcht vor Uebervölkerung, sondern hat

der letzteren nach Kräften zuvorzukommen durch Fürsorge für Eigenthums- und Erwerbsmöglichkeit, sowie in besonderen Fällen durch Auswanderungsgelegenheit, und wo die Bevölkerung durchweg sehr dicht ist, durch Hinweisung auf die wirthschaftlich üblen Folgen einer weiteren allzu raschen Bevölkerungszunahme; sie kann so vom wirthschaftlichen Gesichtspunkt anregen zur Hinausschiebung der Eheschliessung der Einzelnen, darf dieselbe aber wegen der individuellen Freiheit nicht erzwingen. Dagegen ist mit Rücksicht auf die körperliche und geistige Lebensfähigkeit der Nachkommenschaft auf Grund vielfältiger Erfahrung die Ehe unter nahen Verwandten auch rechtlich zu verbieten.

45. Im Begriff der Ehe liegen als wesentliche Merkmale dauernde und ausschliessliche Geschlechtsgemeinschaft zwischen zwei rechtsgleichen Personen und darin gegründetes Zusammenleben und Zusammenwirken. Wo daher eins dieser Merkmale direct oder indirect abhanden kommt oder alle, ist das Wesen der Ehe aufgehoben, und die Ehegatten können auf Trennung klagen. Dies hat statt bei Ehebruch, bei hartnäckiger Verweigerung des Geschlechtsumganges, bei absichtlicher Verlassung, unerträglichen Sävitien und Insidien, völliger Vernachlässigung des Zusammenwirkens zum Lebensunterhalt. Der schuldige Theil muss hier eventuell dem unschuldigen zu einer bedeutenden Entschädigung verurtheilt werden, sofern derselbe durch den anderen in offenbar grossen Nachtheil versetzt ist. Da aber die Ehe, auch blos rechtlich betrachtet, ein Ineinanderleben der Gatten verlangt, welches nicht immer· erreichbar ist aus Gründen des Temperaments, der Erziehung und ganzen Lebensanschauung, wie sie oft erst nach der Heirath bestimmt heraustreten, so ist auch die Trennung auf Grund gegenseitigen Einverständnisses rechtlich zuzulassen, aber um möglicher Uebereilung willen zu erschweren durch erst blos vorläufige Trennung und dann durch etwaige Beitragspflicht des Einen im Falle unverschuldeter Hülfsbedürftigkeit des Anderen. Solche Trennung auf Grund gegenseitigen Einverständnisses dient wesentlich zum Schutz der Männer, welche vor der Ehe rein gelebt und nicht

durch laxe Verhältnisse bereits bewahrende Kenntniss von solchen weiblichen Charakteren erlangt haben, deren Schwierigkeit sich nur da zeigt, wo sie glauben sich gehen lassen zu dürfen (Milton's Argument); aber ebenso dient sie zum Schutz der Mädchen, welche keine Gelegenheit hatten, die Erfahrung zu machen, dass männliche Salonengel Hausteufel der ordinärsten Art sein können, und dass Gelöbnisse eines wilden jungen Mannes, sich gerade und nur an der Hand dieses weiblichen Wesens zu ändern, oft nicht über einige Wochen vorhalten. Wo man solche Trennung noch nicht verstattet hat, da kann man wohl wenigere äussere Ehescheidungen registriren, aber man zählt nicht die Scheidungen, welche ohne rechtliche Form gemacht werden, indem in den unteren Ständen die Gatten einfach auseinandergehen, in den oberen Mann und Frau unter demselben Dach leben, als gingen sie sich nichts an; und das sind noch die besten Fälle, die schlimmeren sind, wo der hülflose Theil von dem rücksichtslosen geistig und leiblich langsam geopfert wird. Das Recht soll sich aber nicht dazu hergeben, etwas Anderem zu dienen als dem menschlichen freien Zusammenleben. Trennung ist auch zulässig wegen unheilbaren Wahnsinnes und wegen Krankheit, welche den Geschlechtsumgang für immer unmöglich macht, aber sofern diese erst in der Ehe eintreten, bei deren Eingehen jedes auf die Hülfe des anderen rechnet, hat nach Umständen der andere Gatte für die Lebensmöglichkeit des Kranken zu sorgen. Gegen die Wiederverheirathung Geschiedener, wie gegen zweite, dritte u. s. w. Ehen ist rechtlich nichts einzuwenden.

46. Alle Lebensansichten können ein grosses Interesse an der Ehe nehmen als der vollständigen Lebensgemeinschaft von Mann und Frau und der Pflanz- und Entwickelungsstätte neuer Menschen. Aber dies Interesse ergiebt für das Recht nie mehr, als dass die Möglichkeit der Ehe durch Monogamie gewährleistet und ihr Bestand geschützt sein muss, kann aber nie zum Zwang für das Individuum werden, die Geschlechtsergänzung überhaupt oder gerade in dieser Form zu suchen. Da die ausserehliche und daher der Absicht nach vorübergehende Ge-

schlechtsgemeinschaft in keinem von beiden Theilen der Rücksicht auf die Ehemöglichkeit ihrer selbst und Anderer entgegen zu sein braucht, so kann derartiger Geschlechtsumgang
rechtlich nicht verboten werden, aber eben weil hierbei alles
auf momentanes individuelles Belieben gestellt wird, erzeugt er
auch keine rechtlich geschützten Verhältnisse, und es kann
weder auf Leistung noch auf Gegenleistung daraus geklagt werden. Das Interesse, welches die Gemeinschaft an der Ehe nimmt,
kann sich dabei wohl äussern in einer Inhibirung gegenüber
dem allenfallsigen sich Breit- und Publikmachen der hier ge-
meinten Verhältnisse. Wo Kinder die Folgen solcher Verhältnisse sind, darf die Last nicht auf die Mutter und ev. auf die
Gemeinschaft abgewälzt werden, sondern der Vater muss, die
Kinder auch als die seinigen behandeln und anerkennen, und
vorläufig hat die Mutter die Rechte derselben gegen ihn zu
vertreten.

    Verboten ist Geschlechtsumgang mit Mädchen vor der kör-
perlichen und geistigen Reife im Interesse voller selbständiger
Entwickelungsmöglichkeit derselben (das vollendete 16. Jahr ist
aber eine zu niedrige Gränze). Aus dem gleichen Interesse
für das männliche Geschlecht ist alle Päderastie verboten. Geschlechtsumgang mit Thieren fällt unter den Begriff der Thier-
quälerei (§ 23).

    47. Die Erhaltung und Erziehung der Kinder fällt ihren
Eltern zu als denen, welche wenigstens mit allgemeiner Voraussicht ihnen das Dasein gegeben haben und die etwaigen
Lasten davon nicht auf Andere abwälzen können. Indessen
fordert das Interesse der Gemeinschaft an Existenz und Gedeihen der Nachkommenschaft auch rechtlich Unterstützung
wirklich hülfloser Eltern (Kranken- und sonstige Bewahrungs-
anstalten für Kinder, freie Schulen u. dgl.). Mit der Erziehung
steht den Eltern auch die dafür erforderliche Gewalt zu, aber
einerseits haben die Kinder um ihrer werdenden Persönlich-
keiten willen einen Anspruch darauf, auch dem entsprechend
behandelt zu werden, und die Gemeinschaft kann sie eventuell
in dieser Hinsicht gegen die Eltern schützen, andererseits kann

die Gemeinschaft allgemeine Anordnungen über Erziehung geben
von dem Gesichtspunkt aus, damit nach den Eigenthums-, Er-
werbs- und Culturverhältnissen der betreffenden Gemeinschaft
die Kinder als Erwachsene die Möglichkeit selbständigen Fort-
kommens haben (Schulzwang, Regelung der Ausnützung kind-
licher Arbeitskraft u. s. w.), doch müssen diese Anordnungen
stets mehr formaler Art sein und dürfen nicht die Möglichkeit
individueller Bethätigung der Eltern nach ihrer Lebensansicht
bei der Erziehung ausschliessen, können aber wohl darauf zielen,
den Kindern die Möglichkeit künftiger freier Selbstbestimmung
zu erhalten. Bei verwaisten Kindern tritt die Gemeinschaft an
Elternstatt, d. h. vormundschaftlich, ein, aber mit möglichster
Berücksichtigung der Wünsche der verstorbenen Eltern und
einer Erziehung der Kinder innerhalb eines Familienlebens, als
der einzig wirksamen für das Kindesalter.

48. Die Prinzipien des Erbrechtes folgen aus dem Begriff
des individuellen Eigenthums einerseits und den in der Familie
enthaltenen besonderen Beziehungen andererseits. Eigenthum
sind die anerkanntermassen uns ausschliesslich zustehenden sachlichen Mittel zur individuellen Lebensbethätigung. Zur Voll-
ständigkeit dieser Bethätigung gehört mit, dass nur uns die
Bestimmung darüber zusteht, wem diese Mittel nach unserem
Tode zufallen sollen, d. h. die Testirfreiheit ist im Begriff des
Privateigenthums mitgesetzt. Das Verbot derselben würde die
Freiheit der Ziele und Zwecke unserer individuellen Bethätigung
und deren Freudigkeit im Leben zum grossen Theil aufheben
und somit gegen ein wesentliches Recht des Einzelnen verstossen, denn wir können in der Gegenwart nicht frei und
freudig wirken, wenn wir Verfügung über die nächste Zukunft
nicht mit in dies Wirken einbeziehen dürfen. Beschränkt ist
die Testirfreiheit durch die Rechtsansprüche des überlebenden
Gatten und der Kinder; die rechtlich gebotene Fürsorge für
dieselben darf mit dem Tode nicht auf Andere abgewälzt werden, sondern giebt ihnen einen Anspruch auf Befriedigung aus
dem Nachlass, aber allerdings zunächst nur für die Frau den
Anspruch auf Lebensmöglichkeit, für die Kinder den Anspruch

auf die Mittel zum Unterhalt und zur Erziehung bis zur bür-
gerlichen Selbständigkeit, darüber hinaus bleibt Testirfreiheit.
Da indess die Kinder den Eltern fortwährend zugerechnet wer-
den können, so liegt den Eltern nicht nur bei Lebzeiten eine
Unterstützungspflicht gegen dieselben auch über die Jahre der
Unmündigkeit hinaus ob, sondern es ist auch aus demselben
Grunde die Testirfreiheit der Eltern durch den sog. Pflichttheil
der Kinder am Erbe beschränkt, welcher Theil in einem an-
gemessenen, aber darum nicht immer gleichen Verhältniss zur
Erbschaft stehen muss.

49. Fehlt ein Testament, so ist dies wegen des anderen
Momentes im Erbrecht als ungeschmälerte Erbeinsetzung der
Nachkommen anzusehen. Fehlen Nachkommen und ist kein
Testament da, so werden die Personen zur Erbschaft berufen,
für welche der Erblasser bei Lebzeiten in analoger Weise wie
für Frau und Kinder zu sorgen gewohnt war, also zunächst
die Blutsverwandten, wo die Volkssitte eine Fürsorge für dieselben mit sich bringt; denn dann ist anzunehmen, dass der
Erblasser durch Nichttestirung für die Familie im weiteren
Sinne als Erben sich entschieden hat. Wie weit die Verwandtschaft gerechnet wird, richtet sich nach der in der Gemeinschaft herrschenden Ueberzeugung; bei lockerer Rechtsgemeinschaft (s. unten § 51) wird die Verwandtschaft weit ausgedehnt,
weil der Einzelne in dem Zusammenhalt der Familie eine Ver-
tretung seiner Rechte hat, bei festerer Rechtsgemeinschaft (§ 52)
tritt die rechtliche Bedeutung der Familie zurück und die Verwandtschaft wird nur in den näheren Graden noch als eine
besondere Beziehung empfunden. Nach den Blutsverwandten
und anderen Verwandten könnten auch Personen kommen, für
welche der Verstorbene nach Volkssitte eventuell zu sorgen
pflegte, also etwa die besondere Berufs- oder Ortsgemeinschaft,
mit welcher er rathend und thatend verbunden war (so, sehr
ausgeführt, in Indien, in einigen Einrichtungen auch bei den
Römern und in Resten, z. B. bei Geistlichen und Soldaten,
unter uns). Fehlen Testat- und Intestaterben, so tritt um der
festen Ordnung der Eigenthumsverhältnisse willen die Gemein-

schaft als Erbe ein. Diese, wo keine sehr nahen Verwandten sind, sofort als Erben oder (durch hohe Erbschaftssteuer) als Miterben eintreten zu lassen, ist gegen die freie individuelle Bethätigung, als auf welcher der Werth des Privateigenthums beruht.

50. Die Eigenthumserwerbung durch Erbschaft muss der Natur von Eigenthum und Erwerb entsprechen. Sie kann somit abgelehnt oder cum beneficio inventarii angetreten werden, d. h. unter der Bedingung, dass sie mir Vermehrung meines Eigenthumes und nicht etwa wegen der an der Masse noch haftenden Verpflichtungen Verminderung desselben einbringt. Verfügungen der Erblasser, welche die allgemeine Eigenthums- und Erwerbsmöglichkeit zu hemmen geeignet wären, kann die Gemeinschaft inhibiren (Fideicommisse, Vermächtnisse zur todten Hand). Uebernommene Bedingungen der Benutzung der Erbschaft, wenn sie sich nach längerer Zeit durch Aenderung der allgemeinen Verhältnisse als wesentliche Hindernisse der individuellen Eigenthumsbefugniss der Erben herausstellen, können auf Antrag von der Gemeinschaft in passender Weise abgeändert werden. Letztwillige Stiftungen können gleichfalls von der Gemeinschaft in ihren Zwecken analog abgeändert werden, wenn sich mit der Zeit die Unnöthigkeit oder Untauglichkeit ihrer Fortführung nach den Worten der Einsetzung herausstellt (Stiftungen für Kirchen sind eventuell unwandelbar in solche für Schulen, Klöster in Versorgungs- und Krankenanstalten, Turniere in Wettrennen u. dgl.).

Das Recht überwiegend von Seiten der Gemeinschaft betrachtet.

51. Das Recht ist an sich ein Verhältniss von Mensch zu Mensch überhaupt, und näher der Inbegriff der allgemeinen Forderungen des freien menschlichen Zusammenlebens. Da aber nach der thatsächlichen Beschaffenheit des menschlichen Lebens der Einzelne nicht unmittelbar mit allen anderen Menschen, sondern meist nur mit einem kleineren Kreise beständig zusammenlebt, so bildet sich zunächst in diesem eine rechtliche Gemeinsamkeit gemäss den natürlichen und geistigen Zuständen, wie sie in jeder kleineren Gruppe gerade gegeben sind. Dies geschieht ursprünglich in der Weise der Gewohnheit oder auch des jedesmaligen Bedürfnisses. Durch Gewohnheit stellt sich namentlich auch fest das allgemeine Moment der verschiedenen Rechtsverhältnisse, z. B. die Rücksicht auf indirecte Fürsorge für Leben und Freiheit Anderer, die Rücksicht auf Eigenthums-, Erwerb- und Ehemöglichkeit Anderer. Reactionen auf Verletzungen des Rechtes bleiben oft den unmittelbar Betheiligten überlassen, manchmal nimmt sich auch vorübergehend die Gemeinschaft oder ein angesehener Mann derselben an. Diese formlose Rechtsgemeinschaft wird straffer gemacht nur in Zeiten grossen inneren Streites oder äusseren Krieges, aber selbst dann hat nicht immer eine strenge Nöthigung der Einzelnen statt, und mit dem Wegfall der besonderen Ursache kehrt die frühere Formlosigkeit wieder. In einer solchen lockeren Rechtsgemeinschaft lebten die meisten europäischen Völkerschaften in ihren historisch-ältesten Zeiten, und leben noch heute die meisten sog. Naturvölker, und zwar geschieht dies nicht selten mit

Bewusstsein und absichtlichem Vorziehen. Der Reiz dieser Zustände liegt in der unmittelbar auf-sich-selbst-Gestelltheit der
Einzelnen, welche bei einfachen Verhältnissen nicht immer Selbsttäuschung ist. In verwickelteren Verhältnissen menschlichen
Zusammenlebens erhalten sich Züge davon oft lange im Fehde-
recht, im Duell und in der Selbsthülfe, welche beide letzteren,
wenn nicht rechtlich gestattet, doch meist thatsächlich tolerirt
werden. In der wissenschaftlichen Theorie wirkt jenes Gefühl
nach in der oft wiedergekehrten Anklage der Culturverhältnisse
als einer Art Sklaverei für die Mehrzahl und in der Vorliebe
Mancher für kleine Gemeinschaften, als in welchen jeder unmittelbarer an der Durchführung der Rechtsverhältnisse mit-
arbeitet.

52. Bei dichter Bevölkerung und mannichfachen Lebens-
verhältnissen tritt das Bedürfniss einer festeren Rechtsgemeinschaft ein, sowohl wegen der Menge der möglichen Rechtsver-
letzungen, als um das allgemeine Moment der Rechtsverhältnisse, die Rücksicht auf Eigenthums- und Erwerbsmöglichkeit
Anderer u. s. w., den verwickelteren Zuständen gemäss zur Geltung zu bringen. Begünstigt wird dieser Trieb, wo ein Gefühl
der Zusammengehörigkeit, sei es, durch natürliche Abstammung,
sei es durch besondere Naturverhältnisse oder durch geschichtliche Verhältnisse, in einer Menge von Menschen da ist. So
entsteht der Staat, dessen Begriff ist Rechtsgenossenschaft
schlechthin zu sein, d. h. eine Gemeinschaft einer Menge von
Menschen zum Zweck der Aufrechterhaltung und Durchführung
aller Seiten des Rechtes unter ihren Angehörigen mit festen
Einrichtungen hierzu und in einem vom möglichen Wechsel einzelner Mitglieder unabhängigen Bestande. Seine Aufgabe ist:
Schutz und Förderung aller Rechtsseiten der menschlichen Bethätigung und eben darum freies Gewährenlassen der Individuen und ihrer besonderen Kreise, sofern nur sich alle innerhalb der Rechtsgränzen dabei bewegen. Als Bedingung der
freien menschlichen Bethätigung innerhalb grösserer Gruppen
der Menschheit sind daher feste Rechtsgemeinschaften oder
Staaten selber eine Forderung des freien menschlichen Zusam-

menlebens, und ihr Dasein ist mit dem Rechte selber als die vollkommene Verwirklichung desselben gesetzt. Weil mit dem Rechte selber im Wesen des Menschen gegründet, beruht daher der Staat auf innerer Nothwendigkeit, und seine Entstehung ist keineswegs ein Werk beliebigen Vertrages, der auch hätte unterbleiben können, was aber nicht ausschliesst, dass ein bestimmter Staat durch ausdrückliche Vereinbarung zu Stande kommen kann.

53. Im Begriff des Staates als der allgemeinen Rechtsgenossenschaft liegen als wesentliche Merkmale: dauernder Zweck, feste Einrichtungen, Unabhängigkeit des Ganzen vom Wechsel einzelner Mitglieder, freie Bethätigung der Einzelnen oder der besonderen Kreise von Einzelnen, aber stets innerhalb des Rechtes und somit in Unterordnung unter das Ganze. , Dies alles meint man, wenn man den Staat einen Organismus nennt; gleichwohl ist diese Bezeichnung als eine uneigentliche und darum durch falsche Analogie leicht irreführende prinzipiell zu verwerfen. 1) Die Bezeichnung ist von den Naturorganismen entlehnt, d. h. von solchen Naturproducten, die wir, um sie uns verständlicher zu machen, auffassen als nach einem Zweckbegriff hervorgebracht, die wir mithin selbst letztlich nach Analogie bewusster und kunstmässiger menschlicher Intelligenz denken. Den Staat als Organismus betrachten heisst somit ihn nach einer Naturanalogie betrachten, welche selbst wieder auf einer Analogie mit menschlicher Thätigkeit beruht; es ist daher ein Umweg der Betrachtung. 2) In den Naturorganismen werden alle Zwecke doch nur durch einen Apparat von naturgesetzlichen Mitteln bewirkt, im Staate dagegen durch die im letzten Grunde individuell-freien Bethätigungen der Einzelnen. Zwar wird nicht allen Menschen ihr Verhältniss zum Staate Gegenstand klaren reflectirenden Denkens, aber darum ist doch, wenn auch undeutlich, in ihrem Bewusstsein stets eine Vorstellung davon, wie viele Sprüchwörter und Parabeln der Völker zeigen. 3) Das Verhältniss der Einzelnen im Staate ist in vielen Bethätigungen viel freier und selbständiger, als das der Glieder in einem Organismus. Aus diesen Gründen ist der Begriff für

den Staat ungeeignet, und vollends haben alle weiteren Ueber-
tragungen und Folgerungen vom Naturorganismus auf den Staat
jedesmal den Verdacht falscher Analogie gegen sich. Man muss
den Staat aus bewussten und freien Menschen begreifen, aus
denen er besteht, nicht aus der organischen Natur, von deren
wirklichen inneren Vorgängen, soweit sie nicht nach mechanischen Gesetzen geschehen, wir gar nichts wissen, ausser was
wir nach einer Analogie vom Menschen selbst in sie hinein-
denken.

54. Wie das Recht, so hat auch der Staat als Rechtsgenossenschaft schlechthin eine allgemeine sittliche Aufgabe, insofern der in ihm gesetzte Schutz und die Förderung aller
Rechtsverhältnisse im Interesse aller Lebensansichten ist. Dieser
ganze Standpunkt in der Auffassung des Staates stimmt der
Absicht nach mit denen überein, welche dem Staat die Aufgabe stellten Rechtsstaat zu sein (Kant und seine Schule, die
meisten neueren Engländer). Wenn man früher vielfach neben
das Recht noch die gemeine Wohlfahrt und heutzutage die
Cultur als Aufgabe des Staates stellt, so ist oft dasselbe gemeint. „Gemeine Wohlfahrt" hebt dann ausdrücklich das Moment der Eigenthums- und Erwerbsmöglichkeit Aller hervor
(§§ 26, 27, 37); „Cultur" soll ausdrücken, dass die Rechtsgemeinschaft ein Interesse an Wissenschaft, Kunst, Technik
habe (§§ 40, 47). Diese Ansicht von Recht und Staat wahrt
allein die sittliche Freiheit der Einzelnen (§§ 4—10, 41—42),
und erkennt doch den allgemeinen Forderungen des menschlichen Zusammenlebens, d. h. dem Recht und seiner Realisirung
im Staate, ihre volle Bedeutung zu. Ganz verschieden von
diesem Standpunkt sind die Ansichten derer, welche dem Recht
und damit auch dem Staat eine Beziehung ausschliesslich zu
einer bestimmten sittlichen Ansicht geben (§ 14), oder welche
den Staat als das Höhere, weil zugleich das Sittliche schlechthin, gegenüber dem blossen Recht und der Rechtsgesellschaft
fassen. Nach ihnen hat der Staat die Aufgabe, durch das
Recht oder noch über das Recht hinaus die Sittlichkeit zu
realisiren, wobei dann jeder seine sittliche Ansicht meint, und

weil er sie für die allein richtige hält, darum auch für die unter Menschen allein berechtigte ausgiebt. Hauptvertreter dieser Ansicht vom Staate sind im Alterthum Plato und Aristoteles, in der Neuzeit Hegel und Trendelenburg. Nach Hegel ist der Staat der sittliche Geist, der sich denkende und vollführende sittliche Wille; nach Trendelenburg ist er die bestehende sittliche Ordnung und der Mensch im Grossen. Sobald sich in solcher Auffassung die bestimmte Sittlichkeit mit einer bestimmten Religion verwob, tritt sie in der Geschichte auf als der theokratische Staatsgedanke: so lose in China, fester in Indien, sehr stark bei Israeliten, Muhammedanern, in der mittelalterlichen christlichen Kirche, anfangs auch im Protestantismus, welche beiden letzteren Kirche und Staat zwar noch unterschieden, aber vom Staat entweder forderten oder wünschten, dass er der christlichen Lebensordnung dienstbar sei. Diese Auffassungen vom Staate, consequent gemacht, sind sittliche Tyrannei und streiten gegen die individuell-sittliche Freiheit des Menschen, welche von jenen Theorieen doch meist selbst angenommen wird. Nur scheinbar mit unserer Auffassung vom Staate stimmt überein die Krause'sche Schule, nach welcher der Staat eine gesellschaftliche Lebensordnung zum Schutz und zur Förderung des Rechtes oder die Rechtsorganisation der Gesellschaft ist (Ahrens), und Ulrici, der im Staate die innerhalb eines Volkes realisirte Herrschaft des Rechtes in der Form des Gesetzes sieht —, indem beide Auffassungen, die erste direct, die zweite indirect dem Recht eine Beziehung blos zu einer Lebensansicht geben.

55. Der Inbegriff der Befugnisse, welche erforderlich sind, um den Staatszweck fort und fort zu realisiren, ist die Staatsgewalt. Von wem diese geübt wird und in welcher näheren Weise, darüber, also über die Verfassung, liegt im Begriff des Staates als der Rechtsgenossenschaft an und für sich nichts, da der Zweck jeder Genossenschaft durch sehr verschiedene Verfassungen erreicht werden kann, wie am lehrreichsten eine Musterung der Verfassungen der Kirchen nach der Geschichte zeigt. Naturrechtlich sind deshalb Monarchie, Aristokratie und

Demokratie, und zwar alle sowohl als absolute wie als beschränkte, gleich zulässig. Es ist nur zu verlangen, dass die
Staatsgewalt im Sinn und Geist des Rechtes als Schutz und
Förderung aller rechtlichen Seiten des menschlichen Lebens
geübt werde. Das Ideal ist hier die politische Freiheit der
Bürger, welche besteht in der Ruhe des Geistes, die aus dem
Gefühl der Rechtssicherheit entspringt (Montesquieu). Deter-
minirend für eine bestimmte Verfassung innerhalb jedes Volkes
ist dagegen das Moment, dass die Verfassung von ihm als seiner
individuellen Art angemessen empfunden werde; denn nur dann
ist die individuelle Bethätigung der Einzelnen allseitig möglich
und damit auch kräftig und wirksam. Demgemäss hat es stets
Völker gegeben, welche zu einer der Verfassungsformen überwiegend neigten, monarchische, aristokratische und demokratische
Völker. Ausserdem haben manche benachbarte kleinere staat-
liche Gebilde von selbst tendirt oder sich leicht bereit finden
lassen zu einem grösseren Einheitsstaat zusammenzuschmelzen,
andere widerstreben dem mehr und befriedigen das Bedürfniss
der Verstärkung im Zusammenschluss entweder durch eine
Analogie zur blossen Gesellschaft = Staatenbund, oder durch
eine Analogie zur gewöhnlichen Genossenschaft = Bundesstaat
(§ 38), nur dass in beiden Formen der Wichtigkeit des Zweckes
wegen das Verhältniss als nicht beliebig auflösbar angesehen
wird.

56. Die Neigung eines Volkes für eine bestimmte Verfassung ist nicht immer von Natur, sondern oft durch geschichtliche Verhältnisse bedingt und kann also auch mit diesen wechseln. Darum ist die Verfassung eines Staates an sich als modi-
ficabel zu setzen, d. h. sie muss von einer Form in die andere
übergehen können. Ebendeshalb hat eine gemischte Verfassung,
also eine solche, in welcher ein monarchisches, aristokratisches
und demokratisches Element irgendwie zusammen sind, eine
relative Vorzüglichkeit. Denn bei ihr kann je nach den geschichtlichen Verhältnissen ein stärkeres Hervortreten des einen
oder anderen Elementes stattfinden, während an sich alle bleiben; es werden so alle jähen Uebergänge von einer Verfassung

in die andere vermieden. Für die Erbmonarchie spricht dabei die ruhige Stetigkeit eines Hauptfactors dieser Verfassung und die natürliche Leichtigkeit, die derselbe hat, sich über den gerade vorhandenen Parteien zu halten, während durch das aristokratische und demokratische Element gleichzeitig den möglichen Gefahren der Monarchie vorgebeugt ist. Das demokratische Element einer solchen Verfassung verlangt allgemeines und gleiches Wahlrecht, sofern für die Hauptseiten der staatlichen Gemeinschaft jeder ein gefühlsmässiges Verständniss haben kann, aber dies Verständniss muss fortwährend geweckt sein entweder dadurch, dass der Wählende zu den Waffen berufen werden kann, oder direct für die Staatszwecke beiträgt. Das aristokratische Element ist zu suchen in den hervorragenden Männern der besonderen Berufs- und Lebenskreise, ist also ein an sich wandelbares (Zweikammersystem oder Eine Kammer aus allgemeinen und aus besonderen Wahlen). Die complicirten Verhältnisse des modernen Lebens machen für das aristokratische und demokratische Element das Repräsentativsystem erforderlich. Das Prinzip der Majorität bei Wahlen und Abstimmungen überhaupt gründet sich in der Rücksicht, dass menschlicherweise bei Gleichheit der Abstimmenden nur durch dies Verfahren Einheit des Willens erreichbar ist. Seine Remedur liegt in der nothwendigen Uebereinstimmung aller Factoren der Staatsgewalt zur Gültigkeit der Gesetze, in Erschwerung des Verfahrens bei fundamentalen Staatsfragen (z. B. Verfassungsänderungen), in einem angemessenen Wechsel der beweglichen Factoren der Staatsgewalt (Neuwahlen nach nicht allzulanger Zeit), in grösserer Beachtung der oft bedeutenden Minoritäten. An den politischen Rechten im engeren Sinne haben Theil nur die, welchen die ganze Verantwortlichkeit auch praktisch zugemuthet werden kann, also die Männer in bürgerlicher Selbständigkeit, weil sie ihrer Natur nach für den Schutz des Staates gegen innere und äussere Bedrohung auch zu den Waffen berufen werden können, dagegen kann z. B. Frauen, welche ein Geschäft selbständig betreiben, das Wahlrecht zu Handelskammern, ev. auch zum Gemeinderath nicht versagt werden.

57. Die Hauptseiten der Staatsgewalt sind 1) die Gesetzgebung, d. h. die Ausgestaltung aller rechtlichen Seiten des
menschlichen Lebens in Gesetzen und den zu ihrer Detailanwen-
dung erforderlichen Anordnungen. Die Gesetzgebung schafft
nicht das Recht überhaupt, sondern sie verwandelt das nach
der menschlichen Natur unter den besonderen Verhältnissen
eines bestimmten Volkes geforderte Recht in Gesetze und den
Gesetzen gleiche anerkannte Rechtsgewohnheiten, d. h. sie macht
es zum positiven Rechte zunächst dieses besonderen Staates
(§ 11). Die Durchführung dieses Rechtes in streitigen Fällen
und der Schutz bei Verletzungen desselben zeigt sich in der
zweiten Hauptseite der Staatsgewalt, der Jurisdiction oder Rechtspflege. Die dritte Hauptseite ist die Verwaltung; sie bezieht
sich nicht nur auf die Vorbereitung und die Hülfeleistung bei
Gesetzgebung und Rechtspflege, sondern hat insbesondere auch
das allgemeine Moment der einzelnen Rechtsverhältnisse zu ihrer
Aufgabe, welches nur wirksam durch die Gemeinschaft zur
Geltung gebracht werden kann, also z. B. die Sicherheits- und
Wohlfahrtspolizei (§ 19), die weitverzweigte Fürsorge für Eigen-
thums- und Erwerbsmöglichkeit Aller (§§ 26, 27, 37), die staat-
liche Oberaufsicht über die rechtlichen Seiten der besonderen
Lebenskreise, wie kirchliche und andere Genossenschaften (§§ 39
—42), die Fürsorge der Gemeinschaft für Kunst und Wissenschaft (§ 40), die Bethätigung des Interesses der Gemeinschaft
an der Erziehung der Jugend (§ 47), die Fürsorge für Beschaffung der Geldmittel zu allen staatlichen Aufgaben und zugleich die andere, diese mit möglichster Rücksicht auf Eigen-
thums- und Erwerbsmöglichkeit Aller zu üben. Diese Aufgaben
löst die Verwaltung auf Grund der einschlägigen Gesetzgebung,
aber mit einer ihr wegen der Mannichfaltigkeit und Plötzlichkeit der Fälle zu belassenden Latitüde; eben um dieser
Latitüde willen muss auch eine Verantwortlichkeit der Verwaltungsbeamten und ev. des Staates gegenüber den betroffenen
Privatpersonen anerkannt werden.

58. Einzelnes zur Lehre von der Staatsgewalt. 1) Begriff
der Billigkeit. Da das positive Recht eines besonderen Volkes

und Staates ursprünglich nicht auf dem Wege vollendeter natur-
rechtlicher Ueberlegungen zu Stande kommt, sondern von Haus
aus ein Ausdruck seiner besonderen Verhältnisse natürlicher
und geschichtlicher Art ist, so wird es oft nach allmälicher
Veränderung der natürlichen und geschichtlichen Verhältnisse
diesen nicht mehr entsprechen. Das Bedürfniss der Ausgleichung
des bestehenden positiven Rechtes mit den neuen Verhältnissen
treibt dann zu einer Ergänzung und Modification desselben durch
das, was man Billigkeit nennt, welche ihrem Wesen nach Accommodation des den früheren Verhältnissen entsprechenden
Rechtes an die neuen Verhältnisse ist, und an sich nicht nothwendig den Begriff einer Milderung desselben einschliesst. Wird
die Accommodation vollständig durchgeführt, so entsteht eine
neue Codification des Rechtes, aber auch bei dieser kann dasselbe Bedürfniss später wieder eintreten. Bei allen Rechtsbildungen der Völker sind solche anfänglich stillschweigend sich
vollziehende Umwandlungen zu beobachten, welche aus dem
Prinzip der Billigkeit = unvermeidliche Accommodation zu begreifen sind. Es ist daher nur scheinbar Recht, in Wahrheit
aber Unrecht, wenn von solchen stillschweigenden Modificationen
positiver Gesetze und Institutionen, nachdem sie lange üblich
gewesen sind, ohne Anstoss zu erregen, plötzlich auf den ursprünglichen Sinn des positiven Gesetzes oder der Institution
zurückgegriffen wird. Wie die Billigkeit als stillschweigende
Accommodation eines bestehenden Rechtes an neue Verhältnisse
der geschichtlichen Rechtsbildung immanent ist, und die wün-
schenswerthe Uebereinstimmung von Wort und Sinn daher in
längeren Zeitabschnitten eine Revision des positiven Rechtes
fordert, so muss die Billigkeit in einer anderen Bedeutung dem
einzelnen positiven Gesetz und seiner Handhabung von vornherein ausdrücklich immanent sein. Das Gesetz ist allgemein,
ebendeshalb deckt es sich nie ganz mit der Mannichfaltigkeit
des Lebens (Aristoteles); im Strafgesetz wird daher jetzt dem
Richter die Befugniss gelassen, innerhalb gewisser Gränzen den
Fall nach dessen besonderer Individualität zu behandeln, indem
ihm die Wahl zwischen verschiedenen Strafmassen und Straf-

arten zusteht. Etwas Aehnliches fehlt' im Civilrecht und seiner
Handhabung noch. Wo z. B. ein Collegium entscheidet und
bei fünf Stimmen zwei so, drei entgegengesetzt sich entscheiden,
da ist das Recht oder die Rechtsanwendung nicht zweifellos.
In einem solchen Falle müsste die Urtheilssprechung aufgescho-
ben und die Sache an einen weiteren Kreis von Richtern gebracht werden; ergäbe sich hier auch annähernd Stimmengleich-
heit, so müsste das Gericht befugt sein, dem Kläger und dem
Beklagten einen Vergleich zu oktroyiren, aber mit mehr Vortheil für den Theil, welchem die Majorität zuneigte. Zugleich
müssten solche Fälle gesammelt und als Material für etwaige
Ergänzung und Präcisirung des Civilgesetzbuches studirt werden. Wie es jetzt gehalten wird, ist in der That nach dem
Volksmund ein Process ein Lotteriespiel.

59. 2) Zum Strafrecht. Nach allgemeiner Erfahrung kommt
es vor, dass Einzelne sich über das Recht hinwegzusetzen geneigt sein können, theils weil ihnen überhaupt Ordnung und
Rücksicht auf Andere zeitweilig oder dauernd zuwider ist, theils
von einseitiger Auffassung einer bestimmten Lebensansicht aus,
und zwar nicht nur aus unmässigem Trieb nach sinnlicher Annehmlichkeit, sondern auch aus irgendwelchem Culturinteresse
(Bücher- und Bilderdiebstahl) oder aus falsch verstandener Liebe
(Sage vom h. Crispin). Diese Möglichkeit hat das Recht im
Auge bei Androhung von Strafen für Gesetzesverletzungen, geschehen sie nun mit bewusster Absicht (dolus) oder aus Mangel
der allgemein zu fordernden Achtsamkeit bei unserem Thun
und Lassen (culpa). Die Strafe des Staates, sehr verschieden
von der Rache, aus welcher sie ursprünglich mit entstanden ist,
knüpft an die Erfahrung an, dass in sicherer Aussicht stehende
unangenehme Folgen gewisser Handlungen zur Vermeidung dieser
Handlungen selbst ein Impuls werden (Ulrici), ein Satz, auf
welchem ein grosser Theil dessen beruht, was man Lernen aus
Lebenserfahrung nennt. Indem die Strafe daher ein Uebel fest-
setzt für Rechtsverletzung, hat sie die allgemeine sittliche Absicht, die dauernde oder gelegentliche Uebertretung der Gesetze
als nachtheilig für die individuell-freie Bethätigung des Ueber-

treters empfindbar zu machen, und ist somit eine Hülfe zur
Selbstbeherrschung. Die Strafe hat daher eine allgemeine sittliche Seite, aber ihr Begriff wird verfehlt, wenn man sie nicht
vor dem begangenen Verbrechen betrachtet, sondern erst nach
demselben und blos mit Bezug auf das einzelne Individuum,
welches sich vergangen hat. Die Strafe kann den Verbrecher,
nachdem er die That begangen, freilich nicht abschrecken,
aber sie soll dem Menschen helfen durch ihre Drohung, die
That gar nicht zu begehen; ihr nächster Zweck ist auch nicht,
ihn zu bessern nach der That, sondern sie will mitwirken, dass
er die That gar nicht thue. Ist die That begangen, so muss
das in der Strafbestimmung angedrohte Uebel verwirklicht werden, einfach als Ausdruck des Ernstes, mit dem die Strafandrohung gemeint war und ohne den sie ihren eigenen allgemeinen Zweck schon im Voraus verfehlen müsste (Schleiermacher).
Die Ausführung der Strafe ist daher nicht eigentlich Vergeltung
dieses einzelnen Thuns (Herbart), nicht eine Subsumtion des
Verbrechers unter das Gesetz seiner eigenen That (Hegel), nicht
eine Unschädlichmachung desselben (Bentham), nicht eine ideelle
Wiederherstellung des Rechtes in seiner Macht gegenüber dem
Unrecht (Trendelenburg), nicht eine nachträgliche Erziehung
des Verbrechers (Krause), sondern ihr Zweck ist der ganz allgemeine oben bezeichnete.

60. Fortsetzung zu 2). Da die Strafandrohung die Absicht hat, die Gesetzesverletzung als nachtheilig der individuell-
freien Bethätigung empfindbar zu machen, so ist die allgemeine
Art der Strafen Entziehung der Freiheit individueller Bethätigung in irgend einer Hinsicht, ihre Unterarten demnach körperliche Züchtigung, Geldstrafe, Ehrenstrafe (= Entziehung gewisser Rechtsausübungen), Freiheitsstrafe im engeren Sinne,
Todesstrafe. Das Mass der Strafe bestimmt sich primär nach
der Schwere des Verbrechens, d. h. nach der Grösse des rechtlichen Gutes, das gegen verbrecherisches Gelüste zu schützen ist.
Welche von den möglichen Strafarten in einem besonderen
Staate gerade anzuwenden sind, hängt von dem allgemeinen
geistigen Gesammtzustand der Zeit ab; an und für sich ist

jede Strafe gerecht, welche nach diesém Zustand mit der möglich geringsten Entziehung von individueller Freiheit das Meiste erreicht. Körperliche Züchtigung ist indess zu allen Zeiten für erstmalige geringere Vergehen Jüngerer vergleichungsweise empfehlenswerth. Gegen die Todesstrafe ist prinzipiell nichts einzuwenden; denn wegen der verbreiteten natürlichen Scheu vor dem Tode kann sie als ernst gemeinte Androhung bei entsprechender Schwere des Verbrechens, also mässig gehandhabt, stets wirksam sein, und der Thäter wusste, dass bei ihrer Verwirkung ihm für Bestellung seines sittlichen und religiösen Zustandes hienieden nur wenig Zeit bleibt. Die nähere Ausführung der Strafe, sofern sie nicht Todesstrafe ist, ist gebunden an zwei Regeln: 1) sie darf keine Annehmlichkeit sein, 2) sie darf die psychologischen Grundlagen einer künftigen bürgerlichen Rechtschaffenheit nicht gefährden; das Letztere ist das Wahre an der Besserungstheorie. Neben den Strafanstalten müsste es von Staatswegen Arbeitshäuser geben, in welchen Individuen, die nur unter strammer Zucht gedeihen, Aufenthalt und Beschäftigung fänden, wenn sie sich selber dorthin meldeten, und dort zu sein dürfte ihnen von Niemand als Schande vorgeworfen werden. Es giebt solche Menschen, und sie wissen es oft selber ganz gut; ein Theil der ständigen Bevölkerung unserer Strafanstalten gehört zu ihnen.

Die juristische Zurechnung ist gleichfalls vielmehr ein allgemein sittlicher Begriff, als dass sie auf eine bestimmte sittliche Ansicht Bezug hätte. Ihre Frage ist: war der Mensch im Stande sein Wollen, Begehren, seine Affecte zu beherrschen durch die Vorstellung der möglichen Folgen seiner Handlung? In dieser Modificabilität der Begehrungen durch Vorstellungen mit ihren bez. Werthschätzungen giebt es nach wissenschaftlicher Erfahrung Grade zwischen absoluter Zurechnung und absoluter Unzurechnungsfähigkeit, die daher noch mehr als bisher üblich in Betracht zu ziehen sind.

Zwang und Strafe stehen im Staate diesem zu als der geordneten Realisirung des Rechtes; Selbsthülfe (civilrechtlich) und Nothwehr (criminalrechtlich) sind jedoch von Rechtswegen erlaubt bei momentaner Gefahr unwiederbringlichen Verlustes, nur mit der Auflage, dass nicht mehr geschieht, als nach den besonderen objectiven und subjectiven Umständen erforderlich war.

61. 3) Zum Begriff der Militärmacht. Die Militärmacht oder Wehrkraft eines Staates ist der Ausdruck der Energie, mit welcher der Staat auf seine Erhaltung gegen innere und äussere Bedrohung bedacht ist. Der darin gesetzte Wille muss nicht blos im Allgemeinen da sein, sondern er muss auch für mögliche Fälle der Anwendung geordnet und bereit sein. Daher genügt nicht Tapferkeit und militärischer guter Wille der Einzelnen, sondern es muss die Gemeinschaft in diesem Sinne geordnet und zu einheitlichem Wirken zusammengefasst sein. Die besondere Art der Einrichtung der Wehrkraft, ob Miliz, ob stehendes Heer und in welchem Umfang, hängt von den natürlichen und geschichtlichen Verhältnissen eines Staates ab. Grundsatz muss sein, dass im Falle der Noth jeder männliche Erwachsene in angemessener Weise zur Vertheidigung der Gemeinschaft herbeigezogen werden kann. Die einzig wirksame Vorbereitung für solche Fälle ist die allgemeine Wehrpflicht, welche sich noch aus einem anderen Grunde empfiehlt. Thatsächlich liegt das Geschick eines Staates nach Innen und Aussen in den Händen seiner Wehrkraft, welche, wenn von den übrigen Staatsbürgern getrennt, leicht besonderen Interessen zugänglich wird; dies wird vermieden bei allgemeiner Wehrpflicht, die bei kürzerer Dienstzeit einerseits alle waffentüchtig macht, andererseits keine Trennung von Bürger und Soldat aufkommen lässt.

62. 4) Begriff der Revolution. Das positive Recht eines Staates und seine Verfassung kann mit den naturrechtlichen Forderungen in Conflict kommen, 1) wenn an einem früheren Verhältnissen entsprechenden Rechte festgehalten wird, während neue Verhältnisse eine angemessene Umänderung fordern, wenn also der Process, welcher § 58 beschrieben ist, irgendwie gehemmt wird; 2) wenn Recht und Staat als Verwirklichung einer bestimmten sittlichen oder religiösen Ansicht gefasst werden, während das Bewusstsein da ist oder erwacht ist, dass

verschiedene religiöse und sittliche 'Ansichten innerhalb des
Rechtes möglich sind. Für diese Fälle des Widerstreites zwischen dem gerade herrschenden positiven Recht und den naturrechtlichen Forderungen muss daher Fürsorge in der Staats-
verfassung getroffen sein durch Möglichkeit der Reform, d. h.
der Umänderung des bestehenden Rechtes in positiv rechtlichen
Formen. Wo diese Möglichkeit gegeben ist, da haben die
Bürger daher sich dieser zu bedienen, wenngleich die Wirksamkeit derselben langsam sein sollte. Wo aber solche Möglichkeit
nicht vorgesehen ist, oder sich dauernd als unwirksam erweist,
ist in der Geschichte stets Revolution eingetreten, nicht immer
blos von unten, sondern noch öfter von oben. Ihr allgemeiner
Begriff ist, Umänderung des bestehenden positiven Rechtes oder
der Verfassung in nicht positiv-rechtlichen Formen. Der Revolution ist daher ihrem Begriff nach Anarchie keineswegs wesentlich, und bei allgemeiner Ueberzeugung von der sachlichen
Richtigkeit ihrer Forderungen kann sie sich sehr ruhig vollziehen, aber sie trägt die Gefahr der Anarchie und dadurch
der Entfesselung rechtswidriger Elemente in sich, und es ist
daher nur in äussersten Nothfällen von ihr Gebrauch zu machen.
Verwandt mit der Revolution ist der passive Widerstand, wenn
nämlich Bürger glauben, das positive Recht verlange von ihnen
etwas, was ihm nicht zustehe, und darum den Gehorsam gegen
dasselbe offen und versteckt nicht leisten, wogegen das bestehende Recht seinerseits Strafen oder Massregeln anordnet,
den Widerstand zu brechen; dabei wird es mit sich zu Rathe
gehen, ob es auch das innere Recht auf seiner Seite hat, was
keineswegs immer der Fall ist, aber sehr wohl auch sein kann.

63. Zur Lehre von den völkerrechtlichen Beziehungen. Das Recht ist der Inbegriff der allgemeinen Forderungen
des freien menschlichen Zusammenlebens und hat eine Beziehung
von Mensch zu Mensch überhaupt. Diese allgemein-menschliche
Beziehung kann dadurch nicht alterirt werden, dass eine besondere Gruppe der Menschheit sich in eine Rechtsgenossenschaft schlechthin, d. h. in einen Staat, zusammenschliesst, und
die ihren besonderen Verhältnissen gerade angemessene Rechts-

gestaltung zu ihrem positiven Recht erhebt. Das Verhältniss
eines Staates zu der übrigen Menschheit muss daher den naturrechtlichen Forderungen entsprechen, und der Staat hat einerseits für seine Bürger den Anderen gegenüber die darin liegen-
den Ansprüche zu vertreten, andererseits aber diesen Anderen
von sich aus das Gleiche zu gewähren. In der Geschichte hat
sich diese Auffassung nur allmälich zur Bestimmtheit herausgearbeitet. Ihr stand im Wege der nahe liegende Irrthum, als
ob Recht überhaupt dadurch erst Recht werde, dass es positives
Gesetz des einzelnen bestimmten Staates sei. Danach hat man
vielfach den Ausländer, weil er dies bestimmte positive Recht
nicht hatte, überhaupt für rechtlos gehalten, und ein Völker-
recht nur anerkannt, wo besondere Vereinbarungen des Inhaltes
zwischen Staaten getroffen waren. Daneben erhielt sich das
naturrechtliche Element nichtsdestoweniger, meist in religiöser
Form, als Sitte der Gastfreundschaft, als Glaube, dass der
Fremdling unter dem Schutze der Götter stehe, dass er rechts-
fähig werde, sobald er sich unter den Schutz eines Bürgers
stelle. Namentlich auch unter wilden Völkern findet sich diese
Auffassung, ausser wo sie, durch beständige Angriffe ihrer Umgebung misstrauisch gemacht, in jedem Fremden zunächst einen
Feind sehen, dessen sie sich wohl zu erwehren hätten.

64. Fortsetzung. Im Interesse der individuell-freien Bethätigung ist naturrechtlich gefordert die Möglichkeit des Verkehrs der Angehörigen des einen Staates in jedem anderen,
und wegen des Momentes der Rücksicht auf Eigenthums- und
Erwerbsmöglichkeit Aller ist insbesondere gefordert, dass kein
Staat, kein Volk seine Güter und Producte dem Austausch mit
anderen grundsätzlich verschliesse. Das Ideal ist, dass der
Einzelne, obwohl einem bestimmten Staate angehörig, frei und
sicher von Volk zu Volk ziehen kann unter dem Schutze eines
internationalen Verkehrsrechtes, für dessen Aufrechterhaltung
alle Staaten gleich sehr Sorge tragen. Es ist dazu weder
nöthig noch wünschenswerth, dass eine Art von Universalstaat
auf der Erde entstehe; denn die Existenz von einzelnen besonderen Staaten hat ihre bleibende berechtigte Grundlage an der

formellen Aehnlichkeit in Denk-, Gefühls- und Willensart, welche besonderen Gruppen es stets wünschenswerth machen wird, sich besonders eng zusammenzuschliessen.

Anmerkung. Auch Einwanderungen in noch wenig bewohnte Gegenden sind im Interesse der Lebensmöglichkeit der Einwandernden naturrechtlich zulässig, aber die natürliche Gerechtigkeit verlangt dann, dass die eingeborene Bevölkerung als ein Recht am Boden habend anerkannt werde und eine friedliche Auseinandersetzung erfolge. Früher haben solche Einwanderungen vielfach, wenn auch meist erst nach Kämpfen, zu einer Mischung der eingeborenen und der eingewanderten Volksmasse und dadurch zu einer Ausgleichung geführt. Dagegen hat das moderne Europa seit den grossen Länderentdeckungen meist den Satz praktisch vertreten, dass die fremden Racen theils dem Christenthum als der wahren Religion, theils der europäischen Civilisation als dem wahren Menschenthum sich zu unterwerfen oder unterzugehen hätten, d. h. man hat das Recht ausserhalb Europa's als den Ausdruck einer bestimmten religiösen und sittlichen Ansicht gehandhabt, und dabei die loseren Rechtsgemeinschaften fremder Völker gar nicht als solche anerkannt.

65. Fortsetzung. Wie das Recht innerhalb eines Staates Zwang und Strafe nicht entbehren kann wegen der möglichen Irrungen und Abweichungen Einzelner von seinen Forderungen, so aus demselben Grunde auch in den Beziehungen der Staaten nicht, und diese Recht erzwingenden und Unrecht abwehrenden Bestrebungen von Staat zu Staat gipfeln im Krieg. Wie Zwang und Strafe, so hat auch der Krieg seine Hauptwirkung darin, dass man weiss, er kann und wird vorkommenden Falles geführt werden. Daher ist die militärische Seite eines Staates stets bleibend. Wie Zwang und Strafe, so muss auch der Krieg eintreten, sobald sein Fall gegeben ist. Da er somit ein Mittel zur Verwirklichung des Rechtes sein soll, so muss er möglichst mit Wahrung der naturrechtlichen Forderungen geführt werden, und seine Aufgabe ist, mit möglichst wenig Gefährdung von Menschenleben und Gütern auf eigener und auf des Feindes

Seite möglichst schnell und sicher seinen Zweck, d. h. einen
das Recht dauernd herstellenden Frieden zu erreichen. Der
Kampf richtet sich naturgemäss gegen die geordnete Wehrkraft
des anderen Staates und seine unmittelbaren materiellen Mittel
zur Kriegführung. Die Kriege können durch Ausbreitung richtiger Rechtsansichten unter den Völkern allmälich abnehmen,
die Kriegsbereitschaft wohl nie; denn die Möglichkeit der Rechts-
abweichungen bleibt immer, und die Differenzen in der Gesammt-
anschauung vom Recht und von einzelnen Seiten desselben sind
vor der Hand noch sehr gross.

66. Wodurch ein Volk mächtig wird und bleibt?
Macht ist ein relativer Begriff, er schliesst ein Widerstands-
kräftigkeit, und nach der Grösse des Widerstandes, welcher
zu überwinden ist, wird die Macht eine andere, oder was Macht
war, Unmacht. Ein Indianerstamm war mächtig, sofern er sich
selbst in genügender Anzahl erhielt, um der Unbill der Naturverhältnisse überlegen zu sein und gegen andere Stämme sich
in Unabhängigkeit zu behaupten; er wurde mächtiger, je mehr
er der Natur abrang, und je höher sein Ansehen unter anderen
Stämmen war. Er war noch mächtig gegen die ersten europäischen Ansiedler, so lange deren wenige waren, die gern Ruhe
hatten für Ackerbestellung und nächste Einrichtung, und so
lange sie daher den Weg der Güte mit den Eingeborenen wan-
delten. Ohne dass in ihm selbst aber eine Veränderung vorgegangen zu sein brauchte, zeigte er sich als unmächtig, sobald
der Ansiedler mehr geworden waren, die Ansprüche stellten und
diese eventuell mit überlegenen Waffen verfochten. Da die
Waffen der Ansiedler und ihre Taktik sich stets vervollkomm-
neten und zugleich ihre Anzahl bei ihrem Ackerbauleben immer
stieg, so wurde das Verhältniss stets ungünstiger für die Indianer, und wenn sie auch nicht Laster angenommen hätten
von den Europäern, und wenn sie auch nicht durch ihre ver-
änderte Lage psychologisch demoralisirt worden wären, so würde
das Ende doch gewesen sein allmäliches Schwinden der Roth-
häute vor den Blassgesichtern. Wenn also Widerstandskraft
die Grundlage der Macht eines Volkes ist, Widerstandskraft in

mannichfacher Weise, so fragt sich: von welchen Bedingungen
hängt diese ab? Zuerst muss Widerstandskraft da sein gegen
die störenden Einflüsse der Naturverhältnisse, unter welchen
ein Organismus zu leben hat. Also wird erfordert gesunde
Constitution mit guter Verdauung und reichlicher Nahrung.
Auf Grund dieser muss erzeugt werden überschüssige Kraft
über die blos passive Erhaltung hinaus, also Muskelkraft, welche
etwas zu thun haben will, welche gern Gefahren aufsucht, Beschwerden nicht scheut, sondern eher liebt, welche gern schafft,
wie der Volksmund sich ausdrückt. Gelernt wird dies ursprünglich nur in einem Klima, welches Arbeit, längere und grössere
Anstrengung zur Gewinnung des Lebensunterhaltes, fordert.
Ferner darf nicht fehlen, damit die Muskelkraft nicht einseitig
und blos mechanisch in ihrer Bethätigung werde, eine gewisse
Weckung der Intelligenz, und zwar nach mehreren Seiten eben
in und bei Gewinnung des Lebensunterhaltes. Viertens muss
Widerstandskraft erzeugt werden im Verkehr mit anderen Menschen, welche uns in unserer Bethätigung stören wollen. Dies
setzt voraus, dass uns unsere ganze Lebensweise mit Freude
und Wohlgefallen an ihr erfüllt; wo dann ein gleiches Gefühl
unter gleichen Verhältnissen durch eine Gruppe von Menschen
geht, wird dies zum Unabhängigkeitssinn der Gruppe. Wo
Muskelkraft mit einer gewissen Versatilität der Intelligenz in
Bezug auf ihren Gebrauch ist und Lust und Freude an der
eigenen Art, da ist auch diese politische Widerstandskraft.
Ziehen wir die Summe, so ist die Grundlage der Macht eines
Volkes eine gesunde, gut genährte Constitution der Einzelnen
mit einer an Arbeit geübten Muskelkraft und in Beziehung
auf sie auch entwickelten Intelligenz und Lust und Freude
Aller an der Gesammtart. Damit sind aber nur die unerlässlichen Grundbedingungen gegeben; ein solches Volk ist eigentlich ein in sich kräftiges, aber noch nicht mächtig im politischen Sinne. Dazu ist erforderlich, dass es im Zusammentreffen mit anderen Völkern nicht blos seine Selbständigkeit
bewahre, sondern auch diesen anderen überlegen ist, wenn es
auch von dieser Ueberlegenheit keinen anderen Gebrauch macht,

als sich dieselbe zu erhalten, damit es seiner Selbständigkeit
stets sicher sei. Die erste Frage, die sich daher ein Volk zu
stellen hat, wenn es mächtig sein und bleiben will, ist die:
sind deine Angehörigen gut ernährt, so dass Gesundheit nicht
blos soviel, wie zur Lebenserhaltung schlechterdings nöthig, da
ist, sondern auch noch ein Ueberschuss von Muskelkraft. Die
zweite Frage ist dann: wird diese Muskelkraft auch durch
Uebung gestählt, d. h. hat das Volk zu arbeiten und sich soweit zu plagen, dass die Muskeln anstrengende, aber doch nicht
aufreibende Bethätigung finden. An dritter Stelle folgt die Erwägung, ob durch die Art der Muskelbethätigung auch die Intelligenz mehrseitig mit entwickelt wird, so dass eine gewisse
Leichtigkeit entsteht, Neues nicht nur aufzunehmen, sondern
auch selbst zu finden. Viertens fragt es sich, ob durch die
ganze Lebensbethätigung ein rüstiges Gefühl der Freudigkeit
erzeugt wird, so dass ein Eingriff in die eigene Volksart von
aussen als Störung empfunden würde. Fünftens: damit ein
Volk mächtig sei und bleibe, muss es die Bedingungen der
Kräftigkeit fort und fort in sich erzeugen und zwar in solcher
Höhe, dass es jedem anderen Volke und selbst allen zusammen
gewachsen sein würde in eventuellem Kampf. Da Macht ein
Relationsbegriff ist, so können jene Bedingungen der Kräftigkeit
eines Volkes sehr variiren. Ein Volk kann schlecht genährt
sein, aber doch besser als andere, es kann wenig Muskelkraft
haben, aber doch mehr als andere, es kann wenig Intelligenz
dabei entwickelt haben, aber doch noch mehr als andere, es
kann selbst wenig Freude an der eigenen Art haben, indess
immer noch mehr als andere: dann ist es vielleicht wenig kräftig,
gleichwohl anderen gegenüber mächtig. Aendert sich dann aber
das andere Volk, so wird das erstere, ohne in sich ein anderes
geworden zu sein, unmächtig. Ein Volk kann auch ein Element der Kräftigkeit gering haben, aber es dadurch steigern,
dass es ein anderes Element stark entwickelt hat: so hat die
Lust an der eigenen Art oft Grosses mindestens im Widerstand
geleistet trotz schlechter Ernährung, wenig Muskelkraft und geringer Intelligenz. Auch die Intelligenz ist oft supplirend für

andere Elemente eingetreten, aber aúf die Dauer vermag sie
als theoretische Intelligenz dies nicht wirksam; ein Volk von
Gelehrten, d. h. mit Ausbildung des Nervensystems auf Kosten
des Muskelsystems, würde zwar an seiner gelehrten Art festhalten, aber darum nicht widerstandskräftig sein. Rohe und
ungestüme und nachhaltige Muskelkraft hat gegen schwach gewordene, aber sehr gebildete Völker stets gewonnen. Von der
Erwägung aus, dass ein Volk, um sich in Macht zu behaupten,
fortwährend jedem anderen Volk und eventuell allen zusammen
überlegen sein müsse, hat der Gedanke stets nahe gelegen, dass
für die Selbständigkeit eines Volkes blos dadurch gesorgt sei,
dass es als das ein für allemal mächtige dastehe, d. h. dass alle
anderen sich ihm unterordnen. Daher die vielen Versuche zu
einer Weltmonarchie sich immer mit dem Gedanken mindestens
vor sich selbst gerechtfertigt haben, die eigene dauernde Sicherheit verlange das. Zu Grunde gegangen sind solche Reiche
stets theils daran, dass über dem gewonnenen Gefühl der bequemen Sicherheit die Achtsamkeit auf die Grundbedingungen
der Kräftigkeit eines Volkes in sich selbst abhanden kam (Rom),
theils daran, dass im Kampf um die Weltmonarchie die eigenen
Kräfte des Volkes zu sehr verzehrt wurden und zugleich die
einige Zeit unterworfenen Völker in diesem Kampf selber Stärke
und Einigung gelernt hatten, also sich bald wieder selbständig
machten (Alexander der Gr., Napoleon I, etwa auch die Idee
des heiligen römischen Reichs deutscher Nation im Mittelalter).
Die Neuzeit hat, durch die Geschichte belehrt, mehr und mehr
die Versuche verworfen, die eigene Macht in eine Unmacht
der anderen Völker zu setzen. Man hält in erster Linie darauf,
die Bedingungen der Kräftigkeit im Volk selbst zu haben, zu
erhalten und stetig zu steigern. Das Letztere hat darum zu
geschehen, damit bei Steigerung jener Bedingungen in anderen
Völkern nicht plötzlich die bisherige eigene Macht Ohnmacht
werde. Man glaubt daher mächtig sein zu können, ohne andere
zu unterdrücken, und rechnet auf eine allmälich erkannte Soli-
darität der Interessen unter den Völkern. Die frühere Gefahr
war, nach grossen Anstrengungen bequeme Zustände erreicht

zu haben und bei dieser Bequemlichkeit die Bedingungen der
Kräftigkeit und damit die Macht allmälich einzubüssen. Die
jetzige Gefahr würde sein, die Muskelkraft über der Ausbildung der Intelligenz hintanzusetzen. Je mehr Maschinen eintreten für Muskelarbeit, je mehr ästhetische und theoretische
Interessen als die eigentlichen und höheren menschlichen gefeiert werden, desto mehr ist Gefahr da, dass die Muskelkraft
und ihre Uebung vernachlässigt wird. Ist dann reichliche Nahrung vorhanden, so wird in Vielen nicht so wohl nützliche
Muskelkraft durch sie erzeugt, als viel mehr Stärke im Geniessen (wer viel trinkt, viel in der Liebe leisten kann, es am
längsten bei Tanz und Spiel aushält), andererseits wird bei
denen, welchen geistige Beschäftigung an sich Freude ist, die
Muskelkraft nicht geübt, und dadurch eher sogar der Verdauung und physischen Gesundheit überhaupt entgegengewirkt (Blutarmuth und Nervosität fast aller Stände bei uns). Diese Gefahr
stammt von unserer überwiegend intellectualistischen Auffassung
des seelischen Lebens: Mensch ist uns soviel wie Geist, dieser
selbst soviel wie theoretische Intelligenz oder ästhetische Contemplation. Darum ist unter den Bedingungen der Kräftigkeit
einer Nation vorangestellt die Muskelkraft und die Intelligenz
in stete Beziehung zu ihr gesetzt. Der Geist als Intelligenz
ist mächtig auf Erden blos in Verbindung mit Muskelkraft,
Muskelkraft beruht aber auf einem Ueberschuss, den das vegetative System fort und fort zu liefern hat, und dies liefert ihn
nur bei guter Ernährung, und geübt und erhalten wird jene
Muskelkraft blos durch ernstliche Muskelarbeit. Wer daher
Geist auf Erden will herrschend haben, muss auf Muskelkraft
Werth legen. Migne sagt in seiner Geschichte der französischen
Revolution: car on n'obtient son droit que par la force, d. h.
Recht wird erst effectiv durch die Muskelkraft, die man eventuell
daran setzt. Dass die brutale Gewalt so viel in der Welt geherrscht hat, dass Macht vor Recht oft gegangen ist, erklärt
sich eben daraus, dass die Muskelkraft die Grundlage ist, von
welcher aus allein Selbständigkeit und Leben nach der eigenen
Ueberzeugung besteht. Natürlich kann die blosse Muskelkraft

sehr roh, sehr selbstsüchtig, sehr erbarmungslos verfahren, aber
das einzige Mittel dagegen sind nicht Klagen, sondern Anerkennung der natürlichen Thatsache, dass Kraft und Macht letztlich im Muskelsystem liegt, und dass diesem daher Nahrung
und Uebung zugeführt werden muss, damit es dann der Intelligenz und dem Gefühl den Nachdruck gebe, welcher Kraft und
Macht heisst. Blos im Ueberblick gesprochen, kann man sagen:
für Erhaltung und Weiterbringung der Menschheit ist besser
tüchtige Muskelkraft, als feines Nervenleben ohne Muskelkraft.
Letzteres führt zu jämmerlichen Existenzen auch in geistiger
Hinsicht, jenes erhält die starke Grundlage menschlichen Daseins,
auf welcher sich dann auch geistiges Leben im speciellen Sinne
rüstig und kräftig zu erheben vermag. Alle schlecht genährten
Nationen haben es nie zu mehr als zu angstvollen und traum-
artigen Vorstellungen über die Welt und die Natur der Dinge
gebracht. Die gut genährten und rüstigen haben zwar starken
irdischen Sinn gezeigt, aber der Ausblick auf den Himmel hat
ihnen nicht gefehlt, und sie haben die grössten und reellsten
Gedanken über Welt und Dinge zu Stande gebracht. Da Macht
auf Erden herrscht und allein herrschen kann, weil sie als
Muskelkraft allein einen nachhaltigen Bestand der Menschheit
sichert, so gilt es nicht darüber zu jammern, sondern sich danach zu richten, sie sich anzueignen, aber dabei zu discipli-
ren, d. h. aus roher Gewalt Kraft und Macht herauszubilden,
welche dem Rechte als den allgemeinen Forderungen des freien
menschlichen Zusammenlebens dient.

Berichtigung.

S. 377 Anm. lies VIII statt Juli.

Druck von Pöschel & Trepte in Leipzig.

www.ingramcontent.com/pod-product-compliance
Lightning Source LLC
Chambersburg PA
CBHW031348290326
41932CB00044B/561